Johann Beer

Sonderdruck der
‚Mitteilungen des Heimatvereins Attergau'

Herausgeber und Verleger: Pachler Helmut, 4880 St. Georgen im Attergau, 1999
Druck: Druckerei Hitzl Ges.m.b.H., 4880 St. Georgen im Attergau
ISBN 3-9501147-2-6

Helmut Pachler

Johann Beer

Versuch einer Annäherung
an seine Zeit, seine Person und
sein literarisches Werk.

Für Jonas und Linda.

Umschlaggestaltung unter Verwendung einer
Radierung von Frau T. Kriechbaum, St. Georgen im Attergau

IMMATURO FUN— —ERE, RAPTUS.

Johannes Bähr, Austriacus Superior, Serenissimi Principis Saxo-Weißenfelsensis
Magister Concertorum et in camera Musicus, Sin: nat: XLIV.

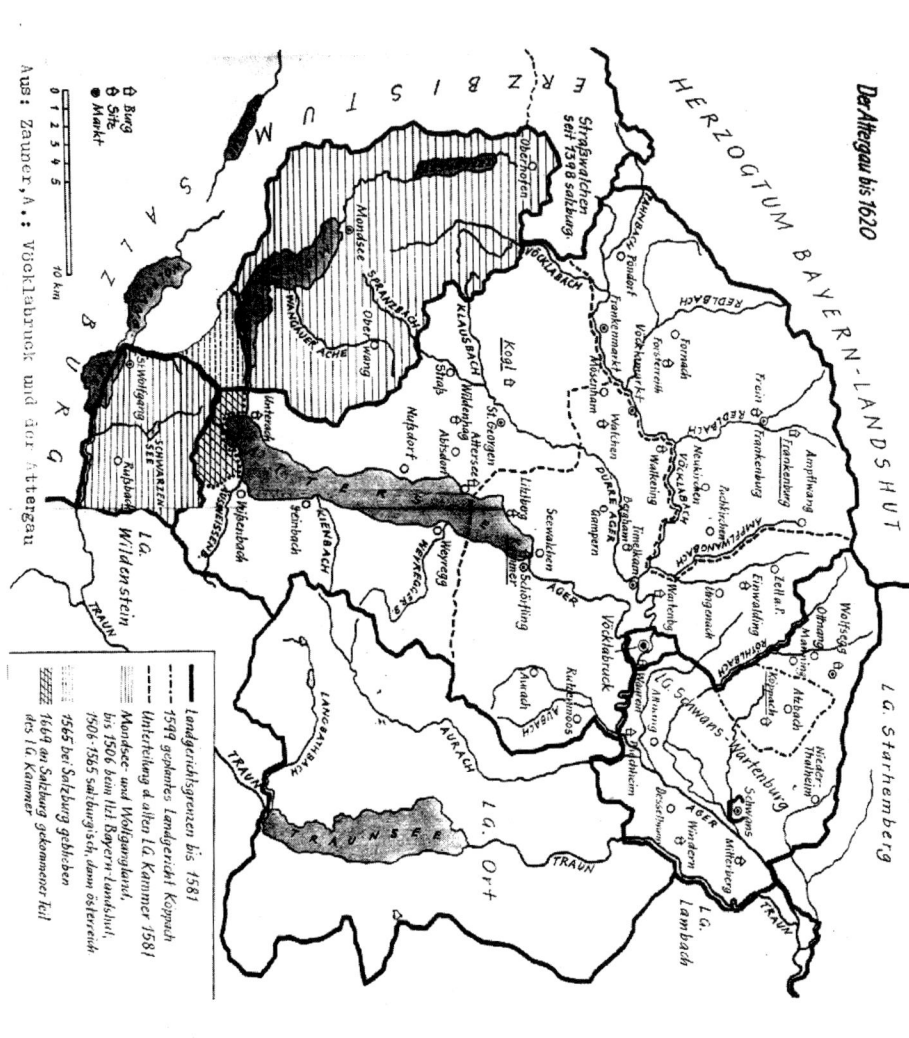

Inhalt

Vorwort	9
Lebensdaten	10
Das Porträt	11
Deutschland im 17. Jahrhundert	13
Das Barock	21
Der Buchmarkt im 17. Jahrhundert	33
Das Geburtsdatum	49
Johann Beer und der Attergau	57
Der weitere Lebensweg	89
Emigration	109
Werke - erhaltene Drucke und Handschriften	115
Beschreibung der Titelblätter	119
Inhaltsangabe zu den Werken	141
Tagebuch	166
Johann Beer und Richard Alewyn	171
Richard Alewyn	177
Von Jan Rebhu über Johann Huber zu Johann Beer	181
Johann Beer und der Barockroman	201
Johann Beer und die Satire	213
Johann Beer und die oö. Bauernaufstände	223
Die vier „Warum" oder „Die weggelegten Kinder"	243
Erwähnungen von Johann Beer in Lexika und Literaturgeschichten	249
H. J. Grimmelshausen	275
Don Quijote de la Mancha und Lazarillo de Tormes	281
Leichengedichte von Johann Beer	291
Sprachgeschichtliches	295
Neudrucke	303
Auf dem Markt erhältliche Werke	305
Eingesehene und eingearbeitete Literatur	307
Bildernachweise	319

Vorwort

Dieses Buch erhebt nicht den Anspruch großer Wissenschaftlichkeit im Sinne von selbständiger Erarbeitung des Themas.

Ich habe mich bemüht, die mir zugängliche Sekundärliteratur über Johann Beer durchzuarbeiten und in verschiedenen Themenkreisen - hoffentlich - solide und allgemein verständlich zusammenzufassen. Dabei habe ich immerhin gegen 200 Bücher und Artikel in Zeitschriften und Lexika eingesehen und eingearbeitet. In erster Linie habe ich bei meiner Arbeit den Durchschnittsleser im Auge gehabt und daher schienen mir auch manche Worterklärungen notwendig, um die Lektüre nicht unnötig zu erschweren. Ich hoffe aber, dass auch Fachleute - von denen es ohnehin nicht so viele gibt - das Buch mit Interesse und Gewinn lesen können.

Das wichtigste Motiv bei der Erstellung des Buches war für mich, die St. Georgener davon zu überzeugen, dass Johann Beer mehr ist als der Name einer Straße, die zum Freizeitzentrum hinausführt, den Schriftsteller Johann Beer in seine Zeit einzuordnen, aus seiner Zeit heraus einen Zugang zu seinen Romanen zu erschließen und so für Johann Beer (neue) Leser zu gewinnen. Ich habe mich bemüht, die einzelnen Kapitel möglichst geschlossen darzustellen, daher kommt es ganz bewusst zu manchen Wiederholungen einzelner Aspekte.

Ich habe auch die Zitate aus Beers Schriften mit Absicht ausführlich wiedergegeben, da nicht davon auszugehen ist, dass jeder Leser auch eine Beer-Ausgabe bei der Hand hat. (Für die Pfarrbücherei haben wir alle Texte angekauft, die zur Zeit von Johann Beer auf dem Markt sind).

Als Germanist habe ich die Arbeit selbstverständlich in der **neuen** Rechtschreibung verfasst, was den Setzern die Arbeit sicher sehr erschwert hat. Denn die Zitate aus der Sekundärliteratur sind in der alten Rechtschreibung geblieben. Dazu kommt noch, dass die Zitate aus den Werken von Johann Beer auch drei verschiedene Schreibungen haben: die der Originale, die der Ausgabe der ‚Sämtlichen Werke' und die der modernisierten Ausgaben.

Bei den Zitaten aus den Werken Johann Beers habe ich - soweit vorhanden - die Texte aus den modernisierten Neudrucken genommen, wenn es diese nicht gegeben hat, habe ich die Zitate aus den ‚Sämtlichen Werken' verwendet; wo auch diese gefehlt haben, habe ich aus der Faksimile-Ausgabe zitiert.

Zu danken habe ich - neben dem Team der Druckerei Hitzl - besonders Herrn Mag. Markus Menner, der mir bei der Beschaffung der Literatur sehr behilflich gewesen ist, Frau Dr. E. Louis, die mir die Unterlagen ihres Vaters zur Verfügung gestellt hat, Frau Dr. E. Lam-Bär, die mir - als wäre das ganz selbstverständlich - Einsicht in ihre reiche Sammlung von Texten von und über Johann Beer ermöglicht hat, dem Herrn Pfarrer und Herrn Starzinger für den Zugang zum Pfarrarchiv und zum Kopierer in der Pfarrkanzlei. Dem Herrn Pfarrsekretär Hans Starzinger danke ich außerdem für seine Hilfe bei der Suche nach den Matriken, in den Matrikeln und bei deren Entzifferung.

Pachler Helmut

Lebensdaten

Am 28. 3. [2.?] 1655 wurde er zu St. Georgen im Attergau (Oberösterreich) als Sohn des Gastwirtes Wolfgang B. geboren,

1659 befand er sich bei seiner Großmutter Achleitner in Schörfling

1660 - 1661 besuchte er die Schule in St. Georgen,

1662 - 1665 erhielt er Unterricht, vor allem in der Musik, im Kloster Lambach,

1665 - 1669 das gleiche im Kloster Reichersberg am Inn,

1669 - 1670 besuchte er die Lateinschule in Passau,

1670 - 1676 das Gymnasium poeticum in Regensburg, anschließend einige Monate die Universität Leipzig,

1676, am 8. Oktober, trat er als Sänger in die Kapelle des Herzogs und Administrators August in Halle ein,

1679, am 17. 6., heiratete er in Halle,

1680, am 6. 12., übersiedelte er nach Weißenfels,

1685, am Ostersonntag, wurde er in der herzoglichen Hofkapelle zu Weißenfels Konzertmeister

1697 erhielt er zusätzlich den Posten des herzoglichen Bibliothekars,

1700, am 28. 7., wurde er auf einem Vogelschießen zu Weißenfels lebensgefährlich verwundet,

1700, am 6. 8. starb er.

Von Beer erwähnte eigene literarische Arbeiten

1688, im Oktober begann er, Passionsgedanken im elegischen Stil zu schreiben, die er am 10. August 1694 beendete und dann drucken ließ,

1690, im November schrieb er „Musikalische Discurse",

1693 schrieb er Verse zur Errichtung des Turms über der Weißenfelser Schloßkirche,

1695, am 29. Oktober befahl ihm der Herzog, sein „Diarium", das war seine Lebensbeschreibung, „in Verse zu bringen",

1696, im Juli verfaßte er sein „Theologisches Tractatlein: Die überweise Trunkenheit" anläßlich des Todes eines Fräuleins von Schönberg, das Siegmund von Schweinitz drucken ließ,

1696, im September schrieb er ein Leichencarmen für den Kammerrat von Bünau auf Meineweh,

1697, im Februar entstand die Streitschrift „Ursus murmurat", Ende November „Die musikalische Fuchsjagd",

1698, im Juli gab er die „Historia vom Landgraff Ludwig dem Springer" mit selbstgeschaffenen Holzschnitten heraus, gedruckt in Weißenfels.

Zwischen 1670 und 1676, in seiner Gymnasialzeit in Regensburg, verfaßte er drei lateinische Komödien.

Das Porträt

Mir ist in der Literatur über Johann Beer nur ein Porträt begegnet, das **Richard Alewyn** so beschreibt (Palaestra S. 61): *„Das Bildnis, ein Kupfer des Amsterdamer Stechers Peter Schenk, zeigt ihn [Beer] im Jahre vor seinem Tode: ein breites aber gut gebautes, fleischiges aber nicht fettes und gewiß gerötetes Gesicht, mit kräftiger Nase, sinnlichem aber energischem Mund, mächtig von dunklem Haar umrahmt, ein durch die Ausgeglichenheit, von vitalen und formenden Kräften eindrucksvollen Kopf, der gewiß auf einem gedrungenen kräftigen Körper saß."*

In der Anmerkung 117) auf der gleichen Seite heißt es: *„Vorhanden Musikbibliothek Peters, Leipzig, abgebildet bei Arno Werner, Musikgeschichte, S. 72".*

H. Pörnbacher schreibt im ‚Nachwort' seiner Ausgabe von ‚Printz Adimantus' bei Reclam auf Seite 73: *„Es ist ein Porträt Beers erhalten, das ein niederländischer Stecher kurz vor diesem Unglück [beim Vogelschießen am 28. Juli 1700] geschaffen hat: ein volles, sympathisches Gesicht mit ernsten Zügen um den Mund und mit freundlichen Augen. Das reiche dunkle Haar fällt bis zur Schulter."*

K. Petermayr gibt in seinem Artikel „Volkskundliche Aspekte im Schaffen Johann Beers" in der Zeitschrift „Salzburger Volkskunde" vom April 1999 die Gesellschaft der Musikfreunde Wien als Besitzer des Originals an.

Im **„Heimatbuch"** der Gemeinde St. Georgen ist als Quelle für das Bild das Bildarchiv der Österreichischen Nationalbibliothek genannt.

Auch der Reproduktion in diesem Buch hat als Vorlage ein Negativ aus dem Bildarchiv der Nationalbibliothek (NB. 503.173) gedient.

Über den Text auf dem Bild habe ich nur im ‚Heimatbuch' einen Hinweis gefunden. Daher habe ich versucht den Text selbst zu entziffern und zu übersetzen.

Der **lateinische Text** unter dem Bild lautet:
Johannes Bähr, Austriacus Superior, Serenissimi Principis Saxo-Weissenfelsensis, Magister Cantorum et Camera Musicus. Ann [annos]: natus XLIV
Pet. Schenk fec: et exc: Amstelo [dami] cum Privil. 1700

Die **Übersetzung** lautet:
Johannes Bähr, Oberösterreicher, des erlauchten Fürsten von Sachsen-Weißenfels Konzertmeister und Kammermusiker, 44 Jahre alt.

Wenn ich das fec. = fecit und exc. = excudit richtig aufgelöst habe, so heißt die untere Zeile:

Peter Schenk hat es gemacht und verlegt, Amsterdam mit einem Privileg 1700.

Ein größeres Problem ist der andere Text auf dem Bild:
IMMATURO FUNERE RAPTUS.
Der heißt nämlich übersetzt: Er ist (uns) durch einen frühen Tod entrissen worden.

Das könnte dann nach dem damaligen Stand der Technik nur heißen, dass Peter Schenk bereits eine Vorlage für seinen Schabdruck angefertigt hatte oder dass diese drei Wörter erst nach dem Tod Beers hinzugefügt worden sind.

Die **Schabkunst** gehört zur Technik des **Kupferstichs,** bei dem eine Zeichnung in eine Kupferplatte eingegraben und von dieser ein Druck auf Papier gemacht wird. Bei der **Schabkunst** wird das Kupfer mit dem feingezähnten Granierstahl gleichmäßig aufgeraut, um beim Abdruck ein samtartiges Schwarz zu erzielen; die Stellen, die hell erscheinen sollen, werden mit dem Schabeisen wieder glattgeschabt.

Es ist ganz typisch, dass auch auf diesem Bild nur vom **Musiker** Johann Beer gesprochen wird und es keinen Hinweis auf den **Schriftsteller** Beer gibt.

Ebenfalls von Peter Schenk stammt dieser Stich:

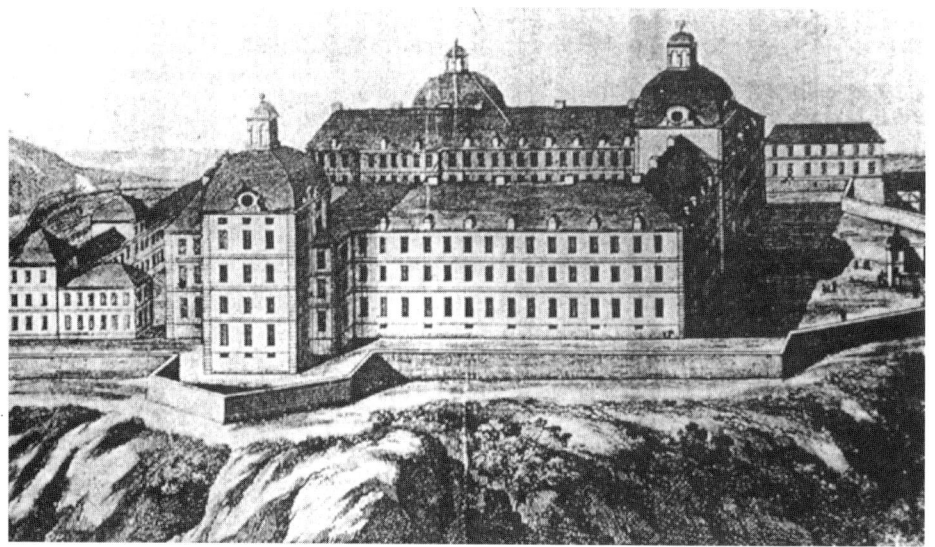

Weißenfels, Schloß Neu-Augustusburg, Ansicht von Norden. Der kolorierte Stich von Peter Schenk, entstanden um 1670, zeigt die nicht vollständig so ausgeführte Planung sowie die später veränderten Kuppeln über der Kapelle und dem Komödiensaal.

Aus: 300 Jahre Schloß Neu-Augustusburg, S. 47

„Deutschland" im 17. Jahrhundert

Gegen Ende des 16. Jhds., an der Schwelle zum Barockzeitalter, herrschen in Deutschland und Europa veränderte wirtschaftliche, politische und kulturelle Ausgangsbedingungen für die weitere Entwicklung. Die deutschen Städte, die sich im 15. und zunächst im 16. Jhd. ökonomisch gestärkt hatten, verloren im weiteren Verlauf des 16. Jhds. zunehmend ihre Bedeutung für Handel und Gewerbe. Nur die reichsten unter den alten deutschen Städten konnten ihre Macht behalten: Hamburg, Nürnberg und Danzig. Die Entdeckung Amerikas verschob zusammen mit der Gründung der Überseekolonien die Hauptstraßen des Welthandels **nach Westen**: an die Stelle der Verbindung von Venedig über Augsburg und Nürnberg nach Lübeck trat die Linie Lissabon, Antwerpen, Amsterdam. Anders als in Deutschland war der Adel in den Niederlanden weder die herrschende Klasse, noch legte er den Handelsaktivitäten der reichen Bürger Fesseln an.

Diesen gelang es, das Monopol für den Handelsverkehr in Mitteleuropa zu gewinnen, indem sie die deutschen Städte, vor allem die Mitglieder der Hanse im Ostseeraum, ihrer Verkehrs- und Handelsprivilegien beraubten. Damit entzogen sie den Hansestädten die Hauptquelle ihrer materiellen Gewinne. Außerdem beteiligten sich auch Engländer und Polen, Russen und Skandinavier mit Erfolg an der Verdrängung des deutschen Handels. Zudem verminderte die Zufuhr von Edelmetallen aus der neuen Welt die Bedeutung des deutschen Bergbaus. Die Großkaufleute und Bankiers der bis dahin mächtigen deutschen Städte mussten die internationalen Beziehungen und den Handel mit dem Ausland abbrechen, soweit sie nicht ohnehin dem Verfall ausgeliefert waren. In den deutschen Städten, die schließlich auch noch unter der unerbittlichen Steuerlast verschwenderischer Höfe zu leiden hatten, brach die wirtschaftliche Entwicklung zwar nicht völlig ab, aber insgesamt boten sie ein Bild der Krise und der Stagnation. Die skizzierten geopolitischen Verschiebungen hinderten die deutschen Städte auch daran, weiterhin Zentren kultureller Aktivitäten zu bleiben. Hatte die Reformation ihnen zu Selbstbewusstsein und Kampfeslust verholfen, so verloren sie nun den Anschluss an die kulturelle Entwicklung ihrer westlichen Nachbarn.

Das **„Heilige Römische Reich Deutscher Nation"** war im 17. Jhd. nur noch ein brüchiges Gebilde, gefährdet von innen und außen. Während sich Frankreich nach den Religions- und Bürgerkriegen der Vergangenheit zu einem machtvollen **Einheitsstaat** entwickelte, erlebte das Reich mit dem **Dreißigjährigen Krieg** einen entscheidenden politischen und ökonomischen Rückschlag. Als europäischer Konflikt war dieser Krieg ein Kampf um die Vorherrschaft in Europa, ein Kampf zwischen Habsburg und Bourbon, in dem die französische Seite zunächst durchaus in der Defensive stand. Es gelang jedoch der französischen Politik, die Einkreisungstaktiken der habsburgischen Mächte Spanien und Österreich zu durchbrechen, und am Ende des Krieges hatte sich Frankreich als führende europäische Macht etabliert. Die Drohung einer habsburgischen Universalmonarchie war, mit schwedischer Hilfe, gebannt. Im Kontext des Reiches war der Krieg ein Kampf zwischen den Reichsständen und dem Kaiser um die Vormacht. Während es den Ständen darum ging, ihre im Laufe der Jahrhunderte erworbenen Rechte zu behaupten, sprach aus der Handlungsweise Kaiser Ferdinands II. eine moderne absolutistische Staatsgesinnung. Er versuchte, wie zuvor Karl V., die zentrifugalen Tendenzen aufzuhalten bzw. rückgängig zu machen, die durch die Glaubensspaltung eine noch stärkere Dynamik bekommen hatten. Der **Augsburger Religionsfriede von 1555**, der die Auseinandersetzungen im Zeitalter der Reformation beendete und den Landesfürsten Religionsfreiheit gewährte („**cuius regio eius religio**" = wessen die Herrschaft, dessen die Religion), war kaum mehr als ein vorübergehender Waffenstillstand. Erst die Friedensverträge von **Münster und Osnabrück (1648)**, mit denen der Dreißigjährige Krieg beendet wurde, führten zur endgültigen Regelung der zahlreichen Streitfragen. Für die Reichsverfassung bedeuteten diese Verträge eine Bestätigung der Rechte der Stände, ohne die in Reichssachen künftig kaum etwas geschehen konnte, während sie selber Bündnisfreiheit erhielten. Damit war der Kampf zwischen dem Kaiser und den Reichsständen entschieden. Von einer Geschichte des Reiches lässt sich von nun an nur noch mit Einschränkungen sprechen; die Geschichte der großen **Territorien** tritt an ihre Stelle.

Der Dreißigjährige Krieg hinterließ ein verwüstetes Land, wenn auch der Krieg die verschiedenen Landschaften in unterschiedlicher Härte und Dauer betroffen hatte. Die Bevölkerung des Reiches ging von etwa 15 bis 17 Millionen Menschen vor dem Krieg auf 10 bis 11 Millionen im Jahre 1648 zurück, obwohl die unmittelbaren Kriegsverluste relativ niedrig waren. Weder war die Anzahl der Gefallenen bei Schlachten besonders groß, noch kann man die Übergriffe auf die Zivilbevölkerung für den bedeutenden Bevölkerungsverlust verantwortlich machen. Es waren vor allem die Seuchen, die die Bevölkerung dezimierten, wobei die Kriegsbedingungen ihre Auswirkungen entscheidend verstärkten (Seuchengefahr in den von Flüchtlingen überfüllten Städten). Es dauerte bis ins 18. Jhd. hinein, ehe die Bevölkerungsverluste ausgeglichen und der Stand der Vorkriegszeit wieder erreicht wurde. Auch die wirtschaftliche Erholung ging nur langsam vonstatten, zumal die Nachkriegszeit mit einer **Agrarkrise** und einer Depression im Bereich von Handel und Gewerbe begann, die erst gegen Ende des Jhds. überwunden wurde. Schon um die eigenen Einnahmen und damit die eigene Macht zu stärken, griffen die Staaten bzw. Herrscher aktiv in das Wirtschaftsgeschehen ein **(Merkantilismus)**. Mit dem Ende des Dreißigjährigen Krieges waren die reichsabsolutistischen Bestrebungen in Deutschland endgültig gescheitert: es gab **keine Zentralmacht** mehr - wenn es sie je gegeben hatte. Absolutismus in Deutschland bedeutet Absolutismus der **Landesfürsten**. Unter **Absolutismus** versteht man eine Herrschaftsform, in der alle Gewalten (gesetzgebende, ausführende, richterliche) in der Hand des Souveräns liegen, der seinerseits vom Gesetz losgelöst (absolutus = losgelöst) und nur Gott verantwortlich ist. Die Territorien verschafften sich durch **die Schwächung der zentralen Reichsgewalt** neue Befugnisse, betrieben die Intensivierung der eigenen Regierungstätigkeiten und schränkten nach Möglichkeit die Rechte der **Landstände** (Adel, Klerus, Städte) ein, d.h. Landtage wurden nicht mehr einberufen, willkürliche Steuern erhoben, alte Privilegien aufgehoben, religiöser Zwang ausgeübt. Dieses Vorgehen richtete sich nicht nur gegen den Adel, sondern ebenso gegen die **Städte**, die mehr oder weniger gewaltsam von den Landesherren unterworfen wurden.

Mit der stetigen Zunahme der Staatsaufgaben (u. a. auch für die „Stehenden Heere") wurde es nötig, die Landesverwaltung neu zu organisieren. Die intensive Staatstätigkeit mit Hilfe eines **wachsenden Beamtenapparates** führte zu einer Vereinheitlichung des Territoriums und einer Einflussnahme des Staates auf die verschiedensten gesellschaftlichen Bereiche, wobei Rechts- und Erziehungswesen, öffentliche Wohlfahrt und Sicherheit, Wirtschaft und Kirchenwesen in einer Fülle von Verordnungen reguliert wurden. Es blieb kaum ein Aspekt des menschlichen Lebens von dieser obrigkeitlichen Planung und Fürsorge ausgenommen, der Erziehungs- und Regulierungsanspruch des staatlichen oder städtischen Regimentes, die Tendenz zur **„Sozialdisziplinierung"** der Untertanen kannte - in der Theorie - keine Grenzen.

Mit der endgültigen Stabilisierung der absoluten Monarchie ging im 17. Jhd. alle Macht auf den weltlichen Herrscher über, also auf den Monarchen bzw. - in Deutschland - auf die **Fürsten**. Anders als in Frankreich kristallisierten sich auf dem zersplitterten deutschen Territorium, das nur durch die übernationale kaiserliche Macht verbunden war, **keine starke Zentralgewalt** heraus. So gingen in Deutschland die **Fürsten als Sieger** aus dem geschichtlichen Verlauf des 16. Jhds. hervor. Die deutschen Fürstenhöfe konnten sich im Hinblick auf politische Bedeutung, finanzielle Kraft und gesellschaftliche Aktivitäten nicht mit den mächtigen absolutistischen Monarchien im Westen messen. Deren Beispiel auf dem Gebiet der Organisation und der Verwaltung aber mussten die deutschen Fürstentümer folgen, wenn sie sich als neuzeitliche Staaten behaupten wollten. So war es insbesondere notwendig, in der rechtlichen Praxis vom einheimischen mittelalterlichen **Gewohnheitsrecht** zum **Römischen Recht** überzugehen. Diese Anpassung verlangte, als spezialisierte Fachleute sachkundige Beamte einzustellen, die auch bei der Ausübung der Herrschaftspflichten am Fürstenhof gebraucht wurden. Für die Beamtenstellung bei Hof war eine **akademische Ausbildung** unbedingte Voraussetzung. Ähnlich wie später in der ersten Hälfte des 18. Jhds. der selbständige und unabhängige Kaufmann der angesehenste Vertreter des Bürgertums werden sollte, so war dies am Hofe ein juristisch gebildeter Beamter.

Die hierarchische Staatsordnung des Barockzeitalters kann mit einer Pyramide verglichen werden, an deren Spitze der Herrscher thronte, dessen Person allein gesellschaftliche Bedeutung nach unten ausstrahlte: je näher eine Person dem Herrscher stand, desto höher waren ihr Ansehen und ihr Ruf, auch wenn sie nur gelegentlich mit dem Hofe in Verbindung trat. Daher erwähnt Beer in seinem „TB" jede dieser Begegnungen.

Die anderen Gesellschaftsschichten, die keinerlei Kontakt zum Hofe hatten, stellten selbst für den gebildeten Bürger den „Pöbel" dar. Die Barockkultur misst dar-

um den äußeren Zeichen des Ansehens wie dem Gruß, dem Platz bei Feierlichkeiten oder den Ehrenzeichen auf der Kleidung größte Bedeutung bei. Sie signalisierten den Platz, den der einzelne innerhalb der gesellschaftlichen Hierarchie einnahm. Aber ist das heute anders?!
Im neuen sozialen Klima der Barockzeit bildeten sich in Deutschland die **Fürstenhöfe als Zentren der Kultur** heraus. Die Fürsten und der zahlreiche Hofadel traten in vielen vergleichsweise kleinen Ländern mit dem Anspruch auf, die kulturelle Tätigkeit in deutscher Sprache zu ihren eigenen Ehren zu organisieren und um sich zu konzentrieren. Die Höfe mit ihren Residenzen wetteiferten um die Entfaltung von Prunk und Luxus, und die verschiedenen Künste sollten dazu ihren Beitrag leisten. Erst am absolutistischen Hof entsteht der zusammenfassende Begriff des Künstlers. Bis dahin zählten die Dichter zu den Gelehrten, die Musiker und Maler zu den Handwerkern, die bildenden Künstler waren auch Festungsbaumeister, der Schauspieler gehörte zu den Fahrenden. Die Zusammenführung der Künstler in einem gemeinsamen gesellschaftlichen Bereich geschah auf der Ebene der Bediensteten. Je nach Neigung und Begabung des jeweiligen Fürsten wurden einzelne Künstler bevorzugt. Auch für Johann Beer hat gegolten, was er seinen Isidoro im 6. Kapitel des 3. Buches seiner ‚Winternächte' (S. 185) sagen lässt:

„ ... daß derselbe Kerl ein Maler und nur so lang glückselig ist, als der Fürst lebet, dem er dienet. Danach muß er ‚Marchier extra!' malen und hingehen, zu sehen, wo seine Grandetz eine Stell finden kann."

Schloss Augustusburg zu Weißenfels

Die Hofkultur des Absolutismus fand ihren sichtbaren Ausdruck in den prachtvollen Schlossanlagen, die seit den 90er Jahren des Jahrhunderts entstanden (z. B. in Weißenfels).
Vorbild für den fürstlichen Hof in Deutschland wurde seit dem Ende des Dreißigjährigen Krieges immer mehr das französische Modell, wie es sich im Versailles Ludwigs XIV. darbot (erbaut 1661-1689), wenn sich auch in Wien, der bedeutendsten Hofhaltung des Reiches, der spanische Hofstil hielt. Die Nachahmung des in Versailles zelebrierten luxuriösen Hofstils und die Repräsentation der Macht durch kostspielige Bauten und Feste überforderte freilich die Finanzkraft der kleineren

Territorien Deutschlands. Hier konnte sich ein großes Missverhältnis zwischen herrschaftlichem Anspruch und tatsächlichem politischem und wirtschaftlichem Leistungsvermögen herausbilden, unter dem vor allem die Untertanen zu leiden hatten.
Der Sinn des **Hofzeremoniells** lag in der **Repräsentation der fürstlichen Macht und der Disziplinierung der höfischen Gesellschaft**, d.h. vor allem des Adels. Der Hof als **soziales System** regulierte das Verhalten, erlegte Zwänge auf, bot Beschäftigungsmöglichkeiten, bewahrte vor Langeweile, stellte den Menschen in eine spannungsreiche, auf Rang und Stand eifersüchtig achtende Welt, in deren Zentrum der Fürst stand. Höfische Repräsentation, höfisches Zeremoniell, höfische Feste und Feiern sorgten auch dafür, dass der soziale Unterschied zur Welt der Untertanen unüberbrückbar wurde, wie sich auch in der Anlage der barocken Schlösser und in ihren stilisierten Gärten der Anspruch einer eigenen, von der Umgebung abgetrennten Welt erkennen lässt.

Die Ausweitung der Staatstätigkeit und der damit einhergehende steigende Bedarf an akademisch ausgebildeten Beamten brachte eine Aufwertung der humanistischen Gelehrtenschicht mit sich, die einen privilegierten Platz in der Ständeordnung erobern und sich als Stütze des Staates etablieren konnte. Der humanistische Gelehrte versteht sich als idealer Staatsdiener und tritt in Konkurrenz mit dem Adel, noch dazu, wo dem Adel die erforderliche Kompetenz für die neuen Aufgaben fehlte oder er sich zunächst weigerte, in den Staatsdienst zu treten. Dadurch wurde aber die alte ständische Gliederung nicht in Frage gestellt, sondern es ging nur darum, die politischen Ansprüche des Adels zurückzuweisen. Aber der Adel stellte sich bald auf die neue Situation ein und erwarb durch ein Universitätsstudium die erforderliche Qualifikation.

Das 17. Jhd. ist nicht nur das Zeitalter des Dreißigjährigen Krieges, der Türkenkriege (Belagerung Wiens 1683) und der Auseinandersetzungen zwischen Frankreich und den Niederlanden und Schweden und Brandenburg, es ist zugleich eine Periode innerer Auseinandersetzungen und **sozialer Unruhen**, die zwar weniger spektakulär als die großen machtpolitischen und religiösen Konfrontationen sein mögen, dafür aber auf Konflikte innerhalb der scheinbar so wohlgeordneten Gesellschaft verweisen. In zahlreichen Städten kommt es zu **Verfassungskonflikten** und **sozialen Unruhen**, auf dem Lande brechen immer wieder **Bauernaufstände** und **Bauernkriege** aus, und in weiten Teilen Deutschlands nehmen die **Hexenverfolgungen** epidemischen Charakter an. Ursachen für diese Auseinandersetzungen in den Städten sind neben militanten reformatorischen und gegenreformatorischen Maßnahmen ökonomische Krisenerscheinungen (Inflation) und Konflikte zwischen der regierenden Oberschicht und den Zünften. Die Zünfte kommen immer stärker unter Druck, weil sie gegen die kostengünstiger produzierende Manufaktur (zwar auch noch Handarbeit, aber bereits arbeitsteilig, daher kann sie auch Ungelernte beschäftigen) immer mehr ins Hintertreffen geraten.

Außerdem wird die **Bedarfsdeckungswirtschaft** (so viele Handwerker, wie ihr

Ein Teufelspakt aus Prozeßakten des 17. Jahrhunderts. Die Unterschriften zum Teil in Spiegelschrift. Titelblatt des „Malleus maleficarum" (Hexenhammer), des für die Hexenverfolgung maßgebenden Werkes von Heinrich Institoris (gest. 1505) und Jakob Sprenger (gest. 1495). Ausgabe von 1519, erschienen in Nürnberg.
Aus: Justiz in alter Zeit, Mittelalterliches Kriminalmuseum Rothenburg o. d. T., S. 272

Auskommen finden) allmählich abgelöst durch die kapitalistische Konkurrenz der **Bedarfsweckungswirtschaft** (zuerst produzieren, dann Abnehmer finden). Die Ursachen für diese Krisen wurden aber nicht im **wirtschaftlichen Bereich** gesucht, sondern man gab die **Schuld** am wirtschaftlichen Niedergang, der Arbeitslosigkeit und der Verschuldung einmal mehr den **Juden**, die als **Sündenböcke** herhalten mussten.

Und ein anderer „Sündenbock" wurde auch noch gefunden: **die Hexen**. Die Hexenverfolgung ließ sich im kirchlichen und politischen Machtkampf als Mittel der Disziplinierung benutzen.

Die Hinrichtung der Hexen von Chelmsford.
Die kleinen Tiere im Vordergrund sind Hausgeister, die von den Hexen ernährt wurden und ihnen bei der Ausübung der Magie behilflich waren.
Aus einer Flugschrift des 17. Jahrhunderts.
Levack, B.: Hexenjagd, S. 130

1487 erscheint in Straßburg „das verrückteste und zugleich das läppischste, das verrückteste und dennoch unheilvollste Buch der Weltliteratur" (Riezler) der **„Malleus maleficarum"**, der **„Hexenhammer"**, ein ganzes Lehrgebäude des Hexenwahns und der Hexenbekämpfung.

Drei der Hexerei angeklagten Frauen werden zusammengebunden und auf dem Scheiterhaufen verbrannt (Chronik Wick, 1574; Zentralbibliothek, Zürich)
Aus: Kuhn, A. (Hrsg): Die Chronik der Frauen, S. 238

Es gab zwar auch Stimmen, die sich gegen diesen organisierten Verfolgungswahn, seine zugrunde liegenden Prinzipien und das fragwürdige Gerichtsverfahren wandten, doch konnten sie sich zunächst nicht durchsetzen. Zu den Kritikern gehörte auch der Jesuit **Friedrich Spee**, der in seiner **Cautio Criminalis**, 1631 anonym erschienen, aus eigener Anschauung die Praxis der Hexenprozesse seiner Zeit scharf verurteilte.

Kuhn, S. 239

CAVTIO CRIMINALIS Seu **DE PROCESSIBVS** CONTRA SAGAS Liber. *AD MAGISTRATVS* *Germaniæ hoc tempore necessarius,* Tum autem CONSILIARIIS, ET CONFESSARIIS *Principum, Inquisitoribus, Iudicibus, Aduocatis,* *Confessariis Reorum, Concionatoribus,* *cæterisq́ lectu vtilissimus.* AVCTORE INCERTO THEOLOGO ROMANO *EDITIO SECVNDA.*  FRANCOFVRTI, Sumptibus IOANNIS GRONAEI Austrij. ANNO MDCXXXII.	CAUTIO CRIMINALIS Oder **RECHTLICHES BEDENKEN** WEGEN DER HEXEN- PROZESSE *FÜR DIE OBRIGKEITEN* *Deutschlands gegenwärtig notwendig,* Aber auch *FÜR DIE RATGEBER UND BEICHTVÄTER* *der Fürsten, für Inquisitoren, Richter, Advokaten,* *Beichtiger der Angeklagten, Prediger,* *und andere sehr nützlich zu lesen.* VON EINEM UNGENANNTEN RÖMISCHEN THEOLOGEN *ZWEITE AUFLAGE.*  FRANKFURT, Bei JOHANNES GRONAEUS Austrius. 1632

Spee, F.: Cautio Criminalis, dtv 6122, S. XXXIV / XXXV

Und eine nicht ungefährliche **Frauenfeindlichkeit**, die leicht in grausame Hexenverfolgung umschlagen kann, findet sich ja auch in den Satiren von Johann Beer. Aber kein rabiater Antisemitismus.

Das Barock

Der ursprünglich **abwertende** ästhetische Begriff **Barock** wird erst im ausgehenden 19. Jhd. zu einer Bezeichnung für eine Stilrichtung der europäischen Kunst von etwa **1600 bis 1750**, dann auch zur Bezeichnung eines **ganzen Zeitalters** mit seinem besonderen Lebensgefühl und Menschenbild, wie es sich auch in der Dichtung äußert. Das Wort "Barock" kommt vom portugiesischen barocco = unregelmäßige, schiefe Perle, dann schiefrund, übertrieben, verzerrt.
Abwertend deshalb, weil dieser Stil die harmonischen, am Vorbild der Antike gewonnenen Formen und Proportionen der **Renaissance** (= Wiedergeburt der Antike, 15. und 16. Jhd.) auflöst, verzerrt und durch übertriebene, verselbständigte Ausschmückung verdeckt. Dann wird diese europäische Stilepoche als Einheit gesehen und positiv bewertet. Aber das Barock stellt sich uns als eine fremde und von unseren Lebens- und Kunstformen aus schwer verständliche Epoche dar.
Vorbereitet wurde das Barock gegen 1600 in Rom, wo im Anschluss an die Kunst Michelangelos ein neuer **monumentaler** Stil geprägt wird. Vor allem die Baukunst wird durch ihre große Konzeption, die die Malerei und Plastik miteinbezieht und zu einem **Gesamtkunstwerk** verbindet, zur Quelle des neuen Stils in fast allen europäischen und in mehreren südamerikanischen Ländern.
Die geschichtlichen Voraussetzungen der barocken Kunst sind vor allem in den universalen Ansprüchen zu sehen, die die auftraggebenden Mächte vertreten. Das erstarkte Papsttum, die weltweite Organisation der Jesuiten und der anderen Orden der Gegenreformation, das französische Herrschertum, die österreichische und später die preußische Monarchie geben in repräsentativen Bauten weithin wirkende Vorbilder.
Dieser zunächst an der **bildenden Kunst** gewonnene Epochenbegriff wird dann auch auf die **Literatur** übertragen und bezeichnet hier einen **Zeitraum von der Renaissance bis zur Aufklärung**.
Wie jeder Epochenbegriff ist auch die Bezeichnung Barock nur ein Hilfsbegriff, der versucht, eine Vielfalt von Strömungen und Dichtwerken zusammenzufassen. Dies gilt besonders für die Übergangszeit vom Barock zur bürgerlichen Literatur des 18. Jhds., die lange zu den dunklen und unerforschten Gebieten gehört hat. Daher war es auch möglich, dass sich in dieser Epoche mit Johann Beer ein bedeutender Erzähler verborgen hat, der als **Dichter** erst von Richard Alewyn entdeckt worden ist.
Die Einheit der Epoche beruht auf der inneren Spannung allen Denkens, auf dem Gegensatz zwischen bürgerlichem Standesbewusstsein und höfischer Kultur, Lebensgier steht neben Todesbangen, Jenseitssehnsucht neben Weltfreude.
Die Dichtung ist geprägt vom Widerstreit zwischen heidnisch-antiken Formen und christlichen Inhalten, von Regelzwang und gedanklicher Beweglichkeit; höfisches Pathos und Repräsentationssucht stehen neben Innerlichkeit und Vergänglichkeit, Nichtigkeit des Irdischen. VANITAS (=Vergänglichkeit) ist der Grundgedanke nicht nur in der geistlichen Dichtung.

Totenkasel, erworben von Abt Anton Wolfradt im Jahre 1630

Bildnachweis:
1200 Jahre Kremsmünster, Stiftsführer, Linz 1977, S. 195

Diese Gespaltenheit des Lebensgefühles **(Schrecken des Dreißigjährigen Krieges), Sieg über die Türken,** im Süden **Sieg der Gegenreformation**) findet ihren Niederschlag in starken **Gegensätzen,** die den Eindruck des Unharmonischen machen.

Im Barock gelten die Bestrebungen besonders der Ausbildung einer **eigenen deutschen Dichtersprache,** die den weiterentwickelten westlichen Literaturen an Zier, d. h. an Schmuck, Formen und Farben gleichkommt.

Denn Deutschland ist den westeuropäischen und südeuropäischen Ländern nicht nur im Politischen und Ökonomischen unterlegen - es ist noch **kein Nationalstaat,** sondern zerfällt in viele mehr oder minder selbständige **Teilstaaten** - siehe Sachsen - und leidet schwer unter den Folgen des Dreißigjährigen Krieges, der auf deutschem Boden ausgetragen worden ist -, sondern es ist auch auf kulturellem Gebiet zurück. Es hat noch nicht einmal eine **einheitliche Sprache.** Die Sprache der Theologie und der Wissenschaft ist das **Lateinische,** die Sprache des Adels das **Französische. Deutsch ist die Sprache des Hauses, des Marktes und des Krieges.**

Die deutsche Barockdichtung steht zunächst in **starker Abhängigkeit** von den romanischen Vorbildern, dabei wirkt der spanisch-italienische Einfluss mehr auf den Süden, der französisch-holländische mehr auf den Westen und Norden des deutschen Sprachgebietes.

Wie überhaupt gesagt werden muss, dass Spanien, Italien und Frankreich zu Beginn des 17. Jhds. die deutsche Kultur bei weitem übertrafen.

Im Rückblick allerdings kann man neben Spanien und Italien auch Deutschland zu den typischen Barockländern zählen, von denen sich Frankreich unterscheidet. Einen Sonderfall bilden die Niederlande, wo das Bürgertum als Träger der Barockkultur auftrat. In allen anderen Ländern war das Barock dagegen Hofkultur und darin mit der mittelalterlichen Ritterkultur verwandt.

Als fester Bestandteil des Hoflebens hatte die Literatur des deutschen Barock die Aufgabe, die Bedeutung festlichen Geschehens sprachlich zu gestalten: sie bringt keine privaten Gefühle des Einzelnen zum Ausdruck, sondern verwandelt durch

Gehalt und Form das Leben in ein Hoffest. Belanglosigkeiten des Alltags gehören nie zu ihren Themen. Sie strebt nach erhabener literarischer Gestaltung der grundlegenden und - wie sie meint - ewigen Wahrheiten des menschlichen Lebens und der menschlichen Gesellschaft. Ihr Stil ist im höchsten Grade pathetisch (überschwänglich), allerdings sind alle Affekte ihrer Figuren völlig der Vernünftigkeit der göttlichen Weltordnung und der Unerschütterlichkeit aller umfassenden Moralgesetze unterworfen. Dieser ständige Gegensatz zwischen entfesseltem stilistischem Pathos und weltanschaulicher Nüchternheit macht uns diese Zeit so fremd und schwer zugänglich.

Die prägende Wirkung der **Fürstenhöfe** für die deutsche Barockliteratur zeigt sich auch in der Herkunft bzw. im Beruf ihrer Autoren. Unter ihnen begegnen wir, sofern sie keine **Geistlichen** waren, entweder **Beamten** oder, freilich seltener, **Adeligen oder Fürsten**. Diese Literatur atmet auch dann, wenn ihre Verfasser dem Bürgertum entstammen, mehr höfischen als bürgerlichen Geist. Für Beer war ja die Aussicht auf eine Karriere am Hof sicher der wichtigste Grund, dass er mit dem Verfassen literarischer Texte aufgehört hat. Allerdings brachte die deutsche Literatur im 17. Jhd. auch literarische Gattungen hervor, die auf andere Einflüsse als die fürstlichen Höfe zurückzuführen sind: als neue Erscheinung in der deutschen Kultur sind hier die **Volksdramen** zu erwähnen, wie sie von wandernden Schauspieltruppen aufgeführt wurden; dann das **lyrische Gedicht**, insbesondere religiöse Lyrik, hauptsächlich von Vertretern der katholischen und protestantischen Geistlichkeit geschrieben; ferner die **Volksbücher** als Erbe des vergangenen Jahrhunderts und schließlich die **mystische Prosaliteratur**, die sich außerhalb der dem Landesherrn untertanen Amtskirche entwickelte. In diesem Zusammenhang verdient die ausgeprägte **religiöse Kultur** der deutschen Barockliteratur genau so erwähnt zu werden wie drei Kulturerscheinungen, die in je spezifischer Weise deutliche Spuren im europäischen Kulturleben und auch in der deutschen Barockliteratur hinterlassen haben: die **Theateraktivitäten der Jesuiten** (und Benediktiner), die **Gegenreformation** und der **Aufenthalt ausländischer Bühnengruppen** in Deutschland (z. B.: der englischen Komödianten) mit ihrem Pickelhering (lustige Person), der bei Beer immer wieder genannt wird.

Harsdörffers „Poetischer Trichter". II. Teil.

Aus:
Salzer, A.: *Illustrierte Geschichte der deutschen Literatur*, Beilage 77, S. 505

Das 17. Jhd. hat eine **völlig andere** Auffassung von der Dichtung als wir heute. Dichtung ist **lehr- und lernbar** („Poetischer Trichter"), sie soll **prodesse et delectare (nützen und erfreuen)**, nützen besonders für religiöse, moralische und Bildungszwecke. Und „erfreuen" heißt besonders, sie soll der **Langeweile** an den Höfen abhelfen und der von Arbeit freigestellten Hofgesellschaft die Zeit vertreiben.
Für die Schaffung einer deutschen Dichtersprache und für die **Reinigung der Sprache von fremden Einflüssen** sorgen besonders die sogenannten **Sprachgesellschaften**. Eine der wichtigsten von ihnen war die „**Fruchtbringende Gesellschaft**". Im Jahre 1667 wurde **Herzog August von Sachsen-Weißenfels** - Beers erster Landesherr - als drittes Oberhaupt der „**Fruchtbringenden Gesellschaft**" eingesetzt. Er hat die Geschicke der ersten deutschen Akademie in 13 Jahren bis zu seinem Tode im Jahre 1680 bestimmt.

Die Gesellschaft verstand sich als „Sprach"- oder „Tugendgarten": Ihre Mitglieder mussten sich sowohl in der standesgemäßen christlichen Lebensführung als auch in dem sicheren mündlichen und schriftlichen Gebrauch der deutschen Sprache als „fruchtbringend" erweisen.

Da sie die Eindeutschungen in ihrem Übereifer gelegentlich übertreiben, werden sie auch das Ziel von Spöttern. Einer dieser Spötter ist auch der wortgewaltige Johann Beer. Belege finden sich u. a. im Kapitel („**J. Beer und die Satire**").

Aus: Janzin ...: Das Buch vom Buch, S. 224

Als „**Dichtung**" und von Dichtern (=Poeten) geschaffen gelten nur die Formen der **Poesie** (durch Versmaß gebunden): Lyrik, Drama, Epos. In der Lyrik ist besonders wichtig das **Kirchenlied** (zunächst im protestantischen Raum); Texte von **Paul Gerhardt, Paul Fleming, Friedrich von Spee, Angelus Silesius** finden wir noch heute in unserem „**Gotteslob**". Von F. von Spee stammen die Texte zu den Liedern „**O Heiland, reiß die Himmel auf**", „**Zu Bethlehem geboren**", „**Laßt uns erfreuen herzlich sehr**", „**Ihr Freunde Gottes allzugleich**". Texte von Paul Gerhardt singen wir, wenn wir die Lieder anstimmen: „**Ich steh an der Krippe**", „**O Haupt voll Blut und Wunden**", „**Nun freue dich, du Christenheit**". Und Angelus Silesius (Johann Scheffler) verdanken wir die Texte zu den Liedern: „**Morgenstern der finstern Nacht**", „**Ich will dich lieben, meine Stärke**" und „**Mir nach, spricht Christus, unser Held**".

Die weltliche Lyrik ist in erster Linie **Gesellschaftslyrik**. Wichtig ist auch das **Epi-**

gramm (griechisch epigramma = Inschrift, Aufschrift), das sich durch prägnante Kürze des Ausdrucks auszeichnet; es dient zur einprägsamen Ausformung von Gefühlen, Stimmungen und geistreichen Gedanken. Auch Johann Beer streut immer wieder solche Epigramme in seine Romane ein und er gibt 1691 auch ein Buch „**Deutsche Epigrammata**" heraus.

Eine wichtige Aufgabe der Lyrik war es auch, die verschiedenen freudigen und traurigen Anlässe an den Höfen zu umrahmen. Von Beer sind 16 „**Leichenpredigten**" erhalten, obwohl er sich in seinen Werken oft über solche Prediger lustig macht. So z. B.: im FMK S. 36 und S. 58 und im „Bruder Blaumantel" S. 140, wo er zur Steigerung der Komik nur einsilbige Wörter verwendet.

In der **Dramatik** des Barock beherrscht zunächst das **Jesuitendrama** die Szene. Diese Stücke wurden meist von Lehrern an Jesuitenschulen, aber auch von Benediktinern in lateinischer Sprache verfasst und von ihren Schülern aufgeführt. Sie dienten somit einem pädagogischen und einem religiös-politischen Zweck. Der junge Beer hatte besonders in **Lambach** Gelegenheit, solche Stücke kennenzulernen.

Und während seiner Gymnasialzeit in Regensburg hat er zwischen 1670 und 1676 selbst drei lateinische Komödien verfasst.

„In Schul-Exercitiis habe Gottlob das meinige nicht saumselig gethan, wie ich dan unter Zeiten lateinische Comoedien gemacht, deren die Erste, als de mortis ubique praesentia [Über die Allgegenwärtigkeit des Todes], die andere bey dem Steuerschreiber Herren Hasen, und die dritte bey Herren Tüchlern dem Nürnberger Ordinari Pothen agirt worden. Seynd aber alle 3. von keiner grossen Conseqventz gewesen, Cum enim essem parvulus, loquebar ut parvulus [Da ich nämlich noch sehr klein war, habe ich gesprochen wie ein sehr Kleiner]. TB S. 20

> Ihr/ die ihr hier seyd/ wisst wohl/ daß der Mensch tod seyn muß/ dann die Sünd kam nach der Schrifft in die Welt und durch die Sünd der Tod/ so muß aus der folg der Tod ein Sold der Sünd seyn. Nun ist es gar wahr/ wir sind all in der Sünd/ drum seynd wir auch all in dem Tod. Was ist die Welt/ als ein Hauß voll mit Schand und Sünd? Ist nicht der Leib selbst ein Gast voll Angst und Quaal. Ach gar zu wahr ist es/ was die Schrifft sagt: Daß der Mensch muß stets seyn in Sorg/ und Pein? Er ist im Krieg/ und der Sieg bleibt nur dem/ der Starck und Frisch dem Feind eins auf den Kopff gibt. Das End der Welt ist nicht mehr weit/ dann wir sind gar zu Bös in der Zeit/ die uns zur Buß weist. Der/ so hier vor uns tod ligt/ ist ein Mann/ mit Nahm: Hanß Tropff/ Die Stadt/ wo er auf die Welt kam/ ist Thorn in Poln/ er war acht mal acht Jahr alt. Der Rahm von dem er in die Welt kam/ war Probst zu St. Marx zu Brin in Mähren/ ein gut Mann/ Weiß/ Klug/ und still. Drum bin ich hier/ daß ich euch Danck sag vor die Ehr/ die ihr ihm vors letzt thut. Lebt wohl.
>
> *Bruder Blaumantel, S. 140*

Das Drama bereitet auch den Boden für die **Oper**.
Wirklich große Verbreitung aber findet die literarische Gattung, die in den Augen der Theoretiker minderwertig ist, weil sie kein Vorbild in der Antike hat, auf das man sich berufen könnte - denn Originalität ist noch nicht gefragt, sondern man braucht Autoritäten - und die auch nicht in Versen abgefasst ist, sondern in Prosa (in ungebundener Sprache) und somit nicht von einem **Dichter** stammt, sondern „nur" von einem **Schriftsteller** verfasst worden ist, und der ist nach F. Schiller nur der „**Halbbruder des Dichters**". Aber dieser literarischen Gattung gehört nicht

nur das Interesse des Lesers des 17. Jhds., sondern auch die Zukunft, weil sie **zur Gattung des Bürgertums** werden wird: **der Roman.**
Allerdings sind diese Romane des Barock für den heutigen Leser nur ausnahmsweise eine anziehende Lektüre, und das gilt auch für die Romane von Johann Beer.
Für den heutigen Leser eines traditionellen Romans - ich spreche gar nicht vom „modernen" Roman - ist seine Vorstellung von dieser literarischen Gattung geprägt vom sogenannten **psychologischen Roman**, wie er sich seit dem ausgehenden 18. Jhd. entwickelt hat (Wieland: Agathon, Goethe: Die Leiden des jungen Werthers, Die Wahlverwandtschaften). Es geht in diesen Romanen weniger um **äußere Handlung** (Aktion) als vielmehr um die **Seelengeschichte** eines Helden oder einer Heldin, deren Empfindungen und innerseelische Reaktionen, um die Darstellung einer **Innenwelt**. Und es geht vor allem um Unverwechselbarkeit des Schicksals und **Originalität** in der Darstellung.
Das ist bis ins 18. Jhd. ganz anders gewesen. Barocke Romane sind **keine Seelengeschichten**, sondern dickleibige, **„wildgewordene Enzyklopädien"** (Eichendorff), die einem deutlich umrissenen Modell zu folgen haben, das nicht nur die Stoffe, Motive und Personen vorgibt, sondern auch die Sprache und den Aufbau und ein ganz bestimmtes Weltbild.
Es sind im Wesentlichen zwei Gattungen des Barockromans, die allerdings in verschiedenen Variationen im 17. Jhd. fast unbeschränkt das Feld des Romanes beherrschen, und damit werden wir ihnen auch im Schaffen von Johann Beer wieder und wieder begegnen: der **Picaroroman (oder Schelmenroman)** und der **Heroische-Roman, auch Heroisch-galanter oder Höfischer- oder Staatsroman** genannt. Diese beiden sind, wo sie rein ausgeprägt sind - so wenig miteinander zu verwechseln, dass es genügt, einen Satz oder nur den Titel zu lesen, um zu wissen, womit man es zu tun hat.
Beide sind keine deutschen Schöpfungen. Denn bis ins 18. Jhd. gab es keine bedeutenden literarischen Schöpfungen, die an eine einzige Nation gebunden gewesen wären.
Der **Picaroroman** kommt Anfang des 17. Jhds. aus Spanien nach dem Norden und wird in der 2. Hälfte des Jhds. durch **Übersetzungen** aus dem Französischen, dem Holländischen und dem Englischen neu belebt. In Deutschland erreicht er, durch Schwank und Sittensatire vorbereitet, seinen Höhepunkt in den simplizianischen Romanen von **Grimmelshausen** und ein paar Jahre später in den Erzählungen von **Johann Beer**. Gleichzeitig entwickelt der Picaroroman einen Seitentrieb in den **Politischen Romanen Christian Weises** und seiner Nachfolger. Und auch zu diesen gehört wieder Johann Beer.
Der Picaroroman spielt in der damaligen Gegenwart, aber außerhalb und unterhalb der sesshaften und besitzenden Stände in der dienenden oder der fahrenden Klasse, entweder unter herrschaftlichem, bürgerlichem oder bäuerlichem Gesinde oder überhaupt in der noch nomadisch lebenden Unterschicht, unter den Soldaten, Krämern, Quacksalbern, Komödianten und Musikanten, dem sogenann-

ten „Fahrenden Volk", oder unter den noch anrüchigeren Außenseitern, den Bettlern und Räubern, Dieben und Dirnen. Der Picaroroman bietet uns also eine **einseitige Auswahl** aus der Gesellschaft.

Diese Einseitigkeit wird verstärkt durch die Art der Darstellung. Krankheiten und Gebrechen, Armut und Elend, Falschheit und Rohheit, Laster und Verbrechen werden hier in der unwahrscheinlichsten Häufung, mit den drastischsten Mitteln und in den grellsten Farben dargestellt.

Seiner Struktur nach ist der Picaroroman die Lebensgeschichte eines jungen Burschen, von diesem selbst in der **Ich-Form** erzählt, der in dürftigen, wenn nicht verkommenen Verhältnissen aufgewachsen ist und als unerfahrenes Kind in die Welt verschlagen wird. Dort verliert er schnell seine Torheit und seine Unschuld und lernt es, um sein Glück zu machen oder wenigstens sein Leben zu fristen, sich mit viel List und wenig Skrupeln dem Zufall auszuliefern, der ihn bald hierhin, bald dorthin, bald nach oben, bald nach unten schleudert. Die Handlung zerfällt in einzelne Episoden, die beliebig austauschbar sind, von denen man einige weglassen, andere hinzufügen könnte, ohne dass der Zusammenhang litte, denn das einzige Element, das sie zusammenhält und miteinander verknüpft, ist die **Person des Helden**.

Der Leser des Picaroromans braucht, so wenig wie sein Held, ein Gedächtnis. Er braucht weder rückwärts noch seitwärts zu blicken. Der Picaroroman rühmt sich gerne, die Wirklichkeit zu zeigen, so wie sie ist. Er gibt aber die Erfahrungswelt nicht unvoreingenommen wieder, sondern bietet eine einseitige Auswahl in extremer Steigerung. Sie soll zeigen, wie haltlos und wehrlos der Mensch im Leben dem Glück ausgeliefert ist, wie trügerisch und flüchtig der Gewinn ist, den dieses ihm gewährt; dies soll man an der Lebensbahn des Picaro ablesen, und dies ist die Einsicht, die er schließlich selbst gewinnt. Wenn er daraus die Konsequenzen zieht, ist aber auch der Roman zu Ende. Die Helden versuchen dem Grundgebrechen der Welt, dem Widerspruch zwischen Schein und Sein, zwischen Wahn und Wirklichkeit komische Effekte abzugewinnen. Man mag es Humor nennen, aber es ist jedenfalls nicht seine sonnige Spielart, sondern eine verzweifelte Notwehr gegen das Elend der Welt. Erst bei Johann Beer wagt sich zum erstenmal eine ungezwungene Lustigkeit hervor.

So wie der Picaro, der Schelm, als Kind am Anfang unfreiwillig ins Leben gestoßen worden ist, so tritt er am Ende, aber diesmal freiwillig, wieder aus. Er sagt der Unbeständigkeit und Eitelkeit der Welt Adieu, um sich außerhalb der Welt als **Einsiedler** nur noch der Betrachtung der ewigen Dinge zu widmen.

Ein völlig anderes Bild zeigt der **Heroische Roman**. Auch er ist für Deutschland ein Import. Als **Amadisroman** kommt er aus **Portugal und Spanien** nach Frankreich und England und dann nach Deutschland und macht dabei allerhand Wandlungen durch. Die erste uns erhaltene Druckausgabe, eine spanische Bearbeitung, stammt aus dem Anfang des 16. Jhds. Um die Mitte desselben Jhds. erschien die französische Übersetzung, der das Werk seine internationale Popularität verdankt. Auf deutschem Boden, wo sich - aus europäischer Sicht - die Hofkultur

am spätesten durchsetzen konnte, erschien der erste Band der deutschen Übersetzung 1569, und zwar in Frankfurt, wie die „Historia von D. Johann Fausten".
Im Gegensatz zum Picaroroman bewegt er sich ausschließlich in den obersten Rängen der Gesellschaft. Sein Personal besteht aus Fürsten und Prinzessinnen, Heerführern und anderen Repräsentanten der vornehmsten Gesellschaft und ihrem kaum weniger vornehmen Gefolge. Und diesem sozialen Rang entspricht die Erlesenheit der Gebäude, Gewänder und Geräte, mit denen Schauplätze und Personen ausgestattet sind, und der Prunk der Sprache, den die Autoren für Reden und Beschreibungen aufwenden. Den sozialen Vorzügen der Personen entsprechen die ästhetischen (künstlerischen) und sittlichen Vorzüge. Insbesondere die Heldinnen sind von einer bestürzenden Schönheit, deren Beschreibung nicht weniger Raum geopfert wird als der Beschreibung der Hässlichkeit im Picaroroman. Die männlichen Helden sind in ihrem Äußeren von der Natur nicht weniger begünstigt. Ihre Kraft und Tapferkeit erreicht übermenschliche Dimensionen. Ebenso musterhaft ist ihr Verhalten gegenüber den zahlreichen Anfechtungen, denen ihre Tugend ausgesetzt ist. Wie der Picaro ein rechter **„Sündenlümmel"** ist, so sind sie wahre **„Tugendbolde"**.

Der Umgang der Paare ist ausschließlich geleitet von den Regeln des höfischen Anstandes. Liebe ist ja keine Privatsache. Jede Handlung ist ein Staatsakt von unabsehbarer geschichtlicher und geographischer Tragweite. Der Größe des Geschehens und der Höhe der Helden entspricht auch die räumliche Ferne, in die - im Gegensatz zum Picaroroman - die Handlung gerückt ist. Bevorzugte Schauplätze sind das kaiserliche Rom und seine Nachbarn, die Ufer und Inseln des Mittelmeeres und Äthiopien, Persien und Indien am einen, Germanien, Gallien und Britannien am anderen Horizont. So gegensätzlich wie der Stoff des Picaroromans und des Höfischen Romans ist auch der Plan, nach dem die Handlung angelegt ist.

So **linear** die Anlage des Picaroromans ist, so **verwickelt** und **verschachtelt** ist die des Höfischen Romans. Zunächst wird nicht vom Helden in der **Ich-Form** erzählt, sondern von einem Erzähler in der **Er-Form**. Diese Anlage ist dann freilich häufig unterbrochen durch Einlagen, in denen die Personen des Romans ihre Geschichte in der Ich-Form erzählen. Ferner steht im Mittelpunkt der Handlung nicht eine einzelne Person, sondern stets ein Paar, ein Liebespaar. Durch diese Verdopplung des Helden wird auch die Erzählung verdoppelt, denn das Paar wird frühzeitig gegen seinen Willen getrennt und meist nicht eher wieder vereint, als bis sich die Erzählung ihrem Ende genähert hat. Vor dieser Wiedervereinigung ist aber jeder der beiden Partner einer großen Anzahl von Widerwärtigkeiten ausgesetzt gewesen. Diese können physischer Natur sein, wie Seestürme, Schiffbrüche, Erdbeben, Überfälle, Vertreibung, Verschleppung usw., oder moralischer Natur, wie Versuche der Verführung und Erpressung. Damit ergeben sich statt eines Handlungsstranges deren **zwei**. Diese beiden Handlungen werden aber - soweit die Natur der Erzählung es erlaubt - **nicht nacheinander**, sondern **nebeneinander** erzählt. Die Handlung A wird nach kurzem Verlauf abgebrochen und der Faden B aufgenommen, aber ein Stück weiter seinerseits wieder fallengelassen, und dieses Verfahren wird mehrfach wiederholt.

Aber kein Heroischer Roman von Anspruch begnügt sich mit einem Heldenpaar und auch nicht mit zweien oder dreien. Oft sind es **bis zu 20 Paare,** von denen jedes für einen großen Teil der Handlung getrennt ist und von deren zwei Partnern jeder für sich den geschilderten Gefahren ausgesetzt wird, sodass sich bis zu 40 Lebensläufe ergeben. Man muss sich nun vorstellen, was geschieht, wenn die Erzählung der meisten dieser Lebensgeschichten wiederum mehrfach unterbrochen wird und sich zwischen die entstehenden Fragmente andere Erzählungen schieben, die ihrerseits fragmentarisch bleiben, sodass zwischen dem Anfang und der Fortsetzung einer solchen Erzählung Lücken von Hunderten Seiten entstehen können, während derer der Leser die Bekanntschaft von Hunderten anderen Personen gemacht hat (das Telefonbuch einer Kleinstadt). Man muss sich ferner vorstellen, dass die Erzähler dieser Ich-Geschichten kaum einer wichtigeren Figur begegnen, die nicht ihrerseits das Bedürfnis hat, ihre Geschichte zu erzählen, sodass wir innerhalb der Ich-Einlagen weitere Ich-Erzählungen zweiten Grades und womöglich innerhalb dieser Einlagen noch solche der dritten Potenz erhalten. Dann kann man ermessen, welche Anstrengungen dem Verfasser, aber leider auch dem Leser solcher Romane abverlangt werden. Der Leser eines Heroischen Romanes muss stets ein Geflecht von Dutzenden sich ablösender und durchkreuzender Handlungen überblicken und ein Personal von Hunderten von Figuren. Dazu kommt noch, dass der Heroische Roman nicht wie der Picaroroman bei der Geburt des Helden beginnt, sondern an einem Punkt einsetzt, der dem Ende nicht fern liegt. Dann erst wird der Leser bei passender Gelegenheit mit der Vorgeschichte bekannt gemacht, und auch dies natürlich wieder nicht in einem Zug, sondern in kunstvollen Etappen.

Dazu kommen noch die zahlreichen belehrenden und beschreibenden Abschnitte, in denen die Handlung völlig zum Stillstand kommt und die Erzählung befrachtet wird mit wundersamen und bedenkenswerten Beispielen aus der Natur oder des Altertums und der Erd- oder Völkerkunde. Sollte trotz dieser Ausweitung der Romanfelder der Leser noch in der Lage sein, den Überblick zu behalten, so gibt es ein letztes und „todsicheres" Mittel, das zu verhindern. Nicht nur das **Schicksal** der Personen, sondern auch deren **Identität** ist einer heillosen Verwirrung unterworfen. Der Heroische Roman kennt kaum einen Prinzen oder eine Prinzessin, die, wenn nicht schon als Säugling den Eltern geraubt oder von diesen ausgesetzt worden ist, durch einen Usurpator (Thronräuber) oder einen unerwünschten Freier genötigt worden ist, das Land und oft auch Stand und Geschlecht zu wechseln, und denen manchmal selbst ihre Herkunft unbekannt ist. Auch um sich der oder dem streng bewachten Geliebten unentdeckt zu nähern, gibt es oft kein anderes Mittel als Verstellung, Wechsel der Gestalt oder des Geschlechtes. Es kann auch vorkommen, dass dieselbe Gestalt unter mehreren Namen auftritt oder mehrere Personen den gleichen Namen führen.

Und wie dem Leser so geht es auch den handelnden Personen. Keiner weiß vom anderen, ob er das ist, was er scheint, und selbst wenn das Rätsel gelöst scheint, braucht die Lösung nichts zu sein als ein Irrtum. Alles läuft auf Täuschung hinaus, und alle Identitäten sind erst gesichert und alle Verschlingungen entwirrt, wenn das Ende erreicht ist. Im Heroischen Roman endet der Held **nicht als Einsiedler, sondern als Hochzeiter.** Das Ende bildet unweigerlich die Wiedervereinigung des getrennten Paares und seine Heirat, oder vielmehr: so viele **Wiedervereinigungen** und Heiraten, wie es getrennte Paare gab. Und auch die verlorenen Throne werden wieder bestiegen, nachdem die Usurpatoren vernichtet worden sind. So enden die Heroischen Romane im Gegensatz zum Picaroroman glücklich. Alle Verwirrung wird aufgelöst und die Ordnung wiederhergestellt. Die Lebensläufe der einzelnen Helden des Heroischen Romanes spielen sich zwar in weiteren Räumen und auf höherer Ebene ab, in den Umrissen aber sind sie der picaresken Lebenslinie gleich. Auch hier das planlose Auf und Ab und Hin und Her. Was den Heroischen Roman vom Picaroroman unterscheidet, ist nicht die grundsätzliche Beschaffenheit der Welt, sondern der Charakter des Helden. Während nämlich der Picaro sich der Unbeständigkeit willig hingibt, leistet der Held des Heroischen Romans Widerstand. Wo der Picaro mitspielt, wie ihm mitgespielt wird , und mit dem wechselnden Glück (der Fortuna) Fahne und Farbe wechselt, setzt der Held des Heroischen Romans der Unbeständigkeit der Welt die Beständigkeit seines Charakters entgegen und behauptet in allen Verwirrungen und Verwechslungen die Identität und die Integrität seiner Person. Das vornehmste Prüffeld des Helden ist aber nun die Liebe und die vorzügliche Form seine Bewährung, die Treue. Bildet das Nebeneinander im Picaroroman den Wankelmut eines Menschen ab, der haltlos dem Wehen der Zeit verfallen ist, so bildet das Nebeneinander des Heroischen Romanes eine Probe der Treue quer über den Raum und die Zeit der Trennung hinweg. Während es für den Picaro keine andere Wahl gibt, als sich entweder als Abenteurer an die Welt zu verlieren oder als Einsiedler die Welt zu verlassen, kennt der Held des Heroischen Romans auch innerhalb der Welt schon, zwar nicht einen Raum, aber wenigstens einen Ort der Tugend.

Indem Picaroroman und Heroischer Roman scheinbar das Entgegengesetzte sagen, bedingen und bestätigen sie einander gegenseitig: **Die Welt ist entweder edel, schön und gut, dann ist sie nicht wirklich, oder sie ist wirklich, dann ist sie gemein, hässlich und schlecht.** Ein Drittes gibt es im Roman des 17. Jhds. nicht, wenn man von der liebenswerten, aber unrepräsentativen Kleinform des **Schäferromans** absieht.

In den 70er und 80er Jahren des 17. Jhds. entwickelte sich ganz in der Umgebung von Johann Beer eine neue wichtige Gattung, der **Politische Roman.** Sein Schöpfer ist **Christian Weise**, Professor in **Weißenfels**, der mit diesem neuen Romantyp dem neuen sozialen Willen der bürgerlichen Oberschicht Ausdruck verleiht, die sich vom Kleinbürgertum abzugrenzen und sich der in der höfischen Sphäre ausgebildeten Kultur anzunähern versucht. Der **Politische Roman** bewahrt die reihende Form des Picaroromanes, übernimmt auch manches aus seinem stofflichen Milieu, aber die Hauptperson ist an den Ereignissen weder als

Täter noch als Opfer beteiligt, sondern ist nur Beobachter. Ihr zur Seite steht ein erfahrener Freund, der Gelegenheit gibt, an das Geschehene weiterbildende Betrachtungen und Nutzanwendungen zu knüpfen. Ein charakteristisches Element für den Politischen Roman ist, dass der Held sich von dem in früher Jugend von zu Hause entlaufenen Landstörzer des picarischen Romans zu einem aus geordneten Verhältnissen stammenden jungen Herrn gewandelt hat, der zur **Belehrung** in die Welt geschickt wird. Hinzu kommt eine weitgehende Passivität des Helden, der als der Belehrungen empfangende Beobachter auftritt. Auch die Freundesgestalt, die nicht mehr nur die Abenteuer des Helden teilt, sondern immer wieder das Geschaute für den naiven Partner erörtert und ihm ausgedehnte Unterrichtung zuteil werden lässt, ist im Picaroroman üblich.

Wenn man das alles weiß, wundert man sich, dass diese Romane einmal gelebt haben, ehe sie gestorben sind. Sie sind nicht nur geschrieben, sondern sie sind gelesen worden, noch hundert Jahre lang, bis in die Tage des jungen Goethe. Und noch der klassische Goethe schreibt am 14. Jänner 1805 an Schiller: *"Ich habe vor Langeweile allerley gelesen, z. B. den Amadis von Gallien. Es ist doch eine Schande, daß man so alt wird, ohne ein so vorzügliches Werk anders als aus dem Munde der Parodisten gekannt zu haben."* (Weimarer Ausgabe, 17. Band, S. 237).

Und bei all dem ist ja noch nicht berücksichtigt, dass diese Romane noch dazu in einer Sprache abgefasst sind, die einem Leser vom Ende des 20. Jhds. sehr fern ist, was die Wortwahl, den Satzbau und damit den ganzen Stil betrifft.

Der heutige Leser braucht sich also nicht zu wundern, wenn selbst Germanisten, die Johann Beer wohl gesinnt sind, meinen, dass Beers Schriften für den heutigen Leser nur sehr bedingt bekömmlich sind.

Garci Rodriguez de Montalvo, Amadis de Gaula: Titelseite einer 1533 in Venedig gedruckten spanischen Ausgabe. Dieser Ritterroman wurde das berühmteste und beliebteste Werk seiner Gattung in ganz Europa und von so unterschiedlichen Persönlichkeiten wie Ariosto, Montaigne, Ignatius von Loyola, Cervantes und Goethe geschätzt.

Aus:
Zmegac, V.: Geschichte der deutschen Literatur, S. 65

Inneres der Schloßkirche Weißenfels nach Norden

Aus: Das albertinische Herzogtum Sachsen-Weißenfels. S. 22

Der Buchmarkt im 17. Jahrhundert

„Es bleibt einmal gewiß: bey der Poesie trifft man zwar schöne Blumen an, aber sie trägt keine Früchte." (J. J. Schwabe, 1714).

Im Durchschnitt sind in der 2. Hälfte des 17. Jahrhunderts 826 Titel pro Jahr produziert worden. (1996: 66.913 Titel) Erst 1692 übertreffen die Neuerscheinungen in **deutscher** Sprache die in **Latein** (1640 noch 58 % in Latein). Auch sonst kommt es auf dem Buchmarkt zu radikalen Veränderungen, zu geistes- und kulturgeschichtlichen Umwälzungen, denn auch der Anteil der **theologischen** Bücher geht zwischen 1625 und 1735 auf 40 % zurück, 1800 wird er nur mehr 6 % ausmachen. Die modernen Wissenschaften wie Philosophie, Pädagogik, Naturwissenschaften, aber auch die Philologie (Sprachwissenschaft) und die Handelswissenschaft steigern ihren Anteil auf 20 % (1800 : 40 %). Die '**Schöne Literatur**' (Belletristik) hat einen Anteil zwischen 3 und 5 % an der Gesamtproduktion. Im Jahre 1700 werden ihre 2,8 % sogar von der Musik mit 3,5 % übertroffen. (1800 aber beträgt ihr Anteil schon 27,3 %; 1991: 14,5 %.) Die am Beginn des 17. Jahrhunderts blühende Buchkultur in Deutschland wird durch den Dreißigjährigen Krieg tiefgreifend geschädigt (erst 1768 wird wieder das Volumen wie vor dem Krieg erreicht).

Erst nach vielen Jahrzehnten ist die einstige Publikations- und Konsumentendichte wieder vorhanden, allerdings unter gewandelten Vorzeichen. Die **Internationalität und Latinität** sind stark zurückgegangen (ihr Zentrum war **Frankfurt**), der **volkssprachlich-nationale Buchmarkt** mit dem Mittelpunkt **Leipzig** hat seinen Aufstieg begonnen. Wenn man vom **Literaturbetrieb** spricht, meint man die **Produktion** (Herstellung), die **Distribution** (den Vertrieb) und **Rezeption** (das Lesen) von Büchern.

Wer **schreibt** damals Bücher und unter welchen Bedingungen? Wer **verlegt** Bücher und wer **liest** die Bücher?

Produziert werden die Bücher von den Verlegern, die gleichzeitig Buchhändler sind, und zwar messefähige Buchhändler. Die wichtigsten **Messeorte** sind **Frankfurt** und **Leipzig**. Diese Buchhändler erwerben die Rechte und lassen die **Manuskripte** bei den Druckereien in **Bögen** drucken. Daneben gibt es auch die Druckverleger, sie bedienen die lokalen und regionalen Märkte mit gängiger Ware, die sie durch **Kolporteure** (Hausierer) unters Volk bringen. Eine andere Zunft sind die Buchbinder: nur sie bieten auf den Messen und Märkten gebundene Bücher an. Am Buchmarkt mitnaschen wollen dann noch die Auchbuchhändler, die Pfuscher (Wanderhausierer). In der 2. Hälfte des 17. Jahrhunderts beginnt der Aufstieg der nord-, mittel- und ostdeutschen Verlagsorte. Einen besonders starken Aufschwung verzeichnen die sächsischen und thüringischen **Universitätsstädte Halle** und **Jena**. An 1. Stelle steht seit 1680 endgültig **Leipzig**, nicht zuletzt dank der **liberalen** sächsischen **Zensur** und der staatlichen wie städtischen Sorge für den blühenden Wirtschaftszweig des Buchgewerbes. In Leipzig entwickelt sich

auch ein neuer, wenn man will „kapitalistischer", Typ des Buchhandels – der große Verleger. Bestandteil ihres Verlagsprogrammes bilden sowohl kostspielige wissenschaftliche und theologische Werke wie auch **Belletristik**, darunter höfische und frühbürgerliche Romane von Lohenstein und Zesen, von Weise und Johann Beer. Die damalige buchhändlerische Verkehrsform war der **Tauschhandel**.
Das 17. Jhd. gilt in der Wirtschaft als jene Zeit, in der sich die Staatsdoktrin des <u>Kameralismus</u> durchgesetzt hat. Ihm ging es nach dem Vorbild des frz. <u>Merkantilismus</u> einerseits um die Förderung des **Wettbewerbs** innerhalb der eigenen Grenzen. Das führte zu vermehrten Konzessionierungen von Druckereien und Buchhandlungen und zur Subventionierung der Exporte. Zugleich suchte man die ausländische Konkurrenz durch **Importbeschränkungen** und Zölle zu behindern. Das Geld sollte im Land bleiben, nicht für auswärtige Produkte ausgegeben werden. Angesichts dieser für einen großen Zentralstaat wie Frankreich entwickelten Wirtschafts-Doktrin, die Rang und Macht eines Gemeinwesens nach dem Maße seiner wirtschaftlichen Autarkie (Selbständigkeit) bestimmt, stand der Buchhandel in den vielen Einzelstaaten des deutschen Sprachgebietes vor einem existenzgefährdenden Problem: schließlich war der Buchvertrieb seit jeher seiner Natur nach auf Grenzüberschreitung, auf Import und Export angewiesen. Wie sollte er sein Kommunikations- und Distributionssystem bei solchen Handelsschranken gerade in den Jahrzehnten nach dem Dreißigjährigen Krieg dennoch aufrechterhalten?

Buchkolporteur. Fliegende Händler beliefern selbst noch die entlegensten Landstriche mit Zeitschriften, Broschüren und Büchern, oft auch Übersetzungen und Raubdrucken.
„*Die Zerstreuung eines Buches durch die Welt ist fast ein ebenso schwieriges und wichtiges Werk als die Verfertigung desselben.*"
(F. Schiller)
Bild aus: Schrader, F.: Die Formierung der bürgerlichen Gesellschaft, Fischer 60133, S. 70

Als Lösung bot sich der **Tausch- oder Changehandel** an, der als Verrechnungsverfahren den Geldverkehr weitgehend zu vermeiden suchte. Sein Grundprinzip war es, auf den großen **Messen** in **Frankfurt** und **Leipzig** alle **Neuerscheinungen** der einzelnen Verlage ohne Rücksicht auf ihren jeweiligen Inhalt **bogenweise** zu tauschen, gleichsam auf der Basis gleichen Papierwertes. Wer 10.000 Bogen seiner theologischen und juristischen Verlagsneuheiten mitbrachte, konnte dafür ebensoviele Bogen gleichen Formates an neuen Romanen und medizinischen Schriften mit heimnehmen. Dies war nur möglich, weil nach wie vor der Kundenkreis des „gelehrten" Messehandels überall weitgehend einheitlich war. Wenn Ausstattung und innerer Wert der 'Bücher' allzusehr differierten, wurde im

Verhältnis 1 : 2, 1: 3 oder gar 1 : 4 verrechnet. Jeder Buchhändler musste also, um überhaupt an diesem Markt teilnehmen zu können, **Verleger und Sortimenter** (Buchhändler) in einer Person sein. Es galt dabei als ausgemacht, von jedem neuen Artikel einer Firma vier bis sechs Exemplare abzunehmen. Diese Packen waren also **nicht geschnitten** und **nicht gebunden**. Jetzt wird auch verständlich, woher die **prunkvollen Titelblätter** kommen, die zugleich **Inhaltsangaben** und **Werbetexte** gewesen sind. Denn man konnte den Packen Bogen ja nicht durchblättern.

Die Vorzüge des Tauschhandels lagen auf der Hand. Nicht nur die Buchhändler hatten einen Nutzen davon ('bargeldlos'), sondern auch das Publikum. Nur auf diese Weise konnte die gesamte Produktion gleichsam umgewälzt werden und erreichte über das weitverzweigte genossenschaftliche Vertriebsnetz auch die entferntesten Interessenten zwischen Königsberg und Basel, Kopenhagen und Budapest. Die Breite des Angebotes umfasste je nach der Leistungsfähigkeit der eintauschenden Firma den gesamten Markt.

Unter einem **Bogen** versteht man im Buchdruck das große ungefaltete Blatt, das je nach erforderlichem Format in kleinere Blätter gefaltet wird, am häufigsten durch dreimaliges Falten in 8 Blätter = 16 Seiten (Oktav-Format).

Das typische Format für die Werke Johann Beers ist das **Duodez-Format**, bei dem der Bogen in **12 Blätter (24 Seiten)** gefaltet wird.

Buch- oder Bogenformate im Buchdruck

Format kommt von lat. *formatus* = das Geformte und bezeichnet das Verhältnis von Höhe und Breite eines Papierbogens oder auch eines Buches (Hoch- oder Querformat). Ausgangspunkt ist der **Druckbogen**. Die Formatbezeichnungen richten sich nach der Häufigkeit seiner Falzung (Brüche). Man unterscheidet:

Folio (ital., von lat. *folium* = Blatt), größtes Buchformat des nur einmal gefalzten Bogens, der dann 2 Blätter (4 Seiten) ergibt, ca. 42 x 33 cm, abgekürzt fol. oder 2°, beliebtes Format im 15./16. Jahrhundert, als der Buchdruck noch unter dem Eindruck der riesigen, bis zu 74 x 50 cm großen Folianten des Mittelalters stand.

Heute ist Folio noch für Atlanten gebräuchlich, und mit Großfolio bezeichnet man bereits ein Buch von über 45 cm Höhe.

Quart (lat. *quartus* = der vierte), bei dem der Bogen zweimal, in 4 Blätter (8 Seiten) gefaltet wird. Zeichen 4°. Üblich für großformatige Bände, Kunstbücher, Tafelwerke.

Sext (von lat. *sextus* = der sechste). Der Bogen wird in 6 Blätter (12 Seiten) gefaltet. Zeichen 6°.

Oktav (von lat. *octavus* = der achte). Faltung, die 8 Blätter (16 Seiten) ergibt. Zeichen 8°. Heute häufigstes Buchformat.

Duodez (von lat. *duodecim* = zwölf), eines der kleinsten Buchformate, bei dem der Bogen in 12 Blätter (24 Seiten) gefaltet wird. Zeichen 12°. Im 18. Jahrhundert war es sehr beliebt, heute ist das Format selten.

Sedez (von lat. *sedecim* = sechzehn), in 16 Blätter gefalteter Bogen (32 Seiten). Zeichen 16°.

Oktodez (von lat. *octodecim* = achtzehn), winziges Buchformat des in 18 Blatt (36 Seiten) gefalteten Bogens. Zeichen 18°. Meist für Liebhaberausgaben.

Bei Folio, Quart, Oktav und Sedez wird der Bogen jeweils auf die Hälfte gefalzt, während bei Duodez zunächst gedrittelt (2 Falzungen) und dann zweimal halbiert wird.

Anstelle der Bogenfaltung hat sich heute die Bezeichnung nach der Höhe des Buchdeckels durchgesetzt, so gelten für die deutsche Bibliographie:
Klein-Oktav bis 18,5 cm hoch
Mittel-Oktav 22,5 cm hoch
Groß-(Lexikon-)Oktav bis 25 cm hoch
Großquart bis 35 - 40 cm hoch
Großfolio über 45 cm hoch   *(Janzin/Günther: Das Buch vom Buch, S. 281)*

Antiqua - Fraktur

In der Mitte des 16. Jahrhunderts waren mit der Ausbreitung des Buchdruckes eine Reihe neuer **Schrifttypen** entstanden.

Die größte Konkurrenz erwuchs den gotischen **Schreibschriften** in zwei Neuschöpfungen, die bis in unser Jahrhundert die meist verwendeten Typen waren: der **Antiqua**, der lateinischen Druckschrift, und der **Fraktur**, der gebrochenen Schrift.

Die Antiqua geht auf die karolingische Minuskel zurück. Sie wurde von den Humanisten fälschlich als Schrift der Römer angesehen und daher übernommen. Entscheidend für ihren Durchbruch war aber, dass sie auch von der römisch-katholischen Kirche verwendet wurde.

Der Ursprung der Fraktur ist noch nicht genau geklärt. Vielleicht stammt sie aus der Kanzlei von Maximilian. Die Bezeichnung kommt von lat. *fractura* = die Gebrochene. Sie hatte sich bis Ende des 16. Jahrhunderts in Deutschland durchgesetzt, bes. bei den **Reformationsdruckern**.

Damit wiederholt sich etwas, was wir schon von der Sprache her kennen: 'gemeines Deutsch' = katholischer Süden gegen Luther-Deutsch = protestantischer Norden. Denn jetzt wird die Schriftfrage für viele eine Prinzipienfrage. Die Humanisten bevorzugen die lateinische Schrift und Sprache, die an der Reformation beteiligten Theologen die Volkssprache und die deutschen Buchstaben.

Da sich die Antiqua im Laufe des 19. Jhds. in den neu entstehenden Printmedien (Zeitungen usw.) wegen ihrer Einfachheit immer mehr durchgesetzt hatte, ließ die NS-Regierung 1941 die Fraktur abschaffen, da sie zur Verbreitung des „großdeutschen" Gedankens unzweckmäßig war.

In den Drucken der Werke Beers wechselt – wie schon gesagt – das Schriftbild zwischen **Fraktur** für den **deutschen** Text und **Antiqua** für **fremdsprachige** Wörter oder Textpassagen. Hier ein Beispiel – die Seite 109 von „Der kurtzweilige Bruder Blau-Mantel", Faksimiledruck der Auflage von 1700, in der Originalgröße des Duodez-Formates:

> ⚜:) o (:⚜ 109
>
> erschnappet / so eilet ihr zehen mal so geschwind als ihr sonsten gewohnet seyd hinzu/ streiffet schon von ferne den lincken Fuß und scharret so starck auf dem Pflaster/daß euch/ weil ihr keine Sohlen an denen Schuhen habt / offtermals die Zehen zu bluten anfangen / daß der Schweiß eben in dieser Form an dem Pflaster hangen bleibt/gleich wie ihr das Reverenz gestreiffet. Hernach wann ihr mit diesem Fechtsprung fertig seyd / so wendet ihr euch/ geschwind mit dem Pürtzel auf die andere Seite/ und streiffet auch den andern Fuß/ damit verdoppelt ihr eure Spanische Schritte und verkürtzet euren Leib/also/daß ihr einem Jean Potage nicht viel unähnlich sehet. Damit fanget ihr an also zu reden:
>
> Nobilissime, Præcellentissime atqȝ doctissime Domine. Nihil me fugit, dominationem vestram probè scire, quam res sit intollerabilis & miserabilis esse paupertate repletum. Adeoqȝ boni consului dominationem vestram humilibus adire & convenire precibus, submisse rogidans ut pro more & amore mihi penitus desolato aliquo viatico succurrere velit. Meum erit hoc in-
> com-

Dass in den Erstdrucken auch hinter den Kardinalzeichen (1, 2, 3...) ein Punkt steht, kommt daher, dass die Verwendung des Punktes nur bei den Ordinalzahlen (der 1., der 2., usw.) im 17. Jdt. noch nicht üblich war.

Im Laufe der Jahrzehnte traten freilich auch die Kehrseiten des Tauschhandels immer deutlicher zutage. Jeder Verleger produzierte in gewisser Hinsicht weniger für das Publikum als für den Buchhändler. Für jeden Verlegersortimenter bestand ja Messe für Messe die Notwendigkeit eigenen Verlegens, jeder kehrte mit vollen **Fässern** (es wurden fast alle Waren in Fässern transportiert, denn die konnte man rollen) von den Messen zurück, gefüllt mit Tausenden von Bogen bedruckten Papiers und sah sich oft genug vor der unlösbaren Aufgabe, die hastig produzierte oder ein entlegenes Thema behandelnde Verlegenheitsware eines Hamburger Kollegen in Tübingen als Novität verkaufen zu müssen, wollte er seinerseits das für die eigene Produktion eingesetzte Geld wieder hereinbringen.

Schon um 1680 mehrten sich die Klagen der Zeitgenossen über die Unmengen überflüssiger Bücher. Um möglichst viel tauschen zu können, wurden auch die Auflagen erhöht. Gebräuchlich wurden 1500 bis 2000 Exemplare. Die Gewölbe füllten sich mit Abertausenden von ungebundenen Bogen, denn die Buchführer durften ja nach wie vor nur mit „rohen Materialien" handeln, das Binden und Verkaufen gebundener Bücher war eifersüchtig gehütetes Buchbinderprivileg. Die Lager wurden immer umfangreicher und verloren infolge ihrer Überalterung an Wert. Besonders die Leipziger Großverleger förderten die Entstehung eines neuzeitlichen Buchmarktes, sie versuchten mit wachsendem Erfolg, dem Tauschhandel zu entgehen und ihre Produkte nur gegen **Bezahlung** abzugeben. Dieser neuzeitliche Buchmarkt war auf Expansion und Bedarfsweckung ausgerichtet. Daher ging man allmählich zum **Nettohandel** über: Ein Verleger bot Bücher an, nahm selbst so viele mit, wie er absetzen zu können glaubte, schloss frühere Rechnungen ab und zahlte nach einem Abzug, der sich allmählich auf 33 ein Drittel einpendelte, bar aus.

Jetzt entwickeln auch die **Autoren** ein **neues Selbstbewusstsein**. Sie wollen sich nicht mehr mit Gotteslohn oder dem stolzen Bewusstsein, gemeinem Nutzen zu dienen, abspeisen lassen. Sie wollen sich weder mit einem **Honorar in Form von Büchern** abfinden lassen, noch akzeptieren sie die Möglichkeit einer **Dedikation** (Widmung) an einen reichen **Mäzen** (Gönner) als Ersatz. Auch wenn die **urheberrechtli-**

Der Buchhändler. Kupferstich von Jan Luyken (1649 - 1712) aus Amsterdam. Aus Christoff Weigel, Abbildung der gemeinnützlichen Haupt-Stände, Regensburg, Chr. Weigel, 1698. Bücher wurden lange Zeit in Fässern verpackt und transportiert, sowohl als gebundene Exemplare wie auf der Abbildung, oder, was häufiger vorkam, als Rohbogen. Maße des Stichs: 8,7 - 7,8 cm.
Aus: Janzin / Günther: Das Buch vom Buch, S. 203

chen Begriffe noch fehlen, haben sie doch bereits eine klare Vorstellung vom materiellen Wert des **geistigen Eigentums**. Aber es war noch immer gängige Auffassung, der Autor müsse dankbar sein, es müsse ihm eine **Ehre** (lat. **honor**) sein, wenn der Verleger sich seines Manuskriptes annehme und ihm das Risiko des Selbstverlages erspare. Noch immer gilt: *„Die Schrifften derer Autoren werden den Buchdrückern und Buchführern um einen gewissen Preiß verkauft, jedoch so, daß diese den Profit, jene aber die Ehre [= honor] haben."*

(Fritsch, A.: Abhandlung von denen Buchdruckern / Buchhändlern / Papiermachern und Buchbindern / Insonderheit von deren Statuten / Freyheiten /Streitigkeiten, der Bücher-Censur [...]. Regensburg, Seiffahrt 1750, S. 37)

Wie beim Tauschhandel der Verleger untereinander versuchte jetzt der mit überquellenden Lagern geplagte Buchhändler oft, den Autor seinerseits mit Gedrucktem zu entschädigen. Während herkömmliche Verleger die Forderung der Autoren nach **finanziellem Entgelt** dreist fanden, suchten die fortschrittlichen Leipziger renommierte Schriftsteller durch großzügige Honorare an sich zu binden.

Der im Laufe des 17. Jhds. allmählich zunehmende und vom 2. Drittel des 18. Jhds. an steil steigende Stellenwert der **schönen Literatur** auf dem Buchmarkt zeigte sich auch im Wandel der Rolle des literarischen Autors. Bis auf wenige Ausnahmen waren die „**Schriftsteller**" der Barockzeit (die Bezeichnung ist übrigens damals entstanden) allesamt Angehörige des Gelehrtenstandes. Sie besaßen Gymnasial- oder Universitätsbildung und wirkten als protestantische, seltener katholische Geistliche, als Juristen und Mediziner, Hochschullehrer oder fürstliche oder städtische Beamte. Manche hatten keine Akademie besucht und mussten ihr Brot eine Stufe tiefer verdienen – als Schreiber und Verwalter wie Grimmelshausen oder als höfischer Musicus wie Johann Beer. Ein nicht geringer Teil der Autoren gehörte dem niederen Beamtenadel an, einige sogar der höheren oder höchsten Nobilität.

Der Begriff „**Schriftsteller**" ist ursprünglich negativ besetzt. Schiller sagt: *„Der Schriftsteller ist der Halbbruder des Dichters!"* Dichter (Poet) ist, wer Verse (Poesie) schreibt, Schriftsteller, wer Prosa (Romane) schreibt.

So verwundert es nicht, wenn Johann Beer unter dem 3. September 1695 in seinem 'Tagebuch' vermerkt (S. 51): „Eodem (den 3t. 9b) haben mir ihr Durchl. befohlen das Diarium in Verse zu bringen..." [Diarium = Tagebuch]

Aber auch Dichter von hohem Rang und Ansehen mussten wie der Metzgersohn Martin Opitz die größte Zeit ihres Lebens in materiell bescheidenen Verhältnissen leben und oft rasch wechselnde Stellen annehmen. Sogar die höfischen Auftragsdichter, die sich stets zur Verfertigung von Huldigungsadressen, Festliedern, Komödien und Oratorien zur Verfügung halten mussten, lebten bescheiden. Am Ende des 18. Jhds. überschwemmten die verkrachten Studenten, stellungslosen Gelehrten, gestrandeten Hofmeister (Privatlehrer) nicht nur den Buchhandel, sondern entdeckten den Buchmarkt auch als Produzenten und erwiesen sich damit als Vorgänger und Frühformen des „freien" Schriftstellers (nicht mehr abhängig von einem Mäzen). Solche literarischen Taglöhner und Vielschreiber fertigten im Auftrag von Verlegern schnelle Übersetzungen von pikanten französischen Romanen an, stoppelten galante Romane zusammen und konnten sich durch derlei Auftragsarbeiten über Wasser halten. Vor allem aber betätigten sich so gut wie alle Buchautoren – also auch Johann Beer – als **Poeten auf Bestellung**, um für zahlreiche Kunden in deren Auftrag und Namen wohlgesetzte Hochzeits-, Kindbett-, Geburtstags-, Promotions-, Genesungs-, Leichen- und sonstige Gelegenheitsverse zu schmieden. Zwischen 1650 und 1730 dürften solche „Casualcarmina" **(Gelegenheitsgedichte)** in Hunderttausenden von Exemplaren lokal und regional verbreitet worden sein.

DU lieber Bähr giebst uns jetzt gute Nacht
Und must betrübt die Deinigen verlassen/
Nach dem ein schneller Schuß / der dir nicht zugedacht
Dich eilend gehen heist / die finstre Todes Strassen.
Ach allzu harter Schuß / dein Schicksall ist zu strenge.
Nein / was der Höchste schickt / das läst sich tadeln nicht /
Es ist zum starcken Trost daß deiner Sünden Menge /
Dein JEsus hat getilgt / und läst sie von Gericht.
Wohl dem der so wie Du in seiner Noth verdirbt /
Und stirbet eh' er stirbt / der stirbt nicht wenn er stirbt.
Hiermit wolte sein schuldiges Mitleiden über den schmertzlichen
Hintrit seines liebgewesenen Herrn Gevatters und guten Freundes
hinzusetzen   Paul Benjamin Erfurth: Totenklage für Johann Beer

Die Dichter der Barockzeit schrieben für ein festumrissenes, sozial- und bildungsmäßig klar definiertes Publikum mit weitgehend einheitlichem ästhetischem Kanon und klaren Geschmacksvorstellungen, noch nicht für eine anonyme Leserschaft im neuzeitlichen Sinn.

Und wer waren nun die **Leser**?

Es ist anzunehmen, dass der **Analphabetismus** in diesem Zeitraum wegen der politischen und kriegerischen Ereignisse eher wieder anstieg, während die Bevölkerungszahl deutlich zurückging. Zwar verfügten viele Territorien die **allgemeine Schulpflicht** per Verordnung, doch ließ deren Umsetzung bis ins beginnende 19. Jhd. weithin zu wünschen übrig. Bäuerliche und unterbäuerliche Schichten besuchten die Schule so gut wie gar nicht. Mag sein, dass sich die einfachste Schreib- und Lesefähigkeit der städtischen unteren Mittelschicht ein wenig gebessert hat, ohne dass das spürbare Folgen für den Buchmarkt gehabt hätte. In den Elementarschulen nahm vielleicht ein Viertel der schulpflichtigen Kinder überhaupt am Unterricht teil, davon dürften sie gut zwei Drittel durchlaufen haben, ohne über das stockende Entziffern des Katechismus hinausgekommen zu sein.

Das verwundert überhaupt nicht, wenn man bedenkt, welche Schwierigkeiten selbst die „Lehrer" an diesen Schulen mit dem Rechnen, Lesen und Schreiben gehabt haben. War doch später in Preußen unter Friedrich II. († 1786) der Nachweis,

Soldat gewesen zu sein, ein hinreichendes Kriterium für die Anstellung zum Lehrer. Die Bewerber wurden von der ganzen Gemeinde unter Vorsitz des Pfarrers geprüft. Hier ein **Prüfungsprotokoll**:

„Martin Ott, Schuster allhier, 30 Jahre des Lebens alt, hat in der Kirche gesungen a) Christ lag in Todesbanden b) Jesus meine Zuversicht C) Sieh, hier bin ich, Ehrenkönig.
Hat aber noch viel Melodie zu lernen, auch könnte seine Stimme besser sein. Gelesen hat er Genesis 10,26 bis aus, buchstabiert V 16 bis 29. Das Lesen war angehend, im Buchstabieren machte er zwei Fehler. Dreierlei Handschrift hat er gelesen - mittelmäßig; drei Fragen aus dem Verstand beantwortet – recht; aus dem Catechismo de sc. coena und die 54. Frage recitiert ohne Fehler; drei Reihen dictando geschrieben – vier Fehler; des Rechnens ist er durchaus unerfahren." (Schule und Staat im 18. und 19. Jdt., e. s. 694, S. 61)

Wie es in diesen Schulen zugegangen ist, davon kann man sich in den Romanen von J. Beer ja immer wieder ein Bild machen. Ich zitiere hier eine – zugegeben – drastische Stelle aus dem – auch sonst nicht gerade feinen „Narrenspital" (Rowohlt Klassiker 9, S. 8): „Ich kann es mit meiner frühzeitigen Jugend mehr als genugsam bezeugen, was für eine große Torheit die Schulmeister begehen, welche ihre anvertrauten Kinder gleich den Hunden in der Schul herumpeitschen. Zu einem solchen unverständigen Kinderhenker ward ich von meinen Eltern getan, welche glaubten, ich würde bei demselben in meiner ersten Jugend nicht allein wohl aufgehoben, sondern auch im Lesen und Schreiben fleißig unterrichtet werden. Aber, bei meiner Treu, ich habe niemals unter einer härteren Disziplin gelebt, und hätte mich meine Jugend nicht überredet, als müsse es so sein, so wäre ich bei dem Bachanten [Trunkenbold] nicht vier Wochen geblieben. Er hatte seine größte Lust, uns arme Kinder zu schmeißen [prügeln], und ich kann schwören, daß er die meiste Schulzeit nur mit Auskehrung der Ärsche zu tun hatte. Das Herz lachte ihm im Leibe, wenn er hörte, daß einer oder der andere unter seinen Discipuln [Schülern] außer der Schnur gehauen, und demnach band er allezeit neue Ruten, zu strafen die, welche er angegeben und in seine Schreibtafel aufgezeichnet hatte. Das Wohlverhalten der Knaben wär seine ärgste Pestilenz, denn dadurch fraß er den heftigen Gift in sich, weil er in der Schule nichts zu strafen hatte, aus welchem gar leicht kann verstanden werden, welch eine unbeschreibliche Torheit den Phantasten besessen, der sich durch die Tugend seiner Discipuln zum Zorn und Widerwillen reizen ließ. Ja, ich schäme mich, etliche Sachen zu erzählen, welche der Schlingel vorgenommen, nur uns in Strafe zu bringen, und er achtete es wenig, wenn er die Kinder mit Ruten strich, daß das Blut hernach floß. Er strich etliche dermaßen zuschanden, daß sie dem Bruch- und Wundarzt etliche Wochen mußten unter der Hand liegen, und wenn man im Gegenteil ansah den Nutzen von seiner Lehre, so war es zu erbarmen, daß man einem solchen Arschgucker so viel Zweige der unschuldigen Jugend unter die Hand gegeben, welcher sie bis auf den Grund verdorben hat. Ich habe nach meinem erreichten männlichen Alter den Unterschied zwischen einem, der den Staupbesen bekommt [mit Ruten geschlagen wird], und uns damaligen Schülern genau auf die Wage gelegt, und es ist gewiß, daß wir von unserem ungehobelten Schulmeister viel ärger gestrichen worden als ein Erzschelm, der den Leuten das Ihrige zu Nachtzeiten hinter den Hauptkissen hinwegfischte..."

Auch wer Lesen gelernt hatte, verlernte es mangels Interesse und Gelegenheit zur Übung meist binnen kurzer Zeit wieder. (Das ist nun eine Erscheinung, die heute unter dem Namen „**funktionaler oder sekundärer Analphabetismus**" in den Industrieländern zu einem wirklichen Problem wird.) Und wer las, dessen Lesefähigkeit beschränkte sich auf eine unablässige Wiederholung desselben Werkes (meist eines **Andachtsbuches**).

Obwohl Jean Paul 1799 vermutet, die deutschsprachige Literatur finde 300.000 Leser – das wäre immerhin eine Verdreifachung gegenüber Zahlen, die für das vorangegangene 17. Jahrhundert genannt werden und entspräche einem Leseranteil an der Bevölkerung von 10 % – fühlt sich der Staat herausgefordert, die Verbreitung der Literatur zu überwachen und diese zu kontrollieren, und zwar mit Hilfe der **Zensur**.

Die ursprünglich kirchliche Bücherzensur (Zensur = lat. censura = strenge Prüfung) beginnt **1479** kurz nach der Erfindung des Buchdruckes. Eine Bulle von 1501 gibt dann den Bischöfen das Recht zum **Verbot gottloser und ketzerischer Schriften**.

Die kirchliche Zensur wird 1529 ergänzt durch die allgemein eingeführte **weltliche Zensur**, die nunmehr auch Angabe des Druckers, Druckortes und später des Autors verlangt, die Drucker vereidigt und die Einfuhr unterdrückter Bücher verbietet. 1559 lässt Papst Pius IV. den für die Gesamtkirche verbindlichen **Index librorum prohibitorum** (Verzeichnis der verbotenen Bücher), kurz „**Index**" genannt, erstellen. Hier ist auch das Verbot lasziver (= schlüpfriger) und obszöner (= schamloser, anstößiger) Bücher enthalten.

Sinn dieser Zensur war es, dass bestimmte Kenntnisse und Meinungen, die unter Gelehrten gängig oder zumindest diskutabel waren, nicht populär werden sollten, d. h. eventuell in lateinischer Sprache, aber niemals in deutscher Sprache gedruckt werden. So fragt der Landesherr und Dienstgeber von G. E. Lessing, der Herzog von Braunschweig, ganz ungnädig, als zwischen Lessing und dem Hamburger Pastor Goetze ein heftiger Literaturstreit über Fragen der Religion ausbricht: *„Warum schreiben diese Leute nicht in lateinischer Sprache, damit dieses Ärgernis nicht allgemein verbreitet werde?"*

Im 17. und 18. Jhd. übernimmt dann der Staat die Zensur (oft **Vorzensur**: die Manuskripte müssen, bevor sie in Druck gehen, dem Zensor vor-

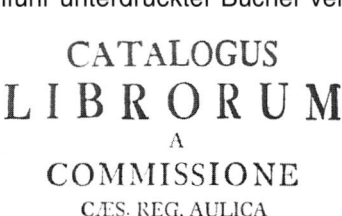

CATALOGUS
LIBRORUM
A
COMMISSIONE
CÆS. REG. AULICA
PROHIBITORUM.

EDITIO NOVA.

Cum Privilegio S. C. R. Apoſt. Majeſtatis.

VIENNÆ AUSTRIÆ
TYPIS GEROLDIANIS.
1776.

Titelblatt des Wiener Katalogs verbotener Bücher vom Jahre 1776.

Houben, H.H.: Der ewige Zensor, Athenäum, Kronberg, 1978, S. 27

gelegt werden). Der Zensor J. H. G. Justi erklärt 1761: *„Meines Erachtens müssen die Bücher, welche im Lande gedruckt werden oder eingeführt und zu verkaufen erlaubet sein sollen, nichts gefährliches wider die Ruhe des Staates und wider die, denen Regenten schuldige, Ehrerbietung in sich enthalten."*

Mit Bezug auf den Index hat das damals geflügelte Wort gegolten: „Notabitur Romae, legetur ergo." (Was Rom auf den Index gesetzt hat, wird gewiss gelesen.)

Van Swieten (der Leibarzt Maria Theresias) war auch der Begründer des österreichischen **„Catalogus librorum prohibitorum"**, des gedruckten Verzeichnisses verbotener Bücher, das zur schnelleren Unterrichtung der Behörden und Buchhändler und zur nachdrücklicheren Durchführung seiner Verbote von 1754 bis 1780 in immer wieder revidierten und bereicherten Neuausgaben im Druck erschien und alsbald ein sehr gesuchter Führer durch die anrüchige Literatur wurde, der, wie der Berliner Schriftsteller und Buchhändler Friedrich Nicolai mit Recht sagte, die schlechten Leute die schlechten und die klugen Leute die klugen Bücher erst kennen lehrte. So wurde die löbliche Zensurkommission selbst die Verfasserin des gefährlichsten aller Bücher und es ist erstaunlich genug, dass sie erst 1777 zu dieser Erkenntnis kam und daraus den logischen Schluss zog: sie setzte den von Sammlern und Buchhändlern vielbegehrten Katalog selbst auf den Index; er war von da ab nur noch Beamten und „erga schedam" (gegen schriftliche, nur persönlich bewilligte Erlaubnis) Gelehrten zugänglich, die ihn von Amts und Geschäfts wegen brauchten.

Der traditionell am Tauschverkehr festhaltende Buchhandel setzte sich gegen die Nettohändler durch den **Nachdruck** zur Wehr. Unter einem Nachdruck versteht man eine unberechtigte Vervielfältigung eines bereits gedruckten Schriftwerkes zur unrechtmäßigen Teilhabe am Absatzerfolg vielgefragter Bücher bis zur gesetzlichen Regelung des Urheberrechts, besonders in der 2. Hälfte des 18. Jhds.

Die Zeit vor der Erfindung des Buchdruckes kennt das **Urheberrecht** weder dem Sinn noch der Form nach; erste Vorstufen sind die landesherrlichen Privilegien für Verleger; den Begriff des **geistigen Eigentums** prägt erst das 18. Jahrhundert. Und wenn es kein Recht auf geistiges Eigentum gibt, kann es auch kein **Plagiat** geben. Denn unter einem Plagiat versteht man den **Diebstahl von geistigem Eigentum**, besonders literarischem Eigentum durch unbewusste oder unerlaubte Wiedergabe von Werken, Teilen daraus, dichterischen Motiven und Gedanken eines anderen ohne Nennung des Urhebers als eigenes Produkt, auch Missbrauch des Zitierrechtes ohne Kennzeichnung und Quellenangabe. Wenn es den Begriff des geistigen Eigentums im 17. Jahrhundert noch nicht gibt, dann kann der Vorwurf, den Bobertag gegen Johann Beer erhebt, ein „plumper Nachahmer und Plagiator" zu sein, Johann Beer nicht teffen.

Ein Verhalten, wie es Johann Beer gezeigt hat, war unter seinen Zeitgenossen selbstverständlich. Den Begriff des geistigen Eigentums prägt -wie gesagt- erst das 18. Jhd. Doch erst seit **1837** baut die Gesetzgebung des **Deutschen Bundes** seine Festlegung aus, 1870 erfolgte eine allgemeine Regelung, im 20. Jhd. schließlich das „Gesetz betreffend das Urheberrecht an Werken der Literatur und Tonkunst" vom 19. 6. 1901, revidiert am 22. 5. 1910. Heute wird bei uns das Werk eines Autors während seiner Lebenszeit und **70 Jahre** nach seinem Tod geschützt. Nach Ablauf dieser Frist wird das Werk gemeinfrei.

Zu Beginn des 17. Jhds. lebten im deutschen Sprachraum etwa 50.000 Personen mit Universitätsbildung, an dessen Ende 80.000. Diesem Publikum mit Hochschulbildung sind die Absolventen der Lateinschulen und sonstige Angehörige der städtischen Oberschicht mit ihren Frauen hinzuzurechnen, sicher auch ein (allerdings nicht zu überschätzender) Teil des ländlichen Adels. Mit gut 100.000 Personen dürfte das gesamte, nicht nur potentielle, tatsächlich lesende Publikum Deutschlands um 1700 einigermaßen zutreffend geschätzt sein. Die **„Schöne Literatur"** macht an der gesamten Buchproduktion 5 % aus und die sind ebenfalls von knapp 5 % der oben genannten 100.000 Leser in Anspruch genommen worden. Auch die sogenannten **„Volksbücher"** (z. B. Dr. Faustus) und die populäre **Schwankliteratur** (z. B. Till Eulenspiegel) dürfen nicht als Massenlektüre im heutigen Sinn angesehen werden. Studenten, Akademiker und begeisterte Stadt-Bürger blieben die Hauptabnehmer solcher „volkstümlicher" Schwankliteratur wie auch von Grimmelshausens Simplizianischen Schriften und Beers Satiren, die ebenso gerne von höfischen Beamten gelesen wurden. Das Publikum der „hohen" barocken Dichtung im engeren Sinn bestand aus Adel und Patriziat sowie nobilitierten aufsteigenden Großbürgern und Beamten der kaiserlichen, landesherrlichen und städtischen Bürokratie, also aus den Führungsschichten.

Die Literatur, die so entstand, war eine Angelegenheit für ein recht begrenztes Publikum, ein Publikum das über die entsprechenden Bildungsvoraussetzungen verfügte und eine keineswegs selbstverständliche Aufgeschlossenheit für weltliche Literatur besaß. Außerdem war ein gewisser Wohlstand erforderlich, denn Bücher waren verhältnismäßig **teuer**. **Lesegesellschaften** oder jedermann zugängliche **Bibliotheken** gab es noch nicht. Die umfangreichen höfisch-historischen Romane der Zeit z. B. konnten sich nur gutsituierte Leute leisten – höhere Beamte, Adlige – denn der Preis von 8 Reichstalern, der für Lohensteins „Arminius" (1689/90) angesetzt wird, stellte etwa das **Monatsgehalt** für einen niederen Beamten dar. Lakonisch heißt es in Adrian Beiers *„Kurtzem Bericht von der Nützlichen und Fürtrefflichen Buch-Handlung"* (1690), daß *„der gemeine Hauffe den Buchladen nicht viel kothig machet"*.

So beschränkt die Territorien der Duodez-Fürsten waren, so groß war die Selbstherrlichkeit zahlreicher Duodez-Fürsten, die ihre kostspielige Hofhaltung an dem Vorbild orientierten, das das glanzvolle Versailles ihnen bot. **Hofkomponisten, Hofmaler, Hofdichter** dienten zur Zierde der Residenz wie Gärten, Wasserspiele, Opern, Feuerwerke und Feste. Die Literatur des 17. Jhds. begab sich unter die schützenden Fittiche der Fürsten, wurde von ihnen unterhalten und revanchierte sich mit Verklärungen des fürstlichen Alltags – eine Form wechselseitiger Liebedienerei. Der Autor des 17. Jhds. war gebunden an die höfisch-feudalen Verhältnisse und auf **Gönner** angewiesen. So häuften sich gerade in jener Zeit die **De-**

dikationen, die Widmungen von Büchern in Gestalt huldigender An- und Vorreden, adressiert an die Landesfürsten oder sonstige Standespersonen mit Geld, von denen sich hoffen ließ, sie würden im Gegenzug für die geleistete Ruhmredigkeit ihre Schatulle öffnen. Erprobt war dieses Mittel seit den Humanisten. Schon ihnen, die schrieben, als Honorare noch unüblich und verpönt waren, verhalf die Widmung zu einem finanziellen Entgelt ihrer literarischen Mühen. Je lebhafter sich in der Folge der Buchdruck entwickelte, je reger die schriftstellerische Produktion wurde, ohne dass doch zugleich das Honorarproblem eine Lösung erfuhr, desto ausschweifender, lärmender, schmeichelnder wurden die Widmungen. So entstanden die langatmigen Titel und entsprechenden Titelblätter, die Gliederung des Textes durch gestufte Schriftgrade, Auszeichnung durch Rotdruck und weitschweifige Widmungen.

Ein Autor wie Johann Beer, der bereits **für einen Markt** produziert, kann sich über dieses Widmungs-Unwesen bereits lustig machen. Ausdrücklich kritisiert Beer die üblichen Widmungen in seiner Vorrede zum „Ritter Spiridon":

Geliebter Bruder / warum ich diese DEDICATION nicht nach ORATORISCHer Manier eingericht / sondern wie ein Krum-Schnabel bald da bald dort hin hupffe / ist geschehen / weils mir so gefallen hat / ich verkauffe meine Wort wie die Obst-Bauren die Nüsse / die geben grosse und kleine untereinander / wer eine beköm̈t der nehme vorlieb damit.

Jetzo ist es zwar nichts neues: Wann einer eine DEDICATION machet / so spintisiert er erst zuvor 14 Tage / wem ers DEDICIren wolle? À QVÂ, ex QVÂ, & IN QVÂ FORMÂ das ers will drücken lassen? Wie / wann / was / und auf was Weise er seinen ersten PARAGRAPHUM PRIMUS anbringen wolle? Ob er Â SIMILI, oder AB UTILI, oder PER INSTANTIAM ARGUMENTIren wolle? ob er seinen PROPOSITION ALLEGORICÈ TRACTIren wolle! Oder wie der Teuffel sonst schön herauskommen möchte. Da giebt es ein hauffen dergleichen Ertz-Phantasten / daß man sich darüber zu Kratz-Bürsten lachen möchte. Ich schere mich um das Wesen gar nichts / und damit du wissen mögest was ich davon halte / so setze ich dir diese Geschicht.

Die Dedikationen der Werke Beers weisen hauptsächlich auf Freunde Beers aus seiner Regensburger Zeit, meist verschlüsselt (z. B. „Weltkucker", „Hopfensack", „Weiberhächel"). Einmal findet sich parodistisch der Regensburger Kantor Seulin, eine Lieblingsfigur von Beers Kantorsatire, als Widmungsträger apostrophiert („Artlicher Pokazi" II). Allgemeine Widmungen gelten dem „Frauen-Zimmer" („Jungfer-Hobel", „Weltkucker", „Adimantus", „Verliebter Europäer", „Verliebter Österreicher"), häufig fehlt die Dedikation ganz. Neben derartigen Spielformen erscheinen nur zweimal konkrete Personen aus Beers sächsischem Umkreis: *„Corylo" ist „Carl Sigmund Bohse / S. Hoch. Fürstl. Durchl. zu Sachsen Magdeburg Wohlbestallter Hoff- und Jagt-Juncker"* gewidmet; die Zuschrift des „Feuermäuerkehrers" richtet sich an einen ungenannten „Monsieur", hinter dem wahrscheinlich Caspar von Lohß, Geheimrat in Weißenfels, zu sehen ist. Im Gegensatz zur „hohen"Literatur, aber auch zu anderen Verfassern „niederer" Schriften (z. B. Riemer), lassen Beers Dedikationen kaum Rückschlüsse auf ein Zielpublikum zu. Immerhin ist deutlich, dass er auch den Hofbereich miteinbezieht, allerdings eher in Form vom annähernd Gleichgestellten, und dass die Bücher offenbar auch für Beers Freundeskreis in Regensburg erhältlich waren und von diesem gelesen wurden.

Zuschrift
an
Herrn Jacob Philipp
Seulin /
Seinen werthen Gönner und
PATRON.
Wie auch
an
Hn. Sebastian Knüpffer /
Seinen absonderlich vertrauten
und gewogenen Freund.

Ich hatte gegenwertiges Büchlein schon dem obern Wörth DEDICirt und zugeschrieben / als ich mich entsinnete; daß dergleichen Zuschrifft nicht allein lächerlich / sondern auch manchem närrisch gedünckt. Dann / warum solte ich meine Phantasie hingeben an einen Orth / davon mir nicht der geringste Danck zuhoffen wäre? zumalen der obere Wörth nichts / als ein blosser und ringfügiger Spatzier-Gang / da man Grillen fänget / und Grillen hinwieder auslässet. Zwar zum Zeichen meiner Danckbarkeit hatte ich billich Ursach / dieselbe wieder dorten aus zulassen / wo ich sie vor diesem gefangen; aber als ichs genauer überwegte / und recht bey dem Liecht besahe / fande ich / daß es gantz neue Geburthen und ausser dem Schloß des obern Wörths empfangen waren. Derohalben gieng ich mit meinen Gedancken einen sachten Callop fort / und als ich mich das erste mal mit dem Zaum der Erinnerung in den Wald der unverhofften Zufälle gelencket / ECCE, so kamen mir meine geehrte Herren ersten Anblicks zugesichte der MEMORI, da fingen mir die aufgeschlagenen Huf-Eisen des Verlangens an zu wackeln / daß ich mich lenger nicht enthalten kunte / aus dem Thurm des herumsehens heraus zulauffen / und mit dem Calvony meiner wenigen Beredsamkeit den Fiddelbogen ihrer Recreation zu beschmieren. Ubergebe demnach gegenwertige Anatomie meiner CAPRITZEN in die HÄnde ihrer BENEVOLENZ, und wünsche nichts als an der Sonnen-Uhr ihrer Vergnügungen ein günstiges Zifer deroselben Zufriedenheit zusehen / damit ich in dem Kraut-Garten dieser VANITET von allen Würmern der Verachtung durch sie befreyet würde / weil ich wol weiß / daß es etlichen wehe thun werde / daß ich die Hosen meiner INVENTION in der Milch der unerschöpflichen Phantasie gewaschen / und sie an die Weißgärber Stande der POSTERITET aufgehangen habe. Sie leben indessen wol / und geniessen diese Butter meiner Zeitvertreibung auf dem Brod ihrer müßigen Amts-Stunden mit dem Messer der Zufriedenheit.

RIDETE VALETE & JUDICATE

Zuschrift im Roman „Der artliche Pokazi", Teil II

[LACHT LEBT WOHL & URTEILT]

Zuschrifft
an das
Ober-Oesterreicherische Frauen-Zimmer.

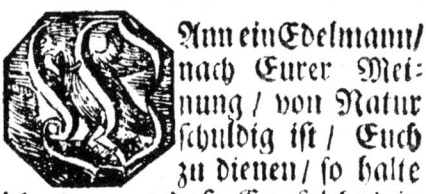

Ann ein Edelmann/ nach Eurer Meinung/ von Natur schuldig ist/ Euch zu dienen/ so halte ich davor/ daß Er solches in Beschreibung eines kurtzweiligen Buchs am besten verrichten kan. Man muß aber durch diese Kurtzweil nicht verstehen solche Sachen/ die dem Gemüthe so wol als denen Ohren schädlich sind/ sondern eine solche Schrifft/ die genug sey/ die Geschicklichkeit deß Urhebers zu zeigen/ und Euch/ O schöne Hertzen/ die müßige Zeit nützlich zu vertreiben. Diese Geschicht wird Euch auf beiden Seitē ein Genügen leisten/ und weil ihr eben aus dem Land seyd/ darinnen dieser Enthalt vorgelauffen/ ist es nicht nöthig/ daß man Euren Verstand zu einer umschweiffigen Auslegung führe. Ich habe es eben in dieser Ordnung in das reine getragen/ in welcher ich sie gefunden/ und habe dem gantzen Werck nichts hinzu thun können/ als diese Zuschrifft/ auf daß ihr wisset/ daß ich Euch zu Dienste auch die schwereste Arbeit nicht fliehen werde. Ich habe meinen Nahmen darum verschwiegen/ weil ich

Zuschrifft.

ich Euch ohne dem gar zubekandt bin/ darum nehme ich von Euch/ O ihr Schönheiten/ hiermit Urlaub/ und übergebe Euch diese Histori in unterthänigem Gehorsam/ bittend/ mich den jenigen verbleiben zu lassen/ der ich jederzeit gewesen/ nemlich:

Euren zu allen Diensten
verbundenen

„Zuschrift" des Romans
„Der verliebte Österreicher"

Inneres der Schloßkirche Weißenfels nach Süden
Aus: *Das albertinische Herzogtum Sachsen-Weißenfels. S. 23*

Das Geburtsdatum

Eines der Rätsel, von denen R. Alewyn in seiner Vorrede zur Ausgabe von Johann Beers Tagebuch spricht, betrifft seinen Geburtstag. Denn das bisher allgemein angenommene Geburtsdatum von Johann Beer (28. Feber 1655) wird - infolge der Aussage in seiner Selbstbiographie - wieder in Frage gestellt. Beer schreibt mit aller wünschenswerten Deutlichkeit: „anno 1655 den 28sten Martii styli novi bin Ich zu St:Geörgen in Oberösterreich, unweit vom Attersee gelegen, auf die Welt gebohren". TB, S. 16

Dasselbe Datum wird auch in der Leichenpredigt auf Beer angegeben, die eindeutig auf der Selbstbiographie basiert: *„Seine christliche und gottselige Eltern / von welchen Er Anno 1655 / Martii zu St. Georgen in Ober-Österreich an des Tages Licht dieser Welt gebohren wurde / sind gewesen Herr Wolffgang Bähr / Gastwirth daselbst / und frau Susanne / gebohrne Stadelmayerin von Frankenburg / zwei Meilen von St. Georgen gelegen".*

Das Bild zeigt das Geburtshaus von Johann Beer, heute Attergaustraße 22, bei der Enthüllung der Gedenktafel im Jahre 1964.

Dagegen steht aber die Tatsache, dass im **Taufbuch** von St. Georgen das Geburtsdatum Johann Beers ebenso eindeutig mit dem **28. Februar 1655** angegeben ist, wie bereits R. Alewyn festgestellt hat.

Taufbuch-Index 1625-1800

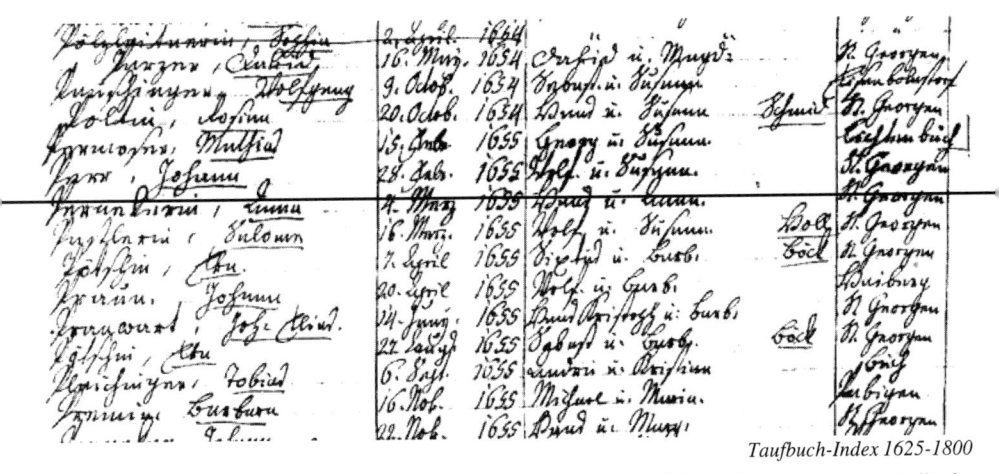

R. Alewyn war selbst in St. Georgen und hat hier Nachforschungen angestellt. In einem Brief vom 23. Mai 1964 schreibt er an OSR Louis, der ihn zur Johann Beer-Feier eingeladen hatte: *„Falls ich mich doch noch sollte frei machen können, werde ich Sie es gerne wissen lassen. Ich würde ja gerne an diesem Tag unter Beers Landsleuten sein und seine Heimat wiedersehen, die ich nur ein einziges Mal für ein paar Stunden besuchen konnte, und die mir aus seinen Romanen so vertraut ist."* Und in einem Brief vom 20. Juli 1963 heißt es: *„Bei meinem leider einzigen Besuch vor über dreißig Jahren brachte ich die ganze Zeit im Pfarrhaus über den Matrikeln zu."*

Wie steht es nun mit der Glaubwürdigkeit der beiden einander widersprechenden Quellen? **Gegen** das **Taufbuch** scheint zunächst zu sprechen, dass der für uns wichtige Band im Jahre 1860 einem Pfarrhofbrand zum Opfer gefallen ist. Erhalten haben sich Abschriften von dem 1805 bis 1847 amtierenden Pfarrer Kunath; er hat *„für alle ihm zur Verfügung stehenden Bücher: Taufbücher, Trauungsbücher und Totenbücher Indices und Register angelegt und sie ... sehr genau geführt. Ein Irrtum bei ihm ist fast ausgeschlossen"* - schreibt Martin Bircher 1971 und fügt hinzu: *Freundliche Mitteilung des katholischen Pfarramts St. Georgen i. A. an den Verfasser.* (Neue Quelle zu Johann Beers Biographie. In Zs. für Dt. Altertum und Dt. Literatur, 1971, S. 230 f.)

Der Eintrag **„Johann Peer, geb. 28. Febr. 1655, Eltern: Wolf und Susane, Ort St. Georgen"**, steht zwischen anderen Eintragungen vom 15. Februar bzw. 4. und dann 16. März, so dass Fehler in der Reihenfolge beim Abschreiben sehr unwahrscheinlich sind. Gegen die Glaubwürdigkeit von Beers Aussage (28. März) spricht wesentlich stärker die bekannte allgemeine Sorglosigkeit der Zeit gegenüber solchen Daten, so dass das durch das Taufbuch festgelegte Datum, **der 28. Februar**, glaubwürdig erscheint.

Die oben erwähnte Leichenrede gibt auch das Datum der Verheiratung Beers falsch an: *„So weit hatte es nun der Selige in seinem mühseligen Leben durch Gottes Beystand gebracht; damit Er nun auch in diesem Stande seiner Seeligkeit*

Germanistisches Seminar
der Universität Bonn
Prof. Richard Alewyn

53 Bonn, den 23. Mai 1964

Herrn Oberschulrat Karl Louis
St. Georgen im Attergau
Ober-Österreich

Sehr geehrter Herr Oberschulrat,

    ich danke Ihnen herzlich für Ihre freundliche Einladung zu der Johann Beer-Feier. Der lange Weg würde mich nicht schrecken, aber leider muss ich schon am 22. vormittags in Bonn Vorlesungen halten, und auch die Tage vorher werden mit Verpflichtungen gefüllt sein. Falls ich mich doch noch sollte frei machen können, werde ich Sie es gerne wissen lassen. Ich würde ja gerne an diesem Tag unter Beers Landsleuten sein und seine Heimat wiedersehen, die ich nur ein einziges Mal für ein paar Stunden besuchen konnte, und die mir aus seinen Romanen so vertraut ist.

    Bei dieser Gelegenheit muss ich Sie auf einen aufsehenerregenden Fund hinweisen. Der Archivrat in Weissenfels, Dr. Karl Schmiedecke, hat im vorigen Jahr eine handschriftliche Autobiographie Beers entdeckt, die er für eine Veröffentlichung im Verlag Vandenhoeck & Ruprecht in Göttingen vorbereitet. Sie ist nicht so unterhaltend geschrieben wie seine Romane, enthält aber zahlreiche neue Angaben über sein äusseres Leben. Die ersten Seiten sind seiner Kindheit und Jugend in Österreich gewidmet. Sie bestätigen vieles, was ich aus den Romanen erschliessen konnte, bringen viele neue Nachrichten, stellen auch manche neue Rätsel. Ein zweiter Teil bringt Anekdoten aus seinem Leben, darunter auch Nachrichten über seine Abstammung: einen Vorfahren, der aus dem Anhaltischen stammte, auf dem Rückweg aus dem Türkenkrieg in Linz erkrankte und starb und dessen Sohn von einem Fischer am Attersee aufgenommen wurde und dort blieb, und von seinem Grossvater, der ebenfalls jahrelang in türkischer Gefangenschaft war und auf abenteuerliche Weise nach St. Georgen zurückgelangte etc.

    Ich besitze eine nur unvollständige Abschrift, in der gerade die drei ersten Seiten, die von der Jugend in Österreich handeln, fehlen, bitte aber mit gleicher Post Herrn Dr. Schmiedecke Ihnen ein vollständiges Exemplar zu schicken, das hoffentlich noch rechtzeitig für Sie und Herrn Dr. Huber eintrifft. Für den Fall, dass sich diese Sendung verzögern sollte, lasse ich Ihnen ausserdem einige für Sie interessante Stellen aus dem anekdotischen Anhang kopieren und in den nächsten Tagen zusenden.

    Inzwischen möchte ich Ihnen und den anderen Veranstaltern einen schönen Erfolg und - gutes Wetter wünschen.

                      Mit den freundlichsten Empfehlungen

                            Ihr sehr ergebener

                            Richard Alewyn

Prof. Richard Alewyn
z. Zt. Hotel Continental
Cambridge 38, Mass.
U.S.A.

20. Juli 1963

Herrn Hauptschuldirektor Karl Louis
St. Georgen im Attergau
Ober-Österreich

Sehr geehrter Herr Hauptschuldirektor,

ich freue mich, Ihrem freundlichen Brief entnehmen zu können, dass der Prophet doch auch in seinem Vaterlande nicht ungeehrt bleiben soll, und dass Sie die Fünfhundertjahr-Feier St. Georgens zum Anlass nehmen wollen.. Ich ahnte garnicht, dass sich Beers Geburtshaus noch feststellen lässt. Bei meinem leider einzigen Besuch in St. Georgen vor über dreissig Jahren brachte ich die ganze Zeit im Pfarrhaus über den Matrikeln zu.

Eine ganze Anzahl von Musikwerken Beers ist handschriftlich erhalten, darunter gerade auch Vokalmusik: drei Grablieder auf der Regensburger Kreisbibliothek, vier lateinische Motetten waren auf der Berliner Staatsbibliothek, anderes war auf den Bibliotheken der Landesschule in Grimma und der früheren Grossherzoglichen Bibliothek in Schwerin. Mehr ist verzeichnet in Eitners Quellenlexikon und in dem Artikel "Beer" von "Die Musik in Geschichte und Gegenwart". Vielleicht sind Ihnen diese Werke auf der Linzer Bibliotek zugänglich. Sonst könnte ich Ihnen nach meiner Rückkehr nach Deutschland im September die betr. Angaben abschreiben lassen.

Vor kurzem ist im Insel-Verlag meine Ausgabe der "Winternächte" und der "Sommertäge" erschienen, von denen die letzteren eine zweifellos weitgehend autobiographische Beschreibung von Beers Leben in St. Georgen, Kogl, Schörfling, Frankenburg und im Schloss Au am Traunfall enthalten. Ich werde mir das Vergnügen machen, Ihn durch den Verlag ein Exemplar zugehen zu lassen.

Mit den verbindlichsten Empfehlungen
Ihr sehr ergebener

Richard Alewyn

wol wahrnehmen / und dieselbe nicht etwan durch verbotene Liebe / oder unkeusche Wercke in Gefahr setzen möchte / so hat er sich An. 1674 mit Jgf. Rosinen Elisabeth / Hr. Joh. Paul Brehmers / weyl. Hochfürstl. Müller-Schreibers und Gastwirths zum schwartzen Bären in Halle seel. hinterlassener Jungfer Tochter / als einer Vater-und-Mutter-losen Waysen / in ein Christl. Ehe-Verlöbniß eingelassen / und solches bald darauf den 17. Jun. durch Priesterl. Copulation in besagtem schwartzen Bären glücklich vollzogen." Johann Beer selbst nennt eindeutig das Jahr 1679. (TB. S. 23)(„**Der weitere Lebensweg**")
Das Traubuch der Frauenkirche in Halle gibt auch als Jahr der Vermählung das Jahr 1679 an.
Wie leicht ein solcher Schreibfehler unterlaufen kann, sieht man auch bei R. Alewyn, der auf Seite 59 eindeutig - und richtig - den 6. August als Todestag nennt, in der **Stammtafel** auf S. 247 aber den 8. August. (Palaestra)
Bei Beers „*Volkreicher und ansehnlicher Beerdigung den 8. Aug. Anno MDCC*" sagte Stange in seiner Leichenrede „*daß Er an der empfangenen Wunde vorgestern frühe um 2. Uhr seinen Geist aufgegeben.*"

Auch wegen des **Geburtsjahres** hat es lange Zeit Verwirrung gegeben.

Mattheson, sein erster Biograph, nennt **1652** als Geburtsjahr. Ein Irrtum, den dann viele übernommen haben.

R. Alewyn schreibt in einem Brief vom 20. August 1929 an das Pfarramt St. Georgen:

```
Dr. Richard Alewyn                              Berlin, den 20. August 29
Berlin NW 87
Klopstockstrasse 28


                      Sehr geehrter Herr Pfarrer !

        Für Ihre ausführlichen und aufschlussreichen Mitteilungen bin ich
   Ihnen wirklich ausserordentlich dankbar. Wichtig ist für mich vor allem
   einmal, dass der überlieferte Kinderreichtum der Familie Beer sich wirk-
   lich bestätigt, dass der Vater Wirt war, und vor allem, dass unser Johann
   nicht 1652, wie in allen Musiklexika zu lesen steht, sondern erst 1655
   geboren ist. Das erklärt mir die Tatsache, über die ich mich schon lange
   verwunderte, dass er erst im Jahre 1670 (das wäre mit 18 Jahren gewesen)
   in das Regensburger Gymnasium eintrat, und im Jahre 1676 (das wäre
   im Alter von 24 Jahren gewesen) erst auf die Universität überging. Mit
   15 und 21 Jahren ist das wesentlich leichter vorstellbar.

        Ich bin also sehr zu Dank verpflichtet. Hoffentlich war Ihre Mühe
   nicht zu gross. Ich werde selbstverständlich zu gegebener Zeit von mir
   hören lassen.

                         Mit verbindlichen Empfehlungen
                                Ihr sehr ergebener

                                   Richard Alewyn.
```

Das richtige Jahr war schon aus den '**Deutschen Epigrammata**' zu ersehen, wo Beer die Frage „Wie alt ich sey?" mit dem Chronostichon beantwortet:

> Du fragst / wann ich dann trat in dieses Leben ein?
> DIe IahrzahL kann hIeMIt sChon abgegeben seIn.

Chronostichon / Chronogramm: auf ein bestimmtes Jahr bezogener Satz; die Addition seiner Buchstaben, die zugleich römische Zahlzeichen sind, ergibt die Jahreszahl. In unserem Fall MDCLIIIII = 1655.

Wer ein solches Chronostichon an einem Gebäude sehen will, braucht nur auf den **Kalvarienberg** hinaufzugehen und sich die Inschrift über dem Eingangstor anzuschauen.

In honoreM
sepVLtVrae D. n. IesV ChrIstI
ConseCrata
MDCCCLVVVIIII = 1869

Die Übersetzung lautet: Geweiht zur Ehre des Grabes unseres Herrn Jesus Christus.

Das Heiratsdatum der Eltern

Auszug aus dem **Trauungsbuch** 1645

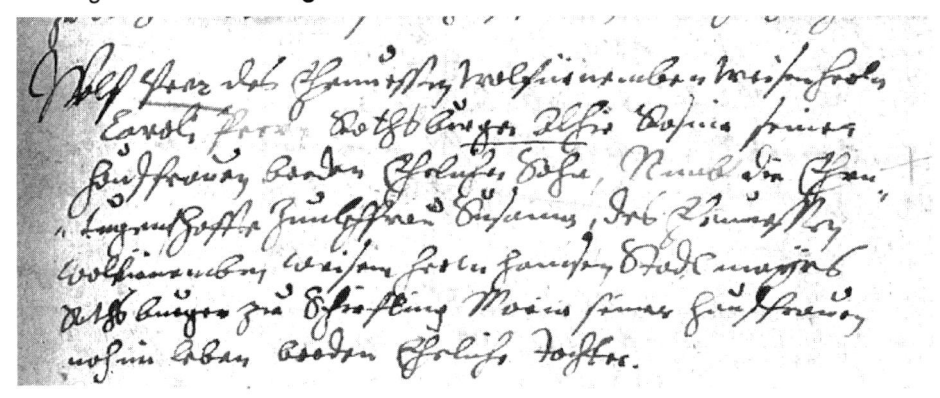

Wolf Peer des Ehrenvesten wolfürnemben weisen Herrn Caroly Peer, Rathsbürger alhir Rosina seiner Hausfrauen beider ehelicher Sohn, Nimbt die Ehrntugenthaffte Junkhfrau Susanna, des Ehrnfesten wolfürnemben weisen Herrn Hansen Stadlmayrs Rathsbürger zu Schörfling Maria seiner Hausfrauen noch im Leben beider Eheliche Tochter.

Die Eltern von Johann Beer waren in diesem Jahr 1645 eines von 54 Paaren. Beide ledig waren von den Paaren 31, ein Teil ledig 20 und beide verwitwet 3.

Richard Alewyn gibt auf seiner Stammtafel den 11. September 1645 als Tag der Vermählung der Eltern von Johann Beer an. Im Trauungsbuch von 1625 bis 1694 lässt sich der Tag der Vermählung zwar nicht mit Sicherheit feststellen, aber bestimmt ist es nicht der 11. September, sondern **vermutlich der 8. November**. In dieser Lesart bestätigt uns auch Herr Pfarrer Dopler aus Weißenkirchen in seinem „Auszug aus Heiratsbüchern der Pfarre St. Georgen i. A. betreffend der (sic) Filialpfarre Weißenkirchen von 1625 bis 1780".

Wahrscheinlich kommt R. Alewyn auf den 11. September durch einen Lesefehler im ‚Original-Index zum Trauungsbuch 1625 - 1800' des Pfarrers Kunath.

„Original-Index"

Oder er hat das Datum aus den Schörflinger Matrikeln, aus denen aber auch der 11. September nicht eindeutig hervorgeht. Außerdem ist fraglich, ob R. Alewyn in Schörfling recherchiert hat, denn dann hätte er - auch schon vor dem Auffinden des ‚Tagebuches' - wissen können, dass die Frau Achleitner sehr wohl die Großmutter von Johann Beer sein kann.

Mit den Matrikeln stimmen auch einige Geburtsdaten auf der Stammtafel von R. Alewyn nicht überein.

So ist die Schwester Maria Sibilla nicht am 17. 10. 1646 geboren, sondern am 17. 12. 1647, der Bruder Elias nicht am 28. Juni 1650, sondern am 28. November, Ferdinand nicht am 29. September 1659, sondern am 29. 9. 1656 und Christoph nicht am 19. März, sondern am 19. Mai 1667.

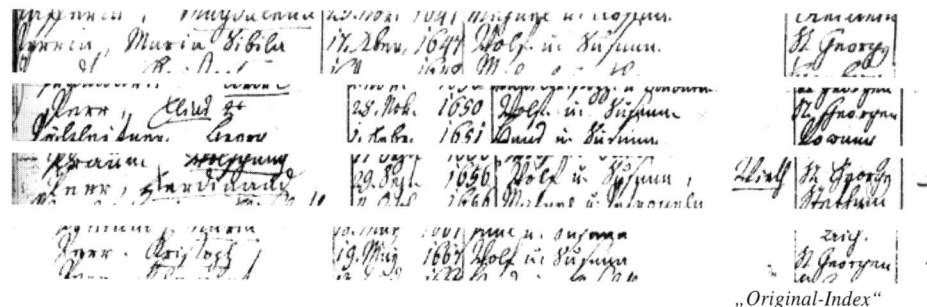

„Original-Index"

Ähnliches gilt auch für die Kinder von Hans Beer und Elisabeth Nußdorfer, bei deren Hochzeit der Vater von Johann Beer, Wolfgang Beer, als Zeuge genannt ist:

Auszug aus dem **Trauungsbuch** des Jahres 1659

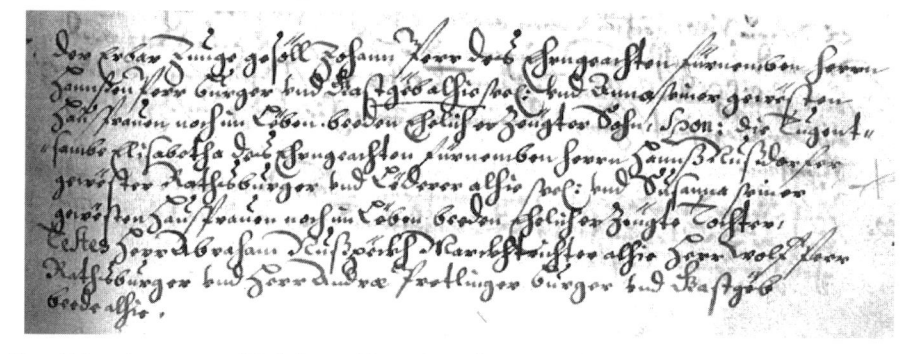

Der Erbar junge gesöll Johann Perr des ehrengeachten fürnemben Herrn Hansen Perr Bürger und Gastgöb alhir seel: und Anna seiner gewösten Hausfrauen noch im Leben beider ehelich erzeugter Sohn, Spon [sponsa = Braut]: die Tugentsambe Elisabetha des ehrngeachten fürnemben Herrn Hanns Nußdorfer gewöster Rathsbürger und Löderer alhir seel: und Susanna seiner gewösten Hausfrauen noch im Leben beiden ehelich erzeugte Tochter.

Testes [Zeugen] Herr Abraham Nußpöckh Marktrichter alhir Herr Wolf Perr Rathsbürger und Herr Andreas Pretlinger Bürger und Gastgöb beide alhir.

Johann Beer und der Attergau

23. September
Ein sonntag. Vor drei jahren um diese zeit in St. Georgen am Adersee gewest, schweinsbraten mit krautsalat und knödeln gespeist, freundliches schmiedsgerank vor und in der kirche, himmelblaues, kälberfleischrotes, herrensilber, katzengold, fisolengrün. Alles recht schön befunden, fast Johann Beer angetroffen, gut gespeist, wohl getrunken.
Erster herbsttag.

H. C. Artmann: Das suchen nach dem gestrigen tag,
Goldmann 7013, 1978, S. 13

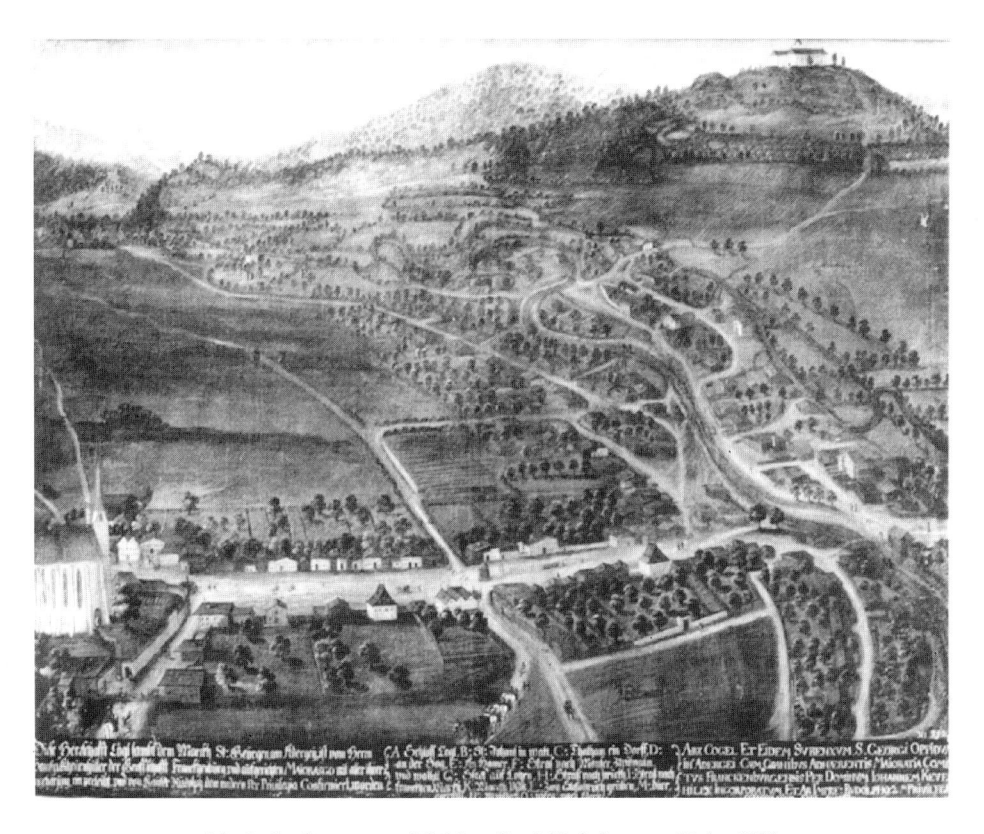

Markt St. Georgen und Schloss Kogl. Unbekannter Maler 1593
Auf diesem Bild erkennt man unterhalb der Kirchenmauer auch das Geburtshaus
von Johann Beer.

Johann Beer beginnt sein „Tagebuch"

In Nomine Domini...
[Vor diesem Blatt eingeheftet; Feder-Sepia-Zeichnung Schloß Kogl]
Anno 1655 den 28sten Martii styli novi bin Ich zu St: Geörgen in Oberösterreich, unweit vom Attersee gelegen, auf die Welt gebohren. Mein Vater, so daselbst Gastwirth war, zog hernach wegen der Religion nacher Regenspurg, und ist nebst meiner Mutter aldorten annoch im Leben. Heisset mit seinem Tauffnahmen Wolffgang, dessen Vater Carol geheissen, und in besagtem Markt St: Geörgen in der Khevenhillerischen Graffschafft Markt Richter gewesen, hernach aber sich der Religion wegen zu Orttenburg ... gewohnet und daselbst in sehr hohem Alter zu Stainakirchen *[Steinkirchen]* begraben worden, alda zugleich ... frau, die eine gebohrne H...sch..., ... unweit von seiner Grabstätte ... Meine Mutter, nahmens Susanna, ist eine gebohrne Stadelmayrin, von Frankenburg, zwey Meilen von St: Geörgen gelegen, deren Vater alda <Hoff?> Wirth und Aufschläger war.
(TB S. 16)

Die Forschung ist sich heute einig, dass Beer am **28. Februar 1655** geboren worden ist. (Siehe **„Das Geburtsdatum"**).

Das **„novi styli"** meint den Gregorianischen Kalender.
Mit der Übernahme des Julianischen Kalenders durch die katholische Kirche ging neben dem Jahresbeginn (jetzt Jänner, früher März) die Mehrzahl seiner Einrichtungen (Monatsnamen, Monatslängen, Feber als Schaltmonat) auf das Mittelalter über. Zusätzlich wurde seitens der Kirche das Osterfest auf den Sonntag nach dem 1. Frühlingsvollmond gelegt und später bestimmt, dass dies rechnerisch nicht später als auf den 18. 4. fallen dürfe. Da das Konzil von Nizäa (325 n.) den Frühlingsanfang auf den 21. März festgelegt hatte, fiel den Astronomen des späteren Mittelalters das Vorrücken dieses Termins auf. Da der Julianische Kalender um 0,0078 Tage zu lang war, war der Unterschied Ende des 16. Jhs. auf 10 Tage angewachsen. Nach langem Bemühen wurde im Jahre **1582** von **Papst Gregor XIII.** nach Beratung mit vielen Fachgelehrten eine Reform des Kalenders angeordnet. Auf den 4. Oktober folgte gleich der 15. Oktober 1582. Die Schaltung wurde dahin geändert, dass von den Säkularjahren 1600, 1700 ... nur diejenigen Schaltjahre waren, deren erste Ziffern durch 4 teilbar sind. Die durchschnittliche Jahreslänge wurde auf 365,2425 Tage festgesetzt, sodass der Kalender erst nach 3000 Jahren vom Lauf der Sonne um einen Tag abweichen wird. Dieser **Gregorianische Kalender** wurde bald in den katholischen Ländern eingeführt, nicht aber in den protestantischen und den orthodoxen (in Russland erst 1923). In China gilt er seit 1949.
Dass die Protestanten den neuen Kalender nicht übernahmen, konnte zu dem kuriosen Fall führen, dass man von Bayern am 20. Juni abreisen konnte und nach 4 Reisetagen am 14. Juni in Brandenburg ankommen konnte.
Im **„Feuermäuer-Kehrer"** heißt es auf S. 35: „Warumb" / sagte er zu uns / als wir hinzu kamen / „gehet ihr an einem Feyer-Tage auf der Arbeit herumb?" – „unser Meister" / antwortete Kugelmann / „ist Lutherisch / und hält die alte Zeit / dahero kommt es / daß wir arbeiten."

Beer schreibt in seinem 'Tagebuch' (S. 85): „Den 18. Feb. (1700) hat sich der Julianische Calender auf Evangelischer Seite geendet, und folgends mit dem Gregorianischen verglichen. Haben also den Tag nach dem 18. Feb. straks den 1. Mertz geschrieben."
Der Beruf **„Aufschläger"**, den Beer als Beruf seines Großvaters mütterlicherseits erwähnt, bedeutet Zolleinheber bei eingeführten Waren (besonders bei Wein).

In einer der 71 Geschichten, die Beer seinem Tagebuch angefügt hat, erzählt er **„Von meinem Großvater Carol Bähren, und vom eigendlichen Ursprung unsers Geschlechtes":**

Der erste Bähr, von welchem unser Stamm in Österreich entsprungen, hat Johann geheissen, welche vor ohngefähr anderthalbhundert Jahren aus dem Anhaltischen als Leutenant unter den Auxiliar Völkern wieder den Türken geschikt worden. Er ist einer von Adel gewesen, und führet allem Ansehen nach sein Urwesen von denen Bähren her, die vor uralten Zeiten Balkenstätt (hodie Ballenstädt) und Bernburg erbauet haben, davon in dem Merseburgischen Chronologisten, Brottuff, in seiner Anhaltischen Chronica ein mehrers mag nachgeschlagen und gelesen werden. Als nun dieser im Zurückmarsch in der Statt Linz erkranket und endlich daselbst starbe, hinterliesse Er einen Sohn von 15. Jahren, welchen ein Fischer von Attersee, der dazumahl in Linz war und seine getreügte Fische im Wirtshauß, da diser starbe, verkauffte, aus Barmhertzigkeit zu sich nahme, und ihn nechst Atter-See am Buchberg in seinem Haußse als einen Sohn auferzoge. Nachdem nun diser Fischer veraltet, übergabe er diesem Bähren mit seiner Tochter zugleich alle seinen Fischer Zeüg, welcher hernachmahls sehr vill Kinder gezeüget, die allenthalben in d. Welt verstreüet worden. Unter anderen kamme mein Großvater Carol Bähr in Ungern zu einem Fleischhaker, von ihme das Handwerk zu lehrnen. Als er aber einstmahls auf dem Felde war, Knoblauch zu langen, kriegten ihn die streiffende Türken gefangen. Ist also in die Türkey gekommen, und zu unterschiedenen Mahlen darinnen verkaufft worden. Er ist bey einem Herren gewesen, mit welchem er hin und wieder reisen müssen. Als Er nun einer Zeit mit ihme Betlehem vorbey passirte, hiesse ihn sein Herr den Berg hinunter sehen, und sprache: Sihe Carol, hierunten ist dein Gott gebohren worden. Er hat offt erzehlet, daß ihme über diese Wortte die Augen übergelauffen seyn.

Endlich hat ihn ein Venetianischer Abgesandter zu Alcai *[Kairo]* heimlich verkleidet, mit sich nach Venedig gebracht, von dem Er auch einen Welschen Abschied bekommen, welchen ich noch gesehen und gelesen habe. Als Er nun wiederum nach vielen verlauffenen Jahren gen St. Geörgen gekommen, logirte er sich bey einem seiner Brüder, welcher Wirthschafft triebe. Er gabe sich nicht zu erkennen, und zehrte etliche Tage, ohne daß Er etwas bezahlte. Als Ihn nun sein Bruder deßwegen mit einem Prügel aus dem Hause jagen wollen, gab Er sich zu erkennen, wird von den seinen mit Freuden angenommen, und endlich hernach daselbst Markt Richter. Wie aber mein Großvater der Fischer am Buchberg umkommen, solches erzehlte mir mein seliger Vater auf dem Weg von St. Geörgen biß gen Attersee. Dan als ich einsmahls mit ihme gantz allein dahin gienge, hiesse er mich unterwegens stille stehen, wiese mir ein steinern Creutz, und sagte, wie an der Stelle und Orth derselbe Fischer von denen Bauern mit einer Axt wäre in den Kopff gehauen worden, solchen hette er noch mit dem Schnupptuche zugebunden, und wäre noch etliche Feldweges gen Abstorff gelauffen, alda er todes verblichen, und ihme dieses Creutz zum Angedenken von denen Befreundeten aufgerichtet sey. Das ist also der Innhalt unsers Herkommens, auf das allerdeutlichste und kürzeste verfasset.

Diese Aufzeichnungen über die Herkunft seiner Familie kann Beer frühestens im Januar 1699 geschrieben haben; denn zu Anfang dieses Monats erhielt er entsprechende Mitteilungen von seinem Vetter Christoph Bähr aus O.Ö.

Den 2. Januarii 1699
In diesem Monath erhielte Ich aus Ober Österreich von einem meinigen nahen Bluths Verwandten und Vetter, H. Christoph Bähren, der Seeauischen Graffschafft Pflegern, einen Brieff, in welchem Er docirte, daß Er wegen unsers Herkommen einen sehr alten Adelsbrieff und dergleiche Documenten zu Fökelbruk *[Vöcklabruck]* in untersuchung alter Scripturen, gefunden hätte. Wovon ich hernachmahls ein mehrers melden werde. Den 31. Januarii erhielte ich aus Wienn Brieffe, daß der Türkische Friede sehr vortheilhafftig vor die Christenheit geschlossen worden. TB, S. 77

Dass es zwischen den Beer in Linz und denen in St. Georgen Beziehungen gegeben hat, beweist eine Urkunde aus unserem Pfarrarchiv vom 24. April 1643.
Es ist ein **Stiftsbrief des Georg Peer**, Bürger und Kürschner zu Linz, der 60 Gulden für die Kirche zu St. Georgen i. A. stiftet. Original Pergament, 4 angehängte Siegel, Urkunde durch Mäusefraß beschädigt.
Die fehlenden Stellen lassen sich aber zum größten Teil ergänzen, weil die Urkunde noch vor der Beschädigung ins ‚**Stiftungsbuch**' übertragen worden ist.

Ich Georg Beer Bürger und Kürschner in der khay: Haubtstatt Linz im Erzherzogthumb Österreich ab der Enns ***** bekhenne öffentlich und thue khundt jedermenigelich hie mit disem Vermächt: oder Stifftbrief, wo der zu lesen und zu vernemen fürkhombt; daß nachdeme Ich in betracht: und Erwegung des Ewigen, weillen nichts gewissers dan der Todt, aber nichts ungewissers als die Stundt in welcher Zeit der Mensch das Leben enden soll, gestanden; Als hab ich in dessen gueter Bedenkhung, umb besserer mein: und der meinigen armen Seelen erspießlichen Wolfarth willen, Aus ganz freyem gemüth und Herzen auf das sowol in mein: und meines Weibs khurzem Leben als nach unserm Tödtlichen Abgang, unserer armen Seelen mit ainer järlichen Stifft: oder Seelmessen bey dem allerhöchsten Gott und Schöpfer umb so vil mehr wegen Nachlaß: und Verzeihung unserer begangenen Sünden und Müssethat für bittent fleissig und gar Threulich gedacht werde, nachgesezles Ewigwehrendes Geschäfft gethan, welches nachvolgender Gestalt gehalten werden solle. *****A<small>LS FÜR DAS</small> E<small>RSTE</small> verschaff und vermach ich, wie oben gemeldt dem würdigen Gottshaus und Stifft im Markt Georgen im Adergey genandt S<small>ECHZIG</small> G<small>ULDEN</small> Reinisch, Die mir und meines Erben Christoph Hilkheneder paar auffrecht und Redlich schuldig worden, welches C<small>APITAL</small> gleich von Dato dises meines Stiftbrieffs an gemeldtem Gottshauß auf das Interesse khombt, und darumben den alda <small>DEPUDI</small>erten Zechpröbsten ein Ordenlicher Schuldtbrieff mit Obrigkheitsfertigung, das solche sechzig Gulden Capital bey disem sein Hilkheneders, der seinigen auch anderer dieß Orts <small>PROSSEDI</small>renden und <small>HYPOTECI</small>ertes Haus und Grund auf ewig unaufgekhündet (wanns anderst mit deren Willen ist) verbleiben; Oder Anderwerts jederzeit in aller Sicherheit dem Gotts*[haus]* unverthuelich umgelegt werden khönnen. *** D<small>ANN FÜR</small> <small>DAS</small> A<small>NDERTE</small> sollen die entlehner dises Gelts, Järlichers Interesse raichen und entweder dem

Fortsetzung auf Seite 64

Der Großvater von Johann Beer, Karl Beer, scheint in einem Verzeichnis der Zechpröbste von 1624 auf (Karl Perr, bürger u. Handelsmann):

Und in der Kirchenrechnung für das Jahr 1624 steht:

Kirchen Raittüng [= Rechnung] *deß Würdigen Gottshauß und Haubt Pfarr St: Geörgen im Attergau, dariber dis Jar der Ehrenveßte und fürnembe Herr Carl Peer, burger und Handlsmann alhir im Markht St: Geörgen, und neben ime der Erbar Wolf Loninger am Schwaikhhof, verordnete Zechpröbst, alles Jars Einnembens und Außgebens ordentlich Raittung wie folgt:*

Auch das Peüchtbuch von 1633 verzeichnet einen Carl Peer:

Und die Kirchenrechnung von 1649 weiß zu berichten, dass Wolfgang Perr, der Vater von Johann Beer, für 100 fl (Gulden) 5 fl Zins bezahlt hat

A
1. St
Karl Beer,

			Wolfgang		
			* ca. 16. 2. 1621 St. G.²)		
			† 14. 6. 1699 R.		
			Wirt und Bürger zu St. G.,		
			später Bürger (19. 12. 1676)		
			und Ostner Wachtschreiber zu R.		
			∞ 11. 9. 1645 zu St. G. Susanna Stadlmayr		
			(* 1623/24³), † 21. 10. 1694 R.,		
			Vater Hans S., Bürger zu Schörfling)		

Karl	Maria Sibilla	Wolfgang	Elias	Regina	Tobias Karl
* 14. 9. 1646 St. G.	* 17. 10. 1646 St. G.	* 30. 1. 1649 St. G. . . . . .⁵) Beisitzer und Taglöhner zu R. ∞ Maria Magdalena	* 28. 6. 1650 St. G. 1684 Kanzleiangestellter der kursächs. Gesandtsch., „Scribent", 1687 Bürger und Vormundschaftssubstitut zu R. ∞ 22. 7. 1684 Maria Magd. Schmidt (Vater: Andreas, Bürger u. Sattler zu R.)	* 5. 7. 1652 St. G.	* 13. 3. 1654 St. G.

Georg Wolfgang * 8. 8. 1687 R.	Margarete Christine * 17. 1. 1691 R.	Ungetaufte Tochter * † 21. 2. 1694 R.

Rosina Elisabeth
* 22. 3. 1680 W.

Christoph Karl	Ungetauft	Catharina Barbara	Catharina Magdalena	Johann Georg
* 23. 10. 1684 R. † 6. 10. 1711 R. usw.	* † 23. 12. 1685 R.	* 28. 10. 1687 R.	* 24. 12. 1688 R. † 22. 5. 1689 R.	† 16. 11. 1692 R. 17 Wochen alt

Hans Beer, Wirt zu St. Georgen
∞ Anna
|
Johann (Hans)
* 25. 7. 1635 St. Georgen. † 22. 3. 1700 Regensburg
3. 5. 1669 Bürger zu Regensburg, Wachtschreiber ebda.
∞ 27. 5. 1659 St. Georgen Elisabeth Nußdorfer (Vater: Hans N., Lederer in St. G.)

Wolfgang Küfer zu Regensburg ∞ 9. 5. 1687 R. Maria Magdalena Ruffe aus Ulm	Johann Michael Goldschmied zu R. ∞ 1. 10. 1695 zu R. Anna Maria Meyen (Vater: Bürger und Küster zu Weiden)	Elias * 25. 8. 1665 St. G. † vor 1703 R. Bürger (19. 2. 1686) und Kammacher zu R. ∞ 11. 5. 1686 zu R. Anna Maria Ringels (?)	Clement * 19. 8. 1667 St. G.	Eva Elisabetha * 13. 7. 167 R.

Johann Siegmund * 16. 4. 1687 R. † 26. 11. 1688 R.	Maria Catharina * 1. 7. 1688 R.	Johann Siegmund * 5. 9. 1689 R.	Leonhard Peter * 8. 10. 1690 R. † 3. 1. 1691 R.	* 1 † 1

¹) St. G. = St. Georgen, R. = Regensburg, W. = Weißenfels. Die Angaben entstammen den Tauf-, Trau-, Bürger- und Sterbebüchern in St. Georgen, Regensburg, Halle und Weißenfels. Geburts- und Sterbedaten beziehen sich also in der Regel auf die Taufe, bezw. Beerdigung.
²) Gestorben im Alter von 78 Jahren, 15 Wochen, 2 Tagen — daher errechnet.

...ng.

...tafel.[1])
zu St. Georgen,
...ina

...ritius	Karl
...626 St. G.	* 10. 5. 1632 St. G.
	. . . .[4])
	Bürger und Wachtschreiber zu R.
	† 27. 3. 1674 R.
	∞ Maria (* 1631, † 9. 10. 1701 R.)

Johann Jakob	Isabella Maria
* 8. 3. 1669 R.	* 31. 12. 1671 R.
† 25. 1. 1691 R.	

...ann	Ferdinand	Gottlieb	Barbara	Abraham Gottlieb	Susanna	Salome	Christoph	Elisabeth
...655 St. G.	* 29. 9.	* 7. 10.	* 4. 12.	* 17. 11.	* 2. 2.	* 29. 11.	* 19. 3.	* 23. 11.
... Weißenfels	1659	1658	1660	1661	1664	1665	1667	1668
...679 Halle	St. G.	St. G.	St. G.	St. G.	St. G.	St. G.	St. G.	St. G.
...sabeth Bre-								
...er: Johann								
...ger, Müller-								
...nd Gastwirt								
...Halle)								

...es	Regina Elisabeth	Catharina Elisabeth	Johanna Sophia	Johann Carl	Johann Christian	Johann Heinrich	Johann Gottfried	Johann Paul	Regina Elisabeth
...	* 28. 8.	* 13. 2.	* 13. 11.	* 24. 2.	* 31. 10.	* 26. 8.	* 26. 4.	* 16. 1.	* 31. 10.
...00	1683	1685	1686	1688	1689	1691	1693	1695	1696
...r	W.	W.	W.	W.	W.	W.	W.	W.	W.
...g-	† vor	∞ 24. 8.	† 19. 11.		† vor	† vor	† vor		
...a	1700	1713,	1686		1700	1700	1700		
		Michael	W.						
		Dost,							
		Schul-							
		meister							

...ohann Adam	Maria Elisabeth	Maria Magdalena	Johann Georg	Georg Clement
... 10. 1673 R.	* 30. 9. 1675 R.	* 19. 1. 1678 R.	* 4. 2. 1680 R.	* 14. 4. 1683 R.
...9. 1674 R.		† 1680 R.		

R.

[3]) Gestorben 70 Jahre alt.
[4]) Identisch? Der Regensburger Karl B. stirbt 41 Jahre, 8 Monate, 1 Tag alt. Das ergäbe ca. 26. 7. 1632 als Geburtstag. Im Totenregister der Stadt übrigens noch eine zweite Tochter.
[5]) Identisch?

R. Alewyn: Johann Beer ... S. 247 f

Alda sich befindenden Herrn Pfarrer und Seelsorger: Oder dennen Zechpröbsten bey St. Georgen geben DREI GULDEN; ***** DRITTEN UND LETSTENS sollen dise Drey Gulden Zinß, zu trost mein: meines weibs und unser ganzen Beerischen Freundtschafft Armen Seelen ewigen Gedechtniß dennen, welche bey dieser Seelmessen sich befinden, also außgethailt werden; NEMBLICH daß wann der Gottsdienst gehalten als dann der Psalm MISERERE CUM COLLECTA PRO DEFUNCTIS bey dem Todten Cörper allezeit in der Oktav St. Georgi verrichtet und gesprochen; auch bemelten würdigen Gottshauß St. Geörgen wegen der Beleuchtigung AIN GULDEN ZWEN SCHILLING dem Herrn Pfarrer oder Priester, der dieses Seelmeß liset, VIER SCHILLING, DEM MÖSSNER ZWEN SCHILLING, und für die armen Leuth sonderlich Hauße arme, und welche alda bei disem Markht zu finden sein, auf die handt AIN GULDEN gegeben werden. *** BITTE DEMNACH umb die Liebe Gottes alle und jeder dises Gottshauß vorstehende Seelsorger, auch darüber INCORPORIerte Obrigkeiten und Zechpröbst, aus lieber und schuldiger affection Ich gemelter Stiffter, die wollen diß mein von Herzen vermaindte Vermächtnuß an irer an {...} würkhung bestättigen, handthaben, schüzen, schirmen und unauffheblich in Ewigkheit mit zu grund gehen oder in vergessenheit khomben: sonde{rn diese gest}ifften Gottsdinst und Seelmeß unsern armen Seelen zu trost alle jar fleissig, wie gezaichnet, aurichten und waichen lassen, Das wird {der allerhöchste} mit fürbitt der glorwürdigsten Muetter Gottes MARIA umb aines jeden schuldigen [Glüb] und pflicht erkhennen und wider belohnen; *** {URKU}NDT DESSEN habe ich disen Stifftbrieff mit meinem gewöhnlichen Petschafft und Aigner Handtschrifft verfertigt, auch um mehrer bestendiger {...} willen erbeten den Edlen und Gestrengen Herrn Gottfriedt Mayrhauser: auch die ehrnvest und fürnembe, Herrn Carl Beer derzeit Ga{...} und Thobiasen Dichtler des Raths alle drey im Markht bey St. Geörgen, daß sie neben mir disen Stifftbrieff mit Handtschrifft und Petschafft (doch {jener/Iner...} eben und alldrey? allweeg ohne schaden)... haben. So BESCHEHEN am Tag GEÖRGI des heyligen Ritters, Nach Christi Jesu unseres lieben Herrn H{eila}ndt und Seeligmachers allerheyligsten Geburt, im sechzehenhundert drey und vierzigsten

    Geörg Beer   Gottfridt Mayrhauser   Carl Peer   Tobias Dichtler

„Wie wunderlich mich Gott in meiner Jugend am Leben erhalten"

In meiner Jugend, etwan im 4ten oder 5ten Jahre, gienge Ich mit meinen zweyen Brüdern Abraham, und Gottlieben, in meines Vaters Gartten, Wir waren alle 3 zusamen kaum 12. Jahr alt, und sazten unß aus kindischer Einfalt im Grase nieder. zum grossen Ungelüke stunden daselbst so genante Bemerer (ist eine Frucht, die in Schilffen wächset, welche kein Vieh frisst) solche pflükten wir ab, vorgebend, es wären Kuchen. Beyde meine Brüder verschlukten selbige, ich aber wurffe sie über die Achsel hinter mich. Dieses geschahe Abends um 8. Uhr. Morgens gegen 11 Uhren, seind sie beyde verschieden, und in einem Sarge beerdigt worden. O ihr seelige Hertzen, die ihr Gott anschauet habet mich zurük gelassen in einem Hause voll Jammer und Thränen, alwo Ich von Grund der seelen seuffze und wünsche bald bey euch zu seyn, auf daß Ich samt euch loben möge Gott den Vater, Gott den Sohn, und Gott den Heiligen Geist, den hochgelobten Gott von Ewigkeit zu Ewigkeit. Amen!
    TB 128 f

Die St. Georgener **Totenbücher** dieser Jahre enthalten keine Eintragung über den Tod der beiden Brüder.

Von der Weh-Klage

Man hält an etlichen Orthen von der Weheklage viell, an etlichen wenig, an etlichen gar nichts. Alles glauben, ist närrisch, nichts glauben ist halstärrig, etwas glauben ist Christlich. Ich will ertzellen, was ich dieses falls und in diesem Punct Ao. 1669 in meiner Heimath zu St: Georgen mit meinen Ohren gehöret und erfahren habe. Daselbst sasse Ich nach dem Abend-Essen etwan um Gloke 9. Uhr nebst meiner Mutter und 2. Geschwistern in der Stube, da fieng es allmählich vor der Stubens-Thür gantz kläglich an zu mautzen, successive vermehrete sich dieses Geschrey gleichsam als mit villen Stimmen ein Chor vermehret wird. Wir hielten es erstlich vor Katzen Geschrey, klange aber natürlich, als heuleten etliche Kinder unterschiedliches Alters miteinander. Keines unter unß Zuhörenden getrauete sich an die Thür, vill weniger gar hinauszugehen, und kam unß kein geringes Grausen an. Mittler Zeit verzoge sichs wieder, und des andern Morgens kame von Schörffling ein Bothe mit Nachricht, daß eine Meinige Schwester, etwan von 4. Jahren, die sich bey unserer Groß-Mutter Fr: Maria Achleitnerin aufgehalten, eben um dieselbe Zeit, als wir die Klage schreyen gehört, gestorben sey. *[Nachtrag Beers:]* Mit Nahmen hiesse sie Susanna. Gott habe Ihre Seele in Frieden, u: ertheile unß solchen gnädiglich nach unserem Absterben! Amen! *TB 113 f*

Aus den Kirchenbüchern lässt sich auch noch eine zweite Familie Beer, nämlich die des Hans Beer, nachweisen. (Siehe Stammtafel.) Es ist anzunehmen, dass die Familien miteinander verwandt waren. Aus der vermutlich autobiographischen Anekdote im Tagebuch, der „Erzehlung, wie mirs in meiner Jugend in der Baderey ergangen", geht hervor, dass Beer eine Zeitlang in St. Georgen bei einem vermögenden Bader gelebt hat, dessen Frau die Schwester seines Vaters war und dessen Ehe kinderlos geblieben ist („…, weil er ein sterile Matrimonium führte").

Erzehlung, wie mirs in meiner Jugend in einer Baderey ergangen.

Ich will meinen Kindern oder Nachkommen erzehlen, wie wunderlich es Gott mit mier in meiner Jugend der Profession wegen gefüeget hat, Zu St. Georgen, alwo Ich gebohren, wohnte ein vermöglicher Bader, welcher meines Vaters leibliche schwester zum Weibe hatte, Er hiesse Ortner u: hatte seine Baderey auf dem sogenanten Grieß bey einer Mühle wo man nach dem Schloß Kogel gehet. Dieser nahme mich in frühzeitiger Jugend zu sich, und weil er ein sterile Matrimonium führte, war er willens, mich an Kindesstatt aufzuzihen und mir seine Profession zu lehren.

Einsmahls war er samt seiner frauen in dem Marktfleken zu Gaste gebetten, alda sich auch mein Vater zugleich mit eingefunden. unter wehrender Mahlzeit erregte sich ein Discurs vom Kinderzeugen, und weil mein Vater seine schwester die Baderin anstache, daß sie wegen ihrer allzuhefftigen Fettigkeit kein Kind gebähren würde, erzürnte sie und sagte: Du hast gut Kinder zeugen, wan dirs andere Leuthe ernehren. Augenblüklich steth mein Vater vom Tische auf, laufft hinunter in das Bad, ergreifft mich, als ich schon ausgezogen war und auf dem Bette sass, nahme mich auf die Arme, u: als wir an die Brüken des Baches kamen, füelle er mir mit in den Schnee hinab, daß ich Pfützen naß wurde. Er eillete nachdem mit mir nach Hause, und von derselben Zeit an bin ich von denen Laß Köpffen befreyet, und zu denen Noten applicirt worden, an statt nun meine Hand andere Leuthe mit der Bader-flüthe hakt, so gebe ich auf dem Chor den Tact. *TB, S. 148*

Die Tante von Johann Beer, Marie, die Schwester seines Vaters, heiratete - wie es in unseren Pfarrmatrikeln steht - am 20. April 1648 den Witwer Sebastian Schaffner, einen Bader und Wundarzt, und nach dessen Tod ging sie am 26. Juni 1656 eine zweite Ehe mit dem „Padtknecht" Wolfgang Ortner ein. Wir kennen auch das Todesdatum von Wolfgang Ortner. Unter dem Datum vom 30. Dezember 1688 steht im Totenbuch: ‚Wolf Ordtner gevöster Padter und Wundarzt allhier'.

Bei der „Baderey auf dem sogenanten Grieß bey einer Mühle wo man nach Schloß Kogel gehet" handelt es sich um den ‚Lindenhof' (Wenger-Öhn), der bis in die Mitte des 19. Jhds. ‚Baderhaus' hieß und 1750 von dem Bader Matthias Zaunegger, 1847 vom Chirurgen Anton Zaunegger bewohnt worden ist. (St. Georgen i. A., S. 81)

Wir können annehmen, dass Beers **musikalische Ausbildung** wirklich schon in St. Georgen begann. Wir haben dafür zwei sich ergänzende Zeugnisse: Das eine ist eine Stelle in Beers „Schola Phonologica": „Ich geniesse die hohe Ehre, mich von dem siebenten Jahr meines Alters, biß in das 40te unter klein und große Musicos unwürdig unterzuzehlen", was den Anfang seiner Studien also in das Jahr 1662 setzen lässt. Das andere ist eine halbrichtige Nachricht Matthesons, der von Lambach erzählt: *„Der dasige Prälat, Nahmens Polster, that hiebey das meiste, und vertraute diesen jungen Menschen einem welschen Pater, der ein berühmter Musicus war, welcher ihn sowohl in der Tonkunst, als in anderem Wissenschaftlichem unterrichtet."* (Mattheson: Ehrenpforte ... S. 15) Beer selbst nennt in seinem TB den Namen Polster nicht. Es gab damals in Lambach auch nur einen Prälaten, den Abt Placidus Hieber, und auch keinen anderen Klosterinsassen dieses Namens und ebensowenig einen italienischen Geistlichen. Offenbar ist mit dem „Prälaten Polster" der St. Georgener Pfarrer Antonius **Balster** gemeint, der hier 1640 bis 1671 amtiert hat.

Ein Auszug aus unserer „Pfarrchronik"

Die Übersetzung der Inschrift lautet:
Dieser wird am Jüngsten Tag leibhaftig auferstehen: der sehr verehrungswürdige, hochberühmte und vornehme Herr Antonius Balster von Rain, Licenciat der Allerheiligsten Theologie: Pfarrer in Aicha und Neustadt durch 20 Jahre. 23 Jahre aber sehr verdienstvoller Pfarrer an dieser Kirche, schließlich reif für den Himmel. Für die Welt sterbend ist Erde der Erde zurückgegeben worden am 12. Dezember 1671. Er ruhe in Frieden.

Offenbar hat sich dieser geistliche Herr seiner angenommen. Dass in St. Georgen die Musik im Rahmen des Gottesdienstes eine große Rolle gespielt hat, kann man einer **Instruktion** entnehmen, die Graf Franz Christoph Khevenhüller am 7. 8. 1638 für die Musikanten von St. Georgen erlassen hat. Darin entschloss er sich, *„diejenigen in meinem Marckt St. Georgen wohnhafft und vor anderen berümbte, welche Vocales oder Instrumentales musici sein und alle Sonn- und Feyertag mit Psallieren und Singen dem Gottesdienst beiwohnen, Sie füran mit sonder Gnaden zu bedenken"*. Er schützt die Musiker vor Konkurrenz von außerhalb, *„die ihnen das Brodt vor dem Maul abgenomben"*, dafür *„sind die Musikanten – 5. verpflichtet alle Sonn- und Feiertage sowohl beim Hochamt als in der Vesper, bei Prozessionen und anderen Kirchendiensten gehorsam zu erscheinen"*.

Man kann daraus schließen, dass es in St. Georgen gut ausgebildete Musiker gegeben hat und dass Beer seine ersten musikalischen Kenntnisse und die Förderung seiner Anlagen diesem Kreis zu verdanken haben wird.

Die Großmutter mütterlicher Seiten ist gewesen Frau Maria Achleiterin zu Schörfling u: ist an dem Schlosse Cammer gelegen, in welchem der <Herr?> Graff Khevenhüller <Hof hält und?> ... Gebäuden, indem es in der See ligt, vor eines der herrlichsten Gebäude im Lande gehalten wird. Diese Großmutter hat 3. Männer gehabt, derer einer Stadelmayr, einer Bähr, und einer Achleitner geheissen. Hat sich demnach mit Veränderung der Heurath von Frankenburg nach Schörffling begeben, alda sie im Wittben Stand in dem Catholischen Glauben verstorben und daselbst begraben worden. Ich bin in meiner Frühzeitigen Jugend, etwan im fünfften Jahr meines Alters bey ihr eine Zeitlang aufgezogen und in die Schulle geschikt worden, das A B C zu lehrnen. *TB S. 16*

Die Schörflinger Matrikeln nennen folgende Personen: Johann Stadlmair, gest. 3. 5. 1632, getraut wohl 1614/25 – die Matrikeln fehlen – mit Marie ... Seine Tochter Susanna heiratet am 11. 9. 1645

Diese Gedenktafel für Pfarrer A. Balster befindet sich in der Pfarrkirche in Attersee, vorne links beim Aufgang zum Oratorium.

Bleistiftzeichnung J. Beers von Schloss Kammer (nur zur Hälfte erhalten)
Da die Zeichnung Beers, bei der es sich genauso wie bei den Zeichnungen der Schlösser Wolfsegg und Aistersheim im Kapitel „Johann Beer und die o.ö. Bauernaufstände" um eine genaue Nachahmung des Kupferstiches von M. Merian handelt, nur zur Hälfte erhalten ist, ist auf diesem Ausschnitt nicht Schloss Kammer, sondern Schloss Litzlberg zu sehen. (TB, Tafel 1)

Wolfgang Beer, Wirt zu St. Georgen, den Vater des Dichters.
Am 28. August 1634 heiratet die Witwe Maria Stadlmair von St. Georgen im Attergau Clement Perr. (Die St. Georgener Matrikeln nennen den 29. Juli 1634 als Heiratsdatum). Dieser Perr war „Ratsburger, Beck und Gastgeber. Er starb schon am 18. Juni 1635. Seine Frau bleibt nicht lange Witwe, sondern heiratet am 8. Juni 1637 Lorenz Achleither. *„Den 8. Juni ist der ehrenveste Laurentiy Achleither Gastgeb alhier mit der tugendsamen Frau Maria Perin copuliert worden."*)
Lorenz Achleither starb am 24. November 1656. Wann und wo seine Frau gestorben ist, ist in den Schörflinger Matrikeln nicht zu finden.
Die Matrikeln nennen noch einen Sigmund Perr (geb. 1669) und eine Maria Eleonora Perr (geb. 1714). Auch die Schörflinger Perr (auch Per oder Peer), vermutlich mit den St. Georgener Peer verwandt, müssen eine wohlhabende Sippe gewesen sein.
Die alte Frau Achleiter war also tatsächlich Beers Großmutter und R. Alewyn hat nicht recht, wenn er schreibt (Palaestra S. 12): *„Der Name Achleiter kommt übrigens wirklich in Schörfling vor. Da Beers Mutter eine Stadlmayr war, konnte es allerdings keine Großmutter gewesen sein, die diesen Namen trug".*
Es spricht übrigens nichts dafür, dass diese Schörflinger Peer protestantisch wurden. Um 1632 gab es in Schörfling kaum mehr evangelische Hausbesitzer. Die Kinder wurden katholisch getauft und auch die Trauungen nach katholischem Ritus geschlossen. Seit 1614 gab es in Schörfling nur katholische Pfarrer.

Freveln thut kein Gut.

In Oberösterreich liegt im Attergau eine See, Nahmens der Atter, vulgo Ader-See, in welchem das Gräfliche Khevenhillerische Schloß, Cammer, wie auch Lizelberg ligt. Diese See ligt entwan eine Stund von St. Geörgen, gibt gute Fische, und gefrüret gemeiniglich in harten Wintern, wie andere Wasser hart zu, also, daß man mit Wägen darüber fahren und reutten kan. Zu unserer Großvätter Zeiten hielte ein Bauer Winterszeit über der See Hochzeit. Er gieng mit seinen Hochzeits Gästen, bey etlich 20. Mann hinüber in sein Dorff. Dort kame sie allesamt eine lust an, zu guter letze auf dem Eise ein Tänzlein zu thun. Geth also braut und Bräutigam samt allen anderen zu Paar und Paaren wider auf die gefrorne See, der Sakpfeiffer aber bleibt darausssen auf dem Rand sizen, kaum aber haben die Fevler zu tantzen angefangen, brache daß Eiß unter ihnen, daß von der gantzen Gesellschafft

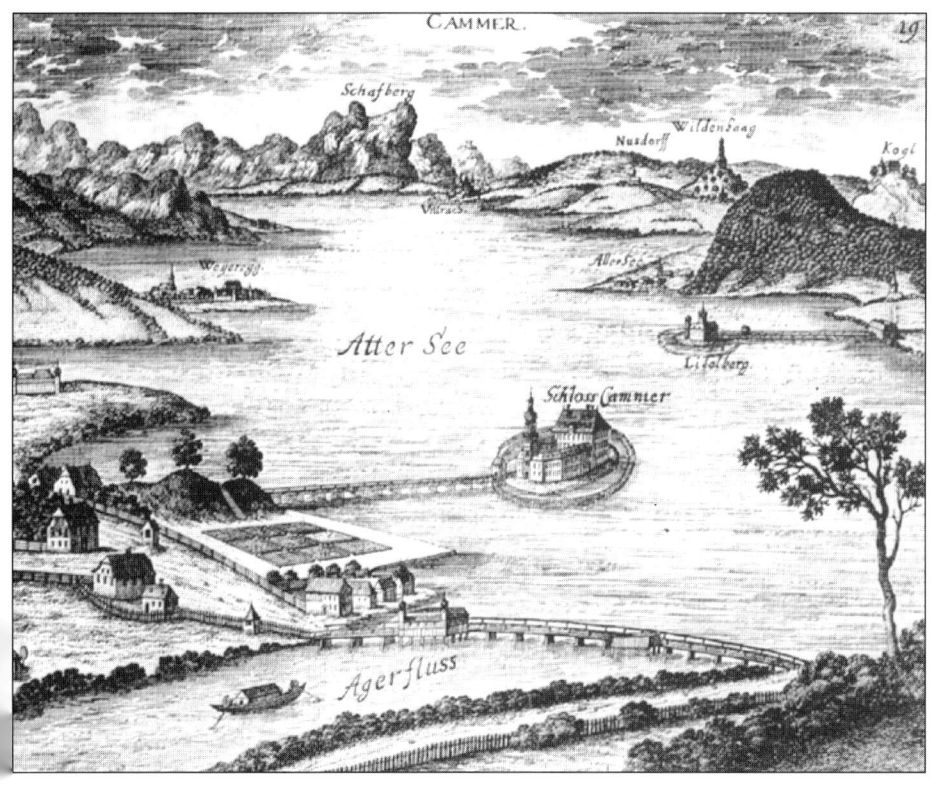

Oberösterreich in alten Ansichten (Merian)

Oberösterreich in alten Ansichten (Merian)

niemand als der Sakpfeiffer leben bliebe. Die Geschicht ist hernacher in Stein gehauen worden.

> O ihr Arme!
> Ich wünsche Euch allen,
> daß ihr nicht seid gefallen,
> vom kalten in das warme!
>
> *TB S. 122*

„Es scheint, daß Beer die Sage fälschlich auf den Attersee bezogen hat. Dieselbe ist nämlich auch vom Wolfgangsee auf uns gekommen, und dort befindet sich das sogenannte „Hochzeitskreuz" in der Nähe von St. Gilgen (mit einer Inschrift von 1609). Die Verwechslung Beers könnte man vielleicht dadurch erklären: Der Wolfgangsee wurde früher Abersee genannt. Der Name klingt also ähnlich wie Atter- oder Adersee." (Petermayr, K.: OÖ. Landschaft ..., S. 230)

In den „Sommer-Tägen" heißt es von dem bei Schörfling im See gelegenen Schloss Kammer:

Von daraus sieht man gegen Morgen die hohe Spitze des berühmten Traunsteins, der den Inwohnenden vor einen täglichen Calender dienet, indem man durch die Tiefe oder Höhe der herniedersinkenden Wolken das Wetter abzunehmen schon von alters her und absonderlich unter dem gemeinen Landmann gewohnet ist. *ST S. 761*

Wie das geht, dass man von Kammer aus den Traunstein sieht, das muss mir der gute Johann Beer erst vormachen...

Allerdings erinnern sich ältere Leute auch heute noch in unserer Gegend an die Wetterregel: „Hat der Traunstein einen Hut, wird das Wetter gut, hat er einen Kragen, sollst du nichts mehr wagen."

„Das Hochzeitskreuz"
Fotografie ca. 1950 aus dem Archiv für Ortsgeschichte St. Gilgen / 1999

Nach etwan verflossenem Jahr nahmen mich meine Eltern wieder zu sich nach St: Geörgen, alwo zu Heinrich Müllmosern in die Schulle gegangen, nach dessen Tod ein anderer von St: Wolffgang (dahin eine grosse Wallfahrt geschihet) Nahmens Gimpel, hingekommen, bey welchem Ich folgends Lesen und etwas schreiben gelehrnt. *TB, S. 17*

Die beiden hier genannten Schulmeister sind Christoph Willmoser, Thurmersohn aus Mondsee und Michael Gimpl, Schustersohn aus St. Wolfgang.
Beide sind auch in unseren Totenbüchern verzeichnet. *Hannß Christoph Willmosser, Schulmeister zu St. Geörgen,* unter dem 3. Juni 1662 und *der Ehrenvest Michael Gimpl, Schulmeister und Organist alhir,* unter dem 1. August 1677.

In den „Kurzweiligen Sommtägen" erzählt ein Page Paul sein Leben:

„Ich bin allda," sprach er darauf, „was meine Geburt betrifft, in dem Adergey etwan eine Stund von Adersee in dem Markt St. Georgen geboren, welcher unter die Grafschaft der Kevenhiller gehörig. Nächst diesem liegt das hohe Schloß Kogel, allwo ich in meiner Jugend dem Pfleger vor einen Schwammendrucker, wir mans dorten nennet, aufwarten müssen. Weil mir aber der Berg gar zu hoch und oft zu steigen war, indem ich von daraus bis in den Markt fast anderthalb Stunden in die Schul gehen mußte, lief ich davon und kam nach Schörflingen zu der alten Frau Aleitnerin, bei welcher, als bei meiner Großmutter, ich mich drei Jahr lang aufgehalten. *ST S. 764*

Merian

„Schwammdrucker" ist eine verächtliche Bezeichnung für einen Bedienten. Im Grimmschen Wörterbuch steht dazu: *Schwammdrucker: ein schimpff-wort wider die lakeyen vornehmer damen. Kramer (1702): page, der einer bei tisch sitzenden dame den urin mit einem groszen schwamme auffängt. (Band 15, S. 2198, Sp. 2).*

Dass der junge Beer bei dem Pfleger in Kogl im Dienst war, klingt – für R. Alewyn – durchaus glaubwürdig. J. J. Berns allerdings meint – und das dürfte der heutige Forschungsstand sein: „*... daß der junge Beer – entgegen allen bisherigen Behauptungen und Hypothesen,*

Zeichnung von J. Beer, TB, Tafel 1

die noch in Unkenntnis des Beerschen TB aufgestellt worden sind – nie und nirgends in einem österreichischen Schloß oder Adelssitz gelebt hat." (Reflex und Reflexion... S. 1165).
Auch wenn Beer nicht Pagendienst in Kogl versehen hat, so war das Schloss für den Attergau und seine Bewohner von großer Bedeutung.
Ist es doch noch heute „die Herrschaft".

R. Alewyn schreibt in seiner Habilitationsschrift , im ‚Atergovius' stehe auf S. 69 eine Beschreibung von Schloss Kogl aus dem Jahre 1580. Nun steht diese Beschreibung auf S. 89 und sie bezieht sich nicht auf das Schloss Kogl, sondern auf das Schloss **Wildenhag**.

Schloss „Neuattersee", das spätere Schloss **Kogl,** muss zwischen 1435 und 1441 erbaut worden sein. 1524 wird Kogl noch als Burgstall bezeichnet, in dem nur soviel gebaut sei, dass sich ein Pfleger dort aufhalten könne.

Der Neubau wurde dann nach 1555 errichtet. Da 1578 jedoch ein ‚alter Stock' erwähnt wird, muss vorher ein Bau gestanden sein. Das Schloss war 1570 ‚wohl

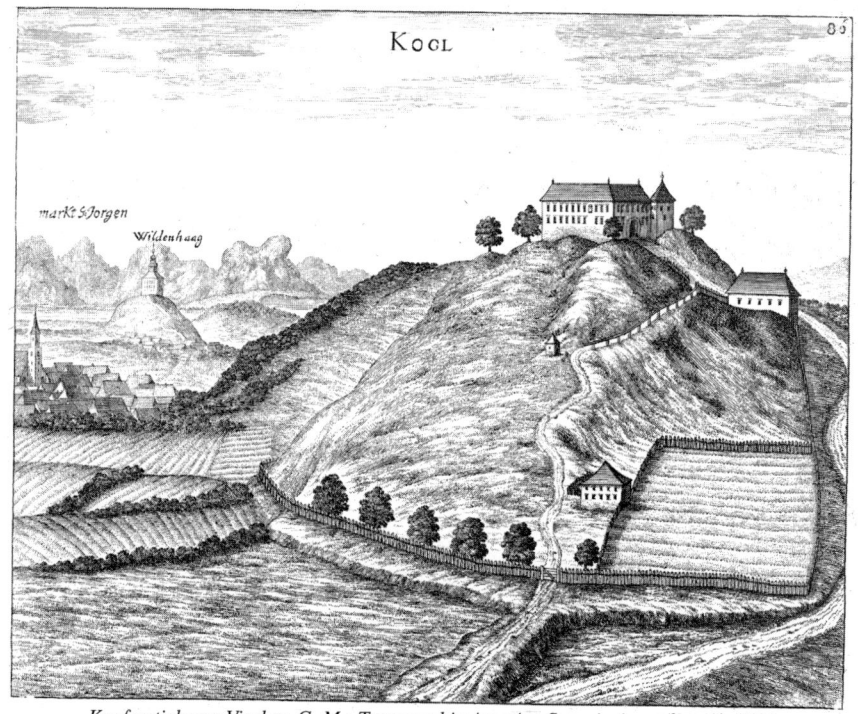

Kupferstich von Vischer, G. M.: Topographia Austriae Superioris modernae, 1674

gebaut' und nichts daran auszubessern. Der Pfleger berichtete aber noch im selben Jahr, das Dachwerk samt den Rinnen sei zum Teil verfallen. Dies war vor allem an der Seite gegen den Markt, aber auch über dem Turm in der Mitte der Fall. An der Seite gegen St. Johann regnete es bei 30 Fenstern herein. Das Ge-

mäuer war an zwei Stellen fast zerspalten und musste mit zwei eisernen Schließen wieder zusammengezogen werden. Die Brücke vor dem Schlagtor drohte einzustürzen, sodass sich der Pfleger mit keinem beladenen Wagen aus- und einzufahren getraute. 1578 wird das Schloss als ‚zur Wehr und Wonung wol erpautes Perghaus' bezeichnet. Es sei erst vor wenigen Jahren mit etlichen guten Gewölben, Kellern, Stallungen, herrlichen großen Zimmern und anderen Gemächern, die alle mit eisernen Türen versehen seien, neu erbaut worden.
Auf dem Bild eines unbekannten Malers von 1593 „Herschaft Cogl sambt dem Marcth St. Geörgen am Adergey" ist dieser Bau im Hintergrund zu sehen. (S. 57)

1814 wird das Schloss dann als völlige Ruine geschildert (Gielge, I.: Topographisch-historische Beschreibung aller Städte ... des Landes Österreich ob der Enns, Wels 1814, S. 187): *„Jenseits des dürren Agerflusses eine Viertelstunde weit in der Ortschaft Kogl, stehen die Rudera von dem alten Schloss Kogl auf dem Kogelberg; durch Wildnisse führt der Weg zu den schweigenden Mauern der Vorzeit, wo die Feinde des Lichts in den Trümmern nisten; und dem Schwermüthigen wandelnde Geister erscheinen."* Und an Reste dieser Ruinen können sich ältere St. Georgener noch aus ihrer Kindheit erinnern.

Der Page Paul erzählt weiter:

Hernach kam ich etwan im zehenten Jahr meines Alters nacher Frankenburg zu dem Hofwirt Pleckenwegner. Daselbst lernete ich rechnen und schreiben. Aber weil er zu frühzei-

Oberösterreich in alten Ansichten: Georg Matthäus Vischer: Markt Frankenburg. Kupferstich aus der Topographia Austriae Superioris modernae. 1674.

tig starb, kam ich wieder weiter ins Land und wurde zu dem vorgenannten von Häin auf das Schlößlein Au, eine Stund vom Fall, gebracht, allwo ich nicht wußte, was ich eigentlich war. ST S. 764

Frankenburg war ein großer Ort, an dem Fuße der „rudera des alten Schlosses Frankenburg, anetzo der Hofberg genannt", gelegen. Der Ort war Mittelpunkt einer Grafschaft und gehörte ebenfalls den Khevenhüllern. (Fiedler, D.: Die weiland Khevenhüllerische Majoratsherrschaft Frankenburg, 2. Auflage, Wien 1860).

Der hier genannte Hofwirt Pleckenwegner in Frankenburg ist nicht mehr nachweisbar, denn die Pfarrmatrikeln und Schulchroniken vor 1701 sind einem Brand zum Opfer gefallen. Diese Bücher wurden erst 1701 wieder neu angelegt. Inzwischen muss Pleckenwegner schon tot gewesen sein, da er anfangs der Jahre 1701 – 1710 nicht beurkundet ist.

Des berühmten Spaniers
FRANCISCI SAMBELLE
wolausgepolirte

Weiber-Hächel

Darinnen demselbigen Geschlecht die Warheit tapffer aufgefiedelt / die Laudes hurtig gesungen / und ihre Handlungen Choraliter herunter figuriret werden.

Alles auf das kürtzeste entworffen / und denen Intreßenten zur fernern Uberlegung aus dem Spanischen ins Hochteutsche übersetzet / durch den allenthalben bekanten

JAN-REBHU, von S. Georgen aus dem Ländlein ob der Enß.

Gedruckt /
Im Jahr M.DC LXXX.

Printz ADIMANTUS
und der Königlichen Princeßin
ORMIZELLA

Liebes-Geschicht

Worinnen ausführlich beschrieben wird
Die wunderbahre Arth
Des
Verzauberten Castells
in Hircania.

Soll von Ritterlichen und wundersamen Begebenheiten / mit Abentheuren / Gespensten / Schlössern, Capellen / Thürmen und dergleichen / so vorhero nirgendswo gehöret worden.

Worunter auch ein zimlicher Particul gantz neue und noch niemals gehörter Redens-Arthen mit eingetragen worden /

Zu sonderlicher Ergötzung und Belustigung der Geschicht-Liebenden / vor diesem in denen nächtlichen Conclav-Ergehlungen / anitzo aber im öffentlichen Druck jedermänniglich vorgestellet und beschrieben durch

den allenthalben bekanten **JAN REBHU** von Wolffs-Egg aus Oesterreich.

Druckts Jan R.ebhu kleiner Vetter 16?

Die kurtzweiligen
Sommer-Täge /
Oder ausführliche
Historia /

In welcher umständlich erzählet wird /

Wie eine vertraute
Adeliche Gesellschafft
sich in heisser
Sommers-Zeit
zusammen gethan:
Und
Wie sie solche in Auffstossung
mancherley Abentheuer und anderer merckwürdiger Zufälle kurtzweilig und ersprießlich hingebracht.

Zum allgemeinen Nutzen und Gebrauch des Teutschen Lesers entworffen / auch mit saubern Kupffern gezieret / an den Tag gegeben /
Durch
Wolffgang von Willenhag /
Oberösterreichischen von Adel.

Gedruckt im 1683. Jahr.

Obwohl Beer schon sehr jung den Attergau verlässt
Im 7ten Jahr meines Alters brachte mich 1662 im Herbstmonath mein Vatter nach Lambach, aldorten die Music zu lehren. (TB, S. 17) – eigentlich muss es heißen: im achten Jahr – und dann vielleicht nie mehr hierher zurückkehrt, bleibt er der Heimat verbunden und bekennt sich immer wieder ausdrücklich zu ihr. Mit Stolz nennt er sich in seinen Schriften „auß St. Georgen in dem Ländlein ob der Enns" (Weiber-Hächel),„„von Wolffs-Eck aus Oesterreich" (Printz Adimantus), „von Willenhag" (Sommer-Täge), zum besten entworffen / Von / EXPERTO RUPERTO Ländler / Bauren am Adler-See / („Der verkehrte Staatsmann" Ausgabe B)

Zuschrift   An den Edlen Herrn Johann Brandt
Mein Herr, etc.

Das süße Angedenken seiner angenehmen Person und die unter uns gepflogene Freundschaft lässet mich nicht ruhen, Ihm dieses Buch, obzwar mit einer irrenden und ungelehrten Feder, zuzuschreiben, auf daß Er ein Zeugnis meiner unauflöslichen Verbündnis gegen Ihm gleichsam nur in einem Schatten haben möchte. Es ist keine Elefanten-Geburt, welche, nach Zeugnis der Naturkündiger, zehen Jahr mit ihrem Jungen schwanger gehen, darum wird mein Herr wenig Zierlichkeit einer voll ausgesonnenen Rede hierinnen antreffen. Nichtsdestoweniger will ich anstatt der oratorischen Blumen ein einziges Kräutlein hiermit hineingestreuet haben, und solches soll heißen: Vergiß mein nicht!

      Wolffgang von Willenhag
      Herr auf Stampff und Nußdorf
        am Adersee, etc. (Sommer-Täge)

19/B *Staats-Mann*

B Auflage 1700 [Verlag und Ort fiktiv: wahrscheinlich Halle: Zeitler und Musselius; siehe (k) unten]

a. Titelblatt:
Der verkehrte | Staats-Mann / | Oder | Nasenweise | SECRETARIUS, | Wie sich | Derselbe durch seine arglistigen | Griffe in die Höhe geschwungen / | durch die Warheit aber auff die Finger | geklopfft / und von seinen vermeyn- | ten Ehren-Stuffen gestos- | sen worden. | Denen über das Vermögen ihrer | von Natur ertheilten Kräffte / hinaus | steigenden Gemüthern / wie auch an- | deren angehenden Hoff-Leuten | zum besten entworffen | Von | EXPERTO RUPERTO Ländler / | Bauren am Adler-See. | [Strich 62 mm.] | Cölln / | Bey Peter Martenau / 1700.

Auch in den beiden Streitschriften, die Johann Beer unter seinem Namen herausgegeben hat, dem „Ursus murmurat" und dem „Ursus vulpinatur" nennt er im Titelblatt seinen Herkunftsort. In der Auflage A des „Ursus murmurat" heißt es: „ ... durch / Johann Beern ... / von St. Georgen / aus Ober=Österreich." In der Auflage B: „ ... durch / Johann Bähren / ..... / von St. Georgen aus Ober=Österreich".

Im „Ursus vulpinatur": „ ... durch / Johann Beern / ..... , gebohren / zu Sanct Geörgen im Land od der Ennß".

Diese Namen haben keinen anderen Sinn als den der Freude an der Heimat.
Für Beer war dieses Bekenntnis zur Heimat auch ein Bekenntnis zu sich selbst, zu den Kräften, die ihn bewegten.

In den „Sommertägen" heißt es auch: „Die oberösterreichische Landschaft ist eine unter den vornehmsten des Teutschlandes. Ihre herrliche Situation und die gesunde Luft haben sie allenthalben, noch mehr als ihre schöne Gebäude, bekanntgemacht, mit welchen sie so wohl als das Latium pranget. Die Höflichkeit der Einwohner hat den Ausländern allezeit zu einer Verwunderung gedienet; und dannenhero ist dem Österreich der rühmliche Name zugewachsen, daß es vor allen andern Ländern, die sich gegen Orient befunden, billig das Höfliche gennenet wird. [Latium ist das Gebiet um Rom.] *ST S. 761*

Mit der ihm eigentümlichen Unbefangenheit füllt er seine Erzählungen mit einer Buntheit von Namen, deren reine Nennung für ihn eine große Freude gewesen sein muss und die wie ein Bekenntnis lautet. Wie in den „Sommertägen" in Namen wie Braunau, Schärding, Linz, Neuhäusl, Wels, Kremsmünster, Fockelbrück (Vöcklabruck), Frankenburg, Oberweiß, Killingen, St. Margareth, Wildenstein, Speineck und vielen anderen das ganze oberösterreichische Land aufgerufen wird, aber mit wachsender Dichte um St. Georgen zentriert, daraus ließe sich allein die Heimat des Dichters ableiten. Daneben hebt sich auch ein kleiner, begrenzter Bezirk am Inn zwischen Braunau und Schärding auffällig heraus: Braunau, Schärding, Suben, Reichersberg, Antiesenhofen, Pocking. R. Alewyn fragt in einer Fußnote auf Seite 117 (Palaestra): „*Hatte Beer dazu Beziehungen?*" Seit dem Wiederauffinden seines TB können wir die Frage beantworten:

„Im Zehendem Jahr kame Ich nach Reichersperg in Bayren, alda ich so wohl meine Music exercirte, als mich unter der Information Herren Josephi Gesellens enthielte. Wie dan auf unkosten Herren Adami (Pühlen?) Probstens daselbst zu Passau ein ganzes Jahr, nachdem ich meine Discantstimme eingebüßt, Syntaxin majorem gehört. *TB S. 18*

Das Innviertel gehörte bis zum Frieden von Teschen (1779) zu Bayern. „Syntax major" ist „höhere Grammatik".

Selbst dort, wo es sich in seinen Romanen um erfundene Namen handelt, zeigen noch die Namensformen, dass ihm fast immer die oberösterreichische Heimat vorschwebt.

Viele der Namen sind nun in der näheren und weiteren Umgebung von St. Georgen nachzuweisen; viele aber sind weder in alten noch in neuen Topographien und Landkarten zu finden, einige davon trotz genauer Lagebezeichnung, sodass kein Zweifel sein kann, dass Beer sie erfunden hat. In anderen Fällen hat er wirkliche Namen übernommen, aber ihre Bedeutung geändert, zu wirklichen Dörfern gleichnamige Schlösser erfunden. So ist zum Beispiel der Schwartzensee des „Verliebten Österreichers" ein wirklicher See, aber ein dazugehöriges Schloss „Schwarzburg", wie die Heimat des Helden heißt, gibt es nicht. So ist im selben Buch die Wanderung des Österreichers geographisch scheinbar genau festgelegt:

> Solche Ge-
> spräch führten wir etliche Tag nach-
> einander/ damit machte ich mich in mei-
> nem Einsidlers Rock auf/ und eilete ge-
> gen dem Untergeh nach Rodenfert die
> Föckel hinunter biß ich zu Rotting an-
> gelanget. Von dar kam ich nach
> Berging / Fils und Mossig/welches drey
> schöne Marckfleck am obbenannten Fluß/
> und zur Zeit voll Soldaten lagen. Und
> also hatte ich nur noch zwey kleine Mei-
> len über den Linebühel / und dern nach
> Rodenfert zu dem Wunder-Brunnen.

Der verliebte Österreicher, S. 228

Die Föckel ist natürlich die Vöckla. Aber die drei „schönen Marktfleck" Berging, Fils und Massing, deren Namen so wahrscheinlich klingen, gibt und gab es nicht. Sie sind einfach erfunden, und wie man an dieser Stelle deutlich sieht, ohne dass die Handlung es irgendwie erforderte, einfach aus der Freude an topographischer Phantasie. Ebensowenig ist der **Linebühel** zu finden oder kennt ein St. Georgener diesen Flurnamen in der Nähe von „dern" (Thern)? Rodenfert mit dem Wunder-Brunnen, das Ziel der Wanderung, aus weiter Ferne in die Feldmark der Heimat geholt, liegt - wenn Alewyn richtig vermutet - in der Nähe von Karlsbad in Böhmen.

Ich habe im Nachlass von Herrn Oberschulrat Louis einige Briefe von **James Hardin**, einem der besten Beer-Kenner, gefunden, in denen er darum bittet, ihm zu sagen, ob Namen aus dem „Verliebten Österreicher" fiktiv oder existierende Ortsnamen sind.

Dabei geht es um die Namen Litzlberg oder -burg, Wittingen, Rodefert oder -furt, „Der Wildsprung", Ranhausen, Splitterstein, Heckensteig, eine „Schwarzenburg", Schloss Steinberg (Brief vom 9. 10. 74).

OSR. Konsulent **R. Bernhart,** Leiter des Heimathauses Vöcklabruck, antwortet in einem Brief vom 9. 11. 1974, dass es im Bezirk nur Schloss Litzlberg gibt, die Namen Wittingen, Rodenfert/-furt, Ranhausen und Splitterstein aber nicht. Auch Wildsprung gebe es nicht, in der Gemeinde Oberhofen allerdings eine Ruine Wildeneck. Heckenstein gebe es nicht, nur eine Ortschaft Hecken in der Gemeinde Friedburg-Lengau und in der Ortschaft Wolfshütte in Manning-Ottnang. Eine Ortschaft Schwarzenburg sei auch nicht bekannt, nur einzelne Häuser in der Gemeinde Oberhofen in der Nähe des Mondsees. Unweit des Schobersteins finde sich eine Schwarzenecker-hebung. In der Gemeinde St. Wolfgang komme ein Schwarzenbach vor, mit dem wahrscheinlich der Ausfluss des Schwarzensees gemeint sei. Der Name Steinberg trete nicht als Schlossname, sondern als Bergname in der Nähe des Offensees bei Ebensee auf. *„Der einzig sichere Name ist leider nur der Name Litzlberg, die anderen Namen erscheinen mir irgendwie ausgeliehen."*

Da die Beer-Forschung heute einhellig der Meinung zu sein scheint, dass mit Wolffgang von Willenhag, dem Erzähler der ‚Sommertäge', ‚Herr auf Stampff und Nußdorf am Adersee, etc.' ein Wolfgang von **Wildenhag** gemeint ist, möchte ich auch einige Sätze über diesen Landsitz schreiben.

Um 1400 wird Ulrich von Vetzing (Wötzing) mit dem Sitz in Wildenhag belehnt, den ihm 1411 auch Herzog Albrecht belässt. 1554 sterben die Vetzinger aus. Den Grabstein des letzten Vetzingers kennen alle St. Georgener, weil er an der Südseite der Pfarrkirche neben der ‚kleinen' Kirchentür eingemauert ist. Er trägt über einem gewaltigen Wappen die Inschrift:

Kupferstich von Vischer

‚Hie ligt begraben der Edl und Vest Jacob Vezinger zu Wildehag der lest dises Namens und Stambes der gestorben ist am phintztag nach unserer Frauen Schidung tag 1554 de got genad.'

Ferdinand I. verleiht Wildenhag dem Erasmus von **Gera**, der verkauft es aber 1556 an Georg **Arnsteiner**. 1584 verkaufen die Arnsteiner Wildenhag an Leonhard **Hohenzeller**. Dessen Tochter Susanne heiratet 1593 Ludwig von **Schmelzing**. 1606 wechselt Wildenhag schon wieder den Besitzer und zwar erwirbt Georg **Hutstocker** den Ansitz, überlässt ihn aber schon 1614 dem Max **Hohenfelder**. 1624 schließlich kauft Hans **Geumann** den Besitz, der ihn 1632 an Christoph **Khevenhüller** weitergibt, der aber verkauft Wildenhag mit Walchen schon 1638 an Nikolaus **Gurland**. 1750 erwerben die **Schallenberger** das Schloss, 1767 und 1788 werden die **Klaus** als Besitzer genannt, 1808 Dr. **Preuner,** 1812 Christian Freiherr von **Aretin,** 1821 Frau Rosalia **Preuner**. Dass dieser häufige Besitzerwechsel dem Schloss nicht gut bekommen ist, kann man sich denken.

Wildenhag muss spätestens in der 1. Hälfte des 16. Jhds. als dreistöckiger, teilweise gewölbter Bau errichtet worden sein. Es wird nämlich 1574 und zwischen 1578 und 1581 bereits als baufällig bezeichnet. In der Stiftsbibliothek Göttweig findet sich die Beschreibung des Schlosses, die R. Alewyn irrtümlich auf Schloss Kogl bezieht:

Erstlich der Syz Wildennhag ... ist ain gemaurt Hauß zwayer Gadn hoch die Haubtmaur so sonnsten zimblich starckh ainstails zerrissen, hat herunden im Hauß ain Wein- oder Millichgrübl unnd vier unnderschiedliche Gewelb, darunter ain khlaines unnd ist der Einganng des Hauß also auch die yeztbemelten vier Gwelb oder Gemach alle gewelbt. Auf dem ersten Poden ist das Vorhauß auch gewelbt, hat auf der ainen Seiten ein zimbliche weite Stuben daran ain Camer, genuber ain clains Stübl daraun ain zimbliche weite Camer, mer auf disem Poden ain Khuchl. Auf dem andern Poden underm Dach sein zwen offen Traitcässten unnd ain clains Capelel. Es ist aber das Tach gleichsfals die Zimer an Fenster, Öfen Pöden alles paufällig gebrochen unnd sorglich, der ober Poden werde ainstails bald einfallen, dann daran durch Regen unnd Ungewitter, weil das Tach zerrissen unnd nit guet ist, grosser Schaden bescheen. Stiftbibl. Göttweig Hs. Katalognr. 508, Standortnr. 404.

(Zauner, A.: Vöcklabruck und der Attergau, S. 347)

B. Pillwein beschreibt **Wildenhag** um die Mitte des 19. Jhds. folgendermaßen: ‚*ein Dorf von 33 Häusern, 42 Wohnparteyen, 201 Einwohner mit einem größtentheils in Ruinen liegenden Schlosse gleichen Namens, eine halbe Stunde von St. Georgen.* (Der Hausruckkreis, S. 294)

Der Kupferstich von G. M. Vischer aus der 2. Hälfte des 17. Jhds. zeigt das Schloss aber in einem guten Zustand.

Was für den „Verliebten Österreicher" gesagt worden ist, das gilt auch für die „Willenhag-Romane" (Winternächte - Sommertäge). Auch hier ist die geographisch-räumliche Lokalisierung recht unbestimmt. Zwar sind die Mitglieder des Adelskreises sesshaft und in der Nähe des Attergaus angesiedelt, zwar spricht die Einbeziehung der oberösterreichischen Bauernaufstände für diesen Raum ebenso wie das Lob der oberösterreichischen Landschaft durch Willenhags Pagen Paul, doch zeigt eine genaue Prüfung, dass Landschaft und räumliche Umgebung nie um ihrer selbst willen und immer nur so weit von Interesse sind, wie es ihre Funktion als „Kulisse der Handlung" erfordert.

Die Landadeligen, die Hauptpersonen der Willenhag-Welt, haben alle ein oder mehrere Landschlösser, die alle besondere Namen tragen, wie Oberstein, Ocheim, Willenhag = Wildenhag, Nußdorff, Buchberg, Stampff, Abstorff, Rodigen, Pfeltzingen, Wildenstein, Steinbruck, Unterbinigen usf.

Ein großer Teil dieser Namen läßt sich in Beers Heimat, dem Attergau, wiederfinden. Dass Beer auch noch etliche Namen erfunden hat, wenngleich seine Namensbildungen sich meist an den heimatlichen Ortsnamen orientieren, beweist, dass es ihm nicht um ein peinliches Porträt dieser Landschaft zu tun ist. Beer hat eine Reihe von Orts- und Adelsnamen erfunden, die er bedenkenlos mit denen seiner Heimat verquickt hat. So entstand eine neue, literarische Landschaft, deren Konturen jedoch – anders als R. Alewyn interpretiert hat – recht verschwommen bleiben. Die Lage der einzelnen Schlösser und die Entfernungen zwischen ihnen werden nicht genau beschrieben; nur mitunter erfährt man nebenbei, dass sie ein paar Reitstunden auseinander liegen. Gewiss ist von Bergen, Seen und Flüssen die Rede, auch von Wäldern, aber die gibt es anderswo in ähnlicher Zusammenstellung auch. Eine von R. Alewyn ausführlich kommentierte Landschaftsschilderung (Palaestra S. 11 ff, 116/117), die dem bisher Gesagten zu widersprechen scheint, findet sich im Sommertäge-Band. Da erzählt Wolfgangs Page Paul von seiner Heimat, der „Oberösterreichischen Landschaft". Da dies eine sehr wichtige Stelle ist, sei sie in vollem Wortlaut wiedergegeben.

XIX. CAPITUL. Sein Page erzählet vom Land ob der Enns.

„Die oberösterreichische Landschaft ist eine unter den vornehmsten des Teutschlandes. Ihre herrliche Situation und die gesunde Luft haben sie allenthalben, noch mehr aber ihre schöne Gebäude, bekanntgemacht, mit welchen sie so wohl als das Latium pranget. Die Höflichkeit der Einwohner hat den Ausländern allezeit zu einer Verwunderung gedienet; und dannenhero ist dem Österreich der rühmliche Name zugewachsen, daß es vor allen andern Ländern, die sich gegen Orient befunden, billig das Höfliche genannt wird. Von Fruchtbarkeit des Landes will ich dermalen diejenigen reden lassen, welche sich aus ihrem reichen Mutterschoße bis auf diese Stund reichlich ernähren. Das herrliche Salzwerk zu Ischel, welches über Gmünden durch den gefährlichen Fall geführt wird, ist ein unvergleichliches Kleinod dieses Landes; und das Eisenerz hat allein den Ruhm, daß es mit ihrem häufigen Erz und absonderlich mit dem guten Stahl das ganze Teutschland wohl versehen könnte. In diesem Land ob der Enns sind etliche See berühmet, auf welchen es herrliche und prächtige Schlösser gebauet, desgleichen noch wenig in Europa gesehen werden. Nur ein einziges Exempel ist das berühmte Schloß Kammer, welches weit in der See mit unvergleichlicher Schönheit aufgeführt ist. Von daraus siehet man gegen Morgen die hohe Spitze des berühmten Traunsteins, der den Inwohnenden vor einen täglichen Calender dienet, indem man durch die Tiefe oder Höhe der herniedersinkenden Wolken das Wetter abzunehmen schon von alters her und absonderlich unter dem gemeinen Landmann gewohnet ist. Dieses Gebirg ist eines unter den höchsten in dem Land und umfängt gleich einer runden Mauer den lieblichen Gmündner See, welcher seinen Namen von der lustigen Stadt nimmet, die zum Ausfluß der Traun, obzwar nicht gar prächtig, jedoch sehr angenehm in etliche Gassen geführt und zu Ausladung des von Halstatt hingeführten Salzes gar dienlich ist.

Von dar kommt man, wie ich Euer Gestreng vor erzählet habe, auf den Fall, welches den Durchschiffenden fast der allergefährlichste Ort im ganzen Lande ist. Dieser Fall liegt zwischen Gmünden und dem sogenannten Stadel, und was seinen Namen anbetrifft, so wird der Ort also genannt, weil daselbst die gesamte Traun eines Haus hoch über jähe Felsen abstürzt und also vor diesem ganz unmöglich durchzuschiffen war. Es hat aber ein vortrefflicher Werkmeister auf hohe Unkosten des Kaisers daselbst einen Kanal durch den harten Felsen mit unbeschreiblicher Mühe dergestalten gehauen, daß man heutzutage (obzwar mit guter Obsicht) dennoch gar wohl und ohne Hindernis hindurchfahren und also einen unglaublichen Unkosten erparen kann, welchen man doch mit dem Salz auf der Achse nach dem Stadel zu führen anwenden müßte. Denn weil von der obbesagten Stadt Gmünden aus bis in den Stadel die Traun zwischen den Bergen geschlossen sehr tief gehet, führt man mit wenig Personen gleichsam in etlichen Stunden auf einem einzigen Schiffe so viel Salz nach dem Stadel, als sonsten mit hundert Pferden innerhalb zwei Tagen nicht konnte vollendet werden. Wenn ich der Reißkunst erfahren wäre, wollte ich solchen Ort mit der Kreide figurieren, denn ich bin oftermalen dagewesen und habe mit Augen angesehen, wie die Schiffe gleichsam in einem Augenblick durch den ausgebäumten Kanal durchfahren, welcher sich weit über fünfhundert Schritt lang erstrecket. Ist also dieser durch den allmählichen Umschweif so eingehauen, daß er bei seinem Ausfluß ganz gerade den andern Fluß wieder erreichet und also damit fortgehet.

Und weil ich ehedessen auf dem Schlößlein zu Au bei dem Jäger mich aufgehalten, lief ich fast täglich dahin, die Schiffe durchpassieren zu sehen, und bekam dannenhero manche Kopfnüß, wenn ich durch diese Zeitverschwendung meine andere Verrichtungen verabsaumet habe. Man hört diesen Fall, wenn er geschlossen ist, auf eine gute Stund rauschen; dannenhero man leichtlich, absonderlich aber zu Nachtszeiten, weit umher abnehmen kann, ob er offen oder geschlossen sei. Der Fallmeister daselbst ist mein naher Freund und habe mit meinem Edelherrn von Häin, dem das Schlößlein Au zugehörte, manch gutes Frühstück allda verzehrt.

Besagter Traunstein, so in dem Gmündner Gebirg, der höchste Felsen ist, wird auf die zweiundzwanzig Meil Weges gegen Unterösterreich wegen seiner überaus großen Höhe gesehen. Auf diesem sind die Gemsen und Auerhahnen ein tägliches Wildbret, und wird auch auf solchem an dem Abend des Festes Johannis das sogenannte Johannsfeuer, und zwar auf dreien unterschiedlichen Orten des Gipfels, angezündet, wovon diejenige Person, der solches Feuer bereitet, ein Gewisses zu seinem Lohn empfänget.

Die Hauptstadt in Oberösterreich ist Linz, sie liegt an der Donau; und wenn sie noch einmal so groß wäre, so wollt ich sie allen Städten in Österreich, wo nicht vorziehen, jedennoch gleichschätzen. Nichtsdestoweniger ist sie sehr bequem und dem Handel groß genug, der allda getrieben wird. Die Stadt Wels liegt an der Traun, von welchem Fluß ich bereits geredet habe, ist wohl gebauet und pranget mit unterschiedlichen schönen Häusern. Von daraus gehet man über Lambach auf Schwanenstadt, die ehedessen Schwans geheißen. Besagtes Lambach ist ein schönes und herrliches Kloster Benedictinerordens, gestiftet von dem heiligen Adalberto, und wird zur Gedächtnis dessen alle Jahr ein großes Almosen ausgeteilet. Auch ist allda fast die beste Musik, so nächst der wienerischen in dem Erzherzogtum Österreich den billigen Ruhm hat. Aber Schwanenstadt ist ein schlechter Ort, hat etwan in allem zwei Gassen, damit ist der ganze Ort beschrieben. Nicht weit von dieser Stadt ist ein Schloß auf einem hohen Berg, Wolffseck genannt, an welchem sich der Hausrucker anfänget, auf welchem ehedessen die Principalen derjenigen Bauern gesessen, die wider ihre Obrigkeit rebelliert, aber nichts damit ausgerichtet haben, als daß sie mit Schimpf und Schand endlich überwunden, auf die höchsten Galgen gehängt und den ausländischen Herren zur ewigen Leibeigenschaft gleichsam zum Spectacul und Abschreckung der andern sind verschenket worden. Diese, wie bekannt ist, haben sich erstlich von Steffel Vattinger, einem Zimmermann oder, wie etliche wollen, von einem Taglöhner, hernachmals aber, als er erschossen worden, von einem Studenten commandieren lassen, der sie alle stahleisenfest gemacht. Er hat ihnen auf dem Berg bei Lambach, so man den Buchberg nennet, ein Mus gekochet, und wer davon gegessen, in den ist weder Kugel noch Eisen gegangen, und was noch das Wunderlichste ist, so haben die Bauern die Kugeln nicht allein abweisen, sondern dieselbe noch mit der Hand fangen können."

„Mein lieber Paul," sagte ich zu meinem Page, „von diesen Dingen kann man genug in der Topographia Austriæ zu lesen bekommen, darum erzähle mir vielmehr, wie dirs in deinem Heimat gegangen und was du vor Herren daselbst aufgewartet hast." – „Ich bin allda," sprach er darauf, „was meine Geburt betrifft, in dem Adergey etwan eine Stund von Adersee in dem Markt St. Georgen geboren, welcher unter die Grafschaft der Kevenhiller gehörig. Nächst diesem liegt das hohe Schloß Kogel, allwo ich in meiner Jugend dem Pfleger vor einen

Schwammendrucker, wir mans dorten nennet, aufwarten müssen. Weil mir aber der Berg gar zu hoch und oft zu steigen war, indem ich von daraus bis in den Markt fast anderthalb Stunden in die Schul gehen mußte, lief ich davon und kam nach Schörfling zu der alten Frau Achleitnerin, bei welcher, als bei meiner Großmutter, ich mich drei Jahr lang aufgehalten. Hernach kam ich etwan im zehenten Jahr meines Alters nacher Frankenburg zu dem Hofwirt Pleckenwegner. Daselbst lernete ich rechnen und schreiben. Aber weil er zu frühzeitig starb, kam ich wieder weiter ins Land und wurde zu dem vorgenannten Häin auf das Schlößlein Au, eine Stund vom Fall, gebracht, allwo ich nicht wußte, was ich eigentlich war. Ich mußte ihm erstlich über Land bei den Gastereien aufwarten. Zu Hause bekam ich in der Küche bald Pfeffer, bald was anders zu stoßen. So half ich auch der Frauen Wasser brennen, und dem Jäger mußte ich ins Holz seine Büchsen nachtragen. Sommerszeiten brauchte man mich auch zum Wetterläuten und Kornschneiden, Herbstzeit mußte ich Äpfel abbeuteln und wurde dann auch dort und da mit Briefen und anderen Posten übers Land geschicket.

Aber, wie ich vorgemeldet, weil ich öfters auf den Fall hin und wieder gelaufen und dadurch meine Zeit so liederlich zugebracht, jagte mich die Edelfrau von dem Schloß hinweg und zog mir noch die Liverey dazu vom Leibe. Ihr Herr begegnete mir gleich im Wald, als ich nach Gmünden ging, und da er mich so im Hemd und meinen leinern Hosen, die ich zu ihm gebracht hatte, dahergehen sah, verwunderte er sich von ferne mit seinem Stecken und fragte mich endlich, wo ich herkäme. »Paul,« sprach er, »wie kommen wir da zusamm?« Als ich ihm aber weinend erzählte, wie mich sein Weib ohne Gnad und Barmherzigkeit so sehr entblößet und mich nur mit einem schwarzen Stück Brot zum Schloß ausgestoßen, nahm er mich wieder mit sich, in Meinung, mir wieder anzuhelfen. Aber in der Nacht hörte ich sie wegen meiner abscheulich in der Kammer zanken. Ich hatte die Liverey wieder an, und weil sichs anließ, als dörfte ich wegen Widerwärtigkeit der Frauen aufs neue ausgeschälet und davongejauket werden, besann ich mich eines Bessern, bin also, nachdem ich unserm großen Hund sein silbern Halsband abgebunden, mit der Liverey noch in selbiger Nacht über die Mauer ausgestiegen und im finstern Wald davongelaufen, habe auch noch überdas die allerzotenhaftigsten Reimen an das Tor angeschrieben, in welchen ich die Edelfrau viel ärger als die verlaufenste Landstörzerin ausgehudelt habe." (ST, S. 761 - 765)

Alle seine Angaben stimmen mit den realen Gegebenheiten der außerliterarischen Welt überein. Diese detaillierte Schilderung ist aber eine Einmaligkeit in Beers Romanen. Sie hat keine ersichtliche Funktion im Gesamtbau der Erzählung. Es wird in ihr eben n i c h t die Landschaft nachgezeichnet, in der das Geschehen des Hauptstranges der Willenhag-Erzählung abläuft, denn es wäre ja unsinnig, wenn der Page seinem Herrn eine Landschaft beschriebe, in der dieser selbst lebt. Dass diese Landschaftsschilderung im Romanganzen ein Fremdkörper ist, hat Beer selbst gespürt und zum Ausdruck gebracht, lässt er doch deshalb die Beschreibung durch Willenhag mit dem Einwurf abbrechen: *„Mein lieber Paul, ... von diesen Dingen kann man genug in der Topographia Austriae zu lesen bekommen, darum erzähle mir vielmehr, wie dirs in deinem Heimat gegangen...".*

Dass der Erzähler gleichwohl diese von ihm selbst als überflüssig hingestellte Beschreibung in sein Buch aufnimmt, ist schwer zu begründen. Vielleicht wollte Beer sich damit irgendwelchen Freunden zu erkennen geben? Alewyn hat diese Pagenerzählung und besonders die an diese Schilderung anschließende Abenteuer-

erzählung als autobiographisches Zeugnis ausgewiesen.
Welche Bedeutung hat nun der Landschaftsraum innerhalb der Erzählung? Da wird durch den Einwurf Willenhags schon deutlich, dass der Raum nicht als solcher interessant und darstellenswert erscheint, sondern lediglich das, was sich an menschlichen Schicksalen, an Ereignishaftem in ihm abspielt. Deshalb will Willenhag nicht wissen, wie die Heimat seines Pagen aussieht, sondern wie es ihm darin ergangen ist. Auch sonst finden sich im Erzählganzen des Willenhag-Romans noch öfter Hinweise dafür, dass es Beer nicht um eine genaue Übereinstimmung seiner Romanlandschaft mit der des Attergaus geht. Denn ansonsten wäre nicht einzusehen, wieso Zendorio einmal sagen kann: „Mein Schlößlein war nicht weit vom Rhein abgelegen" (407), oder wieso der Irländer sich einmal über eine sprachliche Eigenheit des 'Landes ob der Enns' auslässt (Winternächte, S. 140), die doch allen seinen Hörern vertraut sein müsste, wenn sie Einwohner dieser Gegend wären:

Das Wort Amtmann gebraucht man in dem Land ob der Enns im schlimmen Credit, und wird insgemein der Scherg also genennet.　　　　　　　　　　　　　　　　WN S. 140

Beer gibt, von der Pagen-Erzählung abgesehen, in den Willenhag-Romanen nie ein wirkliches Landschaftsbild. Ein solches ist erst mühsam zu rekonstruieren, wenn man auf einer Landkarte alle jene Orte sucht, die er recht zusammenhanglos und oft nur nebenbei erwähnt. Und auch dann ist keine völlige Übereinstimmung von realer und dargestellter Landschaft festzustellen. Zwar sagt R. Alewyn zu Recht, dass das Bild der Heimat Beers Romanlandschaft geprägt habe; jedoch ist die Beschreibung der Heimat ins nur mehr Stimmungshafte und in etliche Namen verdrängt. Darum wird dem Leser nicht zwingend die Landschaft des Attergaus vor Augen gestellt. Der Raum ist Folie, ist **Kulisse** für die Handlung. Wenn R. Alewyn behauptet, dass in der Willenhag-Dilogie „das Bild einer Kulturwelt" gestaltet sei, „zu dem sichtlich Beers oö. Heimat Modell gestanden" habe (Palaestra S. 218), so scheint doch heute von einer weitgehenden Übereinstimmung dieses Bildes mit seinem Modell nicht mehr die Rede sein zu dürfen.

Und diese Einsicht ist nicht neu. Hat doch schon **G. Fricke** im Jahre 1933 im „Anzeiger für deutsches Altertum" (S. 71 f) in seiner Besprechung von R. Alewyns Habilitationsschrift über Johann Beer sich recht kritisch mit der Auffassung von R. Alewyn, dass Beer eine recht konkrete Landschaft schildere, nämlich die seiner oberösterreichischen Heimat, auseinandergesetzt. Fricke schreibt: „*Und das angeführte Zitat (116 f) läuft doch im Grunde darauf hinaus, daß die Gegend schön, die Luft gesund und die Bewohner reizend sind - Merkmale, die kaum konkreter sind als die von Grimmelshausen gelieferten.*" Und etwas später heißt es: „*Tatsächlich streut Beer, zumal in seinen beiden großen Romanen* (gemeint sind die „Winternächte" und die „Sommertäge", H. P.), *der Breite seiner alles einbegreifenden Erzählfreude entsprechend, relativ viel Landschaftliches ein. Aber es bleibt sehr allgemeine Hügel-, Dorf-, und Waldlandschaft mit vielen Schlössern. Daß sie geradezu ‚tragender Boden', ‚bedingender Hintergrund aller Vorgänge und Figuren', ‚Daseinsbedingung des Erzählerischen' überhaupt werden, davon konnte sich Ref. nicht überzeugen, wie auch die durch zahlreiche Schriften zerstreuten österreichischen*

Ortsnamen nicht notwendig bekenntnishafte Heimattreue widerspiegeln."*
Für die **künstlerische Leistung** ist die mehr oder minder weitgehende Übereinstimmung der Romanwelt mit Beers Heimat selbstverständlich **kein Maßstab**. Für Alewyns **biographisches** Interesse war eine solche Übereinstimmung freilich von Bedeutung.

Mundartanklänge

Wenn Johann Beer den Attergau auch schon als Kind verlassen hat, die Sprache seiner Heimat hat er mitgenommen und beim Lesen seiner Werke – besonders auch unter dem sprachlichen Aspekt – habe ich mir immer wieder gedacht: Ja, so haben wir früher auch gesagt. Oder: So sagen wir heute auch noch.
Diese Anklänge an die Mundart sind schon den Zeitgenossen von Johann Beer aufgefallen. So schreibt E. Neumeister 1695: *„Er ist unvergleichlich, was die Erfindungskraft angeht, genau treffend und anmutig; im Stil richtet er sich nach seiner Mundart."* (Neumeister/Grohmann: Die deutschen Dichter unserer Zeit ... S. 142).
Die hier angeführten Belegstellen sind nicht sprachwissenschaftlich belegt, sondern rein gefühlsmäßig.

'Narrenspital':
fraß er abends eine große Schüssel voll saurer Milch oder,
wie man es auf österreichisch heißet, einen guten *Weidling*
seht doch um zehn *Kletzen* willen
eine solche *Fretterei*
ein *grauslicher* Lauslümmel
Laatschen an den Füßen
mir ist einer not
jemanden kitzeln
mein Tauben-Kobel
Küchenratz

'Pokazi':
Schellenunter
das wurde nun derselbe inne
er hat uns erschrecklich *gezwifelt*
gelt da konnten wir die Kerls *rupffen*
blodern
er sagte / dasti der Teuffel hole
Kren

'Blaumantel':
daß es *taugte*
an der *Goschn*
er hat mich in meiner Erzehlung *irre gemacht*
zusammen*geschrumpelt*
du *Haderlump*
er *seicht* noch lange nicht in die Hosen

'Spiridon':
Geprassel
Kletzn
lagerhafftig werden
sich pucklicht lachen
Schirhacker

'Corylo':
fingen wir an Kegel zu *scheiben*
bande den Ober-Zipff an das Fenster-Creutz
unter andern *langte* sie ein Biegel-Eisen heraus
weitschichtig
mit Butz und Stängel
Häuselbauer
einen Trischack spielen
fleißig *klaubte* er die Brösel zusammen
wie ich mich in seinen Diensten *anlasse*
das abgeschnittene *Trum*
eine recht *patzete* Lüge
sie mit dem kleinen Finger *anzuriren*
daß eine *Schiefern* hervorguckte
welche noch einen alten *Pick* auf mich hatte
diskuriren
ohne einziges rumpelen
sie sagte /   dasti der Bettel hole
              dasti der Henker zur Stuben ausschlage
ein Fretter
Höppin=Kröte, auch verächtlich für Frau

'Feuermäuer-Kehrer':
ausgesackelt
sie reispern sich
wie hipsch ich den Gesellen *abkampeln* wollte
da bin ich fix mit dem *Scherbel* her
daß du nach dem *Keder* schnappst
das Rauchfang-kehrer-Pürschlein
ich *spitze* auf die Schüssel voll Nudeln
daß es *pumpete*
zu *fuchteln* anfangen
Reise-*bintel*
das zusammen *gescharte* Laub
was wird dann der Schneiderin thun / die ihren Mann *vergeben* (vergiftet) hat
sie ist nicht weiter kranck / sondern hat eine rotzige Nase
hinterdreinzotteln
das Mägdelein ist *zeitig* genug (zum Heiraten)

über den Hauffen burtzeln
es wurde gefressen, daß es staubte
zündet einen Schaub Stroh an
desperat sein
stracks
er ist ein solcher Storax

'Kleider-Affe':
Banckert
kauderwelschen
ich tummer Schöps
den Fleck neben das Loch setzen
sollst du mir widerbeffern
der Meister kam nach Hause und *spannte* schon /
wie ein *Häftelmacher* auf den Lecker-Bißgen
er hatte sich vor Erschreckniß über und über *belaxiret*
ich *spiste* einen Bissen an das Messer
stracks etwas finden
ich wollte (nicht) *leiden* / daß die Leute sagen

'Bastia Civitatis':
danach nahme ich die Hüner-Steig
weder fetter noch dirrer
ich mußte zu Hauß so lang an dem Tanz-Schleier ausbegeln
daß er sich aus dem Staub gemacht
„Aber wie ich äffi kema bin / sakadögen da han ichs dribn ghabt mit ihr /
wie a junga Kauda. Afft hat sie mir diesen Dröck geschenkt ghabt /
ich solte noch länger bey ihr bleibn / aba ich daucht / da Man däfft käme /
da hät ich fautzen kriegt / daß ich affs Gsäß ärschlings hät fallen müssen..."

'Weiber-Hächel':
wie ein alter Bauern-Korb / der die Nüsse *verzetten* will
der Plunder
das Paqvet nicht zu verzetten
ich dörffte ihme die Tochter wieder nehmen / und sie einem andern aufbehalten
und stellet euch (nicht so) an

'Verkehrter Staatsmann':
in einen andern Model giessen
auf den Ganth verkaufen

Auf Beers Herkunft aus dem oberdeutschen (südlichen) Sprachraum weist auch
der Titel „**Der** Berühmte Narren-Spital" hin. Denn zu dem ursprünglich neutralen
Geschlecht (d a s Spital) gibt es auch eine masculine Form (d e r Spital). Schon
das lateinische 'hospitale' (n.) hatte eine Nebenform 'hospitalis' (m.), das aber nur
landschaftlich oberdeutsch durchdrang und bei **oberdeutschen** Schriftstellern auch
in der Schriftsprache erscheint.

'Winternächte':
aufklauben
carniffeln
es ist nicht ohne
das Wort Dirn ist ein alt und gutes Wort, bedeutet eine Hausmagd
ich seichte ihm in alle Dintentöpfe
das Rumpeln
beuteln
‚Daßti der Teufel hol!'
das übrige Trumm
mit Butzen und Stengel
mit den Hemdzipfeln
in der Finstern
ihr garstigen Lochtauben
Gelt, Euer Gestreng
sich wieder aus der Zieche wickeln

'Sommertäge':
jemanden aufziehen
etwas inne werden
Leihkauf
jemanden davon jauken
Flechsen
ein Schreiber, dem der Mantel wie ein Abwaschhadern (oder wie die Hochdeutschen reden, ein Waschlappen) an dem Rücken hänget
Pumpern
foppen
Antiff-Salat
Höppin
auf etwas spitzen
Bettstatt
schlieffen
schoppen
Wasen

'Jungfer-Hobel':
seinen Vorfleck umnehmen

*Grabstein des **Ulrich von Vetzing**, Herr auf **Wildenhag** (S. 78),*
an der Südseite unserer Pfarrkirche neben der „kleinen" Kirchentür.

Der weitere Lebensweg

Nachdem Beer ein Jahr lang die Schule in St. Georgen besucht hatte, schickte ihn sein Vater im September **1662** ins **Kloster Lambach**, um „aldorten die Music zu lehrnen" (TB S. 17). (**1662 - 1665**)

Kloster Lambach in Oberösterreich (Zeichnung v. J. Beer)
Beer dürfte hier den Vischer-Stich von 1674 als Vorlage benutzt haben

Darüber schreibt J. **Mattheson**, Beers erster „Biograph", wohl etwas voreingenommen und mit z. T. falschen Daten: *„weil aber sein Vater, Wolfgang, und die Mutter, Susanne, an nichts, als an Kindern reiche gewesen, so haben, nach und nach, einige papistische (= katholische, P. H.) Herrschaften dieser Eltern Söhne an sich gezogen, des Vorhabens, sie zum römischen Glauben zu bereden. Unser Bähr wurde demnach im zehnten Jahr seines Alters genöthigt, sich dem herrlichen Benediktiner-Kloster zu Lambach einzuverleiben."*

Beers Tagebuchnotizen über die **drei Jahre** im **Lambacher Kloster** sind nicht sehr aufschlussreich. Ohne jeden Kommentar liefert er eine Aufstellung seiner Lehrer und Schulkameraden.

Auf Johann Beer kommt auch **A. Brandstetter** in seinem Roman **„Vom Manne aus Eicha"**, Residenz, Wien 1991, zu sprechen (S. 104 ff), in dem er von dem Lambacher Benediktiner, Kupferstecher, Musiker und Stiftsschaffner **Kolomann Fellner** (1750 - 1818) erzählt. Er schildert in diesem Roman auch die Hintergründe für den aufsehenerregenden **„Lambacher Prälatenmord"**, dem 1678 der auch aus Beers TB bekannte **Abt Placidus Hieber** zum Opfer fiel. (Siehe auch das

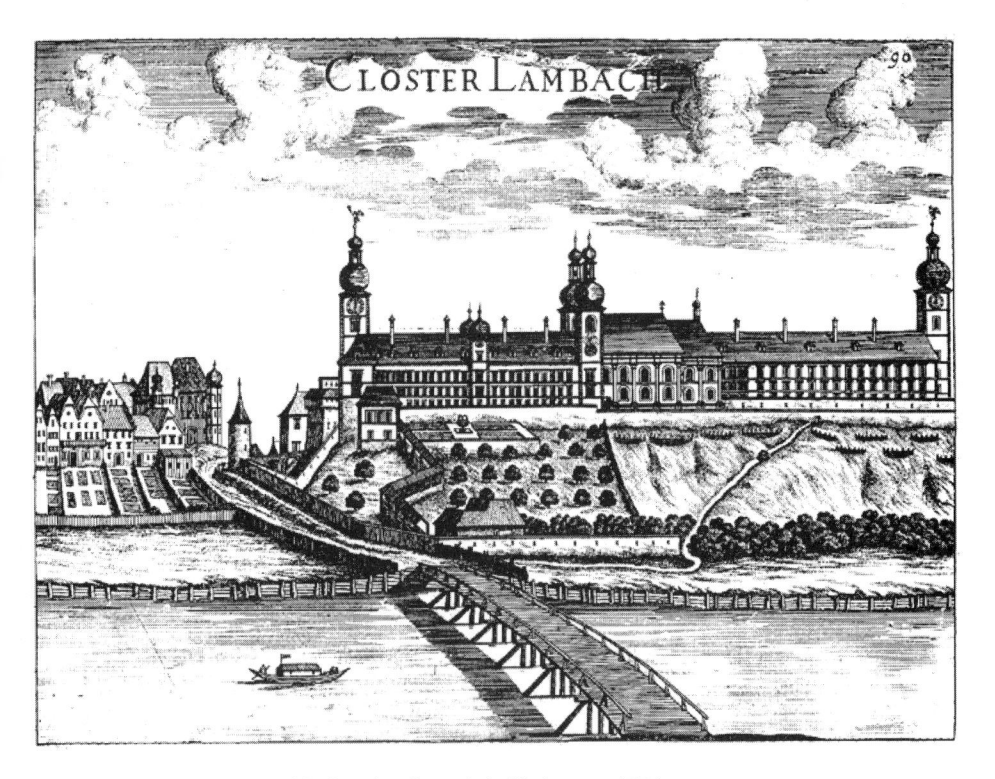

Aus: Vischer, M.: *Topographia Austriae Superioris Modernae, 1674*

Kapitel „**Johann Beer und die o.ö. Bauernaufstände**").

Weniger wortkarg als J. Beer in seinem TB äußert sich der Page Paul in den „Sommertägen" in dem bestimmt autobiographischen Abschnitt im Kloster Lambach; nämlich über das Schlösschen Au und den Traunfall.

Dass Beer das Schlösschen **Au**, das damals dem Stift Lambach gehört hat, und seine Umgebung recht genau gekannt hat, geht zudem aus einer ausführlichen und ganz offenbar auf eigener Anschauung beruhenden Beschreibung der Salzverschiffung am Traunfall hervor.

Wenn ich der Reißkunst erfahren wäre, wollte ich solchen Ort mit der Kreide figurieren, denn ich bin oftermalen dagewesen und habe mit Augen angesehen, wie die Schiffe gleichsam in einem Augenblick durch den ausgebäumten Kanal durchfahren, welcher sich weit über fünfhundert Schritt lang erstrecket. Ist also dieser durch den allmählichen Umschweif so eingehauen, daß er bei seinem Ausfluß ganz gerade den andern Fluß wieder erreicht und also damit fortgehet.

Und weil ich ehedessen auf dem Schlößlein zu Au bei dem Jäger mich aufgehalten, lief ich fast täglich dahin, die Schiffe durchpassieren zu sehen, und bekam dannenhero manche Kopfnüß, wenn ich durch diese Zeitverschwendung meine andere Verrichtungen verabsaumet habe. Man hört diesen Fall, wenn er geschlossen ist, auf eine gute Stund rauschen; dannenhero man leichtlich, absonderlich aber zu Nachtszeiten, weit umher abnehmen kann, ob er offen oder geschlossen sei. Der Fallmeister daselbst ist mein naher Freund, und habe mit meinem Edelherrn von Häin, dem das Schlößlein Au zugehörte, manch gutes Frühstück allda verzehrt. *ST S. 762*

Das Schlösschen Au liegt in der heutigen Gemeinde Roitham am rechten Ufer der Traun, in unmittelbarer Nähe des Traunfalls.

Schloß Au an der Traun. Kupferstich nach Georg Matthäus Vischer, 1681. (Freundlich z. Verfügung gestellt v. Dr. med. Walter Blank, Fischlham, OÖ.) Narren- u. Schelmenfiguren S. 34

Mag der Edelherr von Häin erfunden sein, mit dem Jäger könnte es seine Richtigkeit haben. Aus einer freilich viel späteren Zeit erfahren wir (Gielge, 1814), dass das Schlösschen dem Kloster Lambach als Jagdschloss diente und von einem Jäger bewohnt wurde. Auch für das 17. Jhd. wäre es für das in einer abgelegenen, aber wald- und wildreichen Gegend erbaute Schlösschen die nächstliegende Verwendung gewesen. Auch das spricht also für den autobiographischen Wert der Pagengeschichte.

Gielge beschreibt das Schloss 1814 so: *„Au ... ein Schlößchen unweit dem Traunflusse ... es ist zwey Stöcke hoch gebaut, mit einer halbverfallenen Ringmauer, an der rechten Seite beym Eingang eine Kapelle und ein Nebengebäude ... wird von einem Jäger bewohnt. Jagdhunde durchheulen den engen Raum des ritterlichen Hofes"* (S. 37).

Das Schloß Au ist baulich seit über dreihundert Jahren wenig verändert worden, so dass es als Muster eines ländlichen Adelssitzes des 16. und 17. Jhds. angesehen werden kann. Die Schlosskapelle, in der ein schöner, über 300 Jahre alter Altar mit wertvollen Gemälden steht, ist der heiligen Apollonia geweiht. Wer das 1446 genannte Au erbaut hat, lässt sich nicht nachweisen, wenn man auch weiß, dass es ein 'rittermäßiges Aigen' und von der Herrschaft Ort bei Gmunden lehensrührig war. So alt ist Au nicht, dass es von den Ortern erbaut sein könnte, eher ist an die Wallseer zu denken, die seit 1350 Schloss und Herrschaft Ort besaßen. Die ersten nachweislichen Lehensinhaber von Au waren die Raidt Kemating (bei Eggelsberg i. I.); Ulrich Raidts Tochter heiratete 1557 Balthasar Wiellinger.

Schloß Au heute

Aus: Komarek, A.: Österreich mit einer Prise Salz, S. 67

Die Wiellinger nannten sich ab diesem Jahr „von Au". 1571 kam das Schloss in den Besitz des Gotthard von Salzburg. Von den Salzburgern erwarb bereits 1660 Johann Baptist Kuttner das Schloss samt Zugehör, doch verkaufte er es bereits 1660 an das Kloster Lambach. Das Stift Lambach veräußerte Au 1820 an Franz Gebhard Hofbauer. Seit 1824 ist die Familie Solterer bzw. deren Erben im Besitz von Schloss Au; der heutige Besitzer bewirtschaftet auch den Maierhof und ist gerade dabei das Schloss zu renovieren.

Der Traunfall

Dieses gefährliche Hindernis für den Salztransport auf der Traun war schon 1311 etwas entschärft worden. Aber erst der von J. Beer in seiner ‚Beschreibung des Landes ob der Enns' (in den ‚Sommertägen') genannte „vortreffliche Werkmeister", der „auf hohe Unkosten des Kaisers daselbst einen Kanal durch den harten Felsen ... gehauen", (S. 762) der geniale Thomas Seebauer, sorgte im 16. Jhd. für eine halbwegs sichere Fahrt. Er umging den Wasserfall mit einem teilweise in den Fels gesprengten Gerinne, das mit Holz ausgekleidet war. Da aber auch dieser Fahrweg die Höhe des Traunfalles überwinden musste, hatten die Bodenhölzer im unteren Teil des Kanals Öffnungen, durch die Wasser in die Traun zurückgeleitet wurde. Dadurch näherten sich die Schiffe immer mehr der Kanalsohle, bis sie schließlich auf dem nassen Holz dahinglitten und so gebremst wurden. Eine feuchte Höllenfahrt war dennoch garantiert: Rund 400 Meter Talfahrt wurden in nur vierundfünfzig Sekunden bewältigt. Es hat wohl immer Unfälle gegeben. Einer der ersten Berichte über derlei tragische Vorfälle stammt von Johann Beer.

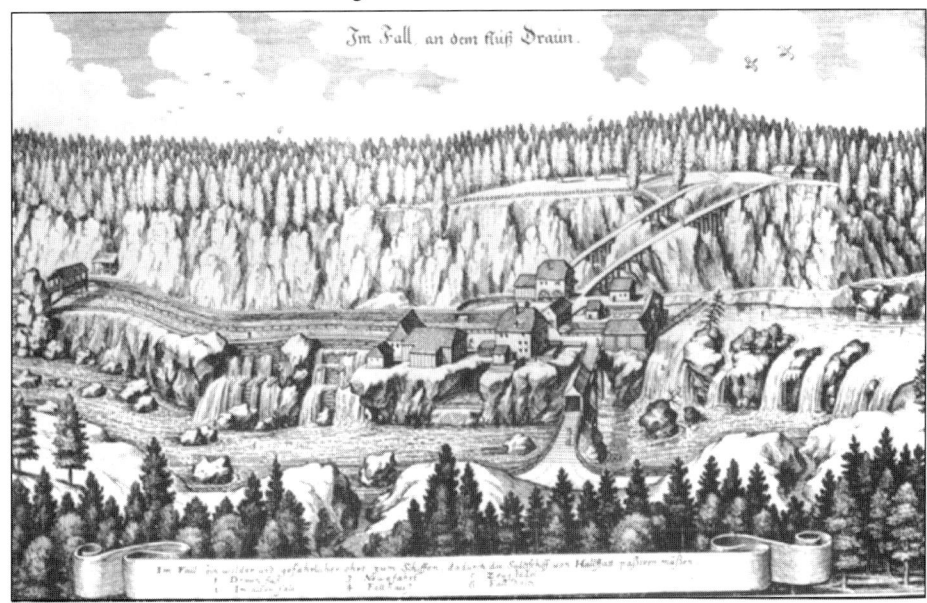

Der Traunfall bei Gmunden. Kupferstich aus Matthäus Merian, Topographia provinciarum Austriacarum. 1649. (O.Ö. in alten Ansichten)

In den „Deutschen Epigrammata" schreibt Beer auf Seite 20:

Über den Traun=Fall in Ober=Österreich.

Zwei Menschen mussten da elendig untergehen /
O Traun=Fall / wann man es was reifflicher betracht
So hätte deine Fluth niemand den Tod gebracht
Wann in dem Paradiß nicht wär der Fall geschehen.

Zwey traurige Casus, so sich im Traunfall begeben.

Die Traun, ein zimlich starker fluß in Oberösterreich, fället eine Stunde ober dem Schlösslein Au, und ohngefehr eine Meil Weges unter der Statt Gmunden am Traun-see, etliche

Clafter über einen felsen herunter, also, daß alle Schiffe, die da in das neu erbauete Werk nicht einfahren, ohne Hilffe untergehen und umkommen müssen. Ich bin offt, als ein Knab alda gewesen, und habe das Werk mit Wunder angesehen. Einsmahls fuhren Braut und Bräutigam von Gmunden nacher Linz, weil sich aber der Pothe, so geschikt worden, damit d. fall eröffnet würde, von wegen viel zu sich genohmenen Trunkes, unter wegens eingeschlaffen, musten diese beyde samt allen, die auf dem Schiffe waren, in dem Wildfall, ellendiglich umkommen. Deßgleichen ist vor wenig Jahren einem Benedictiner Mönch, der ein guter Musicus, und im Closter Lambach Küchen Meister gewesen, wiederfahren, welcher alda sein Leben ellendiglich enden müssen. *TB S. 145*

Carl Conti: Der Traunfall bei Gmunden. Um 1790. (O.Ö. in alten Ansichten)

Ähnlich wortkarg wie über seinen Aufenthalt im Kloster Lambach gibt sich das TB auch bei der nächsten Station, dem Kloster Reichersberg (1665 - 1669)

Im Zehendem Jahr kame Ich nach Reichersperg in Bayren, alda ich so wohl meine Music exercirte, als mich unter der Information Herren Josephi Gesellens enthielte. *TB S. 18*

Das Innviertel gehörte bis zum Frieden von Teschen 1779 zu Bayern.

Anscheinend war es nur die Wohltätigkeit eines Familienfreundes, die Beer den Besuch der Lateinschule in Passau ermöglichte (1669/70):

Wie dan auf unkosten Herren Adami (Pühlen?) Probstens daselbst zu Passau ein ganzes Jahr, nachdem ich meine Discantstimme eingebüsst, Syntaxin majorem gehört. In solcher Zeit bin Ich mit meinem Vater gen Orttenburg in Beyrn, welcher Markt Lutherischer Lehre beygethan ist, zu meines Vaters Bruder Moritz, welcher ein Fleischhaker und als Ich dieses schreibe, annoch im Leben ist, verreiset. *TB S. 18*

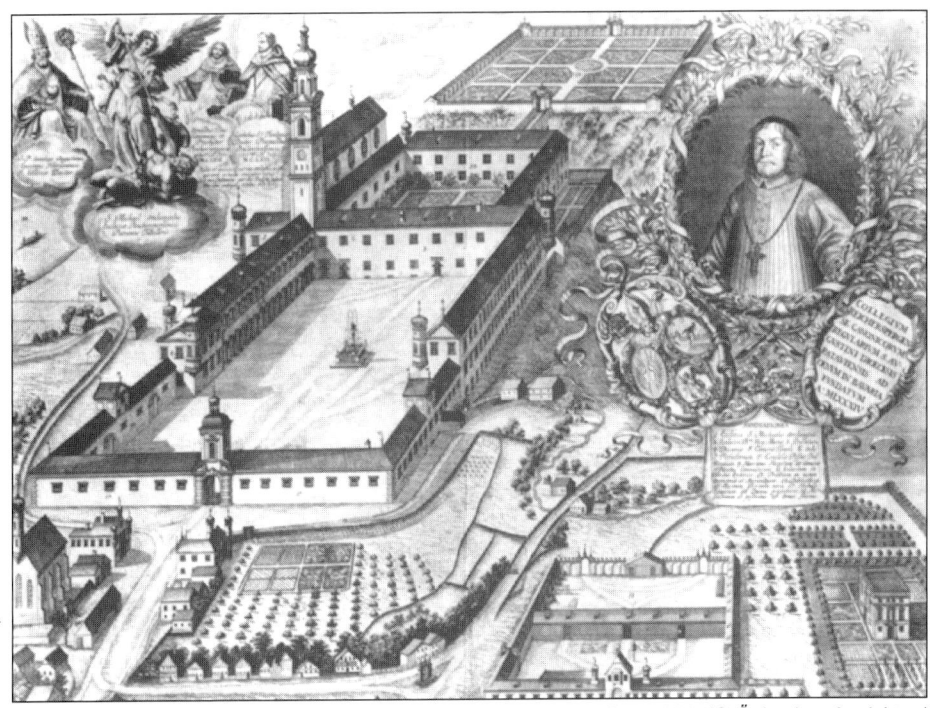

Johann Ulrich Kraus: Augustinerchorherrenstift Reichersberg am Inn. 1688. (O.Ö. in alten Ansichten)

Älteste Ansicht von Passau (1486), Oberhausmuseum Passau

Wie Ich einsmahls bald ins Wasser gefallen wär.

In meiner Jugend, etwan im Elfften Jahr meines Alters, gienge ich von Reichersperg mit meinem Vater nacher Orttenburg, alwo er seine beyden Brüder, als nemlich Carl und Moritzen (deren der erste allbereits vor 18. Jahren, als Wachtschreiber zu Regenspurg gestorben, der leztere aber in diesem 1693st. Jahr annoch am Leben ist) auf etliche Tage zu besuchen, hingereiset. Auf dem Hinweg zeigte Er mir zu Stainakirchen [Steinkirchen] nechst ausser Orttenburg meines Großvaters Grab, welches, wo man hinein in den frythoff gehet, zur linken Hand hart an der Kirche, u: mit einem virekichten kleinen Stein bedeket ist. Als wir unß nun zu Orttenburg und Salenau [Söldenau] genugsam umgesehen, giengen wir zurük. Dazumahl waren von dem Regen die Wasser sehr angelauffen, als wir nun über die Roth [Rott] (ist ein fluß etwan 12. Schritt breit) hinübergiengen, und Ich mitten auf dem Steg, so keine Leine hatte, begriffen war, kriegte Ich wegen des schnell hinfliessenden Wassers einen Schwindel, und wo sich mein Vater nicht zu rük gesehen, noch mich bey dem Arm ergriffen hette, wäre ich ohne Zweiffel über den Steg hinunter gefallen, und ertrunken.

TB S. 132f

Die kleine Grafschaft **Ortenburg** war bis 1805 ein reichsunmittelbares Ländchen innerhalb des HZT bzw. KFT Bayern. Dieser Status erlaubte es dem Grafen Joachim, in seinem Gebiet 1563/66 die **Augsburger Konfession** einzuführen. Fortan bildete die Grafschaft eine **protestantische Enklave** (ein Einsprengsel) inmitten des katholischen Niederbayern und war das (Zwischen-) Ziel vieler Exulanten (Glaubensflüchtlinge), bevor sie nach Norden weiterzogen.

Hier in Ortenburg hat nicht nur sein **Onkel Moritz** als Fleischhacker gelebt, sondern Beer berichtet auch, dass sein **Großvater Carol**, der Marktrichter von St. Georgen, „hernach aber sich der Religion wegen zu Orttenburg … gewohnet und daselbst in sehr hohem Alter" gestorben ist. (TB S. 16)

Inzwischen waren Beers Eltern in das protestantische **Regensburg** übersiedelt (1668 oder 1669), vielleicht nicht nur aus religiösen, sondern auch aus materiellen Gründen, denn Vater und Onkel Karl hatten es bald zu einigem Ansehen gebracht. Beer schreibt: „Anno 1670 gienge Ich über St. Geörgen, Braunau, Pfarr-

Regensburg. Kupferstich um 1700, ohne Stecherangabe. (Freundlich z. Verfügung gestellt v. Kunstantiquariat Peter Matern, Salzbug) Narren- und Schelmenfiguren S. 29

Kirchen, Landau und Straubing nach Regenspurg zu meinen Eltern, alda Ich 6. Jahr lang auf dem Gymnasio Poetico, humaniora und Philosophiam studirt." *(TB S. 18)*

Hier setzt er also seine Studien in Latein, Musik, Mathematik und Philosophie fort. Diese **Regensburger Zeit** war eine entscheidende Phase in seiner persönlichen und geistigen Entwicklung, denn in diese sechs ereignis- und bildungsreichen Jahre, die er dort auf dem Gymnasium verbringt, fallen die ersten literarischen Versuche. Den vermutlich autobiographischen Stellen in den Romanen nach zu urteilen, waren die Regensburger Jahre (1670-76) im Großen und Ganzen eine sehr glückliche Zeit für Beer.

„Beschreibung der Stadt Regenspurg"
Wann meine Nidrigkeit sich in die Höh darff schwingen,
Wann meine heisere Stimm, ein helles Lied darff singen.
so soll es seyn, von dir o grosse Statt,
die ihren Anfang nechst zu end des Regen hat ...

Dieses Lobgedicht, das in der Tradition des Städtelobes und der Städtebeschreibung steht, die mit überlieferten Bildern eine Stadt rühmen, lässt sich ohne große Schwierigkeit **Johann Beer** zuschreiben. Das Gedicht umfasst 624 Zeilen.

Der wichtigste Hinweis ist natürlich das eigene Bekenntnis in Zeile 361 f:
Du alte Dichter Schul [Gymnasium], du Bau von vielen Jahren,
Hast manchen Ranck und Schwank von Johann Beern erfahren.

Daneben aber steht auch die sich aus dem ganzen Gedicht ergebende Übereinstimmung der Person des Verfassers mit Johann Beer.

Der Verfasser war Schüler am Gymnasium poeticum in Regensburg und Alumnus (Zeilen 373 - 380):
Die Schul ist zwar daselbst alt vätterisch gebauet,
da man die Classen dort ganz ohne Ordnung schauet,
doch lieget an Gebäu das geringste nicht daran,
wer etwas lernen will, im Felde lernen kan.
Alumni groß und klein bey Vier und Zwanzk gezehlet,
sind auf den Orth bekannt mit welchen mann bestellet,
den Chor zur Neuen Pfarr, wie auch Dreyfaltigkeit
zu Predigt in der Frühe und dann zur Vesper Zeit.

Er ist ein seiner Würde bewusster Sänger (Zeilen 293 - 300):
Alß einstens da ich sang, viel Damen sind gekommen
Sie gerne, was es war, befließen dort vernohmen,
da ließen sie mir sagn, es war ihr höchste Bitt
daß ich doch singen möcht, ich aber thät es nit.
Wer auf der freyen Straß ganz dienstlich pflegt zu singen
mag mit dem Bettler Volck hier in die wette ringen,
die Music wird ohndem fast überall schimpfirt,
besonders bey den Bauern, wirds gar nicht aestimirt.

ein phantasievoller Geschichtenerzähler (Zeilen 397 - 404)

Bey dieser Compagnie kam ich offt auffgezogen,
mit viel Historien, so mehr alß halb erlogen,
und sagte ezlich mahl von grosßen Abentheuer
wie dort in einem Berg ein grosßes Höllenfeuer
Geschlagen aus der Erd, da must es Ritter regnen
die diesen Abentheuer ganz ritterlich begegnen,
Hab also manche Stund der unbesternten Nacht
mit meiner Phantasie ganz listig durchgebracht.

und verübte eine große Zahl von Streichen in und außerhalb des Gymnasiums (Zeilen 367 - 372):

So gehts, wer da zuviel der Cereri getraut,
der hat in Wahrheits Grund ein grobe Beern Haut,
Ich muß wann ich auch jezt daran gedencken lachen,
was ich vor Capriol daselbsten pflegt zu machen,
doch wer draus unter Euch ist niemahls voll gewest,
der nehm den ersten Stein und geb mir meinen Rest.

(Zeilen 597 - 604):

Einsmahls alß sich daselbst 3. Fidler unterwunden
und nechst bei Elsters Thür, tapfer aufkratzend stunden,
goß ich ein Kachel voll gschwind auf sie hinab
durch welches ich gar geschwind den Thon getodtet hab.
Sie sahen rücklings nur, und wolten noch nicht lasßen
ich aber gschwind darauf thät wider frisch einfasßen,
Goß munter auf die Geign, den andern an das Ohr
der 3.te laufft davon biß zu der Münz ans Thor.

Auch Stil und Inhalt deuten auf Johann Beer als Verfasser dieses Lobgedichtes auf die Stadt Regensburg.

Die „Beschreibung der Stadt Regenspurg" ist abgedruckt in: Verhandlungen des Historischen Vereins für Oberpfalz und Regensburg, 118. Band, Verlag des Historischen Vereins für Oberpfalz und Regensburg, Regensburg 1978, S. 242 - 258.

Dass viele Stellen in den Romanen wirklich autobiographisch sind, hat bereits R. Alewyn vermutet, und dies wird auch durch das **Tagebuch** bestätigt und durch erst in den letzten Jahren aufgefundene **Schulprotokolle.**

Hier in Regensburg hat Beer offensichtlich erlebt, dass er ein begabter Erzähler war. In seinem TB erwähnt Beer die Absicht, an der **Universität Altdorf bei Nürnberg** zu studieren. Dass Beer wirklich dort studiert hat, ist zweifelhaft. Wohl aber ist Beer an der **Universität in Leipzig** gewesen, denn die dortigen Matrikeln verzeichnen für die Jahre **1676/77** einen Johann Beer. Beer blieb aber wohl nur einige Monate dort; aus seinen Romanen lässt sich ersehen, dass er sich dort einsam und gelangweilt gefühlt hat.

Beer war nach Leipzig gegangen, um Theologie zu studieren, das Zwangsstudium aller armen Stipendiaten, denen ein Studium immer wichtiger war als eine bestimmte Studienrichtung. Aber seine große Liebe gehörte der Musik.

Europäische Städte im Rokoko Nr. 83

In Leipzig blieb Beer kaum ein halbes Jahr, da erreichte ihn schon ein für einen jungen Künstler ehrenvoller Ruf. Der **Herzog August von Halle-Weißenfels-Querfurt**, der als gleichzeitiger Administrator des Erzstiftes Magdeburg in **Halle** residierte, ließ damals seine Hofkapelle reformieren und erheblich erweitern und suchte Musiker. Ehe Beer diese Einladung annehmen konnte, musste er freilich von Regensburg freigegeben werden. 1677 schreibt die herzogliche Kanzlei an die Stadt Regensburg, dass sie Johann Beer eine Zeitlang den Aufenthalt am Halleschen Hof gestatte. Der Rat gab Beer *„noch auff eine Zeitlang"* ... *„biß zu einer künfftigen Beförderung allhier"* frei. Beer bewarb sich auch tatsächlich um eine Stelle in Regensburg, ohne seinen Herzog darüber informiert zu haben; der Versuch missglückte. In Regensburg verwies man ihn in sehr deutlicher Form an den Herzog zurück, nicht ohne diesen gleichzeitig über das Doppelspiel seines Schützlings aufzuklären. Beer selbst führte seinen Misserfolg auf persönliche Intrigen und schildbürgerliche Kleinkariertheit zurück. Belege dafür finden sich in seinen Schriften, die jetzt in rascher Folge entstehen; ein Beweis, dass ihm seine offiziellen Pflichten als Hofmusikant genug Muße für seine schriftstellerischen Interessen gewährten.

Am 7. November 1678 verlobt sich Beer mit **Rosine Elisabeth Bremer**, der Tochter des verstorbenen Gastwirts **„Zum schwartzen Bähren"** in **Halle**, die er dann am **17. Juni 1679** heiratet. Nun ist Beer Musiker, Hofbeamter, Romanschriftsteller, Wirtshausbesitzer und (seit dem 22. März 1680) Familienvater. Dem ersten Kind folgen 10 weitere, von denen allerdings nur fünf überleben.

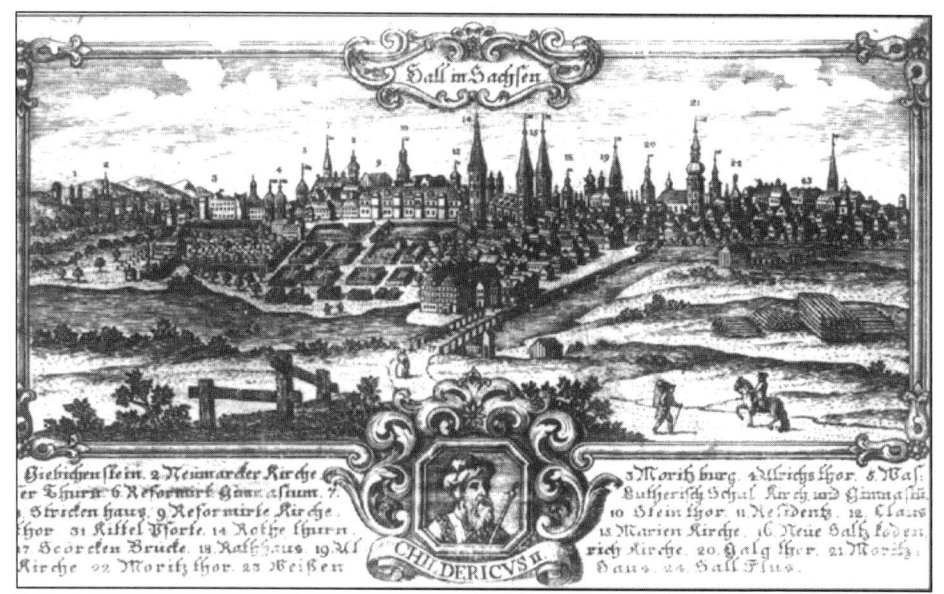

Kupferstich der Stadt Halle an der Saale. (Freundlich z. Verfügung gestellt vom Stadtarchiv Halle/ Saale) Narren- und Schelmenfigurgen S. 38

Obbesagten Jahres entschlosse Ich mich zu verehlichen, erlangte von meinen Eltern Consens [Zustimmung] und verlobte mich damahls Junkfrauen Rosinen Elisabeth Brehmerin, Herren Johann Paul Brehmers, Hochf. Müllenschreibers und Gastwirths zum schwartzen Bähren hinterlassenen und Vater und Mutterlosen Waysen, den 7t. Novemb. 1678. In Herren Hoff-Secretarii Herren Johann George Flachens, meiner Verlobten Vetters Hause nechst dem Neumärkischen Thore, an einem Donnerstage nach vollendter FrühPredigt, in Beysein Herren Magister Schraders Domm Predigers und meines Beichtvaters. Sie war damals im 19.t. Jahr.

Anno 1679. den 17 Junii war Dienstag hielte Ich zu Halle im Gasthoff zum schwartzen Bähren Hochzeit. Es traute mich in der obern Stube über dem Thorweg, H. Magister Merck, Statt-Prediger. (TB, S. 23)

[Am Rande Zeichnung: Brautpaar und Geistlicher]

Eine entscheidende Veränderung im Leben Beers bringt der Tod von Herzog August von Sachsen-Weißenfels am 4. Juni 1680. Denn der Sohn und Nachfolger des Herzogs, Johann Adolf I. (reg. 1680 - 1697) vollzieht nun die schon lange geplante **Übersiedlung** des ganzen Hofes von Halle nach **Weißenfels, der neuen Hauptstadt des Herzogtums.**

TB, Tafel 2

Die dynastische Geschichte von **Sachsen** ist reichlich verwirrend. Da gibt es Kursachsen und das Herzogtum Sachsen, Sachsen-Altenburg, Sachsen-Hildburghausen, Sachsen-Saalfeld, Sachsen-Weimar-Eisenach, Sachsen-Merseburg, Sachsen-Barby, Sachsen-Meiningen, Sachsen-Coburg, Sachsen-Gotha und Sachsen-Coburg-Gotha.

Das **Herzogtum Sachsen-Weißenfels** verdankt seine Entstehung der Tatsache, dass KF Johann Georg I. von Sachsen mehrere Söhne hatte. Als der KF 1656 stirbt, folgt ihm sein ältester Sohn als Johann Georg II. auf den Thron. Für seine Brüder schuf man drei Herzogtümer: Weißenfels für August, Naumburg-Zeitz für Christian und Merseburg für Moritz. Wenn man überlegt, dass Weißenfels von Merseburg und Zeitz rund 20 km, Zeitz von Merseburg 35 km entfernt ist, kann man verstehen, warum man spöttisch von **Duodez** (= Taschenbuch)-**Fürsten** spricht. August allerdings blieb weiter in Halle, das aber nach seinem Tod an Brandenburg übergehen sollte. Er ließ aber die Stadt Weißenfels (1660 etwa 800 Einwohner) für seinen Sohn Johann Adolf als **Residenz** ausbauen. Bereits 1660 wird der Grundstein für das **neue Schloss** gelegt (das alte war 1644 abgebrannt), 1664 wird ein **Gymnasium** gegründet.

Barockschloss Neu-Augustusburg in Weissenfels, Beginn des 18. Jahrhunderts. (Freundlich z. Verfügung gestellt vom Stadtarchiv Weißenfels an der Saale, Fr. Silke Künzel) Narren- und Schelmenfiguren S. 20

Als die Stadt unter **Johann Adolf I.** 1680 zum **Regierungssitz** geworden war, versammelte sich am Hof eine stattliche Anzahl von gebildeten, erfahrenen Männern, und es wurde eine ansehnliche Hofhaltung eingerichtet. Zu diesem Hofstaat gehörte auch Johann Beer. Aus seinem TB geht hervor, dass er allmählich zu einem vielbeschäftigten und gern gesehenen Hofmann wurde: er war nicht nur **Musicus**, sondern auch **Schauspieler**, schlagfertiger **Gesellschafter**, gewandter **Erzähler, Ratgeber, Konzertmeister, Bibliothekar, Gelegenheitsdichter** (Leichenreden - allerdings nicht für Standespersonen) und **Reisebegleiter**.

Und dieses Leben am Hof scheint ihm gefallen zu haben, wenn er in seinen Schriften auch die Schattenseiten nicht verschweigt (keine Aufstiegschancen, unruhiges Treiben, Intrigen): „Heute muss man mit dem Hof da / morgen dort hin. Tag und Nacht leiden da keinen Unterschied. Sturmwind / Regen und Sonnenschein / gilt da eines wie das andere ... Heute muss man in die Kirche / morgen zu der Taffel / übermorgen aufs Theatrum ..." (Musikalische Discurse S. 18).
Kirche, Tafel und **Theater** waren in der Tat die drei Seiten seiner amtlichen Verpflichtungen.

Da für eine von jeder Arbeit freigestellte Adelsschicht das größte Problem die **Langeweile** gewesen ist, brauchte man viele Akteure, um diese Langeweile zu vertreiben. Einer der vielseitigsten unter ihnen war Johann Beer, und so nimmt es nicht Wunder, dass andere Höfe versuchten, ihn von Weißenfels wegzulocken.

Anno 1684. am 17 Sontage nach Trinitatis, da man das Evangelium lieset: Wer sich erniedriget, soll erhöhet werden etc: bekame Ich von dem Früstl. Hoff aus Coburg Schrifftliche Vocation zur Capell-Meisters Stelle. Den Brieff hat geschrieben, H. Baron von Bischoffshausen im Nahmen Sr: Durchl. Herzog Albrechts.
Tagebuch vom 29. August 1684 (S. 26 f)

Den 25. Octob. wurde nacher Merseburg geruffen, alda mir von Herren Strunken Churfürstl. Vice Capellmeistern in Dreßden, Königliche Dännische Dienste angebotten worden. Ich sollte 600. Reichstl. zur Jährlichen Besoldung, und 100. Ducaten zum transport meiner Familie haben, welches ad deliberandum (=Bedenkzeit) angenommen.
Tagebuch vom 25. Oktober 1691 (S. 33)

Das TB gönnt uns **kein** klares Bild von Beers Wirken und seinen Pflichten am Hofe. Sicher ist aber, dass ihn seine musikalischen und dichterischen Tätigkeiten stark in Anspruch nahmen. Die **Familiengeschichte** beschränkt sich im TB auf die Angabe der Geburts-, Tauf-, und Todesdaten seiner Verwandten.

Den 18. Octob. 1694, ist meine Mutter zu Regenspurg in Christo Jesu ihrem Erlöser seelig entschlaffen. Hat an der Wassersucht darnieder gelegen. Ihr Leben hat sie gebracht auf 69. Jahr. Gott verleihe Ihr und unß allen am Jüngsten Tage eine fröhliche Auferstehung um seines Sohnes bittern Todes willen. Amen! *Tagebuch, (S. 48)*

Den 4ten Julii, erhielte aus Regenspurg Brieffe, in welchen von meinem Bruder Elia aus Regenspurg benachrichtiget worden, daß mein Vater daselbst den 11. Junii war Sontags, da man das Evangelium vom armen Lazaro predigte, Morgens zwischen 8 und 9. Uhren dieses Jammer Thall gesegnet und in Jesu seelig verschieden sey! Gott verleihe Ihme um Jesu Christi willen in der Erde eine sanffte Ruhe und lasse unß an jenem Tag der Auferstehung stehen zu seiner Rechten um seiner Barmhertzigkeit willen. Amen! Tagebuch vom 4. Juli 1699 (S. 81)

Bemerkungen im TB lassen darauf schließen, dass Beers

TB, Tafel 2

Ansehen bei Hofe weiter zunahm.

Als Herzog **Johann Adolf** 1697 stirbt, ist der neue Herzog, **Johann Georg**, erst 20 Jahre alt. Während seiner Regierung wird die Hofhaltung zu Weißenfels noch prächtiger und kostspieliger. Beer erfreut sich der Gunst des jungen Herzogs, der die vielen Talente Beers schätzt. Die Hochzeit des jungen Herzogs mit der Prinzessin Friederike Elisabeth, einer Tochter Johann Georgs von Eisenach, wird mit ungewöhnlicher Extravaganz begangen. Für Beer waren solche Feste (Opern, Singspiele, Maskeraden, Ballette ...) eine Gelegenheit, sein Können als Sänger, Komponist und Schauspieler zu zeigen.

Je intensiver sich die Forschung mit der Stellung Beers am Weißenfelser - Hof beschäftigt und je mehr Dokumente gefunden und ausgewertet werden, desto **nüchterner** wird die Betrachtungsweise.

Hof	Hof
Der Hof ist nur ein Baum / wann mans recht überschlägt / Der zwar viel grosse Aest / doch wenig Früchte trägt.	Du fragest mich was doch Hof gantz eigentlich bedeute? Das H bedeutet hat / O / oft / F / falsche Leuthe.
Allerhand Epigrammata	*Allerhand Epigrammata*

Beers Aufstieg in der höfischen Hierarchie ist bislang bei weitem überschätzt worden. Zweifellos genießt Beer auf Grund seiner musikalischen und gewiss auch unterhaltenden Fähigkeiten am Hofe Ansehen. Er wird zum **Konzertmeister** mit allerdings nur gering erhöhter Dotation berufen, dann noch zum **Bibliothekar**. Das kleine zweistöckige Haus mit dem winzigen Hof verweist deutlich auf den nur höchst bescheidenen Wohlstand, zu dem es Beer trotz aller herzoglichen Geschenke und Zuwendungen gebracht hat.

Hofmann

Man sagt: Zu Hof / zu Höll. Das kann nicht also seyn /
Zur Höllen kommt man leicht / zu Hof mit Müh hinein.
Allerhand Epigrammata

Beers Wohnhaus (Mitte), Große Kalandstraße 10 zu Weißenfels, Zeichnung v. J. Beer

Sein Name taucht unter den am Hof zur Aufführung gelangenden Stücken nicht auf. Die Rolle Beers als Stückeproduzent war wohl noch bescheidener als die des Gelegenheitsdichters.

Lektüre gehörte nicht zu den bevorzugten Vergnügen des Hofstaates.
J. Beers Name findet sich nicht unter den Verfassern von Leichenpredigten für Angehörige der fürstlichen Familie.
Die Musiker der Hofkapelle sind Bediente, wenn auch in einer gewissen Sonderstellung. Sie haben mit ihrer Kunst „aufzuwarten"; was sie über die Besoldung hin-

aus erfahren können, sind Gnadenerweise, die aber die Distanz zwischen den ungleichen Personen nicht aufheben. Dass Beer den Herzog und andere adelige Personen bei Reisen begleiten darf, ist für ihn ehrenvoll, aber niemals ein Zeichen von Ebenbürtigkeit. Johann Beer ist nicht von adeliger Geburt, er ist kein Wissenschaftler oder Gelehrter, kein Hofbeamter oder Geistlicher; der Mitgliedschaft in der ‚**Fruchtbringenden Gesellschaft**' ist er nicht gewürdigt worden. Ihr Oberhaupt - sein Fürst - hielt den Musiker für einen Bediensteten geringen Standes, mit einem Jahresgehalt von 180 Talern. In der „Beköstigungsliste" des Hofes, auf der im Jahre 1679 immerhin 303 Personen verzeichnet sind, rangiert der Hofmusiker in der durch Nummern festgelegten Gruppierung an sehr ungünstiger Stelle.

Beers Rang in der höfischen Hierarchie ist durch seinen Status als Bürger und Musiker festgelegt. Auf die Entwicklung seines Erzähltalents wirkt sich seine Stellung letztendlich lähmend aus. Denn die gewünschte Integration in die Schicht des begüterten und angesehenen Stadtbürgertums wie auch das Erreichen einer bevorzugten Position am Hofe erfordern die **unbedingte Akzeptanz** der **traditionell verbürgten Normen und Werte**. Da seine Romane sich geradezu als **Gegenbilder** zum hohen, höfisch-heroischen Roman und seinen Idealen verstehen, muss sich Beer entscheiden: Denn die spezielle Erzählpassion Beers und der Status eines hohen Hofbeamten **schließen einander aus**. Zum Wohlverhalten in den Augen der Öffentlichkeit gehört, dass man sich nicht als Romanschriftsteller und schon gar nicht als Satiriker betätigt. Er entscheidet sich schließlich **gegen** seine erzählerische Begabung, er **verstummt** als Romanautor und **tilgt** schließlich sogar seine schriftstellerische Tätigkeit aus seiner **Biographie.**

Ganz plötzlich wird er durch einen tragischen Unfall mitten aus dem Leben gerissen. Am 28. Juli 1700 berichtet er lapidar die Umstände seiner tödlichen Verwundung.

Den 28st. Julii, war Mittwoche und der Tag Pantaleon, beschankten mich ihro Durchl. mein genädigster H. auf der Vieh-Wiese bey dem Vogel-schiessen mit etlich Zinnernen Schisseln, kurtz darauf, gienge dem Haubtmann Barthen seine Kugel-Flinthe unvorsichtiger Weise loß, durch welchen unglükseeligen schuß, erstlich Heinrich Davied Gartthoff, hernach Ich auf das allergefährlichste verwundet wurden, so, daß man mich vom Plaze tragen, und heim führen lassen, alwo Ich durch rühmlichen Fleiß und Vorsicht Herren Rathes und Leib Medici Otto, dan auch durch Beytrag des Statt Baders und wohl experimentirten Mannes, Herren Gottfried Ettels (Oettels) allhier verbunden worden.
Den 29. Julii hatte unsäglichen schmertzen, welcher sich von Stund zu stund vergrösserte.
Den 30.st. deßgleichen *(TB S. 93)*

Der Fagottist Garthoff verlor bei dem Unfall seine „unter Lippe", lebte aber noch 1726 auf dem Schlosse zu Weißenfels. Für Johann Beer aber gibt es keine Hilfe. Niemand rechnet mit einer Überlebenschance. Freunde und Bekannte suchen ihn auf, ein letzter Besuch seiner fürstlichen und adeligen Gönner bei ihm kommt nicht nur nicht in Frage, man findet sich augenblicklich mit seinem Verlust ab. Den höfischen Vergnügungen tut der Unfall des so beliebten Musikers keinen Abbruch. Drei Tage nach Beers Unfall, da er des nahen Todes gewärtig in seinem Hause

liegt, feiert der Hof ein Fest, zu dem die Merseburger Herrschaft anreist.
Am **6. August 1700** stirbt Johann Beer und wird am 8. August begraben.

Auch sein Begräbnis findet nicht „Auf Hoch-Fürstl. Verordnung" und nicht bei Anwesenheit fürstlicher Personen statt. Eine eigene Bestattungspredigt in der Kirche, wie sie bei adligen und bürgerlichen Standespersonen üblich ist, gesteht man Beer nicht zu. Keiner der Stadtgeistlichen oder etwa gar ein Hofprediger hält eine Leichenpredigt, sondern der Eloquenz-Professor (Professor für Beredsamkeit) vom Gymnasium, Magister **Christoph Stange**, wird mit der Grabrede beauftragt, und ihn ermächtigt man, der Familie weitere Gunsterweisungen zuzusichern. (Das Versprechen wird gehalten, auch von den beiden Nachfolgern Johann Georgs, seinen Brüdern **Christian** und **Johann Adolph II**. Die Witwe Beers, die ihn um 42 Jahre überlebt, erhält noch im Alter eine finanzielle Unterstützung).

Bei solchen Vogel-Schießen scheint es öfter zu tödlichen Unfällen gekommen zu sein. So schreibt Goethe am 15. September 1777 an Frau von Stein: *„Heut haben wir ein Vogelschießen dum geendigt. ohngefähr auf den funfzigsten Schuß lag ein Bursche, von den Zuschauern, auf der Erde, so todt als ie einer, und ein andrer verwundt am Arm. Und hätte nach den Umständen, ieder von uns können todt schiesen und todt geschossen werden."*
(Goethes Werke. Hrsg. im Auftrage der Großherzogin Sophie von Sachsen. IV. Abteilung. Goethes Briefe. 3. Band. Weimar 1775-1778, Weimar 1888, S. 177)

Die **Leichenpredigt** wird 1930 in der Landesbibliothek Weimar wieder aufgefunden (Zs für Musikwissenschaft, 13. Jg., Okt. 1930 - Sept. 1931, S. 46). Sie ist in Auszügen abgedruckt in: Hardin, J.: Der verliebte Österreicher, P. Lang, Bern 1978, S. 91 f).

Stanges Rede geht über das Nötige und Übliche nicht hinaus. Er war mit Beer nicht enger bekannt; die Informationen über sein Leben entnimmt er Beers Tagebuch, das ihm die Familie offenbar zur Verfügung gestellt hat. Lob für die Verdienste Beers wird äußerst sparsam vergeben. Von der **literarischen Tätigkeit** Beers **weiß** Stange **nichts**, die im Tagebuch erwähnten Schriften ignoriert er. Adelige Personen steuern keine poetischen Gaben zu Beers letzten Ehren bei.

Auszüge aus der Leichenrede für Beer

Das unversehene / aber doch / Seelige Ende / des weyland / Edlen / Großachtbarn und Wolgeahrten / Herrn / Johann Bæhrs / Hoch-Fürstl. Sæchß. wohlbestalten Cam- / mer-Musici, Concert-Meisters und Bibliot- / carii zu Weissenfels / Wurde bey dessen / Volkreicher und ansehn- / lichen Beerdigung / den 8. Aug. Anno MDCC. / In einer Leichen-Rede / Kürtzlich vorgestellet / von / M. Johann Christoph Stangen / Phil. Civil. & Eloqv. P. P. / (Strich) / Weissenfels / Gedruckt bey sel. Johann Brühls Wittbe.
Exemplar in der Nationalen Forschungs- und Gedenkstätten der klassischen deutschen Literatur in Weimar. 4°: 4 Bl. Zusammengebunden mit den Leichengedichten für Beer, 4°: 3 Bl.

[B¹] Denn der allgemeine Menschen-Feind tritt uns ietzo in einer abscheulichen Larve / und mit ungewöhnlichen Waffen an die Seite / indem er uns einen durch Pulver und Bley entseelten Cörper vor die Augen leget. Ich meyne den erblasten Leichnam des weyland Edlen /

Großachtbarn und Wohlgelahrten / Herrn Johann Bährs / Hochfürstl. Sächß. wohlbestalten Cammer-Musici, Concert-Meisters und Bibliothecarii, welcher am vergangenen 28. Julii durch einen unvermutheten Schuß dergestalt blessiret worden / daß Er an der empfangenen Wunde vorgestern frühe um 2. Uhr seinen Geist auffgegeben. Seiner Gnädigsten Herrschafft unterthänigst auffzuwarten / verfügte sich der arme Mann an den jenigen Ort / an welchem Er die tödliche Wunde empfangen; daselbst hielte Er mit einem seiner Mit-Brüder von seinen Beruffs-Wercken eine Unterredung / und da sie am besten darin begriffen waren / geschahe der unglückseelige Schuß / welcher Ihn in einen Augenblick wie einen armen Wurm zur Erde warff; Ja welcher Ihm endlich gar den Rest gegeben hat.

[…] Da stehet nun eine arme Wittbe / und weiß nicht / wie sie ihren Mann verlohren? da stehen sechs arme Waysen / und können nicht begreiffen / wie sie um ihren Vater und Versorger kommen?

[B^V] Seine Christliche und gottseelige Eltern / von welchen Er Anno 1655. d. 28. Martii [!] zu St. Georg in Ober-Oesterreich an des Tages Licht dieser Welt gebohren wurde / sind gewesen Herr Wolffgang Bähr / Gastwirth daselbst / und Frau Susanne / gebohrne Stadelmayerin von Franckenburg / zwey Meilen von St. Georgen gelegen / welche beyderseits widerum von Christlichen und gottseeligen Eltern und Vorfahren ihren Ursprung haben. […] Ja als sich die Eltern einer Religions-Gefahr besorgten / so war ihre eintzige Bemühung diese / wie sie so wohl sich selber / als auch ihre Kinder derselben entziehen möchten. Welchen Zweck sie auch glücklich erlangten / indem sie sich nach Regenspurg retirirten / und nach Verfliessung einiger Zeit auch diesen ihren Sohn nach sich zogen […] […] Also wurde auch allhier theils durch die Eltern selbst / theils durch fleißige Unterweisung treuer Lehrer diesem jungen Bähren eine käntliche Gestalt gegeben. Massen er in dieser Weltberühmten Kayserl. freyen Reichs-Stadt / und auff dem daselbst florirenden Gymnasio so wohl seine angefangene Music, als auch seine andern Studia glücklich und erwünscht fortgesetzet. Zu jener erlernete Er auf Vorschub der Republ. und unter der Anführung eines berümten Künstlers die Musicalische composition; in diesen aber exercirte Er sich in die 6. Jahre also / daß Er so wohl in humanioribus, als sonderlich auch in Philosophicis einen stattlichen habitum zuwege brachte.

Durch diesen seinen Fleiß und gutes Verhalten wurde der Magistrat bewogen unsern Seeligen nach einem wohlabgelegten Examine mit einem jährlichen und ansehnlichen Stipendio zuversehen / und auff die Welt-berühmte Universität Leipzig zu schicken / allwo Er seine Wissenschaft zu einer erwünschten Vollkommenheit bringen solte. Wie aber dieses gemeiniglich die Art der Kunst und Geschicklichkeit ist / daß sie durch ihre Annehmlichkeit ihre Besitzer recommendiret / und die Menschen an sich locket; so traff es auch bey unsern Seeligen ein / daß Er unversehens von dem weyland Hochwürdigsten und Durchl. Fürsten und Herrn / Herrn Augusto, Hertzog zu Sachsen / Jülich / Cleve und Berg / […] als Altiste nach Halle in die Hochfürstl. Hof-Capelle beruffen und aufgenommen wurde.

So weit hatte es nun der Seelige in seinem mühseligen Leben durch Gottes Beystand gebracht; damit Er nun auch in diesem Stande seiner Seeligkeit wol wahrnehmen / und dieselbe nicht etwan durch verbotene Liebe / oder unkeusche Wercke in Gefahr setzen möchte / so hat er sich An. 1674 [!] mit Jgf. Rosinen Elisabeth / Hn. Joh. Paul Brehmers / weyl. Hochfürstl. Müller-Schreibers und Gastwirths zum schwartzen Bären in Halle seel. hinterlassener

Jungfer Tochter / als einer Vater- und Mutter-losen Waysen / in ein Christl. Ehe-Verlöbniß eingelassen / und solches bald darauf den 17. Jun. durch Priesterl. Copulation in besagtem schwartzen Bären glücklich vollzogen. In welchem Stande Er denn Gottes Gnade abermahl reichlich verspühret / indem Ihm durch Göttlichen Seegen 11. Kinder zur Welt gebohren worden / als 1680. den 22 Mart. Rosina Elisabeth; 1681. den 1. Oct. Johannes; 1683. den 28. Aug. Regina Elisabeth; 1685. den 13. Febr. Catahrina Elisabeth; 1686. den 17. Nov. Johanna Sophia; 1688. den 24. Febr. Johann Carl; 1689. den 31. Oct. Johann Christian; 1691. den 26. Aug. Johann Heinrich; 1693. den 4. Apr. Joh. Gottfried; 1695. den 16. Jan. Johann Paul und 1696. den 31. Octob. Regina Elisabeth. Von welchem ihrer fünffe / als Regina Elisabeth / Johanna Sophia / Joh. Christian / Joh. Heinrich und Joh. Gottfried / dem Vater in der Seeligkeit vorgegangen / die übrigen 6. aber sind so lang als Gott will / noch am Leben / und geben ihrem sel. Vater anietzo unter vielen Thränen das Geleite zu seiner Ruhe-Stätte.

Anno 1680. ist er mit Weib und Kind hieher nach Weissenfels kommen / und hat so wohl von dem weyland Durchl. Fürsten und Herrn / Herrn Johann Adolphen / höchstseligsten Andenckens / als auch nunmehr von dessen Durchlauchtigsten Herrn Sohne / Hertzog Johann Georgen […] biß in seinen Tod alle Hochfürstl. Gnade genossen."

Gedenktafel am Wohn- und Sterbehaus Beers in Weißenfels, Große Kalandstraße 10

Im Totenbuch für die Stadtkirche zu Weissenfels von 1641 - 1717 steht unter dem 8. August 1700 folgender Eintrag:

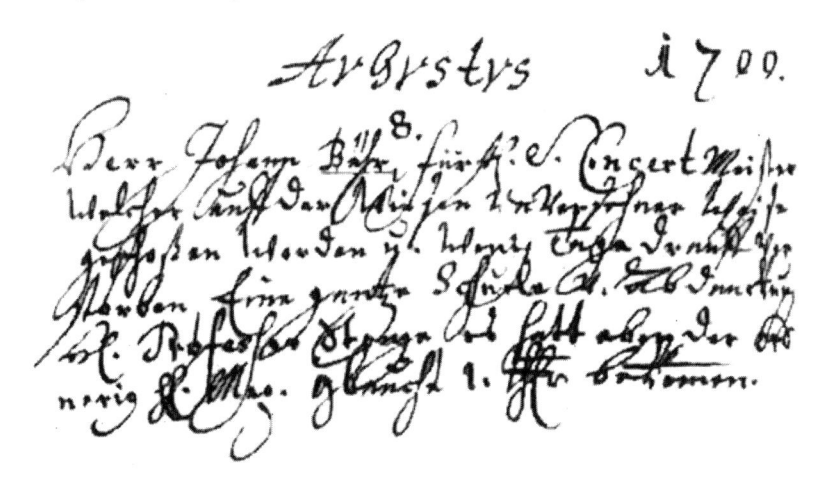

Herr Johann Bähr fürst. ... Concert Meister welcher auf der Wiesen unversehner Weise geschoßen worden u. wenig Tage drauff verstorben. Eine gantze Schuola u. Abdanckung Hochl. (?) Professor Stange ....

Das Totenbuch trägt den ausdrücklichen Hinweis:
Die angegebenen Tage sind **Begräbnis**tage!

Und im ‚Totenregister für die Stadtkirche Weissenfels vom Jahre 1739 bis 1756' steht unter der Nummer 59) am 18. März 1742:

Den 18. Mart. ist Frau Rosina Elisabeth H. (?) Johann Bärs weyl. fürstl. Camer Musici und Concert Meisters nachgel. Wittwe gestorben und den 20 eiusd. [= eiusdem = desselben] mit gnädigster Concession nachgehaltener Parentation [= Totenfeier] Abends begraben worden.

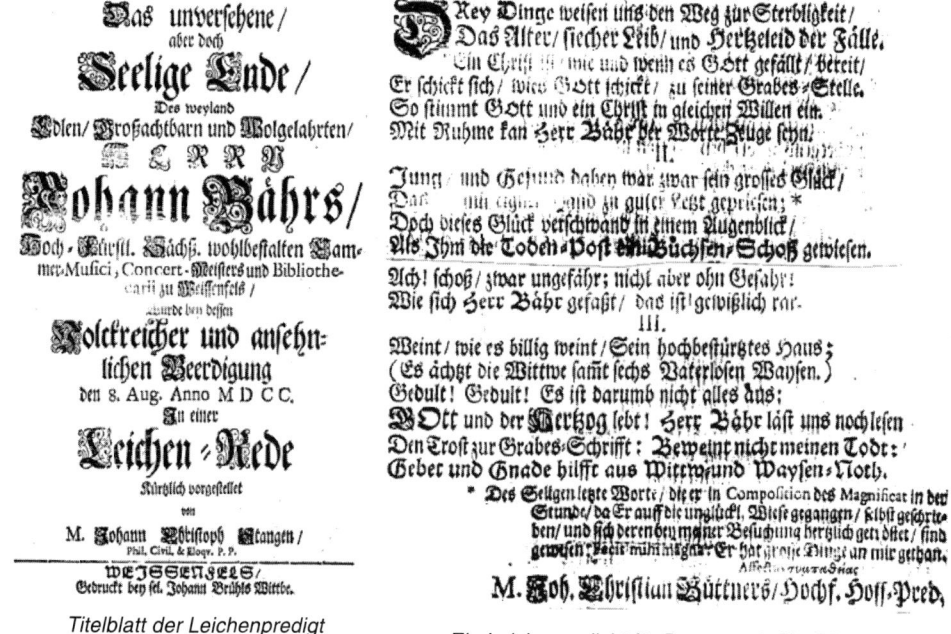

Titelblatt der Leichenpredigt von Stange

Ein Leichengedicht für Beer von J. Ch. Büttner

Emigration

Ein Text über Johann Beer muss auch über diese Frage wenigstens einige Zeilen enthalten.
Beer selbst schreibt in seinem „Tagebuch" über seinen Weg in die Emigration nur ganz lapidar: „Anno 1670. gienge Ich über St. Geörgen, Braunau, PfarrKirchen, Landau und Straubing nach Regenspurg, alda ich 6. Jahr lang auf dem Gymnasio Poetico, humaniora und Philosophiam studiert."

Beer schweigt sich in seinem Werk über die Gründe für diese Emigration aus, wie er auch über konfessionelle Probleme nichts schreibt. Warum er das tat, erklärt sich aus der Absicht seines Schreibens: er wollte erfreuen, vergnügen, erheitern, unterhalten und nicht seine Leser mit Problemen belasten, an denen sie sowieso schwer genug getragen haben.

Geburtshaus J. Beers in St. Georgen

Aber gerade der **Protestantismus** war der Grund, warum Beer seine Romane nicht in Oberösterreich, sondern fern der Heimat in Sachsen schrieb. Luthers Lehre war im Land ob der Enns begeistert aufgenommen worden. Dies gilt auch besonders für den Adel. Und über den Adel und das Recht des Adels, in den von ihm gestifteten Kirchen die Priester einzusetzen (Patronatsrecht) kam der Protestantismus zu den Bauern. Schon 1525 wurden aus den **religiösen Unruhen soziale: die Bauernkriege**. Damals blieben die österreichischen Stammlande ruhig. Mit einer Ausnahme: dem **Attergau**. Der Aufstand wurde niedergeschlagen, aber der Protestantismus nahm im Laufe des 16. Jhds. immer mehr zu und hatte 1576 fast die gesamte Bevölkerung erfasst. Erst mit dem Regierungsantritt des Jesuitenzöglings Ferdinand II. 1619 änderte sich die Situation. Aus dem Versuch, die **Gegenreformation (=Rekatholisierung)** in **Böhmen** durchzusetzen, entstand der **Dreißigjährige Krieg**, und da Kriege schon damals Geld kosteten, verpfändete Ferdinand ganz Oberösterreich an KF Maximilian von Bayern, der das Land acht Jahre lang besetzt hielt. Der bayrische Statthalter war **Graf Herberstorff**.

Auch die **Herren von Kogl**, **die Khevenhüller**, waren Protestanten geworden und hatten in St. Georgen protestantische Pfarrer eingesetzt. Franz Christoph Khevenhüller jedoch, der die Herrschaft im Attergau von 1613 - 1650 innehatte, wurde katholisch und brachte katholische Pfarrer. Hatten sich die Bauern früher mit Büchsen und Sensen gewehrt, so traf man sich jetzt heimlich, um die Lutherbibel zu lesen. Früher hatte man versucht, den Herrn den eigenen Willen aufzuzwingen, nun begann man langsam, Familie für Familie, das Land zu verlassen. Die Zeit des Exulantenstromes aus Oberösterreich nahm ihren Anfang. Unter ihnen waren auch die Eltern von Johann Beer, die 1669 oder 1670 St. Georgen verließen und sich in Regensburg niederließen. Dass der früheste Termin für die

Auswanderung das Frühjahr 1669 ist, ergibt sich daraus, dass die jüngste Tochter Elisabeth am 23. November 1668 geboren worden ist

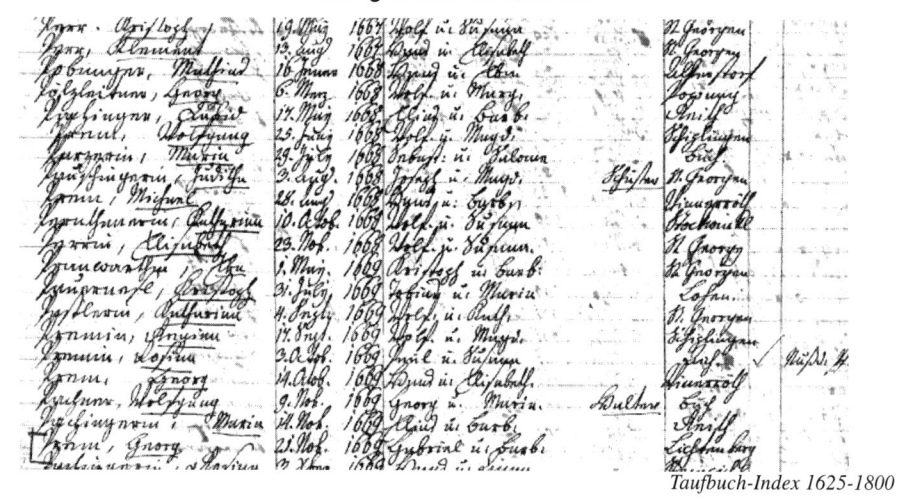

Taufbuch-Index 1625-1800

und man eine so weite Reise - noch dazu mit einem Säugling - sicher nicht im Winter unternommen hat.

Man nimmt heute an, dass die Auswanderung der Oberösterreicher, die sich auf etwa 70 Jahre verteilte, ungefähr 40.000 Menschen betroffen hat. Die Abwanderung begann nach den Aufständen von 1597 (Hausruck, Mühlviertel, Traunviertel) vor allem aus dem Salzkammergut, 1624 emigrierten viele Städter, 1626 viele Bauern. Die nächste Welle folgte 1634 und die Hauptwelle - vor allem aus dem Mühlviertel - ist um 1650, also nach dem **Westfälischen Frieden von Münster und Osnabrück** anzusetzen.

Sicher waren es in erster Linie religiöse Gründe, die die Menschen zum Auswandern bewogen. Aber es gab daneben noch eine Menge anderer Gründe, und diese Gründe lagen darin, dass weite Teile Deutschlands durch den Dreißigjährigen Krieg verwüstet waren und Menschen brauchten, dass dort verlassene Höfe von den Grundherren um verhältnismäßig billiges Geld verkauft wurden, dass man dort vielleicht besseren Boden fand, als man ihn zu Hause gehabt hatte. Man floh dabei nicht bei Nacht und Nebel, sondern man plante jeden Schritt, man löste Haushalte auf, um neue anzukaufen. So wurden die Habsburger ihre Protestanten los, die protestantischen Städte und Fürsten erhielten neue Handwerker und Bauern, und die Exulanten konnten in den meisten Fällen ihre Lage verbessern.

Heute nennt man solche Leute **Wirtschaftsflüchtlinge**. Die Rechnung bezahlte das Land Oberösterreich, denn es verlor viele tüchtige Leute, und die Gewinner waren die Gebiete, in die die Menschen zogen.

Im dritten Teil des „Weltkucker" schreibt Beer (auf S. 275 f.):

Wir wollen hier in dem angefangenen Discurs keines Weges innenhalten / sondern werden ferners besehen / wie eine grosse Wahnsinnigkeit die Leuthe begehen / die da gläuben ein Frembder sey nicht so gut / als ein Einheimischer / ratione, weil jenes ein Civis dieser ein peregrinus ist. ... Wir sind allzumal Menschen / werden auf der Erde gebohren / wer seine Sach verstehet / ist allenthalben ein Bürger / es mag in der Insul Mexico, oder zu Cracau in Polen seyn / gilt alles gleich / er brauchet keiner grossen distinction.

Die Auswanderung der beiden Gastwirtsfamilien Beer ist um 1669 anzunehmen, ein sehr später Termin, denn um diese Zeit war die Umsiedelung nahezu abgeschlossen. Was die Beer bewogen hat , nun doch noch zu emigrieren und ihre Existenz in St. Georgen aufzugeben, ist schwer zu sagen. Eine scharfe Verfolgung geheimer Protestanten gab es in der damaligen Zeit nicht. Waren es wirtschaftliche Gründe, die die beiden Wirtsfamilien zur Auswanderung veranlasst haben? Aber nicht nur der späte Zeitpunkt fällt auf, auch die Wahl einer Stadt, nämlich Regensburg, nicht eines Dorfes, und die Tatsache, dass drei Beer schon bald nach der Auswanderung in guten Stellungen sitzen: Wolfgang, der Vater von Johann Beer, sein Bruder Karl und Hans, der zweite Gastwirt - sie alle werden Wachtschreiber, wobei unter „Wacht" ein Verwaltungsbezirk zu verstehen ist, und gegen Ende des Jahrhunderts werden Wolfgang und Hans im Steuerbuch als Hauseigentümer geführt. Da bei Hochzeiten und Taufen der beiden Familien oft Patrizier der Reichsstadt als Trauzeugen und Paten genannt sind, haben die Beer sicherlich einiges Ansehen genossen.

Alles das deutet darauf hin, dass wahrscheinlich schon seit Jahren ein enger Kontakt nach Regensburg bestand und man sich eines Tages entschloss, verlockenden und sicheren Angeboten zu folgen.

Man nimmt an, dass Johann Beer seinen Eltern nachfolgte und erst im Sommer 1670 nach Regensburg kam. Nach einer Prüfung wurde er im Oktober in das sogenannte **Gymnasium Poeticum** und das **Alumneum** aufgenommen. Damit ist in seinem Leben eine **entscheidende Wende** vollzogen. Der Regensburger Gymnasiast ist kein Dorfbub mehr, er fühlt sich berufen, mit seiner Familie aufzusteigen. Das Gymnasium Poeticum, 1583 gegründet, hatte in ganz Deutschland den besten Ruf; es erzog seine Schüler im humanistischen Geist, legte großen Wert auf Musik und besaß ein aus städtischen und privaten Mitteln erhaltenes Internat für arme, begabte Schüler, das Alumneum, dessen Zöglinge musikalisch besonders talentiert sein mussten, weil sie bei Gottesdiensten, Hochzeiten und Begräbnissen Chor und Orchester zu stellen hatten.

War der Attergau im 17. Jahrhundert eine Gegend, aus der viele Leute weggingen, so ist St. Georgen seit den 60er Jahren dieses Jahrhunderts ein Ort, in dem viele fremde Menschen Asyl suchen und eine neue Heimat gefunden haben.

So wohnen - mit Stand Juli 1999 - im **Geburtshaus** von Johann Beer fünf Familien mit zusammen 14 Kindern und 5 Einzelpersonen aus **sieben** Nationen (Kosovo, Iran, Irak, Afghanistan, Ukraine, Syrien und Bosnien) und hoffen und warten auf politisches Asyl.

Auch sie haben triftige Gründe gehabt, ihre Heimat zu verlassen, denn so leicht geht man nicht aus seiner Heimat in ein fremdes Land und in eine ungewisse Zukunft. Möge auch ihnen eine ähnliche Sicherheit in der neuen Heimat beschieden sein wie der Familie Beer im 17. Jhd.

Ein Auswanderungsbrief

Wir wissen über die näheren Umstände der Emigration der Familie(n) Beer praktisch nichts.
In unserem Pfarrarchiv aber haben wir die Abschrift eines Auswanderungsbriefes vom 7. April 1653, dessen Original 1902 verloren gegangen ist.
Dieser Auswanderungsbrief wurde ausgestellt für **Christoph Kaeppel**, der vielleicht ident ist mit dem Khäpler aus dem Protokoll der Herrschaft Kammer von 1633, in dem sich ein Hans Peer auf ihn beruft und mit dem zusammen er wegen Verbreitens von für Protestanten günstigen Gerüchten in Arrest genommen wird (vgl. S. 234).

Abschrift.

Ich Venerandus **Linkh** *von und zu* **Waldtgering,** *Graf Khevenhüllerischer Regent und Oberpfleger, auch Pfleger und Landgerichtsverwalter, beider Graf- und Herrschaften Frankenburg und Kogel Landes Österreich ob der Enß gelegen; Urkunde hiermit von anvertrauten Oberpflegamts wegen, daß Aufweiser dies, der erbare Christoph* **Käppel,** *besagter Herrschaft Kogel und dessen incorporierten Markts St. Georgen verpflichteter Bürger und Unterthan, in die Acht und Vierzig Jahr lang aldort zu St. Georgen häuslichen gewohnt und soviel als mir über eingeholte obrigkeitliche Erfahrungen vorkommen, sich jederzeit erbar, aufrecht, redlich und unverweislichen verhalten dergestalten, daß ich ihme amtshalber noch gern länger unter meiner anvertrauten Jurisdiktion hätte gedulden und wissen mögen; zumalen aber bei jüngst vorgenommener und in Kraft der publizierten kaiserlich allergnädigsten Generalien in diesem Herzogtum Österreich ob der Enß mit allem Ernst erneuten Religionsreformation sich weder er noch sein eheliches Weib namens Barbara samt dreien Kindern, Namens Christoph, Tobias und Isaak, über vielfältige, treuherzige Ermahnungen sich zu der allein seligmachenden katholischen Religion nit zu bequemen, sondern wohl ehender die allergnädist zugelassene und freigestellte Emigration an die Hand zu nehmen und sich samt besagten seinem Weib und dreien Kindern außer Landes und in das Römische Reich aufwärts zu begeben gedacht und daher mich, solch seines ehrlichen Verhaltens halber um gewöhnlichen Abschied gehorsamlich angelanget und gebetten:*

Als habe ich ihme solches bei so beschaffener Sachen amtshalber nit verweigern, sondern neben Entlassung derjenigen Pflicht, mit denen er besagter Herrschaft Kogel und dem Markte St. Georgen beigetan gewest, diesen Abschied, jedoch mit der gemessenen Inhibition, daß weder er noch sein Weib oder Kinder zur gehorsamster Folge der oben angezogenen kaiserlich allergnädigsten Generalien und bei Vermeidung der darinnen benamsten schweren Leibs- und Gutsstraf, wie auch Verlier und Kassierung dieses seines Abschiedsbriefs ohne der hochansehnlich wohlverordneten Herrn Herrn Reformationskommissarien aufgedruckten schriftlich Konsens und Befehl sich weder in diesem mir anvertrauten Grund und Landgerichtlichen Jurisdiktionen noch auch anderwärts in diesem Erz-

herzogtum Österreich ob der Enß, über kurz oder lang weder heim- noch öffentlich nit betretten lasse, unter meiner eigenen Handschrift und angeborenen Petschaft / : doch demselben mir und meinen Erben in alleweg ohne Schaden : / verfertigt und bekräftigten erteilen wollen.

Geben zu **Frankenburg,** den 7. Monats April nach Christi unseres Heilandes und Seligmachers freudenreicher Geburt im eintausend sechshundert dreiundfünfzigsten Jahr.

Venerandus **Linkh,** *idem qui supra*

Anmerkung: Christoph Kaeppel (Käppel, Käpler, Kapler, Köpler, Keppler) war um 1578 in O. Ö. (Lichtenberg?) geboren und etwa 1604/05 nach St. Georgen i. A. zugezogen. Er war dort Bürger und Krämer. Im Jahre 1639 verheiratete er sich in 3. Ehe mit Barbara Schneweiß von Aichereben. Einer der Trauzeugen bei dieser Eheschließung war **Karl Beer,** der Großvater von Johann Beer. Im April 1653 wanderte er um des Glaubens willen aus und zog mit seiner Frau und den drei Kindern Christoph, Tobias und Isaak (11, 8, 7) nach Wettelsheim bei Weißenburg im Elsass.

Bei seiner Auswanderung nahm er nur eine Bibel und Hausrat mit, soviel man auf einem Wagen fahren kann. Die Bibel war zuletzt im Besitz des Sohnes von Bezirksamtmann Kaeppel (+ 1902 in Erlangen), der als Kaufmann in Mellrichstadt lebte.

Seine Ehefrau Barbara ist im Dezember 1662 bei Hagenau nahe Wettelsheim im Schnee erfroren und wurde erst nach 10 Wochen aufgefunden; am 1. März 1663 wurde sie in Wettelsheim begraben. Christoph Kaeppel starb im gleichen Jahr 1663 und wurde am 15. Juli in Wettelsheim begraben.

Eintrag im ‚Trauungsbuch von 1625 - 1694' im Jahre 1639:

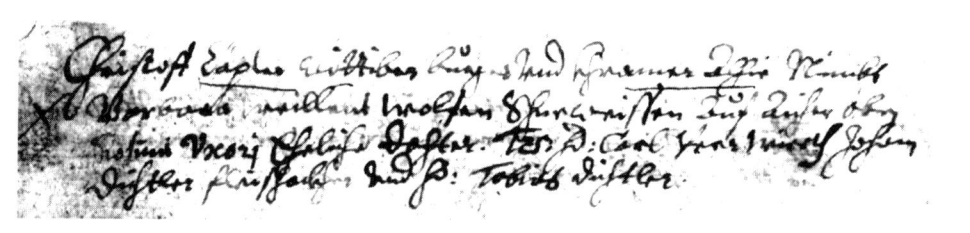

Christoph Cäpler wittiber bürger und Khramer alhier Nimbt Barbara waillant Wolfen Schneweißen auf Aicheröben Rosina Vxorj [uxori = seiner Frau] eheliche Dochter.Tes: [testes = Zeugen] H: Carl Peer Würth Johann Dichtler fleischhacker und H: Tobias Dichtler.

Epigramata

> JOHANNIS BEERII
> AUSTRIACI,
> Serenissimi Principis Saxo-Weissenfelsensis
> Phonasci ac in Camera Musici,
>
> Deutsche
> Epigrammata,
> Welchen
> Etlich wenig Lateinische
> beygefügt seynd.
>
> Weissenfels /
> Druckts auf Unkosten des *AUTHORIS*,
> Die Brühlisch-hinterlassene Wittib.
> 1691.

Passau
Warum die schöne Stadt den Nahmen Passau führt /
Geschicht /
dieweil daselbst gar manche Sau paßiert.

Woher Regenspurg den Nahmen führe?
Den Nahmen hastdu nicht bekommen von dem Regen /
Sondern dieweil in dir sich alle Fürsten reegen.

Leibzig
Leibzig kommt nur von Leib und einer Ziege her /
Gantz recht / sie hat im Leib / wie jene / gutes Schmeer.

Weißenfels
Von weisser Farbe kan mein Weissenfels nicht stammen /
Von Weißheit hat es nur ererbet seinen Nahmen /
Hier herrscht Davids Geist / auf seinem göldnen Thron /
Alwo zur Seite steht der weise Salomon.

Werke - erhaltene Drucke u. Handschriften

Welt-Kucker
    Teil I, Auflage A, Halle 1677 (8 Exemplare)
              Auflage B, Halle 1679. Eine vermehrte Auflage (7 Exemplare)
    Teil II, A, Halle, 1678 (8 Exemplare)
              B, wahrscheinlich Halle, 1678 (2 Exemplare)
    Teil III, A, Halle 1679 (9 Exemplare)
              B, wahrscheinlich Halle (2 Exemplare)
    Teil IV, Halle 1679 (9 Exemplare)

Hopffen-Sack
    Auflage A, Halle 1677 (5 Exemplare)
    Auflage B, Halle 1677 oder 1678 (5 Exemplare)

Printz Adimantus
    Auflage A, o. O. [Halle] 1678 (4 Exemplare)
    Auflage B, o. O., o. J. [Halle] (2 Exemplare)

Ritter Spiridon
    Auflage A, Halle 1679 (8 Exemplare)
    Auflage B, Halle ca. 1679 (?) (4 Exemplare)

Pokazi
    Teil I, Auflage A, Halle 1679 (11 Exemplare)
              Auflage B, Halle (?) ca 1679 (4 Exemplare)
    Teil II, Halle 1680 (8 Exemplare)

Corylo
    Teil I, Nürnberg 1679 (4)
    Teil II, vermutlich Nürnberg 1680 (2 Exemplare)

Jucundus Jucundissimus
    Nürnberg 1680 (6)

Weiber-Hächel
    Auflage A, o. O. 1680 (3)
    Auflage B, Nürnberg (?) 1714 (2)
    Auflage C, Auflage unsicher, bis heute kein Exemplar gefunden
    H Abschrift in Prag, 1722

Jungfer-Hobel
    o. O. 1681 (2)

Bestia Civitatis
    o. O. 1681 (3)

Narren-Spital
  Auflage A, 1681 (Verleger und Druckort unbekannt) (5 Exemplare)
  Auflage B, 1682 (1 Exemplar, Krakau)
  Auflage C, o. O. o. J. (1 Exemplar, Krakau)

Der Politische Feuermäuer-Kehrer
  Auflage A, Leipzig 1682 (4)
  Auflage B, 1682 (Raubdruck ?) (3)
  Auflage C, Leipzig 1682 (3)
  C Variantendruck 1683 (4)

Der politische Bratenwender
  Leipzig 1682 (7)

Der verliebte Europäer
  Auflage A, (Unikum?) Leipzig 1682
  Auflage B, Leipzig 1682 (5)

Winternächte
  Nürnberg 1682 (7)

Sommer-Täge
  Nürnberg (?) 1682 (10, eines in Kremsmünster)

Die andere Ausfertigung neugefangener politischer Maul-Affen
  Auflage A, Frankfurt und Leipzig 1683 (7)
  Auflage B, Leipzig (?) (Raubdruck?) 1683 (8)
  Auflage C, Frankfurt, Leipzig 1685 (0)

Kleider-Affe
  Leipzig 1685 (8)

Staats-Mann
  Auflage A, (Unikum) Halle 1699 (?) (2)
  Auflage B, Halle (?) 1700 (8)
  Auflage C 1702 (?) nicht aufgefunden

Blau-Mantel
  (Unikum?) 1700 o. O. (1)

Der verliebte Österreicher
  Nürnberg 1704 (5)

Ludwig der Springer
  (Unikum?) Weißenfels 1698 (1)

Epigrammata
: Weißenfels 1691 (6)

Tagebuch
: Handschrift, 1963 im Erfurter Stadtarchiv gefunden
Weißenfels, verschollen

Leyden und Sterben
: (Unikum?), Weißenfels 1695

Ursus Murmurat
: (Unikum?) Auflage A, Weißenfels 1697 (5)
Auflage B, Weimar 1697 (10)

Ursus Vulpinator
: Weißenfels 1697 (10)

Bellum Musicum
: 1701 (Weimar?) (18)

Musicalische Discurse
: Nürnberg, 1719 (42)

Der Musicalische Krieg
: Anhang zu den Musicalischen Discursen

Titel der Schrift von G. Vockerodt, die Johann Beers heftigen Widerspruch provoziert hat.

*Aus: 300 Jahre Vollendung der Neuen Augustusburg -
Residenz der Herzöge von Sachsen-Weißenfels, S. 116/117*

Titelkupfer

Des Simplicianischen Welt-Kuckers / Oder Abentheuerlichen Jan Rebhu Erster Theil – Vierdter und letzter Theil

Ptintz Adimantus und der Königlichen Prinzeßin Ormizella Liebes-Geschicht

Beschreibung der Titelblätter

James **Hardin** hat in seiner „**Beschreibenden Bibliographie**" zu Johann Beer, Francke Verlag, Bern 1983, versucht sämtliche noch existierenden Auflagen und Ausgaben der Beerschen Schriften zu erfassen und zu beschreiben.

Die Angaben stützen sich auf mehrere systematische Umfragen bei über 400 europäischen und amerikanischen Bibliotheken, sowie auf persönliche Nachforschungen in den in diesem Zusammenhang wichtigsten Bibliotheken.

Von den **rund 200** erhaltenen **Drucken** der literarischen Werke Johann Beers befinden sich die meisten Exemplare in Bibliotheken in Deutschland (122). Davon 22 in der **Deutschen Staatsbibliothek in Berlin**, 15 in der **Herzog August Bibliothek in Wolfenbüttel**, 12 in der **Landesbibliothek Coburg**, 8 in der **Universitätsbibliothek in Jena**. **Österreich** besitzt **20 Drucke**, davon sind 15 in der **Nationalbibliothek**, je 2 in der **Stiftsbibliothek Klosterneuburg** und in der **Steiermärkischen Bibliothek in Graz** und ein Exemplar der ‚Sommertäge' in der **Stiftsbibliothek Kremsmünster**.

In der **Universitätsbibliothek Breslau** befinden sich 13 Exemplare, in der **Yale University Library** 7, in der **Bibliotheque Nationale et Universitaire Strasbourg** ebenfalls sieben und in der **Biblioteca Nationale Florenz** 6.

Die Schweiz besitzt 4 Drucke, Russland und Schweden je 2.

10 Drucke sind in Privatbesitz (4 davon in der Familie R. Alewyn).

Erklärungen: Ein senkrechter Zeilenendstrich | bedeutet ein Zeilenende; rot gedruckte Zeilen, Wörter oder Buchstaben werden durch die ihnen vorangehende Bezeichnung „rot" kenntlich gemacht. Zierleisten und Druckvignetten Verzierungsbilder, Buchdruckleisten werden mit Maßangaben angeführt, Ornamente kurz beschrieben.

Die Schriftgattungen des Originals (Fraktur für den deutschen Text, Antiqua für Namen und Fremdwörter) wurden nicht beibehalten.

[E] bezeichnet Exemplare, die J. Hardin selbst in den Bibliotheken eingesehen hat.

8^0, 12^0 heißt Octav-Format bzw. Duodez-Format. (Erklärungen im Kapital „Der Buchmarkt im 17. Jhd.")

Der waagrechte Strich über einem Buchstaben, der in den Drucken eine Abkürzung bezeichnet hat und den vielleicht manche noch aus der Schule als ‚Faulheitsstricherl' kennen (statt zwei 'm' machte man ein ‚m' und einen waagrechten Strich darüber) konnte aus drucktechnischen Gründen nicht wiedergegeben werden.

Vignette: eine kleine Verzierung, meist ornamentaler Art, seltener mit bildlicher Darstellung, z. B. am Anfang der Seite, auch auf dem Titelblatt.

1/A *Welt-Kucker* Teil 1

A Auflage, o. O. u. J. [Halle: Johann Hübenerm 1677]

Titelblatt:

Der Symplicianische | *[rot]* Welt-Kucker / | Oder Abentheuerliche | *[rot]* JAN REBHU, | *bestehend in einer* | *[rot]* Historischen Erzehlung / | *[rot]* Welche den Lauff seines geführ- | ten Lebens der gantzen Welt | vor Augen stellet / | verfasset in ein *[rot]* Satyrisches Gedicht | *[rot]* In welchem unter verdecktem | Nahmen warhafftige Begeben- | heiten gewisser Stands-Personen ent- | worffen / und mit Confuser Ordnung | an den Tag gegeben | worden. | *[Strich 64 mm.]* | *[rot]* Gedruckt zu N. | Bey deß Jan Rebhu seinen guten | Freunde.

1/IB *Welt-Kucker* Teil I

B Auflage, o. O., 1679. [Halle: Joh. Hübener. Eine vermehrte Auflage.]

Titelblatt:

Des Simplizianischen | *[rot]* Welt-Kuckers / | Oder | Abentheuerlichen | *[rot]* JAN REBHU, | Erster Theil / | Bestehend in einer kurtzweiligen | Historia / | *[rot]* Welche den Lauff | seines geführten Lebens der | gantzen Welt vor Augen stellet / mit | unterschiedlichen Liebes-Händeln / und | andern seltsamen Begebenheiten vermehret | und zum andernmahl in den Druck | verfertiget. | *[rot]* Von dem Authore aufs neue übersehen / | vermehret / und allenthalben von denen vorigen | Druck-Fählern gereiniget. | *[Strich 72 mm]* | *[rot]* Gedruckt zu N. | Bey des Jan Rebhu seinem guten Freunde. 1679.

1/IIA *Welt-Kucker* Teil II

A Auflage o. O. 1678. [Halle: Simon Joh. Hübener]

Titelblatt:

Des Simplicianischen | *[rot]* Welt-Kuckers / | Oder Abentheuerlichen | *[rot]* JAN REBHU,

| Anderer Theil / | *[rot]* In welchem die angefangenen Er- | zehlungen des ersten Theils continuirt | und fortgeführet / auch sonsten viel und | unterschiedliche wunderbare Abentheur er- | zehlet werden / darinnen so wol von Liebs- | Erzehlungen / Ritter-Geschichten / Gefäng- | nissen / Gespenstern als anderer wun- | dersamen Zufälle Meldung | geschicht. | *[rot]* Allen Liebhabern zu sonderlicher | Ergötzung an den Tag gegeben / und neulich | aus dem Welschem in das Hoch- | Teutsche übersetzt | von | Einem Liebhaber des alten Ritter | *[rot]* Rolandes, | *[Strich 70 mm.]* | Gedruckt bey des Jan Rhebu *[sic]* seinem | guten Freunde. J. J. 1678.

1 /IIB *Welt-Kucker* Teil II

B Auflage o. O. u. J. [wahrscheinlich Halle: Hübener, 1678]

Titelblatt:

Des Simplicianischen | Welt-Kuckers / | Oder Abentheuerlichen | JAN REBHU, | Anderer Theil / | In welchem die angefangenen Er- | zehlungen des ersten Theils continuirt | und fortgeführet / auch sonsten viel und | unterschiedliche wunderbare Abentheur er- | zehlet werden / darinnen so wol von Liebs- | Erzehlungen / Ritter-Geschichten / Gefäng- | nissen / Gespenstern als anderer wun- | dersamen Zufälle Meldung | geschicht. | Allen Liebhabern zu sonderlicher | Ergötzung an den Tag gegeben / und neulich | aus dem Welschen in das Hoch- | Teutsche übersetzt | von | Einem Liebhaber des alten Ritter | Rolandes. | *[Strich 71 mm.]* | Gedruckt bey des Jan Rebhu seinem | guten Freunde.

1/IIIA *Welt-Kucker* Teil III

A Auflage o. O. 1679 [Halle: Simon Joh. Hübener]

Titelblatt:

Des | Simplicianischen | *[rot]* Welt-Kuckers | Oder | Abentheurlichen | *[rot]* JAN REBHU, | Dritter Theil / | *[rot]* Welcher die ange- | fangene und fortgesetzte Er- | zehlungen vollkommendlich außfüh- | ret / und der gantzen Welt ein offenes | Zeugniß überläßt / auf welch eine Weiß | JAN REBHU sein abentheurliches / | wunderbares und seltsames Le- | ben beschlossen / | *[rot]* Darinnen auch von seiner Einsied- | lerey außführliche Meldung | geschiehet. | *[Strich 69 mm.]* | *[rot]* Gedruckt im 1679. Jahre.

1/IIIB *Welt-Kucker* Teil III

B Auflage o. O. u. J. [Wahrscheinlich Halle: Hübener, da die Titelkupfer-Platten der beiden Auflagen dieselben sind.]

Titelblatt:

Des | Simplicianischen | Welt-Kuckers | Oder | Abentheuerlichen | JAN REBHU, | Dritter Theil / | Welcher die angefan- | gene und fortgesetzte Erzeh- | lungen vollkommentlich ausfüh- | ret / und der gantzen Welt ein offenes | Zeugniß überläßt / auf welch eine Weiß | JAN REBHU sein abentheurliches / | wunderbares und seltsames Le- | ben beschlossen / | Darinnen auch von seiner Einsied- | lerey ausführliche Meldung geschiehet. | *[Strich 69 mm.]* | Gedruckt in diesem Jahre.

1/IV *Welt-Kucker* Teil IV

o.O., 1679 [Halle: Joh. Hübener]

Titelblatt:
 Des | Simplicianischen | *[rot]* Welt-Kuckers / | Oder | Abentheuerlichen | *[rot]* JAN REBHU, | Vierdter und letzter | Theil | *[rot]* Welcher die gantze | Historiam und alle wunder- | liche Erzehlungen vollkommendlich | beschliesset / und umständlich vermeldet / | was jede und alle / so in diesem Werck mit | Nahmen angeführet worden / vor ein Ende | genommen / dabey in specie von des Jan | Rebhu zeitlichem Hintritt aus diesem | Leben ausführlich gedacht wird, | *[Strich 71 mm.]* | [rot] Gedruckt zu N. | Bey des Jan Rebhu seinem guten Freunde. 1679.

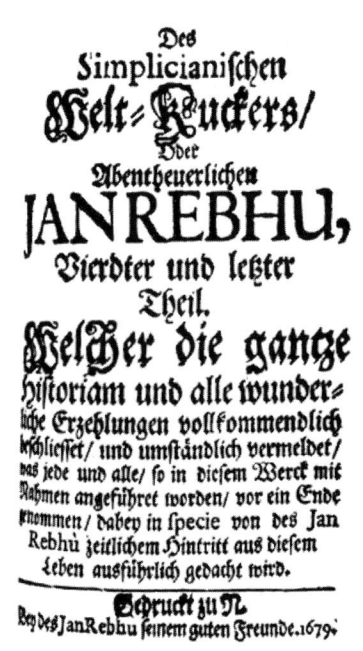

Des
Simplicianischen
Welt-Kuckers/
Oder
Abentheuerlichen
JAN REBHU,
Vierdter und letzter
Theil.
Welcher die gantze
historiam und alle wunder-
liche Erzehlungen vollkommendlich
beschliesset/ und umständlich vermeldet/
was jede und alle/ so in diesem Werck mit
Nahmen angeführet worden/ vor ein Ende
genommen/ dabey in specie von des Jan
Rebhu zeitlichem Hintritt aus diesem
Leben ausführlich gedacht wird.
Gedruckt zu N.
Bey des Jan Rebhu seinem guten Freunde. 1679.

2/A *Hopffen-Sack*

A Auflage o. J. [1677: Halle, Simon Joh. Hübener]

Titelblatt:
 Der | Abentheuerliche / wunderba- | re / und unerhörte | Ritter | Hopffen-Sack | von der Speck-Seiten / | Bestehend: | In allerhand Begebenheiten / | zerrissener Castellen / Einöden / | Gespenstern / Abentheuern / Duellen / | Turnieren / Verzauberungen | und dergleichen. | Allen Liebhabern wunderlicher | und abentheurlicher Geschichten / in | specie aber / Herrn WOLFF PE- | TER RAFGI de Gurgu zur son- | derlichen Ergötzung an den | Tag gegeben | von | Einem lebendigen Menschen, | *[Strich 60 mm.]* | Gedruckt zu N. bey des Ritter | Hopffen-Sacks guten Freunde.

2/B *Hopffen-Sack*

B Auflage, o. J., fiktiver Druckort [wahrscheinlich Johann Hübener, Halle, 1677 oder 1678]

Titelblatt:
Der I Abentheuerliche / wunderbar- I re / und unerhörte I Ritter I Hopffen-Sack I von der Speck-Seiten / I Bestehend I In allerhand Begebenheiten I zerrissenen Castellen / Einöden / I Gespenstern / Abentheuern / Duellen / I Turnieren / Verzauberungen I und dergleichen. I Allen Liebhabern wunderlicher I und abentheuerlicher Geschichten / in I specie aber / Herrn WOLFF PE- I TER RAFGI de Gurgu zur son- I derlichen Ergötzung an den I Tag gegeben I von I Einem lebendigen Menschen. I *[Strich 63 mm.]* I Gedruckt zu N. bey des Ritter I Hopffen-Sacks guten Freunde.

3/A *Printz Adimantus*

A Auflage, o. O 1678: [Halle: S. J. Hübener]

Titelblatt:
Printz I *[rot]* ADIMANTUS, I und der Königlichen Princeßin I *[rot]* ORMIZELLA I *[rot]* Liebes -Geschicht / I Woriñen ausführlich beschrieben wird I Die wunderbahre Arth I Des I *[rot]* Verzauberten Castells I in Hircania. I *[rot]* Voll von Ritterlichen und wundersamen Bege- I benheiten / mit Abentheuren / Gespensten / Schlössern / I Capellen / Thürmen und dergleichen / so vorhero nir- I gendswo gehöret worden. I *[rot]* Worunter auch ein zimlicher Particul gantz neuer I und noch niemals gehörter Redens-Arthen I mit eingetragen worden / I *[rot]* Zu sonderlicher Ergötzung und Belustigung I der Geschicht-Liebenden / vor diesem in denen nächtlichen I Conclav-Erzehlungen / anitzo aber im öffentlichen I Druck jedermänniglich vorgestellet I und beschrieben durch I *[rot]* den allenthalben bekanten JAN REBHU, I von Wolffs-Egg aus Oesterreich. I *[Strich 71 mm.]* I *[rot]* Druckts Jan Rebhu kleiner Vetter 1678.

3/B *Printz Adimantus*

B Auflage o. O. u. J. [Wahrscheinlich 2. Auflage, Halle; Hübener. Titelkupfer in beiden Auflagen scheint identisch zu sein.]

Titelblatt:
Printz I ADIMANTUS I und der Königlichen Princeßin I ORMIZELLA Liebes Geschicht / I Worinnen ausführlich beschrieben wird I Die wunderbahre I Arth I Des I Verzauberten Castells I in Hircania. I Voll von Ritterlichen und wundersamen Bege- I benheiten / mit Abentheuren / Gespenstern / Schlössern / I Capellen / Thürmen und dergleichen / so vorhero nir- I gendswo gehöret worden. I Worunter auch ein zimlicher Particul gantz neuer I und noch niemahls gehörter Redens-Arthen I mit eingetragen worden / I Zu sonderlicher Ergötzung und Belustigung I der Geschicht-Liebenden / vor diesem in denen nächtlichen I Conclav-Erzehlungen / anitzo aber im öffentlichen I Druck jedermänniglich vorgestellet I und beschrieben durch I den allenthalben bekandten JAN REBHU [,?] I von Wolffs-Egg aus Oesterreich, I *[Strich 71 mm]* I Druckts Jan Rebhu kleiner Vetter.

4/A *Ritter Spiridon*

A Auflage o. O. 1679 [Nach dem Leipziger Meßkatalog Herbst 1678, Halle: Joh. Hübener]

Titelblatt:

Des | Abentheurlichen | *[rot]* JAN REBHU | *[rot]* Ritter Spiridon | aus Perusina. | *[rot]* In welchem nebenst lustiger / und | ausführlicher Erzehlung dessen Liebs-Ge- | schichte / Castripoli des Printzens von Ferasca | absonderliche Abentheuer erzehlet / auch die wunderbare | Historia des verzauberten Castels in Hircania ausge- | führet / und sonst von allerley Begebenheiten / als Tur- | nieren / Ritterspielen / Unterredungen /Mord-Castel- | len / Raubnestern / Abentheuren / Liebes-Discursen / | Einsiedeleyen / Gespenstern / und allerley dergleichen Sa- | chen / gedacht wird. Wobey auch anzutreff*[e]*n etliche Ju- | dicia über den Ritter Hopffen-Sack / absonderlich | aber eine notable Liebes-Geschicht / dergleichen | noch wenig zuvor in Druck gesehen | worden. | *[rot]* Allen Liebhabern zur sonderlichen | Ergötzung eylfertig aufgesetzet / und ans | Tage-Licht gegeben | durch | *[rot]* Einen Liebhaber aller Tugendsamen | Gemüther. | *[Strich 66 mm.]* | *[rot]* Gedruckt im 1679. Jahre.

4/B *Ritter Spiridon*

B Auflage o. O. u. J. [Halle: Hübener, zirka 1679?]

Titelblatt:

Des | Abentheurlichen | JAN REBHU | Ritter Spiridon | aus Perusina. | In welchem nebenst lustiger / und | ausführlicher Erzehlung dessen Liebs-Ge- | schichte / Castripoli des Printzens von Ferasca abson- | derliche Abentheuer erzehlet / auch die wunderbare Hi- | storia des verzauberten Castels in Hircania ausgefüh- | ret / und sonst von allerley Begebenheit / als Turnieren / | Ritterspielen / Unterredungen / Mord-Castellen / Raub- | nestern / Abentheuren / Liebes-Discursen / Einsiedeley- | en / Gespenstern / und allerley dergleichen Sachen / ge- | dacht wird. Wobey auch anzutreffen etliche Judicia | über den Ritter Hopffen-Sack / absonderlich aber eine | notable Liebes-Geschicht / dergleichen noch | wenig zuvor in Druck gesehen | worden. | Allen Liebhabern zur sonderlichen Er- | götzung eylfertig aufgesetzet / und ans | Tage-Liecht gegeben | durch | Einen Liebhaber aller Tugendsamen | Gemüther. | *[Strich 70 mm.]* |Gedruckt in diesem Jahre.

5/IA *Pokazi* Teil I

A Auflage, o. O. 1679 [Halle: Johann Hübener]

Titelblatt:

Des | Abentheurlichen | *[rot]* JAN REBHU | Artlicher | *[rot]* Pokazi / | *[rot]* Bestehend in einer kur- | tzen und lustigen Relation sei- | nen Lebens-Wandel betreffend / | in welcher eine Satyra, gleich einer | Braut auf dem Tantz herum | geführet wird. | *[rot]* Darbey unterschiedliche / so | wohl freye / belarffte Gesichter | anzutreffen / dere Gestalt man denen | Interessenten zu entwerffen | überlasset. | *[Strich 63 mm.]* | *[rot]* Gedruckt im 1679. Jahre.

5/IB *Pokazi* Teil I

B Auflage o. O. u. J. [ca. 1679; Halle?]

Titelblatt:

Des | Abentheurlichen | JAN REBHU | Artlicher | Pokazi / | Bestehend in einer kur- | tzen und lustigen Relation sei- | nen Lebens-Wandel betreffend / | in welcher eine Satyra, gleich einer | Braut auf dem Tantz herum | geführet wird. | Darbey unterschiedliche / so | wohl freye / als belarffte Gesichter | anzutreffen / dere Gestalt man denen | Interessenten zu entwerffen | überlässet. | *[Strich 62 mm.]* | Gedruckt in diesem Jahre.

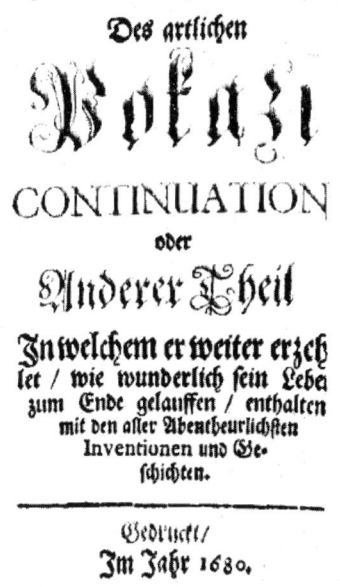

Des artlichen
Pokazi
CONTINUATION
oder
Anderer Theil
In welchem er weiter erzeh
let / wie wunderlich sein Leben
zum Ende gelauffen / enthalten
mit den aller Abentheurlichsten
Inventionen und Ge-
schichten.

Gedruckt /
Im Jahr 1680.

5/II *Pokazi* Teil II

o. O. 1680 [Halle: Simon Johann Hübener (nach Leipziger Meßkatalog)]

Titelblatt:

Des artlichen | *[rot]* Pokazi | *[rot]* CONTINUATION | oder | *[rot]* Anderer Theil | In welchem er weiter erzeh- | let / wie wunderlich sein Leben | zum Ende gelauffen / enthal- | ten | mit den aller Abentheurlichsten | Inventionen und Ge- | schichten. | *[Strich 68 mm.]* | *[rot]* Gedruckt | Im Jahr 1680.

6/I *Corylo* Teil I

o. O. 1679 [Nürnberg: Johann Hoffmann. (Nach Hinweisen in den Leipziger und Frankfurter Meßkatalogen)]

Titelblatt:

Die vollkommene | *[rot]* Comische Geschicht | Des | *[rot]* CORYLO. | Das ist: | Die absonderliche und denck- | würdige | *[rot]* Beschreibung | Eines | *[rot]* Ertz-Landstrei- | chers Coryli, | *[rot]* Welche dessen vielfältige und un- | gemeine Buhlereyen mit hohen und nie- | drigen Standes-Personen / Glück und Un- | glück in und ausser Landes / Amt / Stand und Condition | mit lebendigen Farben entwirfft / und der gantzen | Welt durch sonderliche Zeit-Verkürtzung | vor Augen stellet. | *[rot]* Der Neue Ehemann. | *[Strich 70 mm.]* | Gedruckt in diesem 1679sten Jahre.

> Der Vollkommenen
> Comischen Geschicht
> Des
> **CORYLO**
> Daß ist
> Der absonderlich und denck-
> würdigen
> Beschreibung
> Des
> Ertz-Landstreichers Co-
> ryli,
> Anderer Theil.
> In welchem weiter ange-
> zeiget wird / wie wunderlich das
> Glück mit ihme hin und wieder in der
> Welt gespielet und umbgegangen. Wor-
> unter allerley kurtzweilige Begebenheiten / artige in-
> ventionen und wunderliche Buhlereyen anzutreffen/
> doch also/daß die Laster nicht allein lebendig vor Augen
> gestellet/ sondern auch mit nützlicher Beschei-
> denheit gestraffet werden.
> Der Neue Ehemann.
> Gedruckt in diesem 1680sten Jahre

6/II *Corylo* Teil II [Unikum?]

1680. o. O. [Vermutlich Nürnberg: Joh. Hoffmann, Verleger des 1. Teils]

Titelblatt:

Der Vollkommenen | *[rot]* Comischen Geschicht | Des | *[rot]* CORYLO | Daß ist | Der absonderlich und denck- | würdigen | *[rot]* Beschreibung | Des | *[rot]* Ertz-Landstreichers Co- | ryli, | Anderer Theil. | *[rot]* In welchem weiter ange- | zeiget wird / wie wunderlich das | Glück mit ihme hin und wieder in der | Welt gespielet und umbgegangen. Wor- | unter allerley kurtzweilige Begebenheiten / artige in- | ventionen und wunderliche Buhlereyen anzutreffen / | doch also / daß die Laster nicht allein lebendig vor Augen | gestellet / sondern auch mit nützlicher Beschei- | denheit gestraffet werden. | *[rot]* Der Neue Ehemann, | *[Strich 64 mm.]* | Gedruckt in diesem 1680sten Jahre [.?]

7 Jucundus Jucundissimus

1680, o. O. [wahrscheinlich Joh. Hoffmann, Nürnberg]

Titelblatt:

JUCUNDI JUCUNDISSIMI | Wunderliche | Lebens-Be- | schreibung / | Das ist: | Eine kurtzweilige Histori | Eines / von dem Glück / wunderlich | erhabenen Menschens / welcher erzehlet / | wie und auf was Weis er in der Welt / | unter lauter abentheurlich- und seltsamen | Begebenheiten herum gewallet / bis er | endlich zur Ruhe gekommen / | In welcher | Unterschidliche Begebenheiten | durch die Hechel gezogen / und sonsten aller- | ley merk-würdige Zufälle der vorwitzigen | Welt offenharet *[sic]* und entworfen | werden. | Jedermänniglich / ohne Unterscheid des Standes / | ersprießlich und nützlich zu lesen. | *[Strich (kreisartige Ornamente) 62 mm.]* | Gedruckt in diesem 1680sten Jahr.

8/A *Weiber-Hächel*

A Auflage 1680 o. O.

Titelblatt:

Des berühmten Spaniers | *FRANCISCI SAMBELLE* | wolausgepolirte | *[7 kreisartige Ornamente]*] Weiber-Hächel | Darinnen demselbigen Ge- | schlecht die Warheit tapffer auf- | gefiedelt / die Laudes hurtig gesungen / | und ihre Handlungen Choraliter | herunter figurirt werden. | Alles auf das kürtzeste entworf- | fen / und denen Intressenten *[sic]* zur fer- | nern Uberlegung aus dem Spani- | schen ins Hochteutsche übersetzet / | durch den allenthalben bekannten | *JAN-REBHU,* von S. Ge- | orgen aus dem Ländlein | ob der Enß. | *[Vignette: zwei Rebhühner, darunter Zierleiste, 17x32 mm.]* | Gedruckt / | Im Jahr M.DC LXXX.

8/B *Weiber-Hächel*

B Auflage 1714 [Fiktiver Druckort und Verlag. Nürnberg?]

Titelblatt:

Des berühmten Spaniers | FRANCISCI SAMBELLE | wolausgepolirte | Weiber-Hächel / | Darinnen demselbigen | Geschlecht | Die Warheit tapffer aufge- | fiedelt / die Laudes hurtig gesun- | gen / und ihre Handlungen Cho- | raliter herunter figurirt | werden. | Alles auf das kürtzeste ent- | worffen / und denen Interessen- | ten zur fernern Uberlegung aus dem | Spanischen ins Hochteutsche über- | setzet / durch den allenthalben | bekannten | JAN-REBHU, | Von S. Georgen aus dem Länd- | lein ob der Enß. | *[Strich 57 mm.]* | Cölln / | Bey Peter Marteau seel. Söhnen. | Anno 1714.

8/C [?]

Unsichere Auflage des *Weiber-Hächel*:

Graesse, in *Trésor de livres rares et precieux, ou nouveau dictionnaire bibliographique,* Bd. VI, Leipzig und Paris, 1900, 255, erwähnt eine Auflage des Jahres 1692: „s. 1 1692". Aus diesem Grunde postuliert Alewyn eine „B" Auflage 1692, deutet aber darauf hin, daß dieser Druck nicht nachweisbar sei. Bisher konnte kein Exemplar dieser Auflage gefunden werden. Auch *Hayn-Gotendorf,* VII, 64-65 weist auf eine Auflage vom Jahre 1692 hin („8^0 [!] [...] Zuerst gedr. o. O. 1680; rep. o. O. 1692 12^0. Beide Romane gehören zu den Raritäten!")

8/H[1] *Weiber-Hächel*

Abschrift des Romans:

Eine Abschrift des Werkes befindet sich in der Strahov Bibliothek Prag, unter Signatur D. D. V.Z. Das Manuskript trägt das Datum 22. Juni 1722. 8^0, 142 Seiten, in einem Pappeinband der Zeit gebunden. In schwarzer Tinte geschrieben, auf beiden Seiten der Blätter. Im inneren Vorderdeckel befindet sich ein gedruckter Zettel: „*Bibliotheca Regiae Canoniae Strahov-Pragae Sig. D.D. V.Z.*" Unten, in Tinte geschrieben, „ Ex libris Godefridi Danielis Liberi Baronis de Wunschwitz, Domini in Ronsperg, Wasserau, Berstein ad Sylvam, ac. Inferiore et medio Kernsaltz. An: 1722." Auf der inneren Seite des Hinterdeckels befindet sich die Eintragung, in Tinte, „Emi Praga' 22. Junij An: 1722" [E]

9 *Jungfer-Hobel*

1681, o. O.

Titelblatt:

Der | Neu ausgefertigte | Jungfer-Hobel / | Durch welchen ein und | andere Jungferliche Untugen- | den abgehobelt und sonsten allerley | Schnützer und Fautten desselbigen | Volckes abgesaubert und auff die Sei- | te geworffen werden / in einer Histori- | schen Erzehlung umständlich | eingeschrenckt und an | Tag gegeben / | | Von | Dem berühmten Weiber- | Hächler | Francisco Sambelle- | *[Strich 60 mm.]* | Gedruckt im Jahr. | 1681.

10 *Bestia Civitatis*

1681, o. O. [Verlag und Druckort unbekannt]

Titelblatt:

Die | Mit kurtzen Umständen | entworffene | BESTIA | CIVITATIS | Was vor ein ärgerliches Le- | ben dieselbe samt ihrer Tochter ge- | führet / und wie sie letzlich solches geendet | haben. Jedermänniglich / was Stan- | des oder Condition derselbe seye / nicht | allein zur curiosen Belustigung / son- | dern auch zur Zeitvertreibenden | Gemüths Erbauung | Erstlich Lateinisch beschrieben | Durch | Franciscum a Claustro | Barfüsser-Mönchen in Bononien, | hernachmals wegen enthaltener Kost-| barkeit ins Teutsche übersetzt | Durch den jungen | Simplicium Simplicissimum. | *[Strich 58 mm.]* | Gedruckt im Jahr 1681.

11/A *Narren-Spital*

o. O. 1681 [Verleger und Druckort unbekannt]

Titelblatt

Der | Berühmte | Narren-Spital / | Darinnen umschweiffig | erzehlet wird / was der faule |Lorentz hinter der Wiese vor ein lieder- | liches Leben geführet / und was vor ehr- | liche Pursche man im Spital ange- | troffen habe. Denen Interessenten | zum besten / männiglich aber zu Ver- | kürtzung der Melancholischen | Stunden beschrieben und | heraus gegeben / | Durch | Hanß guck in die Welt. | *[Strich 60 mm.]* | Gedruckt Im Jahr. | 1681.

11/B *Narren-Spital*

B Auflage, 1682

Das einzige bekannte Exemplar der B-Auflage ist, nach Mitteilung der Deutschen Staatsbibliothek Berlin-Ost, ein Kriegsverlust. Alewyn hat das Berliner Exmplar gesehen und wie folgt beschrieben: „ B. 1682. Mit vielen Holzschnitten im Text. 1. Bl., 121 S. Berlin S.-B. (Yt 9751.)" Siehe Alewyn, *Johann Beer, S. 254*. Im *Gesamtkatalog* wird das Exemplar wie folgt beschrieben: „Der berühmte Narren-Spital, darinnen umschweiffig erzehlet wird, was der faule Lorentz hinter der Wiesen vor ein liderliches Leben geführet, u. was vor ehrliche Pursche man im Spital angetroffen habe ... Beschrieben u. hrsg. durch Hans guck in die Welt.- o. O. 1682. 121 S. 8⁰" [wohl ein Irrtum, da auch die A-Ausgabe als Oktavformat beschrieben wird]

11/C *Narren-Spital*

C Auflage, o. O. u. J.

Das einzige bekannte Exemplar der C-Auflage ist, nach Mitteilung der Deutschen Staatsbibliothek Berlin-Ost, ein Kriegsverlust. Alewyn hat das Berliner Exemplar gesehen und wie folgt beschrieben: „C. Gedruckt in diesem Jahr. Ebenso. 1 Bl., 122 S. Berlin S.-B. (Yt 9753)". Die Signatur dieses Exemplars gibt der *Deutsche Gesamtkatalog* als Yt 9756 an.

Die Angaben zu den Auflagen B und C als Kriegsverluste sind überholt. Beide Ausgaben befinden sich in der Bibliotheka Jagiellonska in Krakow. (Simpliciana, S. 212)

12/A *Feuermäuer-Kehrer*

A Auflage Leipzig: Weidmann 1682

Titelblatt:

Der | *[rot]* Politische | *[rot]* Feuermäuer- | Kehrer / | *[rot]* Oder überaus lustige | und manierliche Begeben- | heiten der Curiosen Welt / abson- | derlich aber denen jungen und lustbe- | gierigen Gemüthern / zur vorsichtigen | Warnung des heut zu Tag in Grund | verdorbenen Frauenzimmers / welches | darinnen nach all ihren Eigenschafften | abgemahlet wird / Practiqven und | falsche Qvinten wol zu fliehen und zu | meiden / mit kurtzen Umbstän- | den entworffen | Von | *[rot]* ANTONINO CAMINERO. | |*Strich 58 mm.]* | Gedruckt zu Straßburg / | Und von dar zum Verkauff übersandt | *[rot]* An Christian Weidmannen / Buchhl. | in Leipzig / Im Jahr 1682.

12/B *Feuermäuer-Kehrer*

B Auflage [Raubdruck?] 1682

Titelblatt:

Der | Politische | Feuermäuer- | Kehrer / | Oder / überaus lustige und | manierliche Begebenheiten / der | curiosen Welt / absonderlich aber | denen jungen und lust-begierigen Gemüh- | tern / zur vorsichtigen Warnung des heut zu | Tag in Grund verdorbenen Frauen-Zim- | mers / welches darinnen nach all ihren Eigenschafften abgemahlet wird / Practiqven | und falsche Qvinten wol zu fliehen und zu | meiden / mit kurtzen Umständen

| entworffen | Von | ANTONINO CAMINERO. | *[Zierleiste 4x80 mm.]* | Gedruckt / | Im Jahr Christi 1682.

12/C *Feuermäuer-Kehrer*

C Auflage, 1682 [nicht in Straßburg, sondern in Leipzig gedruckt]

Titelblatt:

Der | *[rot]* Politische | *[Zierleiste 2x41 mm.]* | F*[rot]*euermäuer- | Kehrer / | *[rot]* Oder überaus lustige | und manierliche Begebenhei- | ten der Curiosen Welt / absonder- | lich aber denen jungen und lustbegie- | rigen Gemüthern / zur vorsichtigen | Warnung des heut zu Tag in Grund | verdorbenen Frauenzimmers / welches | darinnen nach all ihren Eigenschafften | abgemahlet wird / Practiqven und fal- | sche Qvinten wohl zu fliehen und zu | meiden / mit kurtzen Umständen | entworffen | von *[rot]* ANTONINO CAMINERO | *[Strich 58 mm.]* | Gedruckt zu Straßburg / | Und von dar zum Verkauff übersandt | *[rot]* An Christian Weidmannen / Buchhl. | in Leipzig / Im Jahr 1682.

12/C Var. *Feuermäuer-Kehrer.* Variantdruck 1683

Das einzige erhaltene Exemplar dieser Variantauflage befindet sich in der Nationalbibliothek Prag. Provenienz: auf der Rückseite des Titelblatts findet sich folgende Eintragung (in Tinte) „Bibliothecae PP Hibernorum ad. S. Ambrosium Praga. sub. lit. G. 12^0. 853." Hand des späten 17. oder des 18. Jahrhunderts. Signatur: 37 L 24. Zustand des Textes und des Einbandes sehr gut, Pappeinband der Zeit.

13 *Der Politische Bratenwender*

Leipzig: Weidmann, 1682

Titelblatt:

Der | *[rot]* Politische | B*[rot]*ratenwender / | Worinnen enthalten / | *[rot]* Allerhand Politische | Kunstgriffe / vermittelst wel- | cher der Eigeñutz heutiges Tages | fast von iederman gesucht | wird / | entworffen / von | *[rot]* Amando de Bratimero. | *[Ornamente 20x28 mm.]* | zu finden | *[rot]* Bey Christian Weidmañen / | Buchhändlern in Leipzig. | *[Strich 62 mm.]* | *[rot]* Gedruckt im Jahr 1682.

14/A *Der Verliebte Europäer* [Unikum?]

A Auflage 1682 [Druckort Leipzig, nicht Wien]

Titelblatt:

Der verliebte | *[rot]* Europäer, | Oder | Wahrhafftige | *[rot]* Liebes-Roman / | In welchen Alexandri Liebes-Ge- | schichte / und tapfere Helden-Thaten / wo- | mit er nicht alleine sich bey den Frauenzimer | beliebt gemacht / sondern auch in Besichtigung un- | terschiedlicher Königreiche in Europa / dero vor- | nehmsten Staats-Maximen angemercket / | begriffen / | *[rot]* Allem Curiosen Frauenzimmer / und | klugen Hoff-Leuten zu sonderbaren Nutz / zu- | sammen getragen / durch Alexandri guten | Freund / welcher sonst genant | wird | *[rot]* AMANDUS de AMANTO. | *[Strich 62 mm.]* | Gedruckt in Wien / |

und von dar zum Verkauff übersandt | *[rot]* An Christian Weidmañen / Buchh. | in Leipzig. | Im Jahr 1682.

14/B *Der Verliebte Europeer*

B Auflage 1682 [Nicht in Wien, sondern in Leipzig (Weidmann) gedruckt]

Titelblatt:

Der verliebte | *[rot]* Europeer, | Oder | Wahrhafftige | *[rot]* Liebes-Roman / | In welchen Alexandri Liebesge- | schichte / und tapfere Helden-Thathen / womit | er nicht alleine sich bey den Frauenzimmer be- | liebt gemacht / sondern auch in Besichtigung | unterschiedliche Königreiche in Europa / dero | vornehmsten Staats-Maximen ange- | mercket / begriffen / | *[rot]* Allem Curiosen Frauenzimmer / und | klugen Hoff-Leuten zu sonderbaren Nutz / zusammen | getragen / durch Alexandri guten Freund / | welcher sonst genant wird | *[rot]* AMANDUS de AMANTO. | *[Strich 64 mm.]* | Gedruckt in Wien / | und von dar zum Verkauff übersandt | *[rot]* An AuGuSTO BOETIO, Buchhänd. | in Gotha / 1682.

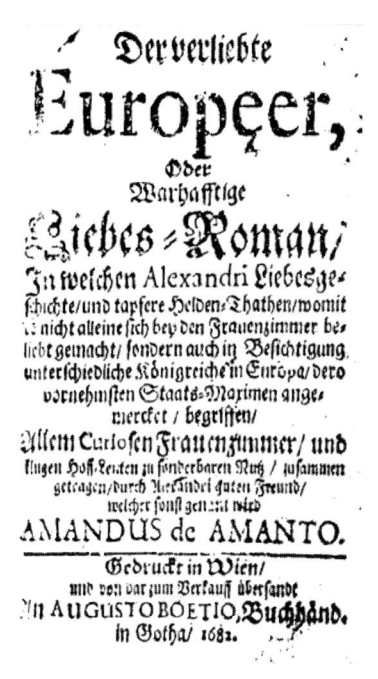

15 *Winternächte*

1682 o. O. [Nürnberg: Johann Hoffmann]

Titelblatt:

ZENDORII à ZENDORIIS | Teutsche | Winternächte | Oder | Die ausführliche und denckwür- | dige Beschreibung seiner | Lebens-Geschicht. | Darinnen begriffen allerley Fügnis- | sen und seltsame Begebenheiten / | Curiöse | Liebes-Historien / | und | Merckwürdige Zufälle etlicher | von Adel / und anderer Privat- | Personen. | Nicht allein mit allerley Umständen und | Discursen ausführlich entworffen / sondern auch | mit tauglichen Sitten-Lehren hin und wieder aus- | gespicket. Allen Liebhabern der Zeitverkürtzenden | Schrifften / wes Standes oder Condition dieselben | seyn mögen / zu sonderlicher Belustigung / nicht ohne | dem daraus entspringenden Nutzen / entworffen / | und erstlich von dem Authore selbsten beschrieben / | hernachmals aber zum besseru [sic] Gebrauch der | Lesenden übersetzt / und mit saubern Kupf- | fern gezieret / an den Tag gegeben. | [Strich 60mm.] Gedruckt im 1682. Jahr.

16 *Somer-Täge*

o. O. 1683 [Vermutlich Johann Hoffmann, Nürnberg, Verleger der *Winternächte*]

Titelblatt:

Die kurtzweiligen | Somer-Täge / | Oder ausführliche | Historia / | In welcher umständlich erzählet | wird / | Wie eine vertraute | Adeliche Gesellschafft | sich in heisser | Sommers-Zeit | zusammen gethan: | Und | Wie sie solche in Auffstossung | mancherley Abentheuer und ande- | rer merckwürdiger Zufälle kurtzwei- | lig und erspießlich hinge- | bracht. | Zum allgemeinen Nutzen und | Gebrauch des Teutschen Lesers ent- | worffen / auch mit saubern Kupf- | fern gezieret / an den Tag | gegeben / | Durch | Woffgang von Willenhag / | Oberösterreichischen von Adel. | *[Strich 63 mm.]* | Gedruckt im 1683. Jahr.

17/A [?] *Andere Ausfertigung*

A Auflage Frankfurt und Leipzig: Weidmann, 1683

Titelblatt:

Die | *[rot]* Andere Ausfertigung | Neu-gefangener | Politischer | *[rot]* Maul-Affen / | Mit allerhand | Einfältiger Klugheit | der | *[rot]* Superlativischen Welt / | Aus | Mancherley fantastischen / iedoch | wahrhafftigen Privat-Händeln | hervor gesucht / | *[rot]* Und curieusen Gemüthern / | mit durchgehenden Moral Regeln / | *[rot]* zu Nutz und Lust | Vor Augen gestellet | durch | *[rot] Florianum de Francomonte.* | *[Strich 61 mm.]* | Franckfurt und Leipzig / | *[rot]* Zu finden bey Christian Weidmannen. | Gedruckt im 1683sten Jahr.

17/B [?] *Andere Ausfertigung*

B Auflage, o. O. 1683 [Weidmann? Raubdruck?]

Titelblatt:

Die | *[rot]* Andere Ausfertigung | Neu-gefangener | Politischer | *[rot]* Maul-Affen / | Mit allerhand | Einfältiger Klugheit | der | *[rot]* Superlativischen Welt / / | Aus | Mancherley fantastischen / iedoch | wahrhafftigen Privat-Händeln | hervorgesucht / | *[rot]* Und curieusen Gemüthern / | mit durchgehenden Moral-Re- | geln / zu Nutz und Lust | vor Augen gestellet | durch | *[rot]* Florianum de Francomonte. | *[Strich: kreisartige Ornamente 62 mm.]* | Gedruckt Im Jahr 1683.

17, C [?] *Andere Ausfertigung*

Goedeke III, 281, verzeichnet eine Auflage Frankfurt am Main und Leipzig, 1685. Liegt hier ein Irrtum vor, oder sind alle Exemplare dieser Auflage verschwunden?

18 *Kleider-Affe*

Leipzig: Gleditsch, 1685

Titelblatt:

Der | *[rot]* Deutsche *[rot]* Kleider-Affe / | durch und durch | *[rot]* Mit kurtzweiliger Ein- | falt und einfältiger | Kurtzweil / | Allen | *[rot]* Curieusen Liebhabern | zur Delectation, | Aus eigener Erfahrung auff | die Schau-Bühne gestellet | von | | *[rot]* Alamodo Pickelhering. | *[Strich 49 mm.]* | LEIPZIG / | *[rot]* Verkaufft Joh. Friedrich Gleditsch / | Druckts Christian Götze. | 1685.

19/A *Staats-Mann* [Unikum?]

A Auflage, Zeitler [& Mußelius: Halle]

Titelblatt:

Der verkehrte | Staats-Mann [/] | Oder | Nasenweise | SECRETARIUS [,?] | Wie sich | Derselbe durch seine arglistige [n] | Griffe in die Höhe geschwungen | durch die Wahrheit aber auff die

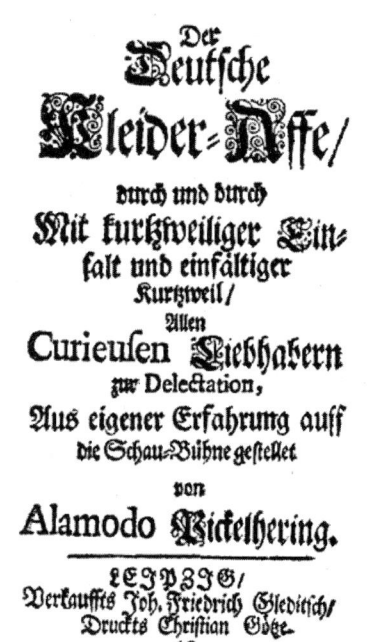

Finge*[r]* | geklopfft / und von seinen vermeyn- | ten Ehren-Stuffen gestos- | sen worden. | Denen angehenden Hoff-Leuten | in specie den hochmüthigen Scri- | benten zum besten entworffen. | *[Druckervignette „M" 29x48 mm.]* | Bey Joh. Fridrich Zeitlern / und Heinrich | *[Seite unten abgeschnitten.]*

19/B *Staats-Mann*

B Auflage 1700 [Verlag und Ort fiktiv: wahrscheinlich Halle: Zeitler und Musselius]

Titelblatt:

Der verkehrte | Staats-Mann / | Oder | Nasen-weise | SECRETARIUS, | Wie sich | Derselbe durch seine arglistigen | Griffe in die Höhe geschwungen / | durch die Warheit aber auff die Finger | geklopfft / und von seinen vermeyn- | ten Ehren-Stuffen gestos- | sen worden. | Denen über das Vermögen ihrer | von Natur ertheilten Kräffte / hinaus | steigenden Gemüthern / wie auch an- | deren angehenden Hoff-Leuten | zum besten entworffen | Von | EXPERTO RUPERTO Ländler / | Bauren am Adler-See. | *[Strich 62 mm.]* | Cölln / | Bey Peter Martenau / 1700.

[19/C ?]

C Auflage des *Verkehrten Staats-Mann* 1702

Es ist möglich, daß eine dritte Auflage des Romans im Jahre 1702 erschienen ist, da der *Catalogus* [...] *Loescheri* [...] *Pars I* (Dresden & Leipzig: 1750) eine Auflage vom Jahre 1702 verzeichnet [S. 158]. Auch Weller, *Druckorte* I, 51, verzeichnet eine „Marteau" Auflage des Jahres 1702: „N. A. Halle 1702." Bisher sind keine Exemplare dieser Auflage aufgefunden worden.

Der
Kurtzweilige Bruder
Blau = Mantel/
Welcher
Umständlich erzehlet / wie
er in dieser Welt sein Stück
Brod suchen und sich mit Sorg und
Kummer unter allerley Leuten
habe hinbringen
müssen.

Allen blauen Mänteln zum
Erkentniß ihrer selbst und zum fer=
nern Nachsinnen beschrieben /

Durch
Jan Rebhu.

Im Jahr 1700.

20 *Blau-Mantel* [Unikum?]

1700, o. O.

Titelblatt:
Der | Kurtzweilige Bruder | Blau-Mantel / | Welcher | Umständlich erzehlet / wie | er in dieser Welt sein Stück | Brod suchen und sich mit Sorg und | Kummer unter allerley Leuten | habe hinbringen | müssen. | Allen blauen Mänteln zum | Erkentniß ihrer selbst und zum fer- | nern Nachsinnen beschrieben / | Durch | Jan Rebhu. | *[Vignette 18x40mm.]* | Im Jahr 1700.

21 *Oesterreicher*

1704, o. O. [Nürnberg: Joh. Hoffmanns Seel. Wittib u. E. Streck]

Titelblatt:
Der | Verliebte | Oesterreicher / | Oder | Die Liebs- und Lebens- | Geschicht | Mit der an Tugenden und | Schönheit unvergleich- | lichen | SORONA | Durch | Jean Rebhu. | *[Kreisartige Ornamente 3x61.]* | Gedruckt Anno 1704.

22 *Ludwig der Springer* [Unikum?]

Weißenfels, 1698 [Brühl?]

Titelblatt:
Die | Geschicht und Histori | von | Land-Graff Ludwig | dem Springer / | aus Thüringen / | Wie derselbe um fremder Liebe willen in | grosse Gefahr gerathen / und von dem Schlosse zu | Gibichenstein / darinnen er gefangen sasse / sehr | hoch in die Saal hinab sprang / dahero er der | Springer genannt wurde. | *[Holzschnitt, 58x73, Mann springt vom Schloß*

in einen Fluß] | Erstlich beschrieben von einem Capellan in Thürin- | gen / und neulich aus einem alten Closter-Buch | ausgezogen und mit Figuren gezieret an den | Tag geben | und gedruckt zu Weissenfels 1698.

22/B [?]

Der Leipziger Meßkatalog für Herbst 1708 verzeichnet auf Seite F4^v „Ej. (=Johann Wehrmann). Die Geschichte und Historie von Land-Graf Ludewig / dem Springer / zum andern mal gedruckt und vermehrt." Ein Exemplar eines derartigen Drucks ließ sich bis jetzt nicht nachweisen.

23 *Epigrammata*

Weißenfels, Brühls Erben, 1691

Titelblatt:

JOHANNIS BEERII | AUSTRIACI | Serenissimi Principis Saxo-Weissenfelsensis | Phonasci ac Camera Musici, | Deutsche | Epigrammata, | Welchen | Etlich wenig Lateinische | beygefügt seynd. | *[Doppelstrich 75 mm., an beiden Enden der Striche kleine Eicheln]* | Weissenfels / | Druckts auf Unkosten des *AUTHORIS,* | Die Brühlisch-hinterlassene Wittib. | 1691.

H2 *Tagebuch (Handschrift)*

Titelblatt: [die rechte Hälfte des Titelblattes ist abgerissen]
Johann B.
Sächsisch
Lebe
Sa
Diese meine
habe in dem
Hause in d
Ao. 1690. J
im 35. Jah
O Domine J
Salva animam
Misericordiam
reg

H4 *Beschreibung der Statt Regenspurg (Handschrift)*

Titelblatt: nicht vorhanden. Titel wie oben.

Format: 4⁰: 31 Seiten, unpaginiert.

Bibliographische Daten: dieses Lobgedicht auf die Stadt Regensburg wurde erst 1978 von Herbert W. Wurster in den Beständen des Historischen Vereins für Oberpfalz und Regensburg als ein Werk des Schriftstellers Johann Beer identifiziert. „Dieses Gedicht be-

findet sich in dem Manuskriptband ‚Ms. R. 64' im Archiv des Historischen Vereins." Der Band trägt auf dem Rücken die Aufschrift „I. Sammlung verschiedener Ratisbonensia". Der schmucklose Quartband weist starke Gebrauchsspuren auf. Auf dem Buchdeckel innen ist ein Inhaltsverzeichnis in der Schrift des großen Kenners der Bestände des Historischen Vereins, Otto Fürnrohr, eingeklebt. Ein weiteres Inhaltsverzeichnis in der Schrift des oberpfälzischen Geschichtsforschers des 19. Jahrhunderts Joseph Rudolph Schuegraf ist auf Blatt 2r eingeklebt. Während Fürnrohr richtigerweise das Gedicht Johann Beer zuschreibt, aber Beer nicht einordnen kann ... vermutete Schuegraf unzutreffenderweise „Sturm?, Poetische Beschreibung von Regensburg" (1690 - 1700). Unter Schuegrafs Eintrag ist mit Blaustift die Jahreszahl 1721 vermerkt. Dies dürfte in etwa das Jahr der Niederschrift des Bandes sein, der insgesamt neun Beiträge zur Geschichte Regensburgs aus der ersten Hälfte des 17. Jahrhunderts und aus dem frühen 18. Jahrhundert enthält. „Beers Gedicht ist das einzige Werk aus der zweiten Hälfte des 17. Jahrhunderts. Der Text ist nicht das Originalmanuskript Beers, sondern eine Abschrift [...]. Das Papier hat Regensburger Wasserzeichen."
Beer identifiziert sich selbst als Autor des Gedichtes in Zeile 362: „ Hast manchen Ranck und Schwanck von Johann Beern erfahren"; die Abfassungszeit war höchstwahrscheinlich 1676.
Alexandrinerzeilen, gereimt nach dem Schema aa, bb, cc usw.
Inhalt gibt interessante Einsichten in Beers Persönlichkeit in der Zeit, als er noch Student war. „Beers Lob der Stadt ist nicht von Frivolität geleitet, sondern von dem Trieb und der Spontaneität des Erzählens, die auch sexuelle Andeutungen in ihrem Fluß mit sich führt ... ."
Siehe Herbert W. Wächter, „Johann Beers ‚Beschreibung der Statt Regenspurg': ein wiedergefundenes barockes Lobgedicht" In: *Verhandlungen des Historischen Vereins für Oberpfalz und Regensburg* 118 (1978), 237-258.

25 *Schlitten-Fahrt*

o. O. u. J. [wahrscheinlich Leipzig, zirka 1676/77]

Titelblatt:
Die | Schlitten-Fahrt | Der | Verliebten / | Bey der | Schultz- und Kleinauischen | Braut-Suppe / | Denen lieben Jungfern und Junggesellen zu treuhertzi- | ger Nachricht an statt einer Pastete Narrations-Weise in ge- | wissen Capituln für getragen / und mit einem gantzen Schellen- | Geläute / nach lauter geschwäntzten Münchs-Noten / | abgefiedelt von | Einem lebendigen Menschen.

26 *Leyden und Sterben* [Unikum?]

Weißenfels, 1695: Brühl Erben

Titelblatt:
Das bittere | Leyden und Sterben | unsers | HErren | und Heylandes | JEsu Christi / | nach dem Inhalt | der H. vier Evangelisten / | seinem | Erlöser und Seeligmacher | zu schuldigsten Ehren / | in gebundener Rede | einfältig betrachtet und beschrieben | von | Johann Beern /

Hochfl. Sächs. | Weißenfels. Concert-Meister. | *Sententia mea ultima.* | Cogita pretium tam pretiosi pro te effusi san-| guinis, & in aeternum non desperabis. | Betrachte den Werth des vor dich so werthver- | gossenen Blutes / so wirstu nimmermehr | verzweiffeln. | *[Strich 71 mm.]* | Weißenfels / | gedruckt mit Brühlischen Littern *[sic]* 1695.

Das bittere
Leyden und Sterben
unsers
HErren
und Heylandes
JEsu Christi
nach dem Inhalt
der H. vier Evangelisten /
seinem
Erlöser und Seeligmacher
zu schuldigsten Ehren /
in gebundener Rede
einfältig betrachtet und beschrieben
von
Johann Beern / Hochfl. Sächß.
Weißenfelß. Concert-Meister.
Sententia mea ultima.
Cogita pretium tam pretiosi pro te effusi sanguinis, & in æternum non desperabis.
Betrachte den Werth des vor dich so werthver-
gossenen Blutes / so wirstu nimmermehr
verzweiffeln.
———————————
Weißenfelß /
gedruckt mit Brühlischen Littern / 1695.

MUSIKALISCHE SCHRIFTEN

30/A *Ursus Murmurat* [Unikum?]

A Auflage, Weißenfels, Brühl Erben, 1697

Titelblatt:

URSUS | MURMURAT, | das ist: | Klar und deutlicher Beweiß / | welcher gestalten | Herr Gottfried Vockerod / | Rector des Gymnasii Illustris zu Gotha / | in seinem | den 10. Augusti des abgewichenen 1696sten Jahres | herausgegeben PROGRAMMATE, | der MUSIC, | und *per conseqvens* denen von derselben *Dependirenden* / | zu viel gethan. | Alles nach denen Principiis der Philosophiae, | mit gesunden Vernunfft-Schlüssen in die Form | gezogen / | und ohne gedoppelten Contrapunct | erweißlich abgelehnet / | auch zu besserer Untersuchung der Sache / | Jedermänniglich vor Augen gelegt | durch | Johann Beern / Hoch-Fürstl. Sächß. Weißen- | felsischen Concert-Meister / von St. Georgen | aus Ober-Oesterreich. | *[Strich]* | Weißenfels / | unter Verlegung des Autoris, | gedruckt mit Brühlischen Schrifften / Anno 1697.

30/B *Ursus Murmurat*

B Auflage, Weimar, Müller, 1697 [*Vorwort* datiert 1. Feb. 1697]

Titelblatt:
URSUS MURMURAT, | das ist: | Klar und deutlicher Beweiß / | welcher gestalten | Herr Gottfried Vockerod / | Rector des Gymnasii Illustris zu Gotha / | In seinem | den 10. Augusti des abgewichenen 1696sten Jahres | herausgegebnen (nunmehr verteutscht | beigefügten) PROGRAMMATE, | der MUSIC, | und per consequens denen von derselben de- | pendirenden zu viel gethan. | Alles nach denen Principiis der | Philosophiae, mit gesunden Ver- | nunfft-Schlüssen in die Form ge- | zogen / | und ohne gedoppelten Contrapunct erweißlich | abgelehnet / | auch zu besserer Untersuchung der Sa- | che / iedermänniglich vor Augen gelegt | durch | Johann Bähren / Hoch-Fürstl. | Sächß. Weißenfelsischen Concert-Meister / | von St. Georgen aus Ober-Oesterreich. | *[Strich 85 mm.]* | Weimar | Zum andernmahl gedruckt mit Bewilligung des Autoris | bei Johann Andreas Müllern / Fürstl. S. Hof-Buchdr.

31 *Ursus Vulpinatur*

Weißenfels [1697]

Titelblatt:
URSUS VULPINATUR. | List wieder List / | Oder | Musicalische | Fuchs-Jagdt / | Darinnen | Gottfried Vockerodens / | des Gymnasii Illustris zu Gotha Rectors, | seiner | wider Hn. D. Wentzeln / Hn. Lorbern / | und wider mich / | den AUTHOREM dieser Schrifft / | ausgegangenen APOLOGIE, | der Balg abgejagt / ausgestrefft / auch ohne eintzige Vul- | pinationirung oder Fuchsschwäntzerey / | tapffer ausgegärbt | und in einem wun-

derlichen Traum-Gesicht | vorgestellet wird | durch | Johann Beern / Hochfürstl S. Weißenfelsischen | Concert-Meister und Camer-Musicum, gebohren | zu Sanct Geörgen im Land ob der Ennß. | *[Strich 119 mm.]* | Weißenfels / in Verlegung des *Authoris,* da es auch zu finden.

32 *Bellum Musicum*

1701 [Weimar?]

Titelblatt:

BELLUM MUSICUM | Oder | MUSICAlischer Krieg / | In welchem umbständlich erzehlet wird / | wie die Königin Compositio nebst ihrer Tochter | Harmonia mit denen Hümpern und Stümpern zerfallen / | und nach beyderseits ergriffenen Waffen zwey blutige Haupt- Treffen | sambt der Belagerung der Vestung Systema unfern der Invention- | See vorgegangen / auch wie solcher Krieg endlich ge- | stillet / und der Friede mit gewissen Grund- | Regeln befestiget worden / | Denen von Musicalischer Hostilität allenthal- | halben *[sic]* infestirten Frontir-Plätzen zum besten / und diesen | welche von der Music eintzigen Aestim machen / nicht ohne dem | daraus entspringenden Nutzen zu Liebe auf das kürtzeste | entworffen / und mit einer Landt-Carte des Cym- | balischen Reichs versehen | Von | Johann Beehren / Fürstl. Sächß. | Weißenfelsischen Concert-Meistern. | *[Strich 108 mm.]* | Gedruckt im Jahr 1701.

34 *Musicalische Discurse*

Nürnberg: Peter Conrad Monath, 1719

Titelblatt:

Johann Beerens / | Weiland Hochfürstl. Sächsisch-Wei- | senfelsischen Concert-Meisters und | Cammer-Musici, | MUSICALIsche | Discurse | durch die | *Principia* der *Philoso- phie deducirt,* | und in gewisse Capitel eingetheilt / | Deren Innhalt nach der Vorrede | zu finden. | Nebst einem | Anhang | von eben diesem Autore, | genannt | der Musicalische Krieg | zwischen | der Composition und der | Harmonie. | *[Doppelstrich 70 mm.]* | Nürnberg / | Verlegts Peter Conrad Monath. 1719.

Inhaltsangaben zu den Werken

Ich möchte mich bei diesen Inhaltsangaben ganz an die Ausführungen von Richard Alewyn halten (Palaestra S. 62 - 67).

Die folgenden Inhaltsangaben sollen angesichts der Seltenheit und Schwerzugänglichkeit von Beers Romanen einen summarischen Überblick ermöglichen. Eine wirkliche Vorstellung vermögen sie freilich nur von der äußeren Stoff- und Motivwelt Beers zu vermitteln. Sein dichterischer Schwerpunkt liegt nicht in der Komposition, sondern in der Einzelheit, besonders in der Kunst des Erzählens, und davon geht im verkürzenden Referat natürlich alles verloren.

Die Reihenfolge ist nicht die chronologische, sondern die der inneren Entwicklung.

1. Der Abentheuerliche Ritter Hopffen-Sack (1678)

Bei einem kleinen Bummel vor die Tore von Toulon gerät H. in eine ihm unbekannte Gegend. In einem verfallenen Kastell erlebt er allerlei Spuk und findet nicht mehr hinaus. In der Nacht führt ihn der Schwarze Ritter, der den Amadis besiegt hat, 350 Meilen tief unter die Erde. Der schwarze Ritter erscheint hier bei Alewyn irrtümlich als Sieger über Amadis. Die Stelle lautet: „So wisse demnach / daß ich der schwarze Ritter bin / von welchem die ganze Welt zu sagen weiß. Ich habe gestritten mit Amodis (sic) aus Franckreich in dieser Gegend / welcher mich überwunden / und in diese Tieffen der Erde verzaubert / [...] *Dort geht es über einen schwarzen Fluß, so breit wie die Donau. Nach weiteren 50 Klaftern sieht H. am Ende eines engen Stollens Bellin, den unvergleichlichen Ritter aus Picardia, verzaubert auf einer Bahre, bewacht von einem Hund mit feurigen Augen. H. erlöst ihn und erhält einen Zauberring, der jeden Wunsch erfüllt.*

Wer ist glücklicher als H.? Er wünscht sich z. B. nach Konstantinopel, gibt dem Sultan und einigen Türken eine Ohrfeige und verschwindet. Er wünscht sich in einen grausamen Wald und dazu 24 Mörder, die ihn angreifen, zaubert jedem einen Mühlstein an die Füße, daß sie zappeln, läßt sie alle verprügeln, jagt sie durch verschiedene Gestalten und zum Schluß an den Galgen. Endlich wünscht er sich auf das Turnier, wo der Ritter Spiridon

Der
Abentheuerliche / wunderbare / und unerhörte
RITTER
Hopffen=Sack
von der Speck=Seiten /
Bestehend:
In allerhand Begebenheiten /
zerrissener Castellen / Einöden /
Gespenstern / Abentheuern, Duellen /
Turnieren / Verzauberungen
und dergleichen.

Allen Liebhabern wunderlicher
und abentheurlicher Geschichten / in
specie aber / Herrn WOLFF PETER RAFGI de Gurgu zur sonderlichen Ergötzung an den
Tag gegeben
von
Einem lebendigen Menschen.
Gedruckt zu Ulm / bey des Ritter
Hopffen=Sacks guten Freunde.

die Königstochter Knedelsuppen liebt, und wütet verwirrend und verwandelnd unter den Liebenden und den Gästen. So verwünscht er den Prinzen in eine Garnhaspel, die Königin in eine Windmühle, läßt Sauerkraut und Wasserstiefel regnen, alle Ritter davonfliegen, läßt zwölf Tage Geld vom Himmel fallen und reitet davon. Aber in der nächsten Stadt verliebt er sich und plaudert das Geheimnis aus, und damit verliert der Ring seine Kraft. H. muß sich weiterbetteln. Als Diener eines Edelmannes betrachtet er vom Fenster aus ein schönes Fräulein, träumt davon, in ihrem Bett zu liegen und – findet seinen Wunsch erfüllt. Der Ring hatte unvermutet seine Kraft wieder gewonnen. Aber bei dem Flug hat H. ihn verloren. Er wird ergriffen, verurteilt und am 1. April geköpft. – Da wacht er auf und erkennt am Läuten, daß es höchste Zeit ist, in die Schule zu gehen.

2. Printz Adimantus und der Königlichen Prinzessin Ormicella Liebes-Geschicht (1678)

Obwohl schon viele sich unterfangen haben, die alten Historien aufzuschreiben, so ist doch keine so wunderbar wie die von Adimantus und Ormicella. – Der Ritter Adimantus reitet aus, besiegt auf dem Turnier zu Spelta alle Gegner und verliebt sich in die schöne Prinzessin Ormicella. Aber an der Schwelle ihrer Schlafkammer wird er dank einer sinnreichen Vorrichtung ihres Vaters durch 60 Pfund Eisen zu Boden geschlagen. Um ihre Ehre zu retten, vertritt O. am nächsten Tag im Turnier unerkannt die Stelle des Schwerverletzten und streckt alle Gegner in den Sand.

Wieder hergestellt, reitet A. zu dem Abenteuer in dem verzauberten Kastell, das die ganze Umgebung in Schrecken hält. Die schwarze Binde des Abenteuersuchenden (sic) Ritters am Helm und die „Abenteuer-Ruth" in der Hand, die wie ein Kompaß stets nach dem nächsten Abenteuer weist. Auf der verzauberten Insel erschrecken ihn Finsternis, Sturm und Gespenster. Ein Brunnen schläfert ihn ein, ein Knall weckt ihn wieder. Als A. einen Riesen und drei Schlangen überwunden hat, hebt sich das ganze Kastell mit ihm in die Lüfte und stürzt krachend wieder zu Boden. Als er wieder zu sich kommt, ist das verwunschene Kastell verschwunden.

Auf dem Heimweg versucht sich A. vergeblich an einer verzauberten Kapelle, aber er kann die übliche Inschrift nicht deuten. Auch die Inschrift des Grünen Turms ist unlesbar. Unvorsichtigerweise läßt er sich trotzdem auf das Abenteuer ein und wird für vierzig Jahre verzaubert, und keinem Ritter ist es bisher gelungen, ihn zu erlösen. Ormicella verschließt sich aus Kummer in einen Turm.

3. Ritter Spiridon aus Perusina (1679).

Prinz Castripolo von Hetruria reitet mit seinem Pagen Pallandro aus, um der schönen Prinzessin Lisbaea von Sarma zu dienen. Unterwegs befreit er die Prinzessin Montestelle aus der Gewalt eines Unholds. (Der Page erzählt von seinem heimlichen Verhältnis zu einer vornehmen Prinzessin, das er durch seinen Vorwitz zerstörte.) Der schwarze Ritter Doriman, der Montestelle nachstellte, wird in Stücke gehauen. Man erfährt, daß der Ritter Spiridon um der Prinzessin Lisbaea willen das Abenteuer auf dem Spiegelberg bei Plinate bestanden und dabei auch den frechen Doriman, einen Freier der Lisbaea, erlöst hatte. Die vermeintliche Montestelle ist in Wirklichkeit Lisbaea, die zu ihrer Sicherheit unter falschem Namen reist. – Castripolo, der davon nichts ahnt, wird angesichts ihrer Schönheit beinahe an seiner Liebe zu Lisbaea irre. Von Seeräubern überfallen kann Castripolo sich retten, „Montestelle" (= Lisbaea) wird gefangen, nach ihrer Kleidung für einen Mann gehalten, zum Kriegsmeister bestellt und bewährt sich als Ritter, während sie heimlich nach Spiridon seufzt. – Castripolo dagegen kommt an den Hof der wirklichen Montestelle und verläßt sie empört über ihre vermeintliche Undankbarkeit, obwohl sie ihm ihre Liebe gestanden hat. Ein verschmähter Freier verzaubert sie aus Rache. – Castripolo entdeckt die Verwechslung zu spät. (Ein Schildknecht erzählt, wie Spiridon den verzauberten Adimantus erlöste, ein anderer die „Lächerlichen Abentheuer des Ritter Serulstums und seines Schwerttknechts Häri", eine derbe Don Quixotiade.) – Sp. kommt an den Hof, an dem Lisbaea als Ritter lebt. Nachdem sie seine Treue erprobt hat, gibt sie sich zu erkennen. – Castripolo hat derweilen Montestelle erlöst, wird aber auf der Heimfahrt mit ihr von Seeräubern überfallen. (Sein Knappe Pallando erzählt die Einzelheiten der Heldentat, ferner die Lebensgeschichte Castripolos und eine burleske Entzauberungsgeschichte. Ein Ritter erzählt selbsterlebte Liebesgeschichten. In einem Kloster findet die Gesellschaft närrische Briefe.) Inzwischen sind Castripolo und Montestelle wohlbehalten heimgekehrt und beabsichtigen ebenso wie Spiridon und Lisbaea demnächst Hochzeit zu halten.

4. Der Simplicianische Welt-Kucker (1677-79) 4 Teile.

Erster Teil. Der kleine Jan Rebhu wächst bei seinem Vater, einem Forstmeister im Tyrolischen Gebürg auf, muß aber nach dem frühen Tod seiner Eltern sich sein Brot selber suchen. In einer kleinen Residenzstadt mittellos sich selbst überlassen, wird er Page bei einem „Copaun", der dafür seine Stimme ausbildet. Bei einem öffentlichen Auftreten gefällt er einer schönen welschen Gräfin so gut, daß sie ihn auf ihr Schloß kommen läßt. Aber bei der Blödigkeit [=Schüchternheit] des Knaben erreicht sie erst durch einen Schlaftrunk ihr Ziel. (Musikgesellschaft mit Discursen und Anekdoten.) Trotz des Verbots plaudert der Knabe in seiner Ahnungslosigkeit. Der Kapaun, der die Gräfin heimlich liebt, schiebt den Nebenbuhler ab und verleidet ihn der Gräfin durch einen gefälschten ungezogenen Brief.

Rebhu kommt auf ein Schloß zu einem lustigen Edelmann, der den aufgeräumten Knaben zum Genossen seiner tollen Abenteuer macht. Bei einer nächtlichen Jagd haben sie eine schauerliche Begegnung mit einem Gespenst. Bei einer Hochzeit neckt Rebhu den alten filzigen Bräutigam. Mit einer schönen jungen Gräfin (Squallora) entspinnt sich ein Liebesverhältnis, aber der bösen Zungen wegen muß Rebhu sich entfernen. Bei einem nahen Pfarrer abwartend, erfährt er, daß seine Flucht ihn in falschen Verdacht gebracht hat, denn gleichzeitig mit ihm sind die Juwelen seiner Herrin verschwunden. (Diskurse mit dem Pfarrer über Universitäten und Poeterei.)

Rebhu wird in einer Kutsche entführt, in einen unheimlichen Turm gesperrt und zwei Nächte lang durch Gespenster gefoltert. Am dritten Tag erscheint zornig die welsche Gräfin und kündigt ihm wegen seiner Schwatzhaftigkeit und Undankbarkeit den Tod an. Erst im letzten Augenblick wird er begnadigt unter der Bedingung, daß er sie nach Italien begleitet. Nun beginnt eine von vielen Ausbrüchen des Abscheus unterbrochene Erzählung des lasterhaften Zusammenlebens mit der welschen Gräfin (in der 2. Auflage stark erweitert). Wider seinen Willen erliegt er, dabei denkt er mit Sehnsucht an Squallora und weiht ihr heimlich seine Lieder. Seine Herrin heiratet in Venedig einen italienischen Fürsten, setzt aber ihre Beziehungen zu dem jungen Rebhu und dem Kapaun Procelli fort. Durch den Fürsten ertappt, werden die beiden Liebhaber in einen Turm gesperrt und erwarten den Tod. In der letzten Nacht hilft ihnen jedoch die Fürstin zur Flucht. Procelli bleibt in Venedig, Rebhu wartet nur auf Antwort von seiner geliebten Squallora (seine Unschuld hat sich inzwischen erwiesen), um zu ihr nach Deutschland zu eilen.

Zweiter Teil. Nach mehreren Reiseabenteuern langt Rebhu abends im Schlosse an. Der Edelmann schenkt ihm das alte Vertrauen. Der Standesunterschied hindert die Liebe zu Squallora nicht mehr. Aber sein moralisches Unbehagen bleibt. Auf R.s Vorstellungen entschließen sie sich, zu fliehen, zu heiraten und in der Fremde unbekannt zu leben. Aber unerwartete Ereignisse vereiteln den Plan. Kurz danach schenkt Squallora der Werbung eines vornehmen Fürsten Gehör, und

Rebhu hat das Nachsehen.
In seinem Kummer geht er auf die Universität, bringt aber sein Geld durch. Squallora hilft ihm aus und lädt ihn auf ihr Schloß ein. Ihre Ehe ist unglücklich. R. soll ihren Gatten umbringen. Die Vorsehung fügt es, daß R. im Wald an Stelle des Fürsten den Mörder tötet, der ihm auflauerte. Fürstlich belohnt, setzt er sein heimliches Verhältnis fort. Endlich wird er ertappt und bei einem verfallenen Schloß in die „Giftgrube" gesetzt, wo er von Gespenstern und Gewürm gemartert, wider Vermuten gerettet und gesund gepflegt wird. (Die Geschichte des Castells Sarma: Rittergeschichten und Sagen.)
Reuig zieht Rebhu als Waldbruder in die Einsamkeit und sagt der Welt gute Nacht. Ein Traum von einem allegorischen Schloß gibt Anlaß zu breiten satirischen Betrachtungen über Bücher, über die Liebe u.a. Vor Eintritt des Winters kehrt Rebhu mit besseren Vorsätzen in die Welt zurück und gerät in ein Mordschloß. Vor dem sicheren Tod durch den Ritter Procopi vom Ölzweig gerettet, wird er dessen Schildknecht und begleitet nach dessen Tod im Turnier seinen Sohn Orbato als Hofmeister auf italienische Universitäten. Vor der Abreise gesteht ihm Orbatos Schwester Cassiopäa heimlich ihre Liebe. Auf der Universität halten sie sich zunächst brav und fleißig.

Dritter Teil. (Präludierende Betrachtungen.) Trotz Rebhus Warnungen läßt sich Orbato in Liebesabenteuer ein. Um ihn abzuschrecken, lauert ihm Rebhu auf dem Weg zum Stelldichein in gespenstischer Vermummung auf, Orbato zieht aber vom Leder, wird gefangen, zum Tode verurteilt, jedoch von R. in Mönchstracht aus dem Gefängnis befreit. Flucht nach Deutschland. Cassiopäa empfängt ihren Rebhu mit Freuden, ihr Liebesglück wird aber unterbrochen: C. kommt zu einem Verwandten in die Stadt. R. folgt ihr dorthin, wird aber beim Stelldichein überrascht und gefangen. Von C. befreit, eilt R. zu ihrer Mutter, erhält Verzeihung und die Hand der Geliebten. Doch stirbt sie am Tage der Hochzeit.

Darauf beschließt R. abermals „einen Eremiten zu agiren". Von einem Berge auf einer Insel spricht er abermals sein Adieu Welt und widmet sich der Betrachtung der Unbeständigkeit aller Dinge. Eines Nachts streicht klagend eine Büßerin vorüber. Durch drei Ritter erfährt R. ihre Geschichte – es war die welsche Gräfin. Sie finden sie schon tot.

Des
Simplicianischen
Welt-Guckers
Oder
Abentheuerlichen
JAN REBHU,
Dritter Theil /
Welcher die angefangene und fortgesetzte Erzehlungen vollkommentlich ausführet / und der gantzen Welt ein offenes Zeugniß überläßt / auf welch eine Weil JAN REBHU sein abentheurliches / wunderbares und seltsames Leben beschlossen /
Darinnen auch von seiner Einsiedlerey ausführliche Meldung geschiehet.

Gedruckt in diesem Jahre.

Vierter Teil. In seinem Robinson-Dasein verirrt sich ein Fremder zu R. und erzählt seine Geschichte: es ist Procelli. Er hatte nach der Trennung von Rebhu das lasterhafte Verhältnis zu der welschen Fürstin wieder aufgenommen. Diese hatte ihren Mann umbringen lassen und in jäh ausbrechendem Haß auch ihn töten wollen, doch ihn im letzten Augenblick begnadigt und sich mit ihm zur Buße besonnen. (So war sie also auf Rebhus Insel geraten und eines frommen Todes gestorben.) Procelli selbst war auf einer Wallfahrt von Seeräubern überfallen und dann hierher verschlagen worden. Er wird nun Genosse von R.s Andachten und Kasteiungen, ohne daß dieser sich zu erkennen gibt. Auf einer Pilgerreise werden sie von den Türken gefangen, aber von Orbato befreit. O. erzählt seine Geschichte.

R. begleitet O. auf ein Schloß, wo dieser nachts bei einem Stelldichein mit der Tochter des Hauses überrascht wird, was ihn den Kopf kostet. O.s Soldaten kommen zu spät und können ihn nur noch rächen, indem sie das Schloß zerstören. Procelli stirbt, R. gerät in die Hände der Türken, flieht, wird erkannt, eingesperrt und entkommt abermals über das Meer, wird nach anderthalb Tagen an eine Insel getrieben und von einem Einsiedler gerettet. (Der Einsiedler erzählt seine Geschichte.) R. eilt weiter, erlebt wie Fameto, des Orbato Schildknappe, wegen eines Vergehens hingerichtet wird, und wie Squallora, die als fromme Äbtissin ihr Leben beendet hatte, begraben wird. Nun ist nur noch die alte Mutter des Orbato und der Cassiopäa am Leben. Rebhu sucht sie auf, tröstet und beerbt sie. Er heiratet noch einmal und „starb endlich gantz vergnüglich / nachdem er sich an einem Rebhuhn zu Tode gefressen". Vorher aber hat er als Landedelmann mit seinen Bauern seine Kurzweil getrieben und daneben herzlich seine Sünden bereut.

5. Der Artliche Pokazi (1679/80)

Erster Teil. P. fragt nach nichts als einem fröhlichen Gemüt. – Sein Vater ist Köhler im Thüringer Wald. Der Schulweg ist weit und gefährlich, darum wird er täglich in einem Baßgeigenfutteral auf einen Esel gepackt, der den Weg von selber weiß. Eines Tages wird der Esel geplündert, statt einer Geige erbeutet der Dieb einen Jungen. Er hätte ihn trotzdem behalten, aber P. brennt durch. Er wird Studentenbursche, und als er achtzehn ist, Ratschreiber. Mit seinen Kollegen kennt er alle Geheimnisse der Bürgerschaft. Sie beobachten die Einkäufe, die Garderobe und den Küchenzettel der Bürger und veranlagen danach die Steuern. P. wird

Des
Abentheurlichen
JAN REBHU
Artlicher

Pokazi/

Bestehend in einer kurtzen und lustigen Relation seinen Lebens-Wandel betreffend/ in welcher eine Satyra, gleich einer Braut auf dem Tantz herum geführet wird.

Darbey unterschiedliche / so wohl freye/ als belarffte Gesichter anzutreffen/ deren Gestalt man denen Interessenten zu entwerffen überlasset.

Gedruckt im 1679. Jahre.

Ober-Inspector der Gerichts-Händel. Die Bratspieße, die Krauttöpfe und Kleiderschränke klagen über Überlastung. Lächerliche Bagatellen werden breit getreten. Lustiger Traum vom Jüngsten Gericht.

Zweiter Teil. Komische Bewerbungsbriefe auf eine freie Pfarrstelle, die P. in gleicher Art beantwortet. – Kriegsgefahr mit schildbürgerlichen Rüstungen: Die Weber hängen schwarze Tücher über die Mauernlücken, die Maler malen Kanonen auf die Mauern, die Perspektivmaler stellen Vergrößerungslinsen darum. Aber der Feind kommt statt am Tage bei Nacht. Weise Urteilssprüche verschaffen dem P. die Gunst des Grafen Nero, des neuen Herrn. P. hilft ihm durch seine glücklichen Inventiones. Als ihnen z. B. bei einer Belagerung das Blei ausgeht, setzt er ausgestopfte Puppen auf die Mauern, die natürlich nach kurzer Zeit voller Kugeln stecken.

P. selbst gewinnt durch fabelhafte Helfer ein adliges Fräulein und zieht mit ihr per Luftschiff nach London. Dort wird er Examinator, beobachtet die Wertlosigkeit der Schulweisheit und zieht den genialen Einfall vor. Für einige solcher Einfälle wird er durch eine von Ratio Status geführte Abordnung zum König der Inventionen ernannt und erläßt närrische Verordnungen.

6. Die vollkommene Comische Geschicht des Corylo (1679/80)

Erster Teil. Das Leben ist nichts als Mühsal und Veränderung. – C. wächst auf als Sohn eines reichen Grafen auf einem Schloß inmitten großer Wälder. Aber als er sich in Sancissa, seine vermeintliche Schwester, verliebt, wird er als bloßer Findling vom Schloß gejagt. Verängstigt im nächtlichen Wald umherirrend, wird C. von einem freundlichen alten Edelmann mitgenommen. Freundschaft mit dem Schreiber, seinem Schlafgenossen. Die Edelfrau stellt dem Jungen nach und benutzt eine Reise des Gatten, ihn in ihre Kammer zu locken. Aber der Edelmann wird, unerwartet verunglückt, zurückgebracht. C. muß, unterm Bett versteckt, aushalten, bis es gelingt, ihn aus der Kammer zu schaffen. – C. und der Schreiber beobachten einen Cavalier, der nächtlich die Edelfrau besucht, locken ihn in eine Falle und lassen ihn durch Angst und Prügel büßen. Der nimmt derbe Rache an der Edelfrau und macht sich aus dem Staube.

Die älteste Tochter heiratet und C. geht mit dem jungen Paar. Der junge Gatte hat seine Frau mit dem Kutscher Peter in Verdacht, C. hat die beiden schon vor der Hochzeit belauscht und verschafft ihm Beweise: Zum Schein verreist der Gatte, Peter fällt programmäßig vor der Schlafkammer der Edelfrau durch ein Loch und wird jämmerlich verprügelt. Die Frau erhält eine Strafe und Verzeihung. Aber C. fühlt sich in dem friedlosen Hause nicht mehr wohl und nimmt Urlaub. Durch eine Verwechslung wird er auf einem Schloß das Opfer eines Gespensterschrecks, der sich harmlos aufklärt. „Das Frauen-Zimmer auff dem Schloß beschanckte mich mit unterschiedlichen Angedencken / da mit setzte ich mich zu Pferd / meine Reise in Franckreich fortzusetzen. Außer dem Schloß lösete ich meine Pistoll / und mit Zurücksehung / nahme ich von dem am Fenster stehenden Frauen-Zimmer noch einmal Urlaub."

Zweiter Teil. C. reitet fröhlich auf Paris zu. Ihn bekümmert nur die Ungewißheit seiner Geburt. Auch erinnern ihn die schönen Französinnen an Sancissa. Er wird Hofmeister bei dem Sohn eines Marquis und Zeuge und Helfer verwegener Liebesabenteuer. Zu seinem Glück verläßt er rechtzeitig die gefährliche Stellung. Als Buchhalter eines Kaufmanns gerät er selbst in Liebeshändel. Nach einer Schlägerei wird er wegen Totschlags verhaftet und zum Tode verurteilt. In letzter Stunde klärt sich seine Unschuld auf. Er erfährt das böse Ende Perianders, des vormaligen Liebhabers seiner Edelfrau. – Einer Reisegesellschaft erzählt Peter Kirschner, ein Student, lustige Gymnasiastenstreiche.

C. wird von Soldaten ausgeplündert, erkennt aber in ihrem Führer rechtzeitig seinen Freund, den Schreiber. Auf einem Fest findet er seine geliebte Sancissa. Er lebt auf ihrem Schloß, aber der Standesunterschied bleibt unüberbrückbar. Da trifft C. im Wald den als Einsiedler lebenden Herzog von Normannien, und schließt aus seiner Erzählung, daß er sein Sohn sein muß. Nun kann Hochzeit sein, aber nach drei Jahren stirbt S. C. lebt zurückgezogen und erhält zufällig den Beweis, daß er doch nur ein Bauernsohn ist. Unschlüssig, ob er diese Entdeckung preisgeben soll, lädt er noch einmal alle seine Bauern zu einem lustigen Fest und geht dann ins Kloster.

7. Jucundi Jucundissimi Wunderliche Lebens-Beschreibung (1680)

Nichts ist unterhaltender in diesen traurigen Zeitläufen, als sein Leben zu beschreiben. – J. wächst in einem abgelegenen Tal des Schwarzwalds als Sohn eines armen Ziegelbrenners auf. Eine Edeldame verirrt sich dahin und erzählt ihre Geschichte: Ihre Schwester ist mit einem Lumpen davongegangen, mit Gesindel herumgezogen, eines Tages in elendem Zustand mit vier Kindern wieder aufgetaucht und aus Mitleid von ihr aufgenommen worden, dann aber mit dem Mann, mit dem sie ein liederlicher Vetter verkuppelt hatte, eines Tages verschwunden mit allem Geld, aber ohne die Kinder. Alles war ein abgekarteter Streich gewesen. Leider schlägt ihre Tochter, die bald darauf zur Welt kam, dem Vater nach und ist mit einem Schinderknecht durchgegangen.

Die Edelfrau nimmt den aufgeweckten J. mit und zieht ihn bei sich auf. – Schulstreiche. – Ein Gespensterspuk auf dem Schloß entpuppt sich als ein Gauner-

---

Die vollkommene
Comische Geschicht
Des
CORYLO
Das ist:
Die absonderliche und denckwürdige
Beschreibung
Eines
Ertz-Landstreichers Coryli,
Welche dessen vielfältige und ungemeine Buhlereyen mit hohen und nidrigen Standes-Personen/ Glück und Unglück in und ausser Landes/ Amt/ Stand und Condition mit lebendigen Farben entwirfft /und der gantzen Welt durch sonderliche Zeit-Verkürtzung vor Augen stellet.

Der Neue Ehemann.

Gedruckt in diesem 1679sten Jahre.

trick. – J. wird zum Hofmeister ernannt. – Mit dem Studenten besichtigt er in der Stadt ein „Narren-Spital". Einer der Insassen erzählt sein pikareskes Leben. – Ein Mörder erzählt ihnen vor seiner Hinrichtung seine Geschichte. Es ist der betrügerische Gatte ihrer Herrin.

J. will mit dem Schreiber seine alten Eltern besuchen. In einer verzauberten Gegend verlieren sie auf rätselhafte Weise ihre Pferde. Auf einem Schloß haben alle Bewohner die Lachsucht, – im Pferdestall ist ein „Lust-Wasser" entsprungen. (Der Jäger erzählt seine Erlebnisse, besonders als Page einer edlen Dame.) Sie lassen sich auch von dem Lachwasser geben, schlafen aber davon ein und erwachen ausgeplündert im Wald. Als ein Bettler erzählt, daß des J. Eltern tot sind, kehren sie um.

Winter auf dem Schloß. Eine lustige Bauern-Comoedia bannt Einsamkeit und Langeweile. Die Edelfrau macht J. zu ihrem Erben. Auf ihren Wunsch geht er auf die Brautsuche – ohne Erfolg. Da kehrt die verschollene Tochter der Edelfrau zurück. Ihr Entführer war gleich am ersten Tag der Flucht im Sturm auf dem See umgekommen, sie hat durch alle Anfechtungen ihre Ehre bewahrt, ihre „Widersinnigkeit" hat sich gelegt, kurz, sie gefällt dem J. so gut, daß er sie zur Frau nimmt.

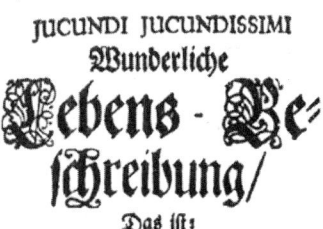

8. Der Berühmte Narren-Spital (1681)

Bei seinem Schulmeister bekommt Hans nur Prügel, deshalb brennt er durch. Ein Edelmann, der „faule Lorenz hinter der Wiesen", ein verwahrloster Junggeselle, der die Faulheit zur Kunst ausgebildet hat, nimmt ihn auf. Bei ihm hat er es gut. Seine Pflichten beschränken sich darauf, seinem Herrn tags hinter dem Ofen und nachts im Bette den Buckel zu kraulen und Geschichten zu erzählen. Anfangs stören ihn gewisse Unmanierlichkeiten seines Herrn, bald gewöhnt er sich aber daran und lernt es ihm gleich zu tun. Die Haushälterin Anna dagegen mag das unchristliche Wesen nicht mehr mit ansehen und geht. Die Familie beschließt einzuschreiten. Zwei Vetter rücken an mit einem Kapuzinerpater. An Lorenz' passivem Widerstand scheitert der Angriff. Aus dem Fenster entleert er über die Abziehenden seine unermeßliche Wut, erschrickt aber vor einem blinden Pistolenschuß so, daß er rücklings ins Zimmer fällt und sich einbildet getroffen zu sein. Dann wird ein Siegesfest gefeiert. Der Torwächter spielt auf, dazu singen sie und besaufen sich. Die Kleider werfen sie zum Fenster hinaus und springen nackt in der Stube herum. Die Magd prallt an der Tür zurück, wird aber hereingenötigt und

muß im gleichen Kostüm mittanzen. Dann befreit sie sich und rennt hinaus. Zuletzt beschmieren sie sich mit Dreck, lassen sich Spiegel bringen und können sich halb totlachen über ihr närrisches Aussehen.
Der Edelmann wird auf eine Hochzeit geladen. Tafeldiscurse. Als einer von einem nahen „Narren-Spital" erzählt, beschließt die Gesellschaft noch in der Nacht, es zu besichtigen. (Unterwegs eine jammernde Frau.) Die Narren sind in Kammern sachlich geordnet, ihre Geschichten werden erzählt und durch Kommentare vertieft. Am Ende reiten Lorenz und Hans heim, Hans meint, die größten Narren seien eigentlich sie beide gewesen. Lorenz nimmt sich das so zu Herzen, daß er beschließt zu heiraten. Auf der Hochzeit benimmt er sich freilich zum Schrecken seiner Braut wieder sehr unmanierlich. Als Hans, reich beschenkt, Urlaub nimmt, um beim Organisten in Weiden Musik zu studieren, lädt sie ihn ein, später wiederzukommen. Aber Hans widmet sich vorerst der Lektüre frommer Bücher.

Der Berühmte Narren-Spital, Darinnen umschweiffig erzehlet wird, was der faule Lorentz hinter der Wiege vor ein liederliches Leben geführet, und was vor ehrliche Pursche man im Spital angetroffen habe. Denen Interessenten zum besten, männiglich aber zu Verkürtzung der Melancholischen Stunden beschrieben und heraus gegeben, Durch Hanß guck in die Welt. Gedruckt Im Jahr 1681.

9. Francisci Sambelle ausgepolirte Weiber-Hechel (1680)

S. ist in Spanien in einem in einer „finstern Wildniß" gelegenen Dorf geboren. Er kommt bettelnd in die Stadt und wird dort von der Goldschmiedin aufgenommen. Ihr Mann liegt im Sterben. Sie nimmt das nicht schwer. Vor den Leuten stellt sie sich untröstlich. Dabei hat sie schon längst ein heimliches Verhältnis mit dem Schreiber. Diese Scheinheiligkeit lehrt ihn Nebulo, der Goldschmiedjunge, durchschauen, mit dem er nachts die Kammer teilt. Der Goldschmiedsjunge (der damals die euphemistische Rolle unseres Götz von Berlichingen spielte) ist ein ehrliches unverfälschtes Gemüt, das den unerfahrenen S. über den Unterschied zwischen Schein und Sein aufklärt. Das Gespräch zweier weiblicher Gäste nebenan gibt noch in der gleichen Nacht die willkomme Illustration. – Das Begräbnis des Goldschmieds am nächsten Tag zeigt neben einer lächerlichen Leichenrede des Kantors am Grabe und beim Leichenmahl von neuem den Hochmut, die Falschheit und die Lasterhaftigkeit der Weiber. Der Goldschmiedsjunge kann sich nicht mehr beherrschen, sagt seine Meinung heraus und wird hinausgeworfen. – Bei einer Kindstaufe in einem nahen Schloß, in dem Nebulo inzwischen Bratenwender geworden ist, setzen die Freunde ihre Beobachtungen über die Laster der Welt fort. – Die verwitwete Goldschmiedin heiratet wirklich ihren Schreiber und bringt zur allgemeinen Schadenfreude schon nach 16 Wochen ein Kind zur Welt. Sambelle wird bald aus dem Haus gejagt, mit der Goldschmiedin und ihrem Schreiber aber geht es bergab.

10. Bestia Civitatis (1681)

Der Held ist ein Schneidergeselle aus Jerusalem, der in der berühmten Stadt Niniveh bei einem Meister einkehrt. Ein älterer Geselle, ein Zwerg, klärt ihn über die Vorgänge im Hause und in der Stadt auf. Die Faktorin, eines ehrbaren Bürgers Frau, führt ein so schandbares Leben, daß sie billig eine „bestia civitatis" [Bestie der Stadt] genannt wird, was die Schneiderin mit unverhohlener Schadenfreude beobachtet, obwohl sie sich selbst dabei bloßstellt. Der Faktorin Tochter bringt ein Kind zur Welt. Vergeblicher Versuch, dem Hauslehrer die Vaterschaft zuzuschieben. Auch die Faktorin selbst wird an einem einsamen Ort Mutter. Tochter und Mutter nehmen sich in ihrer Verzweiflung das Leben, der redliche Gatte und Vater stirbt vor Kummer. Erbaulicher Ausklang.

11. Der Politische Feuermäuer-Kehrer (1682)

Verutzo kommt aus dem einsamen Dorf, in dem er als Waise aufgewachsen ist, in die Stadt zum Feuermäuerkehrer in die Lehre. Er verrichtet auf dem Hof ein Bedürfnis, hält die Schornsteinfegergesellen für leibhaftige Teufel und rennt in seinem Zustand schreiend auf die Gasse. Zu seinem Glück nimmt sich der Geselle, der Sohn des alten Kugelmann, des unerfahrenen Jungen an und klärt ihn auf über gut und böse (sic) und über Sein und Schein, die Grundlage ihrer weiteren Beobachtungen. Auf ihrem ersten Dienstweg am frühen Morgen scheuchen sie überall bei scheinbar ehrbaren Frauenzimmern versteckte Liebhaber auf. Ein Mönch, der über die Lasterhaftigkeit der Weiber predigt, findet daher ihren Beifall. Durch Verleumdung bringen sie ein Liebespaar auseinander. Dann hat Kugelmann einen Unfall, Verutzo wird davongejagt. Er wird als Sauhirt Zeuge von Duellen in Liebessachen, die sich später aufklären. Weitergejagt, trifft er im Walde Kugelmann, der ihn auf ein nahes Schloß als Pagen empfiehlt. Hier stellt sich heraus, daß ein Paar, dem V. in der vorigen Nacht begegnet war, die mit einem Bauernlümmel davongegangene Tochter des Hauses gewesen sein muß. Als Begleiter seines neuen Herrn erlebt er in der Stadt bei einer Leichenfeier Tratsch und Neid der Bürgerfrauen und ihre unerbaulichen Heimlichkeiten. Ein junger Edelmann, der die kompromittierte Tochter seines Herrn ahnungslos geheiratet hat, schickt sie wieder heim. Auf einem benachbarten Schloß entpuppt sich ein Gespenst als verkleideter Liebhaber. Die Tochter hat sich ebenfalls entführen lassen. Kugelmann erzählt Schwänke (Boccaccio). Kugelmann zeigt seinem jungen Freunde eine ver-

rufene Straße und legt ihm die erbaulichen Sprüche an den Häusern aus. Sie beobachten einen närrisch gewordenen Verliebten und eine Frau, die ihren Mann betrügt. Zuletzt rückt eine Sammlung von Epigrammen heran. Mit der Warnung, über der Politik das Seelenheil nicht zu vergessen, schließt der Traktat.

12. Der Politische Bratenwender (1682)

Schmutzküttel ist froh, dem Dienst eines Edelmannes im Harz entronnen zu sein, von dessen Geiz er groteske Beispiele erzählt. Auf einem anderen Schloß plaudert er die Heimlichkeiten seiner vorigen Herrschaft aus, der Page, mit dem er die Kammer teilt, klärt ihn auf, daß er damit haarscharf die Fehler der Hiesigen getroffen hat. – Als Bratenwender bei Hofe beobachtet er Unsauberkeit und Naschhaftigkeit der Köche. Der Koch Fritz führt ihn herum und zeigt ihm als besondere Sehenswürdigkeit eine Kammer mit satirisch-allegorischen Instrumenten, so dem Bratenspieß des Verdienstes, dem Kessel der Ungnade, dem Fornax imaginationis u. a.m. Sie sehen einer Komödie zu, in der Zeit verbrennt das Fett auf dem Herd, Schmutzküttel läuft vor Angst davon. Im dunklen Wald auf dem Baum regt sich etwas, Schmutzküttel meint erst, es sei der Affe Märtens, aber es ist der gleichfalls entsprungene Monsieur Habenicks, der sich Schmutzküttel als Schwager vorstellt, weil er bei seiner Schwester geschlafen habe. Sie übernachten zusammen auf dem Baum und wandern dann weiter. Sie kommen zu einem Bauern, dann in eine belagerte Stadt. Die Bürger wehren Rauchbomben mit Ziegenböcken ab. Sie wohnen erst bei einem Seiler, dann bei einem Schneider, versuchen sich selbst im Handwerk und gewinnen dabei Einblick in die häuslichen Verhältnisse und die beruflichen Praktiken von Handwerkern und Kaufleuten und finden überall die gleiche Unredlichkeit.

13. Der Deutsche Kleider-Affe (1685)

Wegen seiner kleinen Gestalt wird der Erzähler zu einem Schneider in die Lehre gegeben. Der Junge ist tölpisch, der Meister roh und geizig, – daraus entspringen lustige Vorfälle. Endlich entläuft er, gerät nach Babylon und tritt nach mannigfachen Erlebnissen in der Stadt bei einem eleganten Alamode-Schneider ein und *gewinnt damit den günstigsten Posten zur satirischen Beobachtung der Stutzer und ihrer Modenarrheiten, aber auch aller öffentlichen Sensationen wie das prunkvolle Begräbnis der verrufenen Thais. – Endlich lange Diskurse über Modefragen, von Anekdotischem unterbrochen.*

14. Der Verkehrte Staatsmann (1700)

In seiner Klause auf der Insel St. Helena, wo er seit sechs Jahren als Einsiedler haust, erwacht der Erzähler von den Böllerschüssen eines portugiesischen Schiffs, das eine Prinzessin mit ihrem Hofstaat an Land setzt – eine Expedition von Desperados und Glücksrittern. Sie ergreifen von der Insel Besitz. Ein gewissenloser Secretarius verdrängt durch Verleumdung und Schmeichelei den alten Kanzler und alle ehrlichen Diener aus der Gunst der Prinzessin. Er reißt die Macht an sich und besetzt alle Ämter mit seinen Günstlingen. Auch der Erzähler wird ein Opfer seiner Ränke. Freilich als der Emporkömmling die Hand der Prinzessin gewonnen zu haben glaubt, beginnt sein Fall. Über seine unehrliche Abkunft aufgeklärt, läßt sie ihm im Dunkeln eine schmutzige Magd antrauen. Als er die anrüchige Hinterlassenschaft seines Vaters einziehen will, gerät er in Lissabon in eine Falle der dort versammelten Opfer seines Regiments. – In St. Helena hat inzwischen die Regierung mehrmals gewechselt: Erst richtete ein Narr durch lächerliche Verordnungen unermeßliche Verwirrung an, sein Nachfolger ist ein Verschwender, den zum Glück ein Kanonenschuß hinweggeräumt. Von dem Knall erwacht der Erzähler, erkennt, daß alles nur ein Traum war und die Schüsse von einem aus Java ankommenden Schiff stammen. Ihm entsteigt ein holländischer Staatsmann, mit dem er über seinen Traum und über die Eitelkeit des Hofwesens, den Hochmut und die Unnatur der Hofleute diskutiert.

15. Der Verliebte Europäer (1681)

Alexander, der Sohn des Vizekönigs von Sizilien, verliebt sich am spanischen Hof in Amenia, die Tochter des Kanzlers. Aber als er in politischem Auftrag abreist, kostet es der Geliebten das Leben. Nach einigen Abenteuern wird Paris erreicht. – Politische Gespräche. – A. verliebt sich in Lucretia, besiegt im Duell einen Nebenbuhler und entführt sie nach Straßburg, wo sie stirbt. – Diskurse: Eine buhlerische Witwe, stubengelehrte Predigten, ein schwieriger Rechtsfall. – A. verliebt sich in Eleonore, die Tochter eines Kaufmanns. – Eine burleske Liebesaffäre, die A.s Bedienter Friedrich in Madrid mit einer Bäckertochter angeknüpft hatte, wird durch einen Vergleich beigelegt. – Antonio, ein Freund, heiratet gegen den Willen seiner Mutter. Diskurse auf der Hochzeit und nachts mit einem Jesuiten. – Bettler Aurelius aus Sizilien. Über Auslandsreisen. – Kindstaufe auf einem Dorf. Gespräche über Gespenster, Universitäten, Hochmut des Frauenzimmers etc. – A. reist nach Wien. Das Wiener Frauenzimmer. Geschichten. Über Freuden und Leiden der Studenten, über Epitaphien und Leichenbestattung, Hitzigkeit der Weiber, Ursprung der Pest, Sympathien usw. – Ein böhmischer Graf, der unterwegs eine Dame von Räubern befreit hat. – Abends eine Komödie vor dem Kaiser, von der Szenen mitgeteilt werden. – Einladung bei dem Minister Apuleius. Wie A. sich in dessen Tochter verliebte und sie heiratete, sowie die Sizilianische Liebesgeschichte des Aurelius wird man künftige Ostermesse [Buchmesse] *im zweiten Teil des Verliebten Europäers erfahren.*

16. Der Verliebte Österreicher (1704)

Der Erzähler erwacht durch einen Büchsenschuß und findet sich in einem Boot, gefesselt den Wellen preisgegeben. Ans Ufer getrieben wird er von der jungen und schönen Gräfin Sonora befreit und als ihr Retter vor dem bösen Pardophir erkannt. Er verliebt sich in S., aber leider ist er nur ein Findling. S. belauscht seine Liebesklage, gesteht ihm, daß sie auch liebt, aber verhüllt den Gegenstand dieser Liebe in ein Rätsel, das er nicht lösen kann.

So reitet er wieder heim zu der alten Vergia, bei der er Kammerdiener ist. Sie schickt ihn gleich in die Stadt, um nach Gottfried, ihrem ungeratenen Sprößling, zu schauen, der dort studiert, jetzt aber verunglückt ist. Dort versucht er vergeblich eine klare Auskunft zu erhalten: Gottfrieds Famulus ist übergeschnappt, ein Student kauderwelscht lateinisch, der Hausknecht stottert, die Köchin ist taubstumm, ein Poet redet nur in Versen, ein Philisoph schweigt, ein anderer schwätzt, wieder einer lacht ohne Aufhören, inzwischen ist der Verunglückte wieder gesund. Erst in der Nacht hört er in seinem Gasthauszimmer aus der Unterhaltung zweier reisender Damen, daß sein Schützling bei einem Ständchen vom Dach gestürzt ist. Weiter erfährt er, daß eine der Damen, die Freifrau von Schwarzenberg, niemand anders als seine Mutter ist. Er beschließt, sich am nächsten Morgen vorzustellen, aber als er erwacht, sind die Damen schon abgereist.

Pardophir zieht wieder gegen Sonora, wird aber mit des Erzählers Hilfe zurückge-

Der
Verliebte
Oesterreicher/
Oder
Die Liebs- und Lebens-
Geschicht
Mit der an Tugenden und
Schönheit unvergleich-
lichen
SORONA
Durch
Jean Rebhu.

Gedruckt Anno 1704.

schlagen. Sonora beunruhigt ihn abermals mit einer rätselhaften Antwort. Auf der Suche nach seiner Mutter kommt er eben zurecht, sie aus der Hand eines Genossen Pardophirs, des Franciscus von Oken, zu befreien, der sich für ihren verlorenen Sohn ausgab und sie zwingen wollte, ihn anzuerkennen. Frohes Erkennen. Auf dem Wege nach Schloß Sonora rettet er den Vater der Geliebten vor einem Überfall. Sie löst das Rätsel auf: Er ist es, den sie liebt.

Allerlei Vorfälle im Schloß. So kurz vor dem Ziel befallen den Erzähler geistliche Gedanken. Er entschließt sich zwar zur Heirat, aber ein Überfall des verräterischen Pardophir trennt das Paar. Sonora bleibt verschollen. So zieht er auf einen hohen Felsen über drei Seen und betrachtet als Einsiedler die Eitelkeit aller Dinge.

Die Neugier nach einem wunderbaren Brunnen treibt ihn auf die Pilgerschaft. Er trifft Pardophir, der ihm einen Anschlag auf das Schloß überträgt, auf dem Sonora gerettet lebt. Wiedersehen. Pardophir wird gefangen und umgebracht. Nun ist fröhliche Hochzeit, aber die Erinnerung an seine Einsiedlerzeit bewahrt den Österreicher davor, der Welt ganz zu verfallen.

17. Die Teutschen Winternächte (1682)

„Es war allgemach Mitternacht", als Zendorio, ein Trivialstudent, vom Jäger im Auftrag der Gräfin aus seinem Turm befreit wird. Weiterwandernd gerät er auf das Schloß eines jungen Edelmanns Isidoro und erfährt den Grund seines Gefängnisses: Isidoro liebt die Gräfin Veronia, wurde aber von ihrem Gatten verfolgt und wußte sich nur dadurch zu retten, daß er in der Herberge mit dem Studenten die Kleider tauschte. Zum Dank und weil er Gefallen an ihm findet, nimmt I. den Z. auf und macht ihn zum Genossen seiner Streiche. So gewinnt er gegen einen befreundeten Edelmann eine Wette, er werde mit ihrer Verwilligung mit seiner Frau das Bett teilen, dadurch, daß er sich als Beschließerin verkleidet. Die Aufklärung des Scherzes festigt die Freundschaft, in die auch Z. einbezogen wird. Der lustige Edelmann Ludwig führt sich ein, indem er ahnungslos einen Streich zum besten gibt, dessen Opfer I. geworden ist. Auch hier besiegelt eine vergnügte Zeche die Bruderschaft. Weitere Streiche. Z. B. fangen I. und Z. eine Einladung dreier Edelfräulein an ihre Verehrer ab, werden aber, als sie vermummt an deren Stelle erscheinen, mit Prügeln empfangen. Sie sind in eine Falle des eifersüchtigen Bruders gegangen. Die übrige Zeit verbringen sie mit Jagen, Spielen und Lesen.

Freund Ludwig lädt zu einer Gasterei ein. Caspia, eine Dame der Gesellschaft, erregt trotz der Standesschranken Zendorios Neigung. In der Trunkenheit benimmt er sich so, daß er sich voll Scham am frühen Morgen davonschleicht. Weiterwandernd gerät er zufällig in Caspias Schloß, erfährt aus ihrem Munde, daß ihr der Edelmann Faustus nachstellt, daß sie aber Z. liebt, und gibt sich zu erkennen. Z. wehrt sich bedrückt trotz seiner Liebe. Die Hochzeit ist schon gerüstet, als ein unglückliches Zusammentreffen offenbart, daß er nicht nur unedler, sondern unehrlicher Geburt ist: der Sohn eines Schinders. Voller Scham und Verzweiflung rennt er davon.

In Wirklichkeit ist aber sein Vater Mr. Pileman (auch Philiman), ein Edelmann, der einer Weissagung folgend seinen Sohn als Schinderjungen hatte aufziehen lassen. Z. ist zu schnell verschwunden, um seinen Irrtum zu erfahren, aber Isidoro findet ihn, der sich in seiner Verzweiflung schon wieder dem Vagantenleben ergeben hatte, zufällig auf der Landstraße und bringt ihn zurück. Aber C. ist aus Kummer über Z.s Verschwinden gestorben. Z. fällt in Trübsinn und wandert als Einsiedler in tiefer Nacht heimlich ins Gebirge. Durch zufällig heraufkommende Jäger wird er vor Wölfen gerettet. Von ihnen erfährt er, daß Caspia noch lebt, aber da Z. verschollen ist, im Begriff steht, dem Drängen des Faustus nachzugeben und ihn zu heiraten. In Einsiedlersgestalt eilt er auf Ludwigs Schloß, wo die Hochzeit gerüstet ist. Caspia weint unaufhörlich. Er gibt sich als Arzt aus, und sie empfängt ihn: „Allerliebster Herr Doctor / ich höre er habe eine Salbe die Threnen zu stillen / weil mir nun meine Augen von denenselben gantz wund geworden / bitte ich er lasse mir welche zukommen." Dem Freunde Ludwig dauert die Komödie zu lang, er reißt Z. die Kapuze herunter. Beiderseitige Seligkeit. Faustus erklärt sich bereit, zurückzutreten, wenn Z. innerhalb einer letzten Frist von 24 Stunden wiederauftauche. Die Hochzeitstafel ist gerichtet, Faustus glaubt gewonnenes Spiel zu haben. Z. sitzt unerkannt unter den Gästen. Da erhebt sich Caspia, nimmt ihr Glas und spricht: „Zendorio / seine Dienerin bringt ihms / in Gesundheit des Faustus." Große Bestürzung! Faustus springt zornig auf, wirft seinen Stuhl um, holt seine Knechte und reitet noch in der Nacht davon.

Nun wird fröhlich Hochzeit gefeiert. Scherze. Spiele. Diskurse. Geschichten. U. a. erzählt ein Seiltänzer sein abenteuerliches Leben. Als man hört, daß Faustus in seinem Zorn eine Bauernmagd geheiratet hat, werden Beispiele unbesonnener Liebe erzählt. Don Ludwig, wegen seiner Scherze der Liebling, wegen seiner Unverblümtheit der Schrecken der Damen, erzählt seine Lebensgeschichte: Schon als Junge war er nicht zu bändigen. Bei einem Pfarrer zur Erziehung zündete er aus Übermut das Küsterhaus an, erschrak dann freilich selber, rennt kopflos davon und versteckte sich im Schloß eines Onkels. Hier wurde er Zeuge der verliebten Heimlichkeiten seiner Base und seiner Tante. Zum Glück war das Unheil nicht so groß gewesen, das Feuer war bald gelöscht worden, und erleichtert kehrte er nach Hause zurück. – Die Nacht unterbricht den Erzähler. Die Gesellschaft begibt sich zur Ruhe. Im stillen Hof singt einer ein Liebeslied. Am andern Morgen weiß ein Diener, daß der angebliche Seiltänzer in

Titelkupfer ‚Winternächte'

Wirklichkeit ein Edelmann namens Caspar ist, der sich für das Fräulein Kunigunde interessiert und sich von ihr für den nächsten Abend bestellen hat lassen. Ludwig und Zendorio verabreden sich, ihm den Spaß zu versalzen. – Ludwig erzählt weiter: Weder beim Reitunterricht noch in der Schule hat er getaugt. Eine schwere Krankheit schließt diese Brausezeit ab. Auf der Universität hat er zwar nicht aus den Collegiis, wohl aber aus Romanen und satirischen Schriften genügend gelernt, um seine Wirtschaft führen zu können. Dann kommen die Damen ans Erzählen, deren Leben sich in engerem Kreis bewegt hatte. Auch diesmal beendet die vorgerückte Stunde die Unterhaltung. Das geplante Stelldichein wird lustig vereitelt, wobei freilich in Wirklichkeit die Störer die Genarrten sind. Mit der lustigen Aufklärung endet am nächsten Tag die Hochzeitsfeier.

Ludwig, Z. und Pileman suchen nun den unglücklichen Faustus auf, der in der Tat eine Bauernmagd geheiratet hat, sich aber durchaus zufrieden erklärt. Übrigens habe er mehr als Caspia stets Celinda, Caranders Tochter, geliebt. Dieser Carander erscheint, die vermeinte Bauernmagd entpuppt sich als seine Tochter Celinda. Um so glücklicher ist Faustus. – Die Edelleute kehren auf ihre Schlösser zurück. Noch einmal treffen sie sich auf des Irländers Hochzeit, dann zieht der Winter ins Land.

Z. lebt allein auf seinem Schloß, widmet sich der Aufzeichnung seiner Lebensgeschichte und der ökonomischen und gerechten Verwaltung seiner Güter. Ein Jäger Ergasto findet sich auf das Schloß und erzählt seine Geschichte. Seine Eltern weiß er nicht, er war in verschiedenen Diensten, unter anderen auch bei Ludwigs Vater und bei der buhlerischen Veronia (er ist also derselbe, der zu Anfang des Romans den eingesperrten Zendorio befreit hat). Er begibt sich zu Isidoro, der ihm zu Dank verpflichtet ist, und es stellt sich heraus, daß er niemand anders als Isidoros früh verschollener Bruder ist. Die Freunde stiften nun auf Isidoros Schloß den „Orden der Vertrauten". Sie vergnügen sich an Schlittenfahrten, Gesprächen und kleinen Zwischenfällen unter dem Gesinde. Dann lädt Caspar die Freunde zu seiner Hochzeit mit Kunigunde, auf der in drei Wochen Küche und Keller geleert werden.

Z.s Knecht Jost erzählt seine Lebensgeschichte, von dem geizigen Edelmann, dem er diente, von der Tochter eines anderen Herrn, die schon früh ein verruchtes Leben begann (es ist Veronia) u. a. Z. verbringt den Winter mit Singen und Komponieren. Auch Ergasto heiratet und lädt die Freunde zur Hochzeit mit Komödie, Fuchsjagd und Sauhatz. Auf dem Heimweg erfährt Z. das unselige, aber verdiente Ende der Veronia. Aus einem tiefen Seitental hört er in einem verfallenen Kloster läuten und begegnet einem jungen Mönch: es ist der Irländer, der der Welt entsagt hat. Zu Hause hat Z.s Frau einen gesunden Jungen zur Welt gebracht. Bei der Hochzeit von Z.s Knecht Jost mit der Viehmagd belustigen sich die Freunde auf Kosten des unglücklichen Brautpaars. Der Übermut endet in einem großen Gelage. Als sie morgens am Boden aus ihrem Rausch erwachen, tritt ein Mönch ein, der Irländer, und redet ihnen ins Gewissen. Betroffen gehen sie nach Hause mit dem Vorsatz, ihr Leben zu ändern.

18. Die Kurtzweiligen Sommer-Täge (1683)

Ein „Nothwendiger Unterricht und allgemeiner Eingang zur folgenden Historie" stellt die Personen vor, von denen einige deutlich als die Hauptfiguren der Winter-Nächte zu erkennen sind: Gottfried, ein junger Edelmann; Friedrich, ein geborener Schotte, fromm (Der Irländer); Dieterich, der gerne reist; Philipp von Oberstein, ein lustiges Gemüt (Ludwig); Wilhelm von Abstorff, ein reicher Edelmann; Sempronio, ein Freund der Waffen; Christoph, ebenfalls reiselustig; Alexander, des Autors alter Vater (Pileman); ein Advocat aus Ollingen, Schmarotzer; endlich Wolfgang (Zendorio), der Erzähler selbst.

Diese Personen verbringen in Gesellschaft einen heißen Sommer, und nachdem sie es mit mancherlei Unterhaltungen (Reisen, Ritterspiele, Picknicks im Freien) versucht haben, beschließen sie auf Betreiben des frommen Friedrich „in die Kühle und schattige Wälder zu gehen / auch in solchen zu versuchen / wie das Einsiedler-Leben schmäckte". Bald geben sie freilich den Versuch wieder auf, weil diese Lebensform ihnen nicht liegt. Sie kommen vergnügt wieder zusammen und erzählen reihum, wie jeder die Einsiedlerei sich nach seinem Geschmack eingerichtet hat. Einzig der fromme Friedrich hat es mit asketischen Übungen ernst genommen, die anderen haben mit erbaulicher Lektüre, oder überhaupt mit Angeln, Fallen stellen (sic), Musizieren, Spazierengehen ihre Zeit verbracht.

Friedrich interessiert sich für ein frommes Fräulein, Amalia von Ocheim, der der böse Barthel von der Heide nachstellt. Das Fräulein hat in Männerkleidung fliehen müssen, gerät auf Philipps Schloß und wird dort von den Freunden erkannt. Sie gehen aber auf ihre Rolle ein und Friedrich benutzt ihre Maske, um sich ihr als Fremden anzuvertrauen. Ihr Diener, der im Einverständnis ist, berichtet günstig, und so hält er am nächsten Tag durch den Schloßverwalter um ihre Hand an. Nach kurzer Bedenkzeit erhält er ihr Jawort, aber am nächsten Tag ist sie unter geheimnisvollen Umständen verschwunden. Als Philipp, der sie entfernt hat, behauptet, sie sei geraubt worden, jagen Wolfgang und Friedrich ihr nach, geraten in der Nacht in eine verdächtige Bauernschenke und retten sich aber noch rechtzeitig in den Wald. Aufgewiegelt von Barthel von der Heide, rotten sich die Bauern zusammen. Nächste Woche soll Philipps Schloß Oberstein gestürmt werden. Aber die Verteidiger sind gewarnt und schlagen den Angriff ab. Barthel wird dabei von der verkleidet mitkämpfenden Amalia gefangen, entkommt aber wieder.

Titelkupfer ‚Sommer-Täge'

Ein Wahrsager lockt die Freunde nach einem weissagenden Wunderbild zu Grundstett, vor dem man eine Stunde regungslos auf dem Bauch gelegen haben muß. Nach erfüllter Vorschrift sind ihre Pferde verschwunden. Auf der Hochzeit von Friedrich und Amalia, zu der alle Freunde versammelt sind, bekennt sich Dietrich als Urheber des Streichs. Die Hochzeit wird mit Gelagen und Komödien gefeiert.

W. verliert gleichzeitig sein Kind und seinen Vater. In seiner Trauer widmet er sich geistlichen Betrachtungen. Er liest in frommen Historien. Von vorbeiziehenden Vaganten läßt er sich ihr Leben erzählen. Einen alten Wallensteiner Krachwedel [alter, schwacher Mann] behält er bei sich, damit er dem Schreiber seine Kriegserlebnisse diktieren kann, obwohl es ihm die Leute verdenken. Bald freilich gibt es Streit, weil der übermütige Page Jäckel den ehrlichen Kriegsmann angestiftet hat, in seiner Lebensgeschichte den windigen Schreiber zu seinem unehelichen Sohn zu machen. Tiefgekränkt verlangt der Schreiber Genugtuung, und Wolfgang bestraft den lustigen Burschen zum Scheine hinter verschlossener Tür. – Andere Streiche des Pagen. – Ein fahrender Student vermehrt die Gesellschaft. – Der Organist [eigentlich der Schreiber] läuft mit der Beschließerin davon. Eine neue Beschließerin ist ein verkleideter Dieb, wird aber mit ihren Spießgesellen erwischt.

Die Gesellschaft der Freunde beginnt sich aufzulösen. Philipp geht an den Hof, Dietrich und Christoph auf Reisen, Sempronio in den Krieg. – Bei Gottfried ist Kindstaufe. Neues Zusammentreffen der Freunde. Philipp erscheint auch und berichtet enttäuscht vom Hofleben. – Jäckel erzählt Geschichten. – Wolfgang wird in seinem Schloß so von Gespenstern geplagt, daß er ausziehen muß. Mit dem alten Krachwedel und dem Studenten haust er in brüderlicher Gemeinschaft. Der Krachwedel will das Gespenst versuchen und berichtet erschrocken, es habe die Gestalt W.s Vater. Übrigens gefährdet es W.s Ruf. Hämische Bänkellieder, die in der Stadt gesungen werden, behaupten, es sei die Strafe für seinen Lebenswandel.

Gottfried kehrt ein und gibt vor, für seinen Vetter um ein benachbartes Edelfräulein, die Jungfer Lisel, zu werben und hat scheinbar Erfolg. W. ist traurig, denn heimlich liebt er die Lisel, und seine Sophia ist alt und kraftlos. Traurig geht er zur Hochzeit und findet zu seiner Überraschung eine ganz andere Braut. Gottfried hatte ihm einen Streich gespielt. Während die brave Sophia stirbt, wird er mit der Lisel schon recht vertraut und verbringt das Trauerjahr sehr ausgelassen. Nach der Heirat merkt er freilich, daß er hereingefallen ist. Lisel ist verschwenderisch, zänkisch und verbuhlt. Er sieht ein, daß ihm recht geschieht, aber das Schlimme ist, daß er sie noch liebt. Er überrascht sie mit einem Liebhaber und straft sie. Bald danach stirbt sie und nach ihr das Kind, das kaum das seine war. – Der Student ist das Leben satt und geht ins Kloster, der Soldat heiratet die Köchin. W. macht ihn zu seinem Verwalter, da er selbst Einsiedler werden will. Der Student entspringt wieder dem Kloster, er hat in dem Gespensterschloß übernachtet und den Geist von W.s Vater gesprochen. W. verschafft diesem Ruhe, indem er den unrecht erworbenen Schatz hebt und ein jährliches Almosen für Bettler davon stiftet. – Lebensgeschichte des Pagen.

W. geht als Einsiedler ins Gebirge und bereut seine Sünden. Der Page versorgt ihn mit Speis und Trank. Er liest, schreibt, malt, angelt, musiziert. Als fromme Neugier ihn stört, zieht er sich tiefer ins Gebirge zurück. Eines Tages verirrt sich Dietrich zu ihm, der mit Christoph in Italien gewesen war. In Liebeshändel verstrickt, hatten sie fliehen müssen und waren in einer Räuberherberge ausgeplündert worden. Sorge um den verschollenen Christoph. Sie finden ihn nach manchen Abenteuern wohlbehalten, allerdings nur mit knapper Not und ohne seine Diener einem Raubnest entronnen. – Christophs Page, der sich ebenfalls gerettet hat, erzählt sein pikareskes Leben.

Zu Hause werden sie von den Freunden freudig empfangen. W. lebt wieder in seiner alten Klause. Auf Dietrichs Schloß ist Hochzeit. – Diskurse. – Wolfgang ersieht aus der hinterlassenen Lebensbeschreibung seiner Eltern, daß sein älterer Bruder, Emanuel, verschollen ist. Er läßt nachforschen – es ist kein anderer als der alte Krachwedel. Weinend erkennen sich die Brüder. Krachwedels Frau, die frühere Köchin, ist nun eine von Adel, kann sich aber nicht hineinfinden. Philipp hat inzwischen das Hofleben aufgegeben. Wilhelm ist fromm geworden, Gottfried lebt in Wohlstand, Friedrich ist glücklich mit seiner Amalia, Dietrich liebt eine Dame, Christoph ist mit einer Magd verheiratet. Der Advokat ist gestorben, seine Tochter hat den Studenten genommen, der bei Wolfgang Verwalter ist. Weil es Winter wird, bezieht Wolfgang wieder sein Stübchen im Schloß und läßt sich von seinen Bauern Komödien vorspielen. Im Frühling will er wieder in den Wald gehen. Ob er aber so seinen Lebensabend beschließen wird, weiß er noch nicht.

Die Erstausgabe der ‚Winternächte' enthält 12, die der ‚Sommer-Täge' 10 ganzseitige, einseitig bedruckte Kupfertafeln und jede der beiden Ausgaben ein Frontispiz (Titelkupfer). Signiert sind nur die beiden Frontispize. Sie weisen den Nürnberger Thomas Hirschmann als Stecher aus. Die Vermutung liegt nahe, dass auch die anderen Kupfer von ihm stammen.

Auch in dem Exemplar der ‚Sommer-Täge', das die **Stiftsbibliothek Kremsmünster** besitzt, sind alle Illustrationen vorhanden.

Nur zu den vier Büchern, die Alewyn noch nicht gekannt hat, möchte ich eigene Inhaltsangaben anfügen.

19. Der Jungfer-Hobel

Der 'Jungfer-Hobel' gibt sich im Untertitel als eine Fortsetzung der satirischen 'Weiber-Hächel' aus. Offenbar versprach es Erfolg, das Pseudonym des fingierten Spaniers Francisci Sambelle beizubehalten. Von der spanischen Einkleidung, die in der ersten Satire wenigstens oberflächlich durchgehalten wird, ist freilich in der zweiten nichts mehr zu finden. Aber auch hier zieht Beer gegen das 'heutzutag im Grund verdorbene Frauenzimmer' zu Felde. Nimmt er in der 'Weiber-Hächel' die Hurerei der verheirateten Bürgersfrau aufs Korn, so im Junger-Hobel die der Unverheirateten. Der Jungfer-Hobel vereinigt unter vier antifeministischen Satiren auch am reinsten die verschiedenen Grundelemente von Beers Erzählkunst, sofern sich von Kunst sprechen lässt. Beer selbst hat sein übermütiges und leidenschaftliches Schreiben wohl nie als Kunst verstanden. Was aber den Jungfer-Hobel aus den verwandten Satiren heraushebt, ist die sichere Verbindung von Adel- und Kleinbürgersatire in der gewiss bescheidenen Fabel (=Handlung), die kraftvoll und sicher einsetzt, aber – typisch für Beer – ein ziemlich schwaches Ende findet. Da Beer aber die Welt des Landadels und die Welt des unteren Bürgertums verbindet, entsteht eine wirklichkeitsgesättigte Satire, die vor allem durch die Bildlichkeit und den Witz der Sprache überzeugt.

Der junge Page eines Fähnrichs – Schwammdrucker – verlässt in der Nacht Hals über Kopf splitternackt seine Gruppe, „als der Türck den 6. Sturm tat". Als er nach seinen Kleidern greift, erwischt er die Kleider der Tochter des Adjutanten, aber „besser eine Laus auf dem Kraut als gar kein Fleisch". Er gibt sich auch als Adjutantentochter aus und wird von einer Edelfrau in Dienst genommen.

Das Milieu wechselt zwischen Adels- und Bürgerwelt. Die Hauptperson ist eine 'Kostjungfrau', die auf dem Adelssitz lebt, auf welchem der Erzähler als 'Magd' beschäftigt ist. Diese Kostjungfrau bestellt sich nachts ihre zwei Liebhaber aufs Schloß und geht später in ein Bürgerhaus zu ihren Freundinnen in der Stadt, wobei die 'Magd' sie begleitet. Zunächst wird die 'Magd' von der Kostjungfrau in allerlei weibliche Kniffe eingeweiht, mit denen die Männer betrogen werden sollen; später trägt sie ihr eine regelrechte Dirnenphilosophie vor und krönt ihre Theorie mit dem Wunsch, ihrem zukünftigen Ehemann Hörner aufzusetzen, was ihre höchste Glückseligkeit wäre. Dass die Leute sie Hure nennen werden, kümmert sie nicht, denn sie sieht überall, dass es den Huren gut geht. In der Stadt angekommen, bestellen die Mädchen sich junge Männer ins Haus, mit denen sie sich amüsieren. Auch in diesem Fall bleiben die Folgen nicht aus. Als die Kostjungfrau schwanger wird, jagt man sie mit Schimpf und Schande aus dem Schloss. Beiläufig wird die Geschichte einer Hochzeit erzählt, die zunächst nicht stattfinden kann, weil die Braut davonläuft. Weil aber schon hohe Kosten entstanden sind, heiratet der Bräutigam stante pede eine andere, die kein Mensch kennt. In der Hochzeitsnacht ergreift dann der Bräutigam die Flucht, weil seine Frau u. a. ein falsches Bein, ein Glasauge, eine Perücke und falsche Zähne hat.

Am Ende des Jungfer-Hobels verwirft Beer die religiöse Disputierlust einer Magd und verweist das ganze Geschlecht hinter den Kochtopf.

„Die andere Ausfertigung neugefangener politischer Maul-Affen"

Der Student Fidelino gelangt auf seiner Wanderung in die Stadt Bruckorna und leistet einem Leutnant Gesellschaft, der ihm von seinen Liebesabenteuern berichtet. Fidelino erzählt die Geschichte von dem älteren Mädchen, das der „Braut-Grind treflich juckt" und das sich daher mit einem Studenten verlobt. Sie täuscht eine Schwangerschaft vor und wird von ihm abgefunden. Als sie das bei einem anderen wieder versucht, „ergriff (der) eine Hand voll Brenn-Nesseln und zerpeitschet ihr die blosse lateinische Kunst dermassen / daß sie in 10 Tagen nicht sitzen können." Kommentar des Leutnants: „Schade ists / daß es das Hintertheil entgelten müssen / was das Vordertheil gesündigt hat." [Die „lateinische Kunst" ist sicher eine Anspielung darauf, dass Kunst im Lateinischen 'ars' heißt – und von hier ist der Weg nicht weit zu A…].

Der Leutnant belohnt Fridolin nach 14 Tagen mit einigen Dukaten und der zieht weiter nach Tilietta. Unterwegs versucht er vergeblich einen Bauern-Knecht davon abzuhalten, Soldat zu werden. Mit einigen anderen jungen Leuten kommt er dann nach Plümperan, wo er einige Geschichten über den Bürgermeister des Ortes erfährt, z. B. wie der Bürgermeister, der gleichzeitig Fleischhauer ist, seinen Hund 'verwurschtet', weil der ihm vorher alles Fleisch aufgefressen hat. Einer weiß sogar zu berichten, welche raffinierte Brunnen-Messung der Bürgermeister vorgenommen hat, indem er den ganzen Gemeinderat als Zollstock verwendet hat. Im Hause des Bürgermeisters wird bei Tisch aus der „Zeitung" und aus einer Chronik vorgelesen. Auch die Schneider bekommen – wie oft bei Beer – ihr Fett ab.

In der Stadt erlebt er die Aufführung der „schönen lustigen Tragoedie Von dem Ehr-vergeßnen Schelm" durch „Englische Komoedianten", die einen neuen Pickelhering (Spaßmacher) präsentieren. In Curstattenburk haben sie alle voll zu tun, einen ihrer Begleiter und einen Einheimischen von einander zu trennen, die sich wegen eines Mädchens in die Haare geraten sind. Als Fidelino eines Tages darauf zu sprechen kommt, dass seine Mittel nunmehr zur Neige gehen, erzählt ein Gast, wie er vor Jahren durch ganz Frankreich gekommen ist, indem er immer ein und denselben Hasen in einem Dorf einem Wirt verkauft und dann wieder gestohlen hat. „Des Morgens / ehe ich fort gieng / stahl ich den Hasen wieder / und verkaufte ihn abends in einem Dorff zum andern mahl / daselbst stahl ich ihn auch richtig wieder / und verkauffte ihn zum dritten mahl. Und das trieb ich so lange / biß ich mich heraus in Teutschland mit den (!) eintzigen Hasen durch brachte."

Die Exekution eines Diebes gibt Anlass, über die Priester zu lästern, und das Unwohlsein von Critino Gelegenheit, auf die Ärzte zu schimpfen. Selbst ein Advokat hat über die mangelnde eheliche Treue seiner Frau zu klagen, die schon während der ersten Ehemonate einen anderen erwartet und, nachdem sie sich desselben entledigt hat, ungeniert ihre Liebhaber empfängt. Um ihn zu trösten, erzählt Fidelino die Geschichte eines jungen Mannes, der ein Verhältnis mit einer Kaufmannsfrau hat. Seinem Freund, einem Kaufmann, berichtet er immer wieder, wie er nur mit knapper Not dem Ehemann entgangen ist, ohne zu ahnen, dass es sich um die Frau seines Freundes handelt. Dieser gerät in zunehmenden Zorn und versucht wiederholt, die Ehebrecher zu ertappen. Da ihm dies aber stets misslingt, gibt er sich schließlich zu erkennen und entlässt den jungen Mann mit einem Geldgeschenk und der Bitte, in Zukunft sein Haus zu verschonen.

Der kurzeilige Bruder Blau-Mantel

Aus einem skurrilen Traum erwachend, mit dem der Roman eröffnet wird, beginnt der Ich-Erzähler Blaumantel damit, sich dem Leser vorzustellen. Er stammt aus dem Nürnberger-Land und ist in diese Stadt gekommen, um Latein zu studieren und Pfarrer zu werden; sein Vater ist ein Schneider. Blaumantels Freund Pamphilius deutet diesen Traum und hält ihm einen Vortrag über Weltklugheit. Nachdem sich der Erzähler über die närrischen Verhältnisse an der Hohen Schule ausgelassen hat, beschließen die Freunde, ihre Studien in anderer Umgebung fortzusetzen. Pamphilius wandert nach Köln, Blaumantel nach Basel, gibt aber bald seine dort gefundene Präzeptorenstelle [Lehrer] auf, um ebenfalls den Rhein hinunter nach Köln zu ziehen. Noch ehe er die Stadt erreicht, trifft er Pamphilius. Auf einem Baum sitzend erleben beide, wie ein ehebrecherisches Paar von der Obrigkeit ertappt wird. Nachdem sie dem eifersüchtigen Herrn des Pamphilius einen Denkzettel verabreicht haben, trennen sie sich abermals. Diesmal reist Blaumantel in den Schwarzwald, wo er, von einer Räuberbande gezwungen, selbst zum Räuber wird. Schließlich entkommt er, wandert weiter und erreicht eine Stadt, in der er endlich wieder mit seinem Freund Pamphilius vereint wird. Dem Leser werden noch zwei närrische Leichenreden mitgeteilt, ehe die beiden Freunde den Entschluss fassen, Eremiten zu werden. Das Buch schließt mit dem „Adieu - Welt" des Pamphilius.

Die Geschicht und Histori von Land-Graff Ludwig dem Springer

Der Titel enthält schon die ganze Geschichte: „Wie derselbe um fremder Liebe willen in grosse Gefahr gerathen / und von dem Schlosse zu Gibichenstein / darinnen er gefangen sasse / sehr hoch in die Saal hinab sprang / dahero er der Springer genannt wurde. Erstlich beschrieben von einem Capellan in Thüringen / und neulich aus einem alten Closter-Buch ausgezogen und mit Figuren gezieret an Tag gegeben."

In der Vorrede sagt der Verfasser, dass er die Quelle in einem alten Archiv gefunden und „von dem (!) sehr alten und ietzo fast unbekannten teutschen Worten gereiniget und in bessere Mund-Arth gebracht" habe.

Erzählt wird die Geschichte des Grafen Ludwig von Thüringen, der nach seiner unglücklichen Ehe mit der Tochter des Herzogs Ulrich von Sachsen in heftiger Liebe zu Adelheid, der Gemahlin des Pfalzgrafen Friedrich von Sachsen, entbrennt. Da die Frau seine Liebe erwidert, stiftet sie Ludwig dazu an, ihren Mann bei einer von Ludwig provozierten Auseinandersetzung zu töten. Der teuflische Plan gelingt und noch vor Ablauf des Trauerjahres heiraten die beiden. Bald aber lässt Kaiser Heinrich IV. den Grafen gefangennehmen und auf Burg Gibichenstein hoch über der Saale festsetzen. Mit Hilfe von Mitwissern kann Ludwig mit einem kühnen Sprung in die Saale die Freiheit gewinnen. Er stiftet dann eine Kirche und kann die Gnade des Kaisers erlangen. Aber er und seine Frau werden von Tag zu Tag trauriger wegen der Untat, die sie begangen haben. Der Bischof von Halberstadt, den Ludwig um Rat fragt, empfiehlt ihm eine Wallfahrt nach Rom. Als ihm der Papst rät, ein Münster zu stiften, befolgt er diesen Rat, lässt das Kloster Reinhardsborn bauen, dessen erster Abt er wird. Auch Adelheid wird von großer Reue erfasst, sie macht aus ihrer Burg Schüplitz ein Nonnenkloster, dem sie als Äbtissin vorsteht. Beide beschließen ihre Tage im Kloster.

Johann Beer hat die „Düringische Chronik" des Johannes Rothe (um 1360 - 1434), die auch „Die Geschicht und Histori von Land-Graff Ludwig dem Springer" enthält, in der Bibliothek in Weißenfels einsehen können.

Beer hat nun weit mehr als eine sprachlich revidierte Abschrift aus Rothes Chronik verfertigt. Wohl hält er sich in mehreren Kapiteln genau an seine Vorlage und bringt sie in eine „bessere Mund-Arth", aber er erweitert, ergänzt und kürzt auch, wo es ihm notwendig erscheint, ändert gelegentlich die Kapiteleinteilung und gibt der Geschichte einen neuen Schluss. Überall in Beers Bearbeitung ist sein Vergnügen an der von ihm aufgestöberten Geschichte deutlich spürbar.

Um die kurze Geschichte als attraktives kleines Buch veröffentlichen zu können, bedurfte sie noch der Illustrationen. Beer entwarf zur Vorrede und zu jedem der 24 Kapitel eine passende Skizze, welche er dann, wie er in seinem TB verzeichnet, eigenhändig in Holz geschnitten hat. Für die Wahrheit dieser Aussage spricht, dass Beer - wie wir ebenfalls aus seinem Tagebuch wissen - in jungen Jahren die Absicht hatte, eine Kupferstecher-Lehre zu absolvieren. Aus derselben Quelle kennen wir verschiedenartige Skizzen Beers, die seine Begabung und Gewandtheit im Zeichnen deutlich unter Beweis stellen.

Die Holzstiche erfassen das Wesentliche, das Charakteristische einer Situation, sie sind witzig, mit Freude am Detail entworfen und ausgeführt, auch wenn sie gelegentlich naiv, fast unbeholfen wirken. Für die Annahme, dass die Illustrationen nicht von Beer stammen, sondern dass er vielleicht sogar die Holzstöcke eines fremden, älteren Werkes übernommen hat, lässt sich kein Anhaltspunkt finden. Beers „Geschicht und Histori" erschien möglicherweise im Selbstverlag, jedenfalls kaum in großer Auflage und sie hat auch keine weite Verbreitung gefunden.

Wie Frau Adelheit dem Grafen Ludwig Rath gabe/ daß er ihren Herrn den Pfaltz-Grafen tödten solte.

Wie Graf Ludwig nach dem Bischoff von Halberstadt sandte/ und ihn wegen seiner Sünde umb Rath fragte.

Wie Graf Ludewig zu dem Pabst Stephano gen Rom kam/ und von ihm gebüsset wurde/ auch wieder nach Hauß zog.

Wie Graf Ludwig der Springer in dem Closter zu Reinhardtsborn starbe.

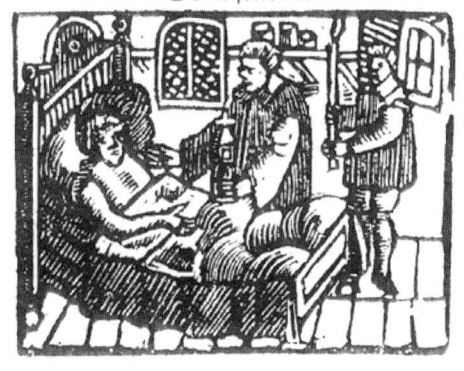

Holzschnitte aus Land-Graff Ludwig S. 21 und 31

Tagebuch

Auf die Beer-Forschung hat Richard Alewyns Forschungsbericht „*weitgehend eine ähnliche Wirkung wie der eines Polarforschers: es fühlt sich kaum einer bewogen, die Ergebnisse an Ort und Stelle zu überprüfen*" (J. J. Müller: Studien zu den Willenhag-Romanen Johann Beers, S. 10). Das gilt insbesondere auch für die Biographie des Dichters und Musikers.

Seit 1965 haben wir die Möglichkeit, R. Alewyns Aussagen über Beer, gewonnen aus seinen Werken, zu überprüfen und können feststellen, dass Alewyn in fast allem Recht gehabt hat.

Wie der Herausgeber des Tagebuches – „Johann Beer. Sein Leben, von ihm selbst erzählt", Vandenhoeck & Ruprecht, Göttingen 1965 – A. Schmiedecke, in der Einleitung schreibt, habe ihn 1963 eine Sendung aus dem Stadtarchiv Erfurt überrascht, die Beers handschriftliche Autobiographie enthalten habe.

Beer schrieb das weitaus meiste in deutscher Schrift und im Allgemeinen leserlich. Der Anfang seiner Biographie macht Angaben über seine Kinder- und Jugendzeit und ist in Erzählform geschrieben; vom Jahre 1679 ab berichtet er in Chronikform, oft sehr knapp. Noch auf dem Sterbebett schrieb er an seiner Autobiographie. Sie bringt eine beträchtliche Anzahl von Fakten, die bisher nicht bekannt waren, auch einiges Neue über seine schriftstellerische und kompositorische Tätigkeit. Enttäuscht wird der Leser aber sein, wenn er Mitteilungen über Beers Romanschriftstellerei vergeblich sucht; ihrer gedenkt der Verfasser merkwürdigerweise mit keinem Wort.

So urteilt Richard Alewyn im Vorwort: „*Es hat keinen Zweck zu leugnen, daß der hier vorgelegte Fund hochgespannte Erwartungen nicht erfüllt. Für die Veröffentlichung war Beers Autobiographie nicht bestimmt, sondern 'seinen Kindern und Nachkommen'. Der große Teil von Beers Aufzeichnungen bietet wenig mehr als bare Daten und Namen. Sie sind unschätzbar für den Biographen Beers, der die magere Überlieferung bereichert und bloß auf das Romanwerk gestützte Vermutungen bestätigt und andererseits neue Rätsel gestellt findet. Sie sind auch eine Fundgrube für den Lokalforscher, den Kulturhistoriker und den Musikhistoriker. Aber ein Bild liefern sie nicht, weder von dem Wesen des einzigartigen Menschen noch von dem alltäglichen Leben und Treiben seiner Zeit.*"

Beer hat seine Biographie wohl im Jahre 1690 begonnen. Der schlüssigste Beweis dafür, dass das Manuskript von Beer selbst geschrieben worden ist, sind die nicht seltenen Nachträge, meistens am Rande, und auch die beigefügten Illustrationen.

Den 30. August Ist zu Wengelsdorff *[unweit Weißenfels]* eine Magd, welche ihr Kind in Mutter Leib mit zu sich genommnen abtreibenden Kräuttern getödtet, mit dem Schwert gerichtet worden. *[Am Rande Zeichnung: Hinrichtung durch das Schwert]*

Den 31. Augusti hat hier eine Magd, welche aus Veranlassung eines Bauers, ihren Herren den Pfarrer von Ober Nessa *[unweit Weißenfels]*, bey welchem sie sonst auf 12. Jahr ehrlich und redlich gedienet, bestohlen, den Staupp-Besen bekommen. *[Am Rande Zeichnung: Strafe mit Staupbesen]*

Brennende Häuser  *Polnischer Einsiedler*  *Brunnen in der Kalandstraße zu Weißenfels*

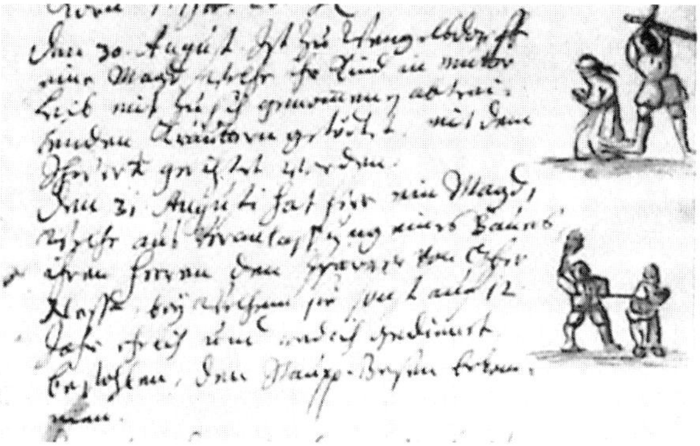

Es sind auch Unterschiede in der Schrift festzustellen, die auf tagebuchähnliche Eintragungen schließen lassen. Die Schrift des Sohnes unterscheidet sich stark von der des Vaters.

Beer hat seine Autobiographie selbst illustriert, und das ist auch etwas Neues, was wir durch sie über ihn erfahren, nämlich, dass er nicht nur **schriftstellerisch** und **kompositorisch**, sondern auch **zeichnerisch** begabt war. Das beweisen die zahlreichen geschickt entworfenen kleinen Zeichnungen von einzelnen Orten, Schlössern und Figuren. Unter diesen Zeichnungen befinden sich Schloss Kogl, Schloss Kam-

Textausschnitt mit Randzeichnungen

Wickelkind  *Galgen*  *Ochsenschlachten*

mer, Kloster Lambach, Schloss Aistersheim und Schloss Wolfsegg.
Von den insgesamt 57 Zeichnungen des Tagebuches sind in der Ausgabe von A. Schmiedecke nur 23 reproduziert. Es handelt sich sowohl um kleinere Randillustrationen, die den Text begleiten, als auch um eigens eingeheftete Skizzen größeren Formats. Während Alewyns Beurteilung des künstlerischen Ranges eher zurückhaltend war – der Hofmusiker habe in der Reißkunst nur dilettiert – bescheinigt ihm Schmiedecke zeichnerische Begabung. Auch für M. Bircher zeugen die „...geschickt entworfenen kleinen Zeichnungen..." von Beers „...Leistung als bildender Künstler...", dem Talent wie Gewandtheit im Umgang mit den Zeichenutensilien nicht abzusprechen sei. Zu den imposanteren, mit größerem Aufwand und mehr Genauigkeit gefertigten Abbildungen zählen etwa die Sepia-Zeichnung (Sepia = Flüssigkeit des Tintenfisches) von Kloster Lambach (Tafel 1) und die Ansichten der Schlösser Aistersheim und Wolfsegg in O.Ö. (Tafel 8).

Bei den Zeichnungen der Schlösser Wolfsegg, Aistersheim und Schloss Kammer – auf dieser Zeichnung sieht man aber, da sie nur zur Hälfte erhalten ist, das Schloss Litzlberg – handelt es sich um genaue Nachahmungen der Kupferstiche von M. Merian (1649). Beim Kloster Lambach dürfte Beer den Vischer-Stich von 1672 als Vorlage benutzt haben.

Die Lebensbeschreibung berichtet mehrfach von auf Reisen angefertigten Ansichten, die jedoch als verschollen zu gelten haben. Auch eine Vielzahl seiner Romanfiguren kopieren markante Motive.

Schon in seiner Jugend dürfte Beer Interesse an graphischer Kunst gehabt haben. Denn er zog eine Lehre als Kupferstecher in Nürnberg in Erwägung.

Als Ich meinen Discant falsed daselbst [in Regensburg] verlohren, wolt ich mich nach Nürnberg in die Fürstl. Handlung verdingen, die mich haben wollen Kupfferstechen lehrnen lassen. TB, S. 20

Den 15. Octob. 1694. habe meine 12. Sonaten mit 2 vv. ins Kupffer zu stechen angefangen, so aber wieder ins stoken gerathen. TB, S. 48

Um diese Zeit [September 1696] habe Curiositas causa [der Neugier wegen], versucht, wie sichs ins Holz schnitte, habe auch viel Figüren wieder die Arth aller Holz-Schneider verfertiget, weil Ich das Holz überhörnicht nicht mit Messern, sondern Kupfferstechers Grabsticheln durchschnitten habe. TB, 12. 7temb [September], S. 56

Dass er auch als Holzschneider tätig war, beweist „Ludwig der Springer".

Im Anhang der Lebensbeschreibung zeichnet Beer insgesamt **71 wunderliche und kuriose Geschichten** auf.

Das Tagebuch ist ein frappierendes Dokument von Beers eisernem Assimilationsbestreben an seine Umwelt in Hof und Stadt. Es entsteht in jenen Jahren, da Beers Stellung am Hofe bereits gefestigt ist, da er einen gewissen Wohlstand erlangt hat – er kauft ein - wenn auch bescheidenes - Haus, dann noch einen Garten – und lange nachdem er seine Erzähltextproduktion eingestellt hat. Zur Veröffentlichung ist das TB zwar nicht gedacht, aber es ist so angelegt, dass es auch außerhalb der Familie gelesen werden kann und vielleicht sogar soll: Stange erhält für die Vorbereitung seiner Leichenrede für Beer Einblick in das Buch. Und Beer erzählt im Umkreis des Herzogs von seinem TB; HZ Johann Adolph hält es für interessant genug, um in Dichtung verwandelt zu werden (TB S. 51). Falls Beer nicht an eine eventuelle Veröffentlichung gedacht hat, so deutet doch die Tatsache, dass Beer über sein TB im Umkreis des Herzogs spricht, darauf hin, dass er ihm eine bestimmte Bedeutung und Funktion beimisst. Er nutzte es bewusst als Mittel zur Erzeugung eines Selbstbildnisses. Insofern ist das TB zwar ein „authentisches Dokument", jedoch nicht geschichtlicher Ereignisse, sondern eines bewussten Gestaltungswillens. Zuverlässig ist es nur in Bezug auf die aus Beers eigener Rückschau positiven Ereignisse. Der chronikartige Bericht täuscht über die oft willkürliche Auswahl der Fakten hinweg. Vieles wird nicht erwähnt; was erwähnt wird, ist z. T. ungenau, z. T. unvollständig verzeichnet. Streitfälle und Auseinandersetzungen bleiben außen vor, es scheint, als wäre Beers Leben in vollkommener Harmonie mit seiner Umwelt verlaufen, getrübt allein durch Schicksalsschläge. Alles, was er berichtet, was mit seiner Lebensgeschichte und seiner Familienchronik nichts zu tun hat, zeigt, dass ein Abweichen von einem durch die christlich-protestantische Ethik vorgeschriebenen Wohlverhalten die gebührende Strafe erhält (Diebe, Kindsmörderinnen, unzüchtige Liebende usw.).

Dem Zweck, Frömmigkeit zu demonstrieren, dienen die wahrscheinlich eigens dazu angefügten „denkwürdigen" Geschichten des 2. Teils. Sie bieten mannigfaltige Gelegenheit zum moralischen Heben des Zeigefingers eines vor Verfehlungen Gefeiten. Vor diesem Hintergrund wird auch das **gänzliche Schweigen über die literarische Tätigkeit verständlich**.

Das TB zeigt die konsequente Abkehr von allem, was das Bild eines sich mit den Autoritäten in völligem Einklang befindenden und deshalb ihr Wohlwollen genießenden Menschen stören könnte. So erfüllt es verschiedene, für Beer sehr wichtige Zwecke: Den Nachkommen dient es als Vorbild und Ermahnung, der Umwelt als Beweis tadelloser Lebensführung, ihm selbst als Korrektur früherer Irrtümer.

Nur der Leser ist eigentlich enttäuscht. Außer er stammt aus dem Attergau.

Schloss Stollberg im Erzgebirge

Ruine Joachimsthal im Erzgebirge

Zwei Zeichnungen aus dem ‚Tagebuch', die Johann Beer im Sommer 1692 auf der Rückreise von Karlsbad angefertigt hat. (TB, Tafel 3)

Johann Beer und Richard Alewyn

Johann Beer gilt noch immer zu Recht als **Autor Richard Alewyns**. Daher muss sich auch heute noch jede Arbeit über Beer zwangsläufig mit dem Werk Alewyns auseinandersetzen, denn ohne seine grundlegenden Forschungen gäbe es Beer vielleicht heute noch nicht. Und auch in diesem Buch kommt außer dem Namen Beer kein anderer Name auch nur annähernd so oft vor wie der von Richard Alewyn.

R. Alewyn hat vor nunmehr 70 Jahren den von ihm entdeckten Johann Beer als *„einen begnadeten Erzähler"*, ja gar als *„den größten österreichischen Dichter zwischen Walther von der Vogelweide und Franz Grillparzer"* gefeiert. Dieses Lob hat schon auf Grund der Autorität des Lobspenders nachgerade forschungsblockierende Wirkung gehabt und hat neben all den Verdiensten Alewyns eine ungünstige Entwicklung für die weitere germanistische Forschung eingeleitet.

Die Ergebnisse der Arbeiten Alewyns werden allgemeinen auch heute noch akzeptiert. Andererseits setzen sich neuerdings Forscher mit einigen Aspekten dieser Ergebnisse auseinander und kommen zum Teil zu anderen Schlüssen. Solche hat es aber bereits in den ersten Besprechungen der **Habilitationsschrift** von R. Alewyn gegeben.

In der Germanisch-Romanischen Monatsschrift, XX. Jg., 1932 wird von **Franz Rolf Schröder** die Leistung von R. Alewyn durchaus gewürdigt, der mit großem Fleiß in eingehenden Lokalstudien dem Leben von Johann Beer in St. Georgen i. A., Regensburg, Leipzig, Halle und Weißenfels nachgegangen sei, 20 pseudonym veröffentlichte Romane aufgetrieben, alle kurz charakterisiert und dann die Gestalt in die Zeit hineingestellt habe.

Es wird Alewyn auch eine umfassende Kenntnis der Romandichtung wie überhaupt des geistigen Lebens des Barock bescheinigt. Ob freilich seine Hauptthese, wonach Johann Beer das andere, ganz in Vergessenheit geratene **große Originalgenie des 17. Jhds.** (neben Grimmelshausen) gewesen sei, richtig sei, werde man erst nach einer Neuausgabe seiner Werke entscheiden können, die hoffentlich - so schreibt Schröder 1932 - trotz der Ungunst der Zeiten sich ermöglichen lasse.

Sie ließ sich nicht ermöglichen, denn R. Alewyn ging aus politischen Gründen ins **Exil**.

Die 1981 im Peter Lang Verlag begonnene Herausgabe der „Sämtlichen Werke" ist bis heute (Stand Juli 1999) noch nicht abgeschlossen.

Schon in dieser ersten Besprechung der Arbeit Alewyns gerieten die apologetischen (verklärenden) Züge der Arbeit Alewyns, die wohl auf dem Hintergrund der früheren Abwertung Beer-Rebhus zu sehen sind, in die Kritik.

Hans Galinsky beendet seine umfangreiche Besprechung der Arbeit von Alewyn 1933 in der „Zeitschrift für Deutsche Philologie", 58. Band, S. 84-88 mit folgender Zusammenfassung: *„Zu danken ist ihm* (R. Alewyn) *ein entscheidender Vorstoß ins Spätbarock ..., vor allem aber dies: die Entdeckung eines meisterlichen Epi-*

kers deutscher Zunge."

Am meisten Widerspruch hat Alewyn mit einer Behauptung ausgelöst, in der er den **„Realismus"** von Beer gegen den **„Naturalismus"** von Grimmelshausen betont. *„Ein so reines und reiches Verhältnis zur Wirklichkeit ist im Barock keineswegs gewöhnlich, es unterscheidet Beer vielmehr völlig von allen zeitgenössischen und vorangegangenen Dichtern, vor allem von dem Phantasiemenschen Grimmelshausen."* (S. 156) Besonders dagegen wendet sich **G. Fricke** in seiner Besprechung im „Anzeiger für deutsches Altertum", Bd., 70, 52, 1933, S 70-76. Er schreibt: *"Es ist ja gar nicht der tätige bürgerliche Alltag, der in diesen Romanen dominiert. Es ist eine Art vagabundierender, untätiger, von unaufhörlicher Langeweile geplagter adeliger Schlossbewohner, Existenzen, die auf den Referenten bisweilen einen fast gespenstischen Eindruck von Unwirklichkeit gemacht haben; eine Welt, die in ihrem Geschehen aus endlos aneinander gereihten Schwänken, Späßen, Schabernaken, erotischen Abenteuern, Geschichtenerzählungen usf. besteht, der, von den amorphen moralischen Einschüben abgesehen, jeder Ernst, doch wohl ein Ingredienz auch des Realismus, einfach fehlt."*

Das Bild, das Alewyn von Beer entwirft und das von da an die literarische Auseinandersetzung geprägt hat, zeigt einen Johann Beer, dessen lebhafte und offenbar früh erwachte Phantasie in der Kindheit sich in seiner literarischen Schaffenszeit zu unbändiger Fabulierfreude und Erzählwut gesteigert habe, die als rein vitaler Trieb der bloßen Lust am Schreiben und an den Einzelheiten entsprungen sei und jegliche gestaltende Planung der Werke verhindert habe. Aus diesem spontanen Schreiben, das nicht durch geltende Regeln und erzähltechnische Beschränkungen eingeengt werde, ergebe sich bei ihm ein Blick aufs Detail und dadurch ein Realismus, der ihn stark und vorteilhaft von seinen Zeitgenossen unterscheide - auch von Grimmelshausen. Und gerade dieser Versuch von Alewyn, Beer in Abgrenzung von Grimmelshausen als einen diesem ebenbürtigen, aber realistischen Autor zu kennzeichnen, hat sich im weiteren Verlauf der Forschungsarbeit als problematisch erwiesen.

Weiteren Widerspruch gibt es in der Wertung, wo R. Alewyn eine **Entwicklung** im literarischen Schaffen Beers feststellt und die letzten Romane, besonders die „Winternächte" und die „Sommertäge" für die reifsten Werke von Johann Beer hält - und sie deshalb auch neu herausgegeben hat; denn hier setzt die jüngere Beer-Forschung andere Akzente. Sie hält es für fraglich, ob man bei Beer von einer Entwicklung sprechen darf, wenn man bedenkt, dass Beers Schriften alle in einem Zeitraum von nur etwa **12 Jahren** entstanden sind und die sogenannten späten Schriften, die **„Reiferomane"**, immerhin von einem **Endsiebenundzwanzigjährigen** verfasst worden sind. Manche Forscher halten zum Teil die frühen Ritterroman-Parodien für die gelungensten und interessantesten Werke, während die **„Willenhag-Romane"**, denen durchaus - schon wegen ihres Umfanges - besonderes Gewicht im Gesamtwerk Beer zugestanden wird, doch auch als wichtige Dokumente seines künstlerischen Scheiterns gesehen werden.

Besonders an den „Willenhag-Romanen" entzündet sich eine andere Kontroverse. Nämlich die, wie weit Beer in ihnen - besonders in den „Sommertägen" - **seine oberösterreichische Heimat beschreibt**. Auf diese Meinungsverschiedenheit bin ich im Kapitel **„Beer und der Attergau"** näher eingegangen.

Den Wert der für die Beer-Forschung (und darüber hinaus für die gesamte germanistische Barockforschung) epochalen Arbeit Alewyns mindert dies alles nicht; ihre Wertungspositionen aber müssen der heutigen Forschung ihrerseits als geschichtlich erscheinen.

Dies hat auch R. Alewyn gewusst, dessen tiefes ästhetisches und philosophisch-wissenschaftliches Gespür ihn in zunehmende Distanz zu seinem Jugendwerk gebracht hat. Das zeigte sich nicht nur darin, dass er den Reprint seines Beer-Buches energisch, ja sogar mit Androhung juristischer Schritte gegenüber dem Nachdrucker untersagte, sondern auch im unerwarteten Stocken bei den Vorbereitungen der Neuausgabe der Werke Beers in den Jahren 1965/66. Zu vieles hatte sich im wissenschaftlichen wie im privaten Bereich seit den 20er Jahren verändert. Alewyn wollte die Diskrepanz zwischen dem geschichtlich-persönlichen Jugendwerk und der literarischen Situation um 1970 nicht überdecken, sondern die Aufgabe in jüngere Hände legen. Die Bitte der neuen Herausgeber, sich der Ausgabe weiterhin auch als Herausgeber zu verpflichten, beantwortete er unter anderem so: *„Es tut mir leid, aber in diesem Punkt werden Sie mich nicht erweichen können. Es ist ja auch nicht einzusehen, daß nicht Jüngere die Arbeit der Älteren fortsetzen sollen, und darin beruht ja der Fortschritt der Wissenschaft. Sie [H.-G. Roloff] und Herr van Ingen wissen und sehen gewiss schon vieles, wofür ich blind gewesen bin, abgesehen von den großen Mängeln und vielen Fehlern meines hastig und unter schwierigen Umständen geschriebenen Buches, die schon mir bewußt sind."* (In: Nachwort zu Band 1 der „Sämtlichen Werke". Hrsg. von F. v. Ingen und H.-G. Roloff, P. Lang, Bern 1981, S. 413)

Und in der Tat hat sich die Beer-Forschung - wenn auch zunächst recht zögerlich - von ihrem **Übervater** emanzipiert und dessen Erkenntnisse zumindest in Teilbereichen revidiert.

Beer blieb bis zum Ende der sechziger Jahre noch unter der Geheimtipp-Schwelle, wurde aber dann endgültig zum *„Objekt germanistischer Dissertationsbegierde"* (Solbach, A.: Die Forschungsliteratur zu Johann Beer .... S. 33). Bis 1975 erscheinen sechs amerikanische Dissertationen. Schon 1961 ist an der Universität Salamanca (Spanien) eine Dissertation geschrieben worden (Hardin, J.: Der verliebte Österreicher ... S. 119). Hardin nennt in seinem Literaturverzeichnis auch einen Artikel über Beer in einer japanischen Zeitschrift (S. 115).

Diese Arbeiten zeichneten allerdings kein neues Bild von Beer. Bei aller Detailkritik an R. Alewyn blieb sein Bild von Beer immer noch unangetastet. Wo seine Interpretation kritisch diskutiert wird, geschieht dies unter grundsätzlicher Beibehaltung seiner Sicht von Beer.

Die Arbeiten ab Mitte der sechziger Jahre setzen dann Beer allerdings auf einen **erheblich niedereren Rang als Grimmelshausen**, dies war angesichts der offenkundigen **Überschätzung** Beers durch R. Alewyn eine durchaus notwendige und überfällige Gegenreaktion.

Sehr wichtig für die Forschung war dann der Beginn der **Herausgabe der „Sämtlichen Werke"** durch F. v. Ingen und H.-G. Roloff ab 1981, denn damit wird der Zugang zu den authentischen Texten wesentlich erleichtert. Bisher sind acht Bände erschienen.

Die jüngere Forschergeneration hat durch akribische Studien in Archiven weitere Sehweisen von R. Alewyn in Frage gestellt. So hat **J. J. Berns** in seiner Untersuchung von Beers Stellung zu den Bauernkriegen gezeigt, dass Beer kein realistischer Chronist der Zeitereignisse ist.

R. Jacobsen glaubt nach intensiven Archivuntersuchungen zum Weißenfelser-Hof zeigen zu können, dass Johann Beer ein durchaus karriere-bewusster Autor und Opportunist gewesen ist, und sie nimmt damit die wohl **radikalste Korrektur** am traditionellen Bild von Beer vor, denn sie zerstört damit Alewyns **Mythos von der Einheit von Kunst und Leben** bei Johann Beer.

Die heutige Forschung würde also nicht mehr - so wie de Boor/Newald in der Alewyn - Nachfolge noch 1963 - formulieren:

„Über das Gerede der Leute setzte sich Johann Beer hinweg. Die Ansicht des mitspielenden Erzählers Wolfgang Zendorio in den ‚Sommer-Tägen' ist seine: ‚Ich werde um fremder Leute willen meinen Geist in keinen anderen Model gießen (S. 711).' „Leben und Kunst sind eins." (de Boor/Newald: Geschichte der dt. Literatur ... S. 387)

So wird auch die große Enttäuschung verständlich, die R. Alewyn in seinem Vorwort zum „Tagebuch" so formuliert: *„Es hat keinen Zweck zu leugnen, daß der hier vorgelegte Fund hochgespannte Erwartungen nicht erfüllt."* Er versucht abzuschwächen, indem er feststellt: *„Für die Veröffentlichung von* (das ist sicher ein Setzfehler, und es muss heißen „war" P. H.) *Beers Autobiographie nicht bestimmt ...."*

Aber offensichtlich ist durch dieses Tagebuch Alewyns „hochgespannte Erwartung" von der Identität von Werk und Leben bei Johann Beer nicht bestätigt worden, sondern hat sich im Lichte des **„Tagebuches"** als **Illusion** erwiesen.

Unbestritten sind auch R. Alewyns Verdienste um eine **Herausgabe** von Beers Werken. Und auch hier hat er Maßstäbe gesetzt.

Alewyns eigene Bemühungen um eine Beer-Ausgabe reichen bereits in das Jahr 1930/31 zurück. 1932 erhält der Insel-Verlag in Leipzig das Manuskript für einen Band mit Romanen Beers - die unseligen Vorgänge des Jahres 1933 zerstörten die Editionspläne. Erst 1957 konnte Alewyn zwei kleine Romane, den „Jucundus Jucundissimus" und das „Narrenspital" in einer modernisierten Ausgabe in Rowohlts Klassikern (Band 7) vorlegen. 1963 gab Alewyn im Insel-Verlag in Frankfurt die „Teuschten Winternächte" und die „Kurtzweiligen Sommertäge" heraus und zwar in einer auf den allgemeinen Leser abzielenden **modernisierten Sprachform**. Und seine **„Grundsätze zur Ausgabe"** in seiner Ausgabe des „Narren-Spitals" (S. 153) haben **Vorbild-Charakter** gehabt für fast alle anderen Herausgeber. In ihnen verweist er darauf, dass die Zeichensetzung durchwegs modernisiert werde, und daher oft ein Punkt eingeschaltet worden sei, wo im Original die Sätze ineinanderfließen, denn in dieser Hinsicht sei bei Beer keine Regel zu erkennen, sondern nur Zufall und Willkür. Der Herausgeber habe sich berechtigt gefühlt, gewisse Schwierigkeiten aus dem Weg zu räumen, die das Druck- und Sprachbild der originalen Texte dem heutigen Leser entgegenstellt und die ohnehin ebenso sehr auf das Konto der Drucker wie auf das des Autors kämen. Denn wie die meisten Prosatexte der Zeit seien auch die von Johann Beer ohne Sorgfalt - und vermutlich ohne Aufsicht durch den Verfasser gedruckt worden. Grammatik und Orthographie wiesen geringe Konsequenzen auf. Ebenso werde die Rechtschreibung dem heutigen Gebrauch angenähert, das altertümliche oder mundartliche Lautbild sollte jedoch erhalten bleiben, damit der Reiz der Sprache nicht zerstört werde. Heute ungeläufige Wörter und Wendungen, die so viel zu dem sinnlichen Reiz von Beers Sprache beitrügen, seien grundsätzlich erhalten und - wo nötig - möglichst durch kurze Fußnoten erläutert worden. Ebenso werde mit lateinischen und französischen Stellen verfahren.

Es sei dem Herausgeber darauf angekommen, ohne den fremdartigen Reiz des altertümlichen Idioms zu opfern, seine Lesbarkeit zu vergrößern.

Und diese Grundsätze haben, wie gesagt, die meisten Herausgeber übernommen. **E. Haufe** beruft sich in seinem Nachwort des Neudrucks des „**JungferHobel**" im Insel-Verlag, 1968, ebenso auf Alewyn wie **D. Guntzen** 1984 im „**Politischen Bratenwender**" (dtv. Klassiker). Das Gleiche gilt für **F. Habeck** und seinen „**Verliebten Österreicher**" (1961).

Einen anderen Weg geht **H. Pörnbacher** in seiner Reclam-Ausgabe von „**Printz Adimantus**" (1967). Aber das Zielpublikum dieser Ausgabe sind ja in erster Linie Schüler, die mit einem Text aus der Barockzeit konfrontiert werden sollen.

Erst **F. v. Ingen** und **H.-G. Roloff** gehen bei ihrer Ausgabe der „**Sämtlichen Werke**", P. Lang ab 1981 einen anderen Weg. Aber sie wenden sich an den wissenschaftlich orientierten Leser. Sie behalten die Orthographie der Vorlage ebenso bei wie die Zeichensetzung. Gewisse Regellosigkeiten und Unbedarftheiten von Setzer (und Autor?) sind beseitigt worden (z. B.: lähr, Gegäncknuß, praf, ein praffer Mann, der Pothe ...).

Alewyn schreibt in seiner Insel-Ausgabe (S. 861): *„Der Benutzer, um den diese Ausgabe wirbt, ist jedoch der normale Leser, der nichts als sein Vergnügen sucht. Nur bei ihm liegt die Entscheidung, ob Johann Beer einen Anspruch hat, in das lebendige Erbe des deutschen Schrifttums einzugehen."*

Die Sinngedichte an den Leser

Wer wird nicht einen Klopstock loben?
Doch wird ihn jeder lesen? - Nein.
Wir wollen weniger erhoben
Und fleißiger gelesen sein.
        (G. E. Lessing)

PALAESTRA 181.

UNTERSUCHUNGEN UND TEXTE
AUS DER DEUTSCHEN UND ENGLISCHEN PHILOLOGIE,
begründet von Alois Brandl und † Erich Schmidt,
herausgegeben von **Alois Brandl, Julius Petersen** und **Arthur Hübner**

Johann Beer

Studien zum Roman des 17. Jahrhunderts

Von

Richard Alewyn

1932 / Mayer & Müller, G. m. b. H. in Leipzig

Die Habilitationsschrift von R. Alewyn, mit der er den Schriftsteller Johann Beer entdeckt hat.

Richard Alewyn

Nach wie vor gilt Johann Beer als der „Autor Richard Alewyns" und daran wird sich auch nichts ändern.
Es ist daher mehr als angebracht, in einem Buch, das sich mit Johann Beer beschäftigt, auch seines „**Entdeckers**" zu gedenken.
Richard Alewyn wurde am 24. 2. 1902 in Frankfurt am Main geboren. Seinen Doktortitel erwarb er mit einer Dissertation über die Übersetzung der „Antigone" des Sophokles durch den Barockdichter Martin Opitz. Und die für eine Dozentur und später einen Lehrstuhl an einer Universität notwendige **Habilitationsschrift**, gleichzeitig seine zweite Veröffentlichung, trägt den Titel: „**Johann Beer. Studien zum Roman des 17. Jhds.**", **Leipzig 1932**. (=Palaestra 181)
Damit ist auch schon das Schwergewicht seiner Arbeit umschrieben, nämlich **Barock** und **Vorklassik**, das er später dann noch durch seine Beschäftigung mit **Hugo von Hofmannsthal** ergänzt hat.
Ganz offensichtlich hat auch er zu den „hilflosen Antifaschisten´" (W. F. Haug) gehört, die nicht erkannt haben, dass sie mit ihrem Beharren auf der Autonomie

der Kunst und ihrem Sich-Fernhalten von der Politik der braunen Flut nicht nur nicht Einhalt gebieten konnten, sondern ihr Vordringen - bes. auf den Universitäten - indirekt auch noch begünstigt haben.

Alewyn wird von den Nazis und ihren Mitläufern früh von seinem Lehrstuhl in Heidelberg verdrängt und **ins Exil** getrieben.

Er ist ein von der Barbarei Betroffener, ein im innersten Wesen und für immer Getroffener, der nie damit fertig wird, dass die Germanistik zu einer „Komplizin der Verbrecher" (Walter Muschg) wird, dass Germanisten die wichtigste Rolle spielen, als im Mai 1933 in Deutschland Scheiterhaufen lodern, auf denen Bücher verbrannt werden. Ob er damals an das Heine-Wort gedacht hat:

„Das war ein Vorspiel nur, dort wo man Bücher verbrennt,
Verbrennt man auch am Ende Menschen." (Almansor)

Alewyn geht ins Exil nach Paris und New York. Im Gegensatz zu anderen, die mit dem Exil fertig wurden, indem sie sich der neuen Situation anpassten oder nach dem Untergang der Nazidiktatur im Gefolge der Sieger heimkehrten, litt Alewyn am Exil und schämte sich derer, die ihn vertrieben hatten, und derer, die ihnen dabei geholfen hatten.

Ende 1946 kommt er mit anderen Professoren zunächst zu Gastvorlesungen nach Köln. Und er ist einer der ganz wenigen, die auch in Deutschland bleiben. Denn es ist schwer zu ertragen, dass an den Universitäten sich wieder - oder noch immer - die gleichen Leute breit machen, die es sich in der Nazizeit gerichtet und mit den Wölfen geheult haben und jetzt keine Scham kennen. Nur von einem einzigen seiner Kollegen ist bekannt, dass er sich nach der Wiederaufnahme seiner Lehrtätigkeit in der BRD vor jeder Lehrveranstaltung zu seiner Schuld bekannte, mit der er, wie er sagt, *„nie zu einem Ende komme"*. Das war **Gerhard Fricke**, der schon die Habilitation von Alewyn besprochen hatte. (Diskussion Deutsch, Heft 73, Okt 1983, S. 480).

Die Heimkehr ist Alewyn auch deshalb nicht leicht gefallen, weil er Rückfälle in die Barbarei fürchtete, mochten sie auch andere Masken tragen als 1933.

„Zwischen uns und Weimar liegt Buchenwald", mahnte 1949, bestürzt über den unbekümmerten Goethe-Kult, der aus dem Exil Zurückgekehrte.

Alewyn ist von 1949-55 in **Köln**, 1955-59 in **Berlin** und wird dann nach **Bonn** berufen, wo er bis zu seiner Emeritierung 1969 bleibt. Als in den 60er Jahren zumeist jüngere Germanisten eine intensive Auseinandersetzung mit Literaten und germanistischen Fachkollegen der 30er und 40er Jahre begannen, war R. Alewyn einer der ganz wenigen älteren Professoren, die für die Jugend Partei ergriffen. Der Schwerpunkt seiner Forschung, seiner Lehrtätigkeit und seiner Publikationen (Bücher, Aufsätze, Vor- und Nachworte, Rezensionen) sind das Barock und die Vorklassik und seine Arbeiten über Hugo von Hofmannsthal.

Gestorben ist R. Alewyn am 14. 8. 1979 in Prien am Chiemsee.

Er war überzeugt davon, dass Literatur und der Umgang mit ihr auch Freude machen sollten: das galt nicht nur für seine Studenten, es galt noch mehr für jeden Leser, der um des Lesens willen liest. R. Alewyn war ein Anhänger des

Schmökerns, er suchte das Abenteuer „Lesen". Hier liegt nicht nur die Ursache für seine Beschäftigung mit dem Lesen und seine immense Belesenheit in der europäischen Trivialliteratur, sondern auch sein Interesse an den Bedürfnissen des Lesers. Und so ist er auch zum „Wiederentdecker" und Neubewerter von Johann Beer geworden.

Wie er den Leser für die schon von der Schreibung und der Sprache her schwer zugängliche Literatur des 17. Jhds. gewinnen wollte, das zeigen seine **„Grundsätze zur Ausgabe"** im Nachwort zum „Narren-Spital" 1957 und im Nachwort zu den „Winternächten" und „Sommertägen" 1963 bzw. 1985.

Als Maßstab für seine eigenen Publikationen forderte er : *„Ich halte es für eine Höflichkeitspflicht eines Schreibenden gegenüber dem Lesenden, sich so verständlich auszudrücken, wie es in seinem Vermögen steht."*

Preußische Akademie der Künste, Berlin, Pariser Platz ,10. Mai 1933

Aus: „Das war ein Vorspiel nur", S. 201

Titelkupfer

Jucundi Jucundissimi Wunderliche Lebensbeschreibung

Des berühmten Spaniers Francisci Sambelle wolausgepolirte Weiber-Hächel

Der Politische Feuermäuer-Kehrer

Alle Titelkupfer sind den ‚Sämtlichen Werken' entnommen.

Von Jan Rebhu über Johann Huber zu Johann Beer

Wenn man von Johann Beer spricht, muss man genau unterscheiden, ob man den **Musiker** Beer und den **Verfasser von musikalischen Schriften** meint oder den **Schriftsteller** Johann Beer. Als Verfasser von musikalischen Schriften, die er auch unter seinem Namen veröffentlichte, ist Beer nie ganz vergessen worden. Seine Romane aber hat Beer unter den verschiedensten Pseudonymen herausgegeben. **Pseudonym** (griechisch pseudos = falsch, onoma = Name) ist ein Deckname, ein vom Verfasser selbst gewählter falscher, erfundener oder veränderter Name. Die Ursachen zur Verbergung des eigentlichen Namens können verschiedene sein: notwendige oder vermeintlich nötige Vorsicht, bes. bei politischen, satirischen und erotischen Schriften, ständisch-soziale Rücksichten, z. B. bei Adeligen, Vermeidung häufiger, gewöhnlich oder zu bescheiden klingender Namen zugunsten wohllautender, Verschämtheit vor der Öffentlichkeit, Furcht vor Verantwortung, oft auch bloßer Spieltrieb. Welche Gründe Beer gehabt haben könnte, dieser Frage wollen wir in anderem Zusammenhang nachgehen. (**"Die vier Warum"**).

Jedenfalls hat Beer die Literaturgeschichte bis in unser Jahrhundert mit zahlreichen verdrehten Namen, unter denen er sein Romane veröffentlicht hat, hinters Licht geführt. Es ist das bleibende und große Verdienst von **R. Alewyn**, Beer als **Romanschriftsteller** und lebensvolle Persönlichkeit der deutschen Literatur des 17. Jhds. gewonnen zu haben. Dabei lag es nahe, hinter **Jan Rebhu** (Welt-Kucker, Printz Adimantus, Pokazi, Weiber-Hächel, Blau-Mantel, Verliebter Österreicher) einen **Johann Huber** zu vermuten, der durch die Bibliographien geistert. Außerdem nennt sich Beer: **einen Liebhaber aller Tugendsamen Gemüther** (Ritter Spiridon), **den jungen Simplicius Simplicissimus** (Bestia Civitatis), **Hanns guck in die Welt** (Narren-Spital), **Antonius Caminerus** (Feuermäuer-Kehrer), **Amandus de Bratimero** (Politischer Bratenwender), **Amandus de Amanto** (Verliebter Europäer), **Zendorius a Zendoriis** (Winter-Nächte), **Wolffgang von Willenhag** (Sommer-Täge), **Alamodus Pickelhering** (Kleider-Affe), **Expertus Rupertus Ländler** (Der verkehrte Staatsmann B), **einen lebendigen Menschen**, der seinen Ritter Hopffen-Sack einem Herrn Wolff Peter Rafgi von Gurgu widmet, **einen Liebhaber des alten Ritter Rolandus** (Weltkucker 2), **der Neue Ehemann** (Corylo 1). Kein Pseudonym und keinen Autor nennt er im Jucundus Jucundissimus und in Ludwig dem Springer.

Der Erzähler der '**Sommer-Täge**', jener "Wolffgang von Willenhag Herr auf Stampff und Nußdorf am Adersee", war dem **Zedlerschen Lexikon** immerhin einen historisch-biographischen Eintrag wert: J. H. Zedler: Grosses Vollständiges Universal-Lexikon Bd. 57 (1748, Nachdruck 1962), S. 130: *"Willenhag (Wolff von), von ihm hat man im Druck erhalten: Kurtzweilige Sommer-Tage, oder Historie von einer Adelichen Gesellschaft, welche die Zeit des Sommers in merckwürdigen Zufällen zugebracht hat, 1683 in 12."*

Diese Auffassung, dass der **Erzähler** der „Winternächte" und der „Sommertäge", Wolffgang von Willenhag, deren **Autor** ist, wird auch - wie wir noch sehen werden - von Bobertag übernommen und noch E. Castle, der Verfasser des Artikels „Österreichische Literaturgeschichte" im „Reallexikon der deutschen Literaturgeschichte" scheint noch an dessen Existenz zu glauben. Die Auflösung des Pseudonyms **Jean Rebhu** als **„Huber"** hält er allerdings schon für fraglich. Auf Seite 600 f. schreibt er: *"Adelige und Beamte sprechen gern von ihren praktischen Erfahrungen. In Schwankbüchern volkstümlichen Stiles geben Angelesenes und Erlebtes zum besten ... der Oberösterreicher Huber? (‚Der simplizianische Weltkucker, sive abentheuerliche Jean Rebhu' 1678; ‚Artlicher Pokazi' 1679/80), Wolfgang von Willenhag (ab 1682).*

Der **Musiker Beer** war bei seinen Zeitgenossen und in der Fachwelt des 19. Jhds. wohl bekannt. So schreibt v. Dommer in der 'Allgemeinen Deutschen Biographie': Erster Band, Duncker & Humblot, 1875: B ä h r: *Johann B. (Beer), Concertmeister des Herzogs von Weißenfels, geb. 1652 zu St. Georg in Oberösterreich, gest. 1700. Er kam im 10. Lebensjahr in das Benedictinerkloster zu Lambach, wo er Unterricht in Wissenschaften und Musik empfing, worauf er 20. Oct. 1670 nach Regensburg in das Alumneum und Gymnasium poeticum ging. Darauf setzte er in Leipzig seine theologischen Studien fort, doch gewann seine Liebe zur Musik die Oberhand, und da er ein guter Sänger, fertiger Componist, Violin- und Clavierspieler war, fand er Anstellung in Herzog Augusts Capelle zu Halle in Sachsen und wurde nach dessen Tod durch Johann Adolf nach Weißenfels als Concertmeister berufen. Bald hernach bei einem Vogelschießen ward er durch einen unglücklichen Schuß getötet (Mattheson: Ehrenpforte, 14. f.).*
Er war ein origineller, scharfer Kopf, gut unterrichtet, dabei munter und zur Satyre geneigt, der er in seinen Schriften mit aller Luftigkeit die Zügel schießen ließ. Herausgegeben hat er 'Ursus murmurat etc.' 1696, 1697, und 'Ursus vulpinatur, List wider List oder musikalische Fuchsjagd', 1697 beide gegen den gothaischen Gymnasialdirector Vockerodt, dem er auch noch mit zwei anderen Schriften: 'Ursus saltat' und 'Ursus triumphat' gedroht hatte, die aber nicht erschienen sind; 'Bellum musicum', 1701; 'Musikal. Discurse durch die Principia der Philosophie deducirt'; nebst einem Anhange: 'Der musikal. Krieg zwischen der Composition und Harmonie', 1719. Im Mspt. hat er hinterlassen: 'Schola Phonologica, sive Tract. doctrinalis de Compos. Harmon etc.' in 45 Cap.; 'Kurze Beschreibung der Composition'; 'Der Wohl-Ehren-Veste-Bier-Fiedler'; 'Musikal. Discurse anderer Theil'. Verschiedene nicht musikalische Schriften siehe Gerber's N. Lex. Compositionen scheint er nicht hinterlassen zu haben".

Bereits für **J. Mattheson**, Beers ersten Biographen, ist das Wissen um seine **Romane** unsicher geworden; immerhin erwähnt er 1740 noch, dass Beer von manchen für den Verfasser von 'Weiber-Hächel' und 'Welt-Kucker' gehalten werde Man schreibe Beer diese Werke zu, meint Mattheson und *„nicht ohne Ursache Denn seine Schreibweise verrät ihn genugsam."*

Bähr.
†
(ex Ms.)

Johann Bähr ist in dem Gräflichen Khevenhüllerischen Marckflecken S. Georg, im Lande ob der Ems, A. 1652. geboren. Weil aber sein Vater, Wolfgang, und die Mutter, Susanna, an nichts, als an Kindern, reich gewesen, so haben, nach und nach, einige papistische Herrschafften dieser Eltern Söhne an sich gezogen, des Vorhabens, sie zum römischen Glauben zu bereden.

Unser Bähr wurde demnach im zehnten Jahr seines Alters genöthiget, sich dem herrlichen Benedictiner=Kloster zu Lambach einzuverleiben. Der dasige Prälat, Nahmens Polster, that hiebey das meiste, und vertraute diesen jungen Menschen einem welschen Pater, der ein berühmter Musikus war, welcher ihn so wohl in der Tonkunst, als in andern Wissenschafften, dermaassen unterrichtete, daß er, nachdem sich seine Eltern, wegen der Religion, nach Regensburg begeben müssen, bald darauf seinen Weg auch dahin genommen, und, nach ausgestandener Probe, A. 1670. den 20. Oct. in dasiges Alumnaeum und Gymnasium poëticum aufgenommen wurde, worin er etliche Jahre verblieben, und sich übrigens so aufgeführet, daß jedermann sein Vergnügen an ihm gefunden.

Darauf ist er von E. E. Magistrat, mit einem ansehnlichen Stipendio, nach Leipzig gesandt worden, um alda das theologische Studium fortzusetzen. Weil er nun allezeit grosse Neigung zur Musik geheget, und sonderlich erst einen feinen Alt, hernach aber einen angenehmen Tenor gesungen, dabey auch ein gutes Clavier und eine saubere Violine gespielet, ja, weil er über dies ein fertiger Componist war, ist er nach Hall in Sachsen, bey Hertzog Augusts Hof=Capelle, und wie derselbe verstorben, zu dessen Fürstlichen Nachfolger an der Regierung, Hertzog Johann Adolph, nach Weissenfels hinberuffen, wo er viele Gnade und Liebe genossen, und zum wircklichen Concertmeister gemacht worden.

Wegen seines artigen Umgangs wurd er sehr geliebet, indem sein Gemüth allezeit ungemein=aufgeräumt und lustig war, welches er in seinem Buche: Ursus murmurat, wieder den Rector, Gottfried Vockerodt in Gotha, selbst gestehet, und GOtt dafür dancket, der ihm ein immer fröliches Hertz gegeben. Seine Schrifften[1]) sind so angenehm, als bekannt, absonderlich seitdem das M. Lex. deren schon 8., theils herausgegebene, theils noch herauszugebende, namhafft gemacht hat, mit dem Zusatze: ein mehrers vom Bähr würde in der M. Ehrenpforte anzutreffen seyn.

Nun so ist denn auch schon ein mehrers von ihm allhier gemeldet worden. Ja, es ist bereits sieben Jahr vorher, in zweeten Bande der mus. Critik pp. 74. 78., von dem vornehmsten ungedruckten Wercke unsers Concertmeisters, nehmlich von seiner Schola phonologica, ein mehrers angeführet worden, als im besagten Wörterbuche stehet.

Um aber nichts schuldig zu bleiben, soll dieses Orts noch ein drittes meh=

rers folgen: welchemnach den obigen 8. Schriften noch drey oder vier andre beigefüget werden können. Man schreibt nehmlich dem **Bähr** die Weiberhechel, den Jan Rebhu, den bezauberten Ritter, und, in dem bald folgenden Hausmannischen Verzeichnis, noch ein Vulpus vulpinatur zu. Nicht ohne Ursache. Denn seine Schreibart verräth ihn gnugsam.

Sein unvermutheter Tod endlich ist durch die Unvorsichtigkeit eines Schützens verursachet worden, dem das Gewehr wieder seinen Willen losgegangen, und erstlich einem dabeystehenden den halben Mund weggenommen, hernach aber dem Bähr biß in die Helffte seines Halses durchgedrungen, woran er des folgenden Tages sein Leben beschliessen müssen. Solches geschah 1700. im August, da er 48. Jahr alt war.

J o h a n n C h r i s t o f f L o r b e e r, Kaiserl. gekrönter Poet und Fürstl. Sächsischer Hof=Advocat zu Weimar, der eine Vorrede zu **Bährs** musikalischem Kriege gemacht hat, berichtet darin, als ihm der unglückliche Schuß, den gedachter Concertmeister, durch übele Vorsicht eines bey dem Vogelschiessen unweit von ihm gestandenen Hauptmannes, bekommen, und dessen dadurch verursachter Lebens=Ausgang vermeldet worden, er demselben, bey Gelegenheit eines von ihm zu componiren angefangenen, und selbigen Tages biß auf die Worte: Quia fecit mihi magna, qui potens est, gebrachten Magnificat, nachfolgendes kurtzes Sinngedicht zu letzten Ehren geschrieben:

> Magna mihi fecit nato Deus atque renato,
> Denato faciet postmodo magna mihi.

Er meldet anbey, daß **Peter Wenig**, Fürstl. Sächs. Musikus und Hofcantor, (vermuthlich ein Schwiegersohn des **Bährs**) es an Kosten nicht mangeln lassen, das Bellum musicum, und andere Schrifften unsers Concertmeisters, ans Licht zu stellen. So viel ist gewiß, daß die beiden Bella musica des **Sartorii**, oder **Pet. Laurenbergs**, und **Bährs** überaus sinnreich abgefaßt sind. Es ist mir dennoch ein horrendum Bellum grammaticale aufgestossen, das fast noch mehr scharffsinniges darleget, als jene. Der völlige Titel ist: „Wunderbarer ausführlicher Bericht, welchergestalt vor länger als 2000. Jah„ren, in dem alten Teutschlande, das Sprach=Regiment gründlich verhaßt gewe„sen; hernach aber, wie, durch das Mistrauen und Uneinigkeit der uralten Teut„schen Sprachregenten, ein grausamer Krieg samt vielem Unheil entstanden: da„her guten Theils auch noch itzo rühren die in unsrer Teutschen Muttersprache vor„handene Mundarten, Unarten und Mängel. Gedruckt zu Braunschweig im Jahre 1673., 13. Bogen 4to. Ich nehme mir diese Freyheit, bei Gelegenheit des oberwehnten zwiefachen Belli musici, diesen grammatikalischen Krieg denjenigen deutschen Gesellschafften, denen er noch unbekannt, als ein Philolinguis, bestens zu empfehlen.

Mattheson, J.: Grundlage einer Ehren-Pforte, Hamburg 1740, Neudruck hrsg. v. M. Schneider, Berlin, 1910, S. 14 - 17

Beers Romane haben keine auffallende Auflagengeschichte, die auf besondere Lesergruppen schließen ließe. Ihrer schnellen und relativ breiten Wirkung im späten 17. Jhd. folgte keine nennenswerte historische Weiterwirkung. Die meisten Werke haben eine oder zwei, meist unmittelbar aufeinanderfolgende Auflagen erlebt. Zwei Auflagen: Welt-Kucker 1, 2, 3, Hopffen-Sack, Adimantus, Spiridon, Pokazi 1, 2, Verliebter Europäer, Verkehrter Staatsmann, Weiber-Hächel.

Dreimal aufgelegt wurde das 'Narrenspital', viermal 'Feuermäuer-Kehrer', die beide auch relativ starke polemische Reaktionen auslösten; bei 'Feuermäuer-Kehrer' B handelt es sich wahrscheinlich um einen Raubdruck (ohne Genehmigung des Verlegers und des Autors), der auch durch sein Format (Oktav) eine Sonderstellung einnimmt. Die Auflagen des 17. Jhds. haben sicher die Stückzahl 1000 nicht überschritten.

Mit Ausnahme von 'Ludwig dem Springer', der als Chronik ohnehin nicht zu den Romantexten Beers im engeren Sinne zählt und den Beer selbst drucken ließ, und des 'Feuermäuer-Kehrers' B (Raubdruck?) sind alle Romane im **Duodez-Format** gedruckt, alle anderen Schriften Beers in Oktav, Quart oder größeren Formaten.

Das **Duodez-Format** ist nicht nur typisch für Beers Werke, sondern auch charakteristisch für die Masse der sogenannten 'niederen' picaresken und satirischen Schriften der Zeit zwischen 1650 und 1690. Diese Werke waren zwar recht beliebt, wurden aber als nicht (ganz) salonfähig empfunden und daher auch nicht im repräsentativen Gewand des Oktav oder Quart-Formates gedruckt. Im „Blaumantel" ist auffällig die ab Seite 133 von 27 auf 33 erhöhte Zeilenzahl, die erkennen lässt, wie sehr der Drucker sich bemühte, die Grenze des sechsten Druckbogens nicht zu überschreiten, die für das Duodez-Format bei 144 Seiten liegt.
In den Drucken der Werke Beers wechselt das Schriftbild zwischen Fraktur für den deutschen Text und Antiqua für fremdsprachige Texte.
Näheres zu den **Formaten** und den Schrifttypen **Antiqua** und **Fraktur** enthält das Kapitel **„Der Buchmarkt im 17. Jhd."**.

Die Druckorte der Romane waren Halle, Leipzig, Nürnberg; oft sind die Zuordnungen unsicher, verbleiben aber in den protestantischen Zentren der Buchproduktion des späten 17. Jhds. Gelegentlich fiktive Druckorte (z. B. Wien, Gotha) zeugen von den Versuchen der Buchhändler, Maßnahmen der Leipziger Zensurbehörde zu umgehen.
Dies zeigt ein Vermerk in den Akten der Leipziger Bücherkommission: „*Christian Weidemann, Buchführer, erschien auf geschehene Vorhaltung wegen derer beyden ohne censu und mit falschen nahmen des Druckers in dieser meße gedruckten 2 Bücher nahmendlich der Politischen Feuermäuerkehrer und der Verliebte Europäer, sagt, er habe dieselben von Bären, dem Camer Musico zu Weißenfels an schuld annehmen müßen, und auf sein begehren hier drucken laßen, von ieder 1000 exemplaria ...*" (Krämer, J.: Johann Beers Romane, S. 19).
Die Fachtexte Beers erschienen wie der ,Landgraf Ludwig' in Weißenfels (Ursus

murmurat A, Ursus vulpinatur), Weimar (Ursus murmurat B) und Nürnberg (Musicalische Discurse).
Seine Romane, die von seinen Zeitgenossen als 'niedere' Romane eingestuft werden – heute würde man das ‚trivial' nennen – finden innerhalb dieses blühenden Bereiches dieser **„Duodez-Literatur"** (=Literatur im Kleinformat), die entweder unter einem Pseudonym oder überhaupt anonym (ohne Angabe eines Verfassers) erscheint, schnell einen umfangreichen, allerdings zeitlich und lokal (auf den sächsischen Raum mit den Druckorten Leipzig, Halle und Dresden) beschränkten, oft polemischen Widerhall. Es lässt sich bei der „Konkurrenz" die **Übernahme** ganzer Textabschnitte aus Romanen Beers nachweisen.
In den polemischen Reaktionen wird meist der Widerspruch zwischen dem behaupteten dichterischen Anspruch der Texte (etwa der satirischen Schreibart als moralischer Lasterkritik) und ihrer realen literarischen Gestaltung betont. Oft haben diese Polemiken ihren Ursprung in persönlicher oder musikalischer Konkurrenz.
Die Akademiker reagieren generell ablehnend auf Beers Schriftstellerei (Weise, Thomasius). „Denn es sind etliche Jahr unterschiedene Bücher in der Welt herumb / geflogen / die auf dem Titul die Lieberey [=Livrée] des Politischen Redners / oder des Politischen Näschers [=Werke Weises] geführt haben. Und da hat kein Hechelmacher / kein Bratenwender [Beer] / kein Maul-Affen [Riemer bzw. Beer (‚Andere Ausfertigung')] können hingeschmieret werden / er hat müssen politisch heißen [...] So wenig aber mich das Lumpenwesen angehet / was andere Papier-Verderber vor Grillen fangen ..." (Weise, Ch.: Neu = erleuterter Politischer Redner ... Leipzig (Ritzschin), 1684. Repr. Kronberg/Ts. 1974.
Christian Thomasius beschäftigt sich in seinen „Monats-Gesprächen" kritisch mit ‚politischen' Romanen Beers und anderer Autoren, denen er als „Narrenpossen und Scurrilitäten" gesprächsweise ein Ideal ‚politischer' Schriften entgegenhält, die auf *„den Nutzen einer gantzen Republic gerichtet sind".*(Thomasius, Ch.: Freymüthige / Lustige und Ernsthaffte / Gedancken / Oder / Monats=Gespräche [...] Durch alle 12 Monate des 1688. und 1689. Jahrs durchgeführet [...]. Bd. 1, Halle 1690. Repr. Frankfurt a. M. 1972)
Dabei fällt auf, dass die Romantexte in erster Linie unter moralisch/religiösen bzw. gesellschaftspolitischen Gesichtspunkten, keineswegs aber unter ästhetischen diskutiert werden. Als Reaktion zeigt sich dies auch an den wiederholten Problemen mit der Zensurbehörde und daran, dass sich noch 1762 mehrere Bücher Beers auf dem **Index** finden (Bruder Blaumantel, Bestia Civitatis, Welt-Kucker, Winter-Nächte). Wenn man bedenkt, dass Beers Werke zu dieser Zeit praktisch nicht mehr gelesen werden, kann man daraus ablesen, wie schwerfällig diese Behörde gearbeitet hat.
Auch für den **Index** und die **Zensur** sei auf das Kapitel **„Der Buchmarkt im 17. Jhd."** verwiesen.

Eine fachwissenschaftliche zur Kenntnis-Nahme eines „offiziellen" Johann Beer beginnt mit **Erdmann Neumeisters** „De Poeticis Germanicis" von 1695 ('Über

deutsche Dichter'); aber obwohl sie einander persönlich kennen:
Den 22st. Mittags zu Bibra bey Herren M. Naumeistern *[Erdmann Neumeister]* gespeiset. Abends Glok 9. Uhr nach Freyburg gelanget. (Tagebucheintragung von J. Beer vom 22. März 1700), werden hier die Romane mit keinem Wort erwähnt. Ich bringe hier gleich die deutsche Übersetzung des lateinischen Textes auf S. 13 f.:

BEER (Johann), aus Österreich, der Fürstlichen Durchlaucht von Sachsen-Weißenfels Sänger und Kammermusiker
Ein Mann, der mit den mathematischen Disziplinen nicht nur oberflächlich bekannt und mit verschiedener Unterweisung in der Philosophie wohl versehen ist. In der Musik überragt er andere jedenfalls so weit, wie ihre göttlichere Herkunft durchzuspüren ist. Er ließ Epigrammata, Weißenfels 1691, 8°, erscheinen, denen einige lateinische Stücke beigegeben sind. Er will ein Gedicht über die Passion des Heilands herausbringen. Er ist unvergleichlich, was die Erfindungskraft angeht, lieblich, genau treffend und anmutig; im Stil richtet er sich nach seiner Mundart. Besonders fein spielt er mit der Paronomasie (Zusammenstellung lautlich gleicher oder ähnlicher Wörter von gleicher Herkunft, P. H.) und der Metonymie (Ersetzung eines Wortes durch einen verwandten Begriff, z. B. ‚Dolch' durch ‚Stahl', P. H.). Und niemand wird leicht ohne die einzigartige Empfindung der Anmut oder gar ohne Lachen seine Epigramme lesen; genauso wird jeder gelehrter oder heiterer aus dem Umgang oder einem Zusammentreffen mit ihm hervorgehen; sogleich wird er davon etwas haben, wozu er sich viel Glück wünschen kann. Die Vierschrötigkeit seiner Verse entschuldigt er selbst mit der ihm eigenen Bescheidenheit in folgendem Distichon, das alles andere als vierschrötig ist:

> *Du klagst, daß meine Verß so wenig Licht gewonnen;*
> *Mein Freund, der Stern des Beers steht ferne von der Sonnen.*

Den ruhigen Gang seiner Verse entschuldigt er so:
> *Man klagt, daß meine Verß so gar verschlaffen seyn;*
> *Mein Freund, sie fallen mir all in dem Bette ein.*

Diese Einstellung kennzeichnet auch Beers 'Tagebuch', in dem er selbst über seine Romane kein Wort verliert.

Damit kommt es schon früh zu dieser Spaltung in die **Romantexte**, die überwiegend **anonym** weiterleben und gelesen werden, und den **'seriösen'** Autor, der über die **Musik** und seine **Fachschriften** weiter überliefert wird.

Auch bei **Adlung**, der noch aus direkten Quellen schöpft (Freunde Beers), findet sich 1758 eine dafür aufschlussreiche Stelle: „*Jan Rebhu, der abenteuerliche Simplicissimus und artlicher Pokazi sind auf Romanart von ihm geschrieben in seiner Jugend, welche Schriften er nach der Zeit selbst soll verabscheut haben.*" Er schreibt Beer also auch den 'Simplizissimus' von Grimmelshausen zu und nutzt gleichzeitig die Chance, all dies als unseriöse Jugendsünden abzutun. Dem entspricht es auch, dass er den Tod Beers als gerechte Strafe des Himmels deutet, da Beer den Hof-Fagottisten Garthoff zum Übertreten eines herzoglichen Verbots verleitet habe.

§ 27.

Nach Maßgebung des § 24 komme ich auf einige Zänkereyen, welche dieses Puncts wegen, ob nehmlich die Musik grossen Herrn anstehe, entstanden zwischen dem ehemaligen berühmten gothaischen Rector, Gottfried Vockerodt, als einem vermeynten Musikfeinde, und zwischen dem ehemaligen weissenfelsischen Concertmeister und Kammermusikus Bähr (q). Dieser war von S. Georg in Oberösterreich gebürtig, und mußte als ein Lutheraner flüchtig werden, bekam aber von den Nürnbergern ein Stipendium von 120 Rthlr. zum Studieren. Er wurde im 44sten Jahr seines Alters erschossen, im Jahr 1700, nicht aus Vorsatz, sondern auf der Jagd. (r).

Vockerodt ließ in seiner Einladungsschrift einige Redensarten mit einfliessen, welche die Musik schienen verdächtig zu machen, als grossen Herrn unanständig (s). Wider ihn schrieb Bähr den Tractat: *ursus murmurat*, (der Bär brummt) in 4 zu Weissenfels 1697 auf 4 Bogen, und in 8 noch in eben dem Jahre, bey welcher Ausgabe die deutsche Uebersetzung des Programma angedruckt ist. Vockerodts Verantwortung ist zu lesen in dessen Misbrauch der freyen Künste, insonderheit der Musik (t). Es ist zugleich gerichtet wider D. Wenzeln (u) und Johann Christian Lorbern (w), welche sich auch an Vockerodten gerieben.

Ehe Vockerodts Schrift gedruckt wurde, und als nur der Titel im Meßcatalog stund, war Bähr schon mit einer Widerlegung fertig, unter dem Titel: *Ursus vulpinatur*, List wider List, oder musikalische Fuchsjagd, in einem Traume vorgestellt (x). Hierauf gab Vockerodt heraus (y): Wiederholtes zeugniss der Wahrheit gegen die verderbte Musik und Schauspiele, Opern, Komödien und dergleichen (z).

q) Man schreibt auch Bär, ingleichen Beer. Diesen hitzigen Streit muß man verstehen, um den Verstand vieler Bücher besser einzusehen. Walth. und die Ehrenpforte haben etwas von ihm.

r) Einem Hauptmann gieng bey dem Vogelschiessen die Büchse los, daß die Kugel durch Bährs Hals gieng, neben dem Herzoge, daß er so gleich todt niedersank. Ein Fagottist, Barthhof, verlohr zugleich die untere Lippe; welchen ich in solcher Gestallt 1726 noch auf dem Schlosse zu Weissenfels gesehen habe, ob man schon allbereits einen andern zum Schloßorganisten gemacht, welches er zuvor gewesen. Mir wurden allda folgende Umstände erzehlt, es habe Barthhof auf des Merseburger Hofs Unkosten die Musik erlernet, folglich auch hernach allda Dienste nehmen müssen; der Herzog von Weissenfels habe ihn verlangt, und auf Barthhofs eifriges Anhalten habe der Herzog von Merseburg ihn endlich von sich gelassen, mit der Bedingung, den Fagott an keinem andern Orte iemals höhren zu lassen; Bähr habe ihn aber zur Ueberschreitung solches Versprechens verleitet, daher beyde auf gedachte Art die göttliche Rache fühlen müssen.

s) Das Programma kam heraus 1696 den 9ten August, und stellte nur vor 3 Exempel pedantischer, oder in die freyen Künste unvernünftig verliebter Kaiser, des Caligula, Claudius und Nero, als welche, wie nicht zu läugnen, solche sehr misbrauchten.

t) Zu Frankfurt 1697. 4 fast 1 Alph. Er erklärt sich hinlänglich, daß er wider den Misbrauch geschrieben, an sich aber die Musik hoch schätze, auch Amtswegen solche selbst befördern müsse. Man findet dabey das Bedenken der giesischen Universität über diesen Streit.

u) Joh. Christoph Wenzel, D. der Arzeney, und Schulrector in Altenburg, schrieb ein lateinisch Programma auf 2 Bogen wider Vockerodt, dessen Innhalt zu finden im Misbrauch der freyen Künste, S. 71. Doch ist Vockerodt nicht genennet, und es war eine Uebereilung.

w) Dessen Vertheidigung der edlen Musik wider einen angemaßten Musikverächter nennt zwar Vockerodten nicht; aber er ficht ordentlich wider ihn.

x) Zu Weissenfels 1697 in 4, ein halb Alph.

y) Zu Frankf. und Leipzig 1698 in 4, auf 18 Bogen

z) Von Bährs *ursus saltat*, (der Bär tanzt) wie auch *ursus triumphat* (der Bär siegt) siehe dessen Fuchsjagd S 89. woraus zu erhellen scheint, daß beyde gedruckt worden, aber nicht wider Vockerodt, sondern einen andern Rector, welcher noch gröber wider die Musik geschrieben.

Sonst sind schon mehrmals angeführt Bährs musikalische Discurse, durch die Principia der Philosophie deducirt in 60 Capiteln (a). Ein musikalischer Krieg ist daran zu finden, von welchem f. § 68. Dessen *Schola phonologica* gehört in unser 18tes Capitel §. 392. Jan Rebhu, der abentheurliche Simplicissimus und artlicher Potazi sind auf Romanenart von ihm geschrieben in seiner Jugend, welche Schriften er nach der Zeit selbst soll verabscheut haben (b).

a) Im *ursus murmurat*, sagt Bär, daß sie dermalen in Nürnberg gedruckt würden, und doch erschienen sie erst nach dessen Tode 1719 in 8, 14 Bogen. Mattheson setzte sich vor, solche durchzugehen im 2ten T. der critic. mus. welches aber nicht geschehen. Was Mitzler davon hält, s. F. I, P. III, S. 59 = 65. Er findet viel tadelnswürdiges.

b) Vom Jan Rebhu kann man auch etwas lesen im satyr. Compon. S 35 und folgenden, weil jener diesen etwas grob angegriffen, und daher wird Rebhu (Behr) in einem Gespräch sehr durch die Hechel gezogen. Im Ursus (nicht in 4, sondern in 8 S. 43) stehen noch folgende, so Bähr zum Verlag ausgeboten. Die deutsche Moralphilosophie; deutsche Epigrammata; lateinische meditationes, de vitae huius vanitatibus; der naseweise Secretarius; die hochgeehrte Frau Klatschschwester; der wohllehrenveste Bierfiedler; Atheniensium morosophia; der musikal. Discurse anderer Theil; Oratoria reformata; Logica Scoti examinata; der poetische Klopffechter. Einige glauben, es sey viel davon gedruckt.

(Adlung, M. J.: Anleitung zu der musikalischen Gelahrtheit, Erfurt 1758, S. 99 - 102)

In der Folge fällt das Wissen um die Romane ebenso aus der „seriösen" Beschäftigung mit ihnen heraus wie das Wissen um die Epigramme Beers, die Neumeister noch erwähnt hat. Im 18. Jhd. geraten die Romane Beers wie fast alles aus dem Bereich des 'niederen' Romans des 17. Jhds. weitgehend in Vergessenheit. 1714, ein Jahr nach der letzten barocken **Grimmelshausen**-Sammelausgabe, erscheint die letzte Auflage eines Beer-Romans (Weiber-Hächel). Als letzter Druck überhaupt erscheint 1719 die Fachschrift „Musicalische Discurse". 1714 kennzeichnen die „Deutschen Acta Eruditorum" die seit ca. 1680 beliebten 'politischen' Romane, die vorher durchaus auch in den süddeutschen protestantischen Reichsstädten (z. B. Augsburg, Nürnberg) verkauft worden sind, bereits als veraltet. Es seien *„alle diese Schriften* (darunter auch der Feuermäuer-Kehrer) *nunmehro durch die Vergessenheit zu Grabe getragen worden."* Immerhin ist der Text Beers hier noch bekannt und erhält sogar eine gewisse Muster-Funktion zugesprochen. Die ‚Weiber-Hächel' scheint am längsten von Beers Romanen Resonanz gefunden zu haben, denn es gibt von ihr eine Prager Handschrift von 1722. Dies könnte aber auch auf bereits weitgehende Unerreichbarkeit der gedruckten Romantexte hindeuten. **Blankenburg** kennt 1798 nur noch den 'Welt-Kucker' und 'Bestia Civitatis', der Wackenroder-Freund **Koch** im gleichen Jahr noch den 'Welt-Kucker', beide aber ohne Verfasserzuschreibungen. Der 'Welt-Kucker' dient **Achim von Arnim** 1812 als Vorlage für seine Novelle **„Angelika, die Genueserin, und Cosmus, der Seilspringer"**. Wie schwer damals auch schon die musikalischen Werke zu bekommen waren, beweist eine Textstelle aus der Erzählung **„Die Brautwahl"** aus den „Serapionsbrüdern" von **E.T.A. Hoffmann**, 1818:

„Denkt, fuhr der Goldschmidt fort, denkt Euch jetzt irgend ein seltenes Werk, dem Ihr vielleicht lange vergebens nachtrachtet, das Ihr aus keiner Bibliothek erhalten konntet.
O Gott, sprach der Geheime Kanzlei-Sekretär beinahe wehmütig, o Gott, da ich

nun auch zu meiner Erheiterung bisweilen die Oper zu besuchen gesonnen, wollte ich mich vorher etwas in der edlen Musica feststellen und trachtete bis jetzt vergebens, ein kleines Büchlein zu erhalten, das allegorischerweise die ganze Kunst des Komponisten und Virtuosen darlegt. Ich meine nichts anders, als Johannes Beers musikalischen Krieg oder die Beschreibung des Haupttreffens zwischen beiden Heroinen, als der Komposition und Harmonie, wie diese gegeneinander zu Felde gezogen, gescharmutzieret und endlich nach blutigem Treffen wieder verglichen worden. – Faßt in die Tasche, rief der Goldschmidt, und vor Freude jauchzte der Geheime-Kanzlei-Sekretär laut auf, als er das Buch aufschlug, das nun eben Johannes Beers musikalischen Krieg enthielt." (E.T.A. Hoffmann's sämtliche Werke in fünfzehn Bänden, Achter Band, Leipzig, o.J., S. 85)

E.T.A. Hoffmann zitiert hier das **"Bellum Musicum"** als Beispiel für ein extremes Rarissimum. Achim und Hoffmann sind die einzigen Dichter des frühen 19. Jhds., die in ihren Werken direkt auf Johann Beer Bezug nehmen.

Obwohl Beer zu Recht heute „als Autor Alewyns" gilt (H. G. Rolff), sind seine Romane unter ihren jeweiligen Pseudonymen schon vor Alewyn von der Forschung gestreift und wie im Abschnitt **„Johann Beer und der Barockroman"** gezeigt, als Produkte eines plumpen Nachahmers, Plagiators und ordinären Vielschreibers abgetan worden. Felix Bobertag äußert sich in seiner „Geschichte des Romans" (1876) besonders kritisch. Da dieser Kritiker die Position der Literaturwissenschaft des 19. Jhds. besonders drastisch spiegelt, sei er hier ausführlich zitiert:

„Interessanter als diese Denkmäler superkluger Plattheit sind für uns einige Erscheinungen, welche in dem, von Opitzschen Reformen ebenso wie von Lohensteinscher Verkehrtheit mehr frei gebliebenen Boden Süddeutschlands wurzeln. Sie lehren uns wenigstens, dasz hier unter besseren Verhältnissen ein komischer oder humoristischer Roman aus volksthümlichen Elementen möglich gewesen wäre. Keime zu gesunden Pflanzen sind erkennbar, freilich bei dem, der hier zuerst zu beachten ist, am dürftigsten.
Johann Huber oder J. A. N. Huber, wie vermuthlich der nicht sicher festgestellte Name des Mannes gelautet haben wird - er präsentiert sich als Oberösterreicher, sagt aber, dasz er Protestant war - lehnt sich in seiner Art an beide, Grimmelshausen und Weise, an. Von ihm kenne ich sechs erzählende Unterhaltungsschriften, Adimantus und Ormizella (1678 und 1679), den Simplizianischen Weltkucker (Theil I o. J., Theil II, 1678, Theil III, 1679, bei Theil IV ist die Jahreszahl abgeschnitten), den Ritter Spiridon aus Perusina (1679) den artlichen Pokazi (Theil I, 1679, Theil II, 1680), den Corylo (Theil II, 1680) und die angeblich aus dem spanischen übersetzte Weiber-Hächel (1680). „Des berühmten Spaniers Francisci Sambelle wolausgepolierte Weiber-Hächel etc aus dem Spanischen ins Hochteutsche übersetzet durch den allenthalben bekannten Jan-Rebhu." Einen Spanier des Namens Sambelle vermag ich nicht nachweisen, auch giebt das Buch ganz den Anschein eines deutschen Originalwerkes, als alle Verhältnisse deutsch sind). In der Vorrede zum Spiridon erwähnt der Verfasser noch seinen Ritter Hopfensack, der wohl

BELLUM MUSICUM

MUSICAlischer Krieg /

In welchem umbständlich erzehlet wird /
wie die Königin Compositio nebst ihrer Tochter
Harmonia mit denen Hümpern und Stümpern zerfallen /
und nach beyderseits ergriffenen Waffen zwey blutige Haupt-Treffen
sambt der Belagerung der Vestung Systema unfern der Invention-
See vorgegangen/ auch wie solcher Krieg endlich ge-
stillet / und der Friede mit gewissen Grund-
Reguln befestiget worden /

Denen von Musicalischer Hostilität allenthal-
halben infestirten Frontir-Plätzen zum besten / und diesen /
welche von der Music eintzigen Æstim machen / nicht ohne dem
daraus entspringenden Nutzen zu Liebe auf das kürtzeste
entworffen/und mit einer Landt-Carte des Cymbalischen Reichs versehen

Von

**Johann Beehren / Fürstl. Sächß.
Weißenfelsischen Concert-Meistern.**

Gedruckt im Jahr 1701.

von demselben Schlage gewesen sein mag, wie die anderen.
Die Komik dieses auf ein überaus genügsames Publikum, wie es scheint, nicht ohne Erfolg, speculierenden fruchtbaren Schriftstellers besteht darin, dasz er, sei es aus Mangel an Fähigkeit, darzustellen und durchzuführen, sei es aus Unklarheit darüber, worauf es in Erzählungen ankommt, fast überall den albernsten Hanswurst macht. Er versucht in Adimantus und Ormizella, die alten Romane wie etwa den Amadis parodierend zu verzerren, dasselbe thut er in dem Weltkucker und dem Pokazi mit der Weiseschen Manier spielend, doch unterscheidet er sich von Weise dadurch, dasz er eine fruchtbarere, allerdings sich nur in Scurrilitäten und Abgeschmacktheiten bewegende Phantasie hat, die bisweilen Anläufe zum Märchenhaften nimmt."
Es folgt dann eine Inhaltsangabe zum „Simplicianischen Weltkucker", um zu zeigen, *„wie ein komischer Originalroman, dessen Verfasser die Dreistigkeit hatte, ihn den ‚Simplicianischen' Weltkucker zu nennen, sich ausnimmt ..... Dabei ahmt er Amadis, Moscherosch (auch den Expertus ‚Rubertus' trifft er hier), Grimmelshausen und Weise zugleich nach, bringt es aber doch nur zu einem wüsten Durcheinander von meist ungesalzenen Einfällen, wie er überhaupt nur das Zerrbild aller seiner Vorbilder ist."*
Bobertag fährt dann fort: *„Da ich nicht berechtigt bin, mich an meinen Lesern für die Langweiligkeiten meiner Lectüre zu rächen, füge ich nur noch hinzu, dasz der Simplicianische Weltkucker bei weitem das Beste und zugleich das am wenigsten Komische ist, was der Verfasser geschrieben, es müszte ihn denn im Ritter Hopfensack, den ich nicht kenne, die Muse besonders freundlich angelacht haben. Sein Pokazi, der augenscheinlich auch als eine Schrift à la Simplicissimus gelten will, ist aber nur höherer Blödsinn für Kinder."*
Dann kommt Bobertag auf die *„kleinen volksthümlichen Romane des Oberösterreichischen Edelmanns Wolfgang von Willenhag"* zu sprechen *„Zendoriis a Zendoriis Teutsche Winternächte"* (1682) und die *„Kurtzweiligen Sommertäge"* (1683), die *„bedeutend ansprechender als die Erzeugnisse flüchtiger Vielschreiberei, obschon an sich sehr anspruchslos"* seien. Auch er nimmt - wie schon gesagt - ganz selbstverständlich an, dass der Erzähler auch der Verfasser der Romane ist. Diese Romane seien *„ganz aus dem Leben seiner Zeit gegriffene komische Romane, Streiche und Abenteuer von lustigen Edelleuten schildernd, nicht schlecht als leichte Unterhaltungslektüre, nach dem Masze ihrer Periode gemessen".* Nach einer kurzen Inhaltsangabe fasst Bobertag seine Eindrücke zusammen: *„Der Uebermuth und die Genuszsucht des Adels in den Gegenden, wo die Romane entstanden, wird durchaus unverhüllt dargestellt, und durch eingehende Schilderungen des gewöhnlichen Lebens auf dem Lande und auf den Schlössern verleiht Willenhag seinen Erzählungen einen nicht geringen kulturhistorischen Werth, der sie auch, abgesehen von anderen Vorzügen, bedeutend über die Narrenpossen des Jan Rebhu stellt. Der Aberglaube spielt eine grosze Rolle, was freilich in dem Zeitalter der Hexenprocesse nicht Wunder nimmt, in Bezug auf den Verkehr der Geschlechter spricht der Verfasser solide Grundsätze aus und vermeidet es augenschein-*

lich, Anstosz erregende und sinnlich reizende Scenen zu malen, seine Ausdrucksweise ist jedoch derb, und die Scherze, welche seine Cavaliere machen, beweisen, dasz die Ohren der damaligen Edeldamen nicht übermäszig zart gewesen sind. Verhältnismäszig sind seine Geschichten ehrbar und, obgleich hier keine Ausfälle auf den Amadis, den zu kennen sich der auf seine Belesenheit stolze Verfasser sogar rühmt, gemacht werden, so kann man doch behaupten, dasz er weniger geschmacklose Obscönitäten vorbringt als die norddeutschen Vertreter des heroisch-galanten Romanes, Anton Ulrich etwa ausgenommen." (Bobertag, F.: Geschichte des Romans ...,Erste Abtheilung, Erster Band, 1876, S 134 - 144). In der Ersten Abtheilung des zweiten Bandes, Zweite Hälfte, 1884 kommt Bobertag auf S. 238 f. noch einmal auf **Jan Rebhu** zurück. *"Noch weniger bedeutete die dem verstiegenen Stile und der unwahrscheinlichen Phantastik der Romane von dem ordinären Vielschreiber Johann Huber, mit dem Schriftstellernamen Jan Rebhu gemachte Opposition. Huber wollte, namentlich in seinem Adimantus und Ormizella (1678 und 1679) eine Satire auf die Romane liefern, aber seine Parodien der schwülstigen Sprache sind schlechte Witze der ordinärsten Sorte, seine karrikirte Phantastik trifft, obwohl sie einige an sich nicht üble satirische Züge enthält, nicht die heroisch-galanten Romane, sondern den Amadis und die älteren Ritterbücher. Auch trieb Huber sein Handwerk vor dem Erscheinen der Banise und des Arminius."*

Der im Zitat genannte J.M. Moscherosch ist ein barocker Schriftsteller (1601 - 1669), der besonders durch sein Hauptwerk „Wunderliche und wahrhafftige Gesichte Philanders von Sittewald" (1640 - 42) berühmt und einflussreich geworden ist. Er beschreibt in diesem Werk nach den 'Suenos' des Spaniers Quevedo in einer Reihe von Traumbildern die Zustände seiner Zeit (Modetorheiten, soldatische Wüstheit, Übermut des Adels).

„Winternächte" und „Sommertäge" kommen bei Bobertag also besser weg. In ihnen sieht er Dokumente von kulturgeschichtlichem Wert, vom Autor *„ganz aus dem Leben seiner Zeit gegriffen"*, in zwar anspruchsloser, aber nicht völlig verachtender literarischer Formung, die zudem *„weniger geschmacklose Obscönitäten vorbringt als die norddeutschen Vertreter des heroisch-galanten Romans"*. Den 'Printz Adimantus' qualifiziert er aber ab, dabei löst er das **Pseudonym „Rebhu"** als **Huber** auf. Dabei folgt er den Brüdern **Jakob und Wilhelm Grimm**, die Beers Schriften als Belegstellen für ihr **Wörterbuch** heranziehen (Jucundus, Pokazi, Narrenspital, Feuermäuer-Kehrer und die Winternächte). In dem erst 1960 abgeschlossenen Wörterbuch finden sich auch noch Belegstellen aus dem Kleider-Affen, Spiridon, Welt-Kucker.

Ich bin bei meiner Lektüre der Romane von Johann Beer auf viele Wörter gestoßen, die ich nicht gekannt habe. Fast alle von ihnen habe ich im „Grimm" nachgeschaut und sehr viele auch erklärt gefunden. Allerdings selten aus dem Werk von Beer. Meist aus den Werken seiner Zeitgenossen.
Belegstellen bei Beer habe ich folgende gefunden:

GRINDSCHMITZE: m. und f., schlag auf den kopf
hätte dir längst schon einen grindschmitzen versetzt
JAN REBHU Weltkucker (1679), 3, 107, Grimm 9, S. 378

Als er nun verstanden / daß ich der Jan Rebhù wäre / sagte er: „Ha / Ha / du bist gar der rechte Vogel / bist du der Jan Rebhù, nu / nu / daß ist gar der rechte Gesell / was gilts / wir wollen dir die Federn auszupffen / ich bin dir noch wegen des Ritter Hopffen-Sacks eins schuldig / nun will ich dich kriegen du Ertz-Mause-Kopff / hätte dir längst gern ein Grind-Schmitzen versetzet / nun hab ich Gelegenheit darzu / laß dir nur die Zeit nicht lang werden / ich glaub / ich will dich Ritter Hopffen-Sacken / daß du gesäckt seyn sollest."
Weltkucker S 201

KALLIERSACK: anhängetasche, für schulkinder, bettler, landmetzger
Grimm 11, S 70

Mit disen und dergleichen Worten gienge er mit seinem leinernen Felleisen voran / und ich zottelte mit meinem Kallir-Sack hinten nach. *FMK S. 15*

PLACKSCHEISZER: er ist schreiber und plackscheisser (black = tinte)
pol. feuermäuerkehrer cap. 10, Grimm 13, S. 1876

'Er ist' / sprache er zu uns / 'ein Schreiber und Plackscheisser / doch hat der Bärenheuter das Hertz / sich einen SECRETARIUM heissen zu lassen! *FMK S. 37*

DRÖGELGEIGLEIN: n. indem deckte ein page auf, der zoge unter währender arbeit ein dröglgeiglein hervor aus der ficke (= Tasche, Sack),
Jucundissimus 158, Grimm 2, S. 90

Indem deckte ein PAGE auf / der zoge unter währender Arbeit ein Drögl-Geiglein hervor aus der Ficke / und nachdem er zwey Melodeyen um den Tisch herum springend aufgestrichen / steckte ers wieder ein / und deckte gar auf. *J.J. S. 161*

WINKELSTEUER: bes. steuer, wird nach billiger nutzung geschätzt; der student versprach ihnen im namen der edelfrau 8 batzen von der winkelsteuer zu schenken (Jucundus Jucundissimus S. 192),
Grimm 30, 381

Wie wir nun gar nicht wusten / wie die Zeit lustig zu paßiren wäre / satzte sich der Student über eine Comödie / die sollten uns die Baurn im Dorfe Agiren / so sehr sie sich auch dawider sperren würden.Die Baurn schmutzten darzu wie über einen Käse-Kuchen / und der Student versprach ihnen im Namen der Edelfrau 8 Batzen von der Winkel-Steuer zu schenken und nachzulassen / so sie fleißig lernen würden.
J.J. S. 175

SCHABHALS: m., einer, der den hals nicht voll genug bekommen kann, ein gierschlund
solcherlei erzschabhälser. Jucund. 128

SCHABHALSER: wie schabhals: dasz sie ihn..esel, bärnhäuter, schabhalser nennete. Jucundissimus 16, du schabhalser 123; fluchet auf den Schreiber, dasz kein solcher schabhalser im gantzen lande. polit. feuermäuerkehrer cap. 10
Grimm 14, S 1953

SUPPE ALS UMSCHREIBUNG FÜR ‚SACHE', ‚ANGELEGENHEIT'
    die suppe ausfressen, aufessen ‚die folgen auf sich nehmen, es büszen, ausbaden':
    sonst hätten wir die suppe ausfressen müssen
    Jucundi Jucundissimi lebensbeschr. (1680) 187
    (Grimm Band 20, S. 1227,)
    Roloff, Band 4, S. 171, Zeile 41:
    sonsten hätten wir die Suppe ausfräßen müßen

Die Brüder Grimm haben die Romane von Jan Rebhu durchaus geschätzt. So schreibt W. Grimm in einem Brief vom 3. Oktober 1809 an seinen Bruder Jakob aus Berlin u. a.: „*Wir besuchten ihn (Buttmann) nämlich auf die Bibliothek und diese, womit ich schicklich zur Literatur übergehe. Wir haben mancherlei gefunden und einen ganzen Arm voll Bücher mit nach Hause genommen, von denen ich das Nötige mitbringen werde. Sei doch aufmerksam auf die Romane von Jan Rebhu, welche sehr vorzüglich und durchaus nach dem Simplicissimus zu nennen sind."* (Briefwechsel zwischen Jacob und Wilhelm Grimm aus der Jugendzeit, S. 165)

Und Jakob Grimm schreibt an Achim von Arnim, dem – wie gesagt – der „Weltkucker" von Johann Beer als Vorlage für seine Novelle „Angelika, die Genueserin..." gedient hat: *„Noch eins muß ich sagen. Du hast eine eigene Lust daran, ganz gewisse und historische Personen einzuweben; daß ich Dir keinen Vorwurf über Anachronismus – Rebhu, d. i. Huber, und Winkelmann – machen will, kannst du von selbst denken, dergleichen verschlägt mir nichts."*

(Der '**Anachronismus**' verlegt Personen oder Gegenstände in Zeiten, zu denen sie noch gar nicht lebten bzw. erfunden waren, und bildet somit einen Verstoß gegen die Zeitrechnung, der rückgreifende A. erneuert längst überlebte Einrichtungen).

Diese Auflösung des Pseudonyms **Rebhu** als **Huber** war seitdem bis zu R. Alewyn in allen Bibliographien und Katalogen zu finden. Dies gilt auch für gelegentliche Einzeluntersuchungen seiner Romane, wenn ihn die Literaturgeschichten überhaupt erwähnen. Die „Deutsch-österreichische Literaturgeschichte" von Nagl und Zeidler (1898) kennt nichts von Beer, auch **Josef Nadler** nennt ihn in seiner „Literaturgeschichte der deutschen Stämme und Landschaften", Regensburg 1913, nicht.

Eine Ausnahme ist nur **G. Gervinus** in seiner „Geschichte der deutschen Literatur" von 1853. Er bringt bereits Mitte des 19. Jhds. eine korrekte Autorenzuweisung, was auch R. Alewyn entgangen zu sein scheint, der jedenfalls Gervinus nicht erwähnt. Gervinus schreibt:

„*Mit dem Namen Simplicissimus ward dann wie mit des Philander speculiert; bald war er Held, bald Verfasser; es kam ein ungarischer (1683) und ein französischer Simplicissimus (Freiburg 1681), wo man wie in den Fortsetzungen Philanders in die Zeitgeschichte versetzt wird; es kam ein simplicianischer Hasenkopf*

(1683), Haspelhans (1684), Weltkucker oder abentheuerlicher Jan Rebhu (1677 - 78). (Dazu heißt es in einer Fußnote: Von dem Musäus Joh. Bähr aus St. Georg, aus dem Lande ob der Enns (1652 - 1700), der auch Verf. des bezauberten Ritters u. a. Schriften ist). Unter diesem letzteren Autorennamen folgte eine ganze Literatur afterhumoristischer Schriften in simplicianischer Art, aus deren Vergleichung man erst recht inne wird, welch eine bedeutende Erscheinung Grimmelshausen in seiner Zeit war." (Gervinus, S. 495)

Der 'bezauberte Ritter' könnte der 'Adimantus' sein. Quelle für Gervinus ist mit Sicherheit **Mattheson** gewesen. Der Hinweis von Gervinus auf Beers Autorschaft dieser Romane wurde aber von der Forschung nicht aufgegriffen.

Erst **Ende der zwanziger Jahre**, als sich die Germanistik intensiv mit der Literatur des Barock beschäftigte, lag die Entdeckung des Autors Beer und die Identifizierung „Rebhu" als **Beer** geradezu in der Luft.

Die zwanziger Jahre unseres Jahrhunderts scheinen überhaupt eine gute Zeit für „Wiederentdeckungen" gewesen zu sein. Was in der Literatur für den bis dahin vergessenen Johann Beer gilt, das widerfährt in der Malerei dem lothringischen **Maler George de la Tour**; seine Bilder waren bekannt, aber man hatte sie bis dahin anderen Malern zugeordnet.

H. F. Menck hatte schon in seiner Heidelberger Dissertation 1928 und, in präziserer Form, in der Buchausgabe **„Der Musiker im Roman**, (Beiträge zur neueren Literaturgeschichte XVIII, 1931) den Verfasser des „Jan Rebhu" ('Weltkucker') mit Beer identifiziert und die Bedeutung seiner Pseudonymauflösung für die Geschichte des Barockromans deutlich erkannt, ohne indes den Umfang des Beerschen Gesamtwerkes abzustecken.

Der „Jan Rebhu" wurde erstmalig von Bobertag in seiner „Geschichte des Romans u. der ihm verwandten Dichtungsgattungen in Deutschland" (Breslau 1876) I, 2, S. 135ff., und nach ihm von Rausse (Zur Geschichte der Simpliziaden, Zeitschr. f. Bücherfreunde, N. F. VI), einem sonst nicht weiter bekannten Johann Huber zugeschrieben. An den angegebenen Stellen ist diese Zuweisung leider nicht näher begründet. Eine Notiz in Matthesons „Ehrenpforte", Hamburg 1740, bewog mich, die Autorfrage nochmals zu untersuchen. Mattheson schreibt dort (S. 15/ 16) in dem Artikel „Bähr": „Um aber nichts schuldig zu bleiben, soll dieses Orts noch ein drittes mehrers folgen: welchem nach den obigen 8 Schrifften noch drey oder vier andere beigefügt werden können. Man schreibt nehmlich dem Bähr die Weiberhechel, den Jan Rebhu, den bezauberten Ritter, und, in dem folgenden Hausmannischen Verzeichnis noch ein Vulpus vulpinator zu. Nicht ohne Ursache. Denn seine Schreibart verräth ihn genugsam." Nach einer stilistischen Vergleichung des „Jan Rebhu" und des offenbar dem gleichen Schriftsteller zuzuschreibenden „Corylo" mit den „Musikalischen Diskursen" des Johann Beer steht für mich diese Zuweisung außer Zweifel. Es ergab sich weiter, daß mit dem Namen Jan Rebhu eine außerordentlich weitschichtige Literatur verbunden ist, die man bisher, wohl infolge der vernichtenden Verurteilung durch Bobertag, völlig übersehen hat, deren Erforschung mir aber dringend erforderlich zu sein scheint; schon das mir zugängliche, aber leider sehr lückenhafte Material ließ eine außerordentlich fördernde Ausbeute für die Geschichte des Romans im 17. Jahrhundert erhoffen.

(Menck, Hans-Friedrich: Der Musiker im Roman. Diss. Heidelberg 1931 [= Beitr. zur neueren Lit. Gesch. 18]).

(Eine Dissertation ist eine wissenschaftliche Arbeit zur Erlangung des Doktor-Titels.)

Diese Aufgabe leistet erst **R. Alewyn**. Er hält sich nicht an die Bitte Beers im „Verliebten Europäer": „Im übrigen wolle sich der geneigte Leser nicht bemühen den Autorem dieses Werckes auszuforschen."

Erst seine 1932 veröffentlichte Habilitationsschrift: „**Johann Beer. Studien zum Roman des 17. Jahrhunderts,** Leipzig 1932 (Palaestra 181), macht dann Beers Leben und Werk in vollem Umfang sichtbar. Eine akribische Rekonstruktion von Beers Biographie und Genealogie, eine genaue Sichtung der Romantexte Beers und ihres literarischen Umfeldes, die Untersuchung ihrer Schreibart, Versuche ihrer Einordnung und eine Dokumentation ihres Widerhalls ließen Beer auf einen Schlag als bemerkenswerte Erscheinung in der Literatur des späten 17. Jhds. kenntlich werden. Alewyns Arbeit wirkt in vielen Partien bis heute kaum veraltet; ihre außerordentliche Qualität zeigt sich unter anderem daran, dass erst später aufgefundene z. T. wesentliche Texte (wie das **Tagebuch**, 1963, daneben '**Jungfer-Hobel**', 1960, „**Bruder Blau-Mantel**", 1967, oder die „**Beschreibung der Stadt Regensburg**", 1978) seine detektivische Detailarbeit weitgehend bestätigt haben.

In seiner Vorrede schreibt R. Alewyn, er habe reichlich Dank zu sagen: Herrn Pfarrer Franz Blasl in St. Georgen i. A. (Siehe Schreiben vom 12. August 1929 im Abschnitt „**Johann Beer und der Attergau**".)

Alewyn sagt, dass es leicht sei, die Verfasserschaft des Weißenfelsischen Konzertmeisters Johann Beer bei den zahlreichen pseudonymen Romanen nachzuweisen. Denn es sei für Beer charakteristisch, dass sein Stil, d. h. seine Sprache, die Art seines Witzes und seine Einfälle, die Art zu erzählen, die Welt seiner Motive und Figuren, als durch und durch individuell der durchaus typischen Kunst seiner Zeitgenossen gegenüberstehe. Bei der Mehrheit seiner Schriften sei die Verfasserschaft schon nach der Lektüre einiger Seiten, um nicht zu sagen Sätze, zu entscheiden. Im Nachwort der von ihm 1963 im Insel Verlag herausgegebenen Romane „Die teutschen Winternächte & Die Kurzweiligen Sommer-Täge" schreibt Alewyn: *„Als der Herausgeber dieses Buches Ende der zwanziger Jahre die Einöden der Romanliteratur des 17. Jdhs. planmäßig durchstreifte, fühlte er sich auf einmal beim Aufschlagen eines Buches unvermutet von einer menschlichen Stimme angesprochen. Dieses Erlebnis wiederholte sich in geringeren und größeren Abständen mehrfach, oft schon durch den Titel angekündigt, bis sich eine beträchtliche Gruppe von Werken – etwa zwanzig an der Zahl – zusammengefunden hatten, von denen die knappe Hälfte sich durch den erzählerischen Rang hoch über ihre Umgebung erhob und die alle sowohl durch greifbare Parallelen* oder Verweisungen als auch durch unverwechselbare Familienähnlichkeiten miteinander verbunden waren. Aus ihnen entstand die Physiognomie eines begnadeten Erzählers und viele genaue Umrisse einer Biographie, zu der nichts fehlte als der Name, den schließlich eine beiläufige Erwähnung an entlegener Stelle bescherte: Johann Beer." (S. 851)

Abgesehen von den beiden 'Politischen Romanen' **"Bratenwender"**, **"Feuermäuer-Kehrer"** und dem **"Deutschen Kleider Affen"**, die eher konventionell geschrieben seien, aber doch immer wieder individuelle Züge aufwiesen, seien es eigentlich nur zwei Bücher, die man nur zögernd Johann Beer zuschreiben würde: den **"Verkehrten Staatsmann"** und die **"Bestia Civitatis"** – und nur eines, bei dem man wohl kaum auf Beer getippt hätte: der **"Verliebte Europäer"**. Aber genau deswegen seien sie auch die unwichtigsten. Direkt bezeugt ist zunächst „Der verkehrte Staatsmann oder Naseweise Sekretarius", der 1700 im Todesjahr Beers erschien. Er ist ohne Zweifel identisch mit der Schrift „Der naseweise Secretarius", die Beer auf S. 43 von „Ursus Murmurat" zum Verlag anbietet. Das Pseudonym „Expertus Rupertus Ländler, Bauer vom Adlersee" weist zudem auf Beers Heimat (Adlersee wohl Druckfehler für Adersee = Attersee) und ist charakteristisch für einen bestimmten Typus von Beers Pseudonymen. Der „Politische Feuermäuer-Kehrer" und der „Verliebte Europäer" (beide 1682) haben – wie an anderer Stelle erwähnt – die Leipziger Zensurbehörden beschäftigt.

Der „Verliebte Europäer" ist nur auf diese Weise als Werk Beers bezeugt. Für den „Feuermäuerkehrer" sprachen auch noch genügend andere Gründe (Alewyn S. 103).

Im engsten Zusammenhang mit dem „Politischen Feuermäuerkehrer" steht der im gleichen Jahr erschienene „Politische Bratenwender", der am Schluss des „Feuermäuerkehrers" angekündigt ist.

Die „Bestia Civitatis" (1681) ist die einzig wirklich nur schwach bezeugte Schrift. Aber es gebe doch überzeugende Parallelen mit anderen Werken (Alewyn S. 104). Ähnliches gelte auch für den „Deutschen Kleider-Affen" (1685).

Eine große Gruppe von Romanen sind unter dem Pseudonym „Jan Rebhu" erschienen, nämlich: Der **Weltkucker, Printz Adimantus, Spiridon, Pokazi, Weiber-Hächel, Der verliebte Österreicher**. Außer dem Pseudonym sind diese Schriften bis auf die zwei letzten miteinander noch durch zahlreiche Verweisungen verknüpft. Vom Verfasser dieser Rebhu-Gruppe muss auch der **'Ritter Hopffensack'** stammen. Und zu dieser Gruppe gehört endlich auch der **"Corylo"**. Dass der Verfasser dieser Rebhu-Texte Johann Beer ist, beweist die Meinung der Zeitgenossen und die Übereinstimmung zwischen dem aus den Rebhu-Schriften für ihren Verfasser zu erschließenden und Beers wirklichem Lebenslauf. (Alewyn S. 106). Man muss bedenken, dass Alewyn hier eine Reihe von Angaben aus der Biographie von Johann Beer macht, noch bevor 1963 dessen **Selbstbiographie** entdeckt wird.

Auch die **"Winternächte"** und die **"Sommertäge"** gehören zusammen. Ihr Ver-

fasser nennt sich 'Wolffgang von Willenhag', Herr auf Stampff und Nußdorf am Adersee. Stampf und Nußdorf sind zwei Dörfer nahe des Attersees, mit Willenhag ist offenbar **Wildenhag** gemeint.
Die Technik des Pseudonyms ist also die gleiche wie beim „Verliebten Staatsmann". Das „**Narrenspital**" ist vor allem durch Parallelstellen in anderen Werken Beer zuzuweisen.
„**Jucundus Jucundissimus**" ist mit äußeren Gründen am schwersten für Beer zu reklamieren. Der Name „von Willenhag" kommt S. 22 vor, und S. 51ff. werden Schulgeschichten erzählt, wie sie sich ebenso in den „Winternächten" finden. Aber gerade dieses Buch ist bis zum Rand gefüllt mit Beerischem Leben und Beerischen Motiven.

Alewyn bespricht alle Romane, die Beer zugeschrieben werden, außer „**Andere Ausfertigung Neu=gefangener Politischer Maulaffen**" (1683) und den beiden Werken, die 1930 als verschollen gegolten haben, nämlich „**Der kurtzweilige Bruder Blau-Mantel**" (1700) und „**Der neu gefertigte Jungfer-Hobel**" (1681).

„Die Maul-Affen" werden, als Alewyns Monographie bereits in Druck war, von Arnold **Hirsch** Johann Beer zugeschrieben. Alewyn nimmt das Werk noch in seine Bibliographie der Werke Beers auf (Nr. 17, S. 257), wo er in einer Fußnote anmerkt: *„Kurz vor Abschluß des Druckes gelingt es A. Hirsch, dieses Werk mit überzeugenden Gründen Beer zuzuweisen. Es sei darum wenigstens an dieser Stelle, soweit die bibliographischen Ermittlungen noch reichen konnten, angeführt, womit ich die Begründung der Zuordnung dem Entdecker überlasse."* Und A. Hirsch liefert diese überzeugenden Gründe in seinem Buch „**Bürgertum und Barock im deutschen Roman**", 2. Auflage, Böhlau, Graz 1957 auf den Seiten 136 - 139. Das Manuskript dieser Habilitationsschrift lag Anfang 1933 vor, konnte wegen des politischen Umsturzes aber erst 1934 erscheinen. Damals hatte Arnold Hirsch aber Deutschland schon verlassen. Ihm sollte bald der Mann ins Exil folgen, dem er das Buch zugeeignet hatte, Richard Alewyn.

Alewyn musste viele Texte mühsam lokalisieren, andere wies er erstmals nach. Von den 21 von ihm eindeutig für Beer belegten Romanen konnte er lediglich zwei nicht aufspüren: den '**Jungfer-Hobel**' (1680) und den in einer Liste verbotener Bücher erwähnten '**Bruder Blau-Mantel**' (1700). Im Jahre 1960 gelang **K. G. Knight** der Nachweis eines Exemplars des 'Jungfer-Hobel' in der Zentralbibliothek der Deutschen Klassik in **Weimar**, das mit den meisten anderen Ausgaben Beerscher Werke bereits im 'Gesamtkatalog der deutschen Bibliotheken' (1939) verzeichnet ist. Ein zweites Exemplar befindet sich heute in Edinburgh.

Ebenfalls in den 60er Jahren stellte **M.K. Kremer** bei einem Besuch in der **Straßburger-Universitäts-Bibliothek** fest, dass dort als einziger Originaldruck der Schriften Beers der „**Bruder Blau-Mantel**" vorhanden ist, ein Werk, das seit seiner letzten Erwähnung in einer Liste verbotener Bücher als verschollen galt. In der Gesamtheit fügt sich diese Schrift gut in die Werke Beers ein, darf aber wohl zu seinen weniger bedeutsamen Werken gezählt werden.

Von der „**Geschicht und Histori von Land-Graff Ludwig dem Springer**" hat man bis 1965 weder gewusst, dass es sie gibt, geschweige denn, dass sie von Johann Beer stammt. Erst als 1963 die bis dahin völlig unbekannte '**Selbstbiographie**' im **Erfurter Stadtarchiv** entdeckt und 1965 von **A. Schmiedecke** herausgegeben wird, erfährt die staunende Fachwelt von diesem Buch. Denn Johann Beer führt den Titel dort als einzigen seiner literarischen Werke an. Er schreibt auf S. 69 – in der Ausgabe von 1965 –: „Den 18. t. Julii (1698) habe die Historiam von Landgraff Ludwig dem Springer aus einem MS. [Manuskript] gezogen und mit etlich 20 hölzernen Figuren, die Ich selbst geschnitten, allhier in Weissenfels drüken lassen."

Die Suche nach der kleinen Schrift wurde wesentlich durch den Umstand erschwert, dass weder ihr genauer Titel noch der vielleicht pseudonyme Verfassername bekannt war, dass sie weder in der Literatur über Beer noch in derjenigen über Ludwig den Springer erwähnt wird, und dass sie auch in sämtlichen bibliographischen Nachschlagewerken zum Schrifttum des 17. Jhds. nicht aufgeführt ist.

Im Spätsommer 1966 teilt die Direktion der Univ. und **Landesbibliothek** Sachsen-Anhalt in **Halle** mit, dass sie das gesuchte Werk besitze. Es handelt sich um das bisher einzige nachweisbare Exemplar.

Das wohl überraschendste Element der jüngeren Beer-Forschung war die Auffindung des **Tagebuch-Manuskriptes**, das geeignet war, die Biographie des Dichters weiter zu erhellen, wenn auch die Aufschlüsse, die sich für sein literarisches Werk daraus gewinnen lassen, dürftig erscheinen.

Erdmann Neumeister (1671-1756), Porträtkupfer in den Fünfffachen Kirchen = Andachten, 1716.

Er hat Johann Beer als Erster fachwissenschaftlich zur Kenntnis genommen.

Aus: Weißenfels als Ort literarischer und künstlerischer Kultur ..., S. 178

Johann Beer und der Barockroman

Beers ungeheure Produktivität und Tatkraft, wie sie sich in seinem TB zeigen, zeichnen auch den Romanschriftsteller Beer aus. Er verfasste mindestens 21 Romane, von denen er außerdem mehrere für Zweitauflagen bearbeitete und z. T. leicht änderte.

Selbstverständlich kann es hier um keine detaillierte Analyse des gesamten Romanwerkes gehen. Es kann sich hier nur um einige Bemerkungen über das Verhältnis seiner Romane zu den Werken seiner literarischen Vorgänger und Zeitgenossen handeln.

Die Jahre, in denen Beer seine Romane schrieb, hatten bereits einen starken Verfall der überkommenen und übernommenen Formen gebracht. Die sich daraus ergebende Vermischung ursprünglich streng geschiedener Gattungen ist in seinem Werk besonders stark spürbar. Häufig berühren sie sich, nicht selten vermischen sie sich.

Beer schrieb fast alle seine Romane in einer Zeitspanne von **acht** Jahren. Der 1. Teil seines ersten Romans, „Der Simplizianische Welt-Kucker / oder Abentheurliche Jan Rebhu", erschien 1677, d. h., als Beer erst etwa 22 Jahre alt war, und der letzte, von dem wir mit Bestimmtheit wissen, dass er zu Beers Lebzeiten veröffentlicht wurde, „Der Deutsche Kleider-Affe", erschien 1685. Die Werke „Der verkehrte Staatsmann" und „Bruder Blau-Mantel" erschienen wahrscheinlich in Beers Todesjahr 1700, aber ob sie noch vor Beers Tod veröffentlicht wurden, kann (noch) nicht gesagt werden. „Der verliebte Österreicher" erschien erst 1704.

Angesichts der relativ kurzen Zeitspanne der Tätigkeit Beers als Romanschriftsteller muss man die Frage stellen, inwieweit man von einer **Entwicklung** und von einem **Reifungsprozess** in Beers literarischen Schriften sprechen kann. Es wäre offensichtlich falsch, von Beers „Spätromanen" zu sprechen, aber eine gewisse Entwicklung lässt sich in seinen Schriften doch verfolgen.

Über die Ein- und Zuteilung der Schriften Beers zu den einzelnen Formen des Barockromanes gehen die Meinungen unter den Fachleuten auseinander. Manfred **Kremer** („Die Satire bei Johann Beer", 1964) ist der Meinung, dass bei Beer im Grunde nur drei Formen der Erzählungen vorliegen: **der Ritterroman, der Picaroroman** und **der Politische Roman**. Dabei seien **zuerst** die Ritterromane entstanden (Hopffensack, 1678; Adimantus, 1678; Spiridon, 1679). **Gleichzeitig** habe Beer seinen ersten Picaroroman, den „Weltkucker" geschrieben (1677-79), in den noch rittertümliche Episoden eingefügt seien, wie umgekehrt schon im „Hopffensack" der Einfluss des Picaroromanes spürbar sei. Der Picaroroman bleibe für das weitere Werk von Beer von großer Bedeutung. Rein picarische Romane seien der „Corylo" (1679/80), der „Pokazi" (1679/80) und der „Jucundus Jucundissimus" (1680).

Um 1680 vollziehe sich der **Übergang zum Politischen Roman**, der im Wesentlichen die weitere Produktion Beers umfasse, den inneren Zusammenhang bekomme das literarische Werk Beers durch die **satirische Grundhaltung.**

Eine etwas andere Einteilung der Romane Beers nimmt im Jahre 1978 **James Hardin** in seiner Einleitung zum „Verliebten Österreicher" vor. Auch er ist sich bewusst, dass eine systematische Gliederung von Beers Romanen nicht ohne Überschneidungen vorgenommen werden kann, er entscheidet sich der Übersichtlichkeit halber für **fünf** Hauptgruppen: **parodistische Ritterromane, Picaroromane** (oder Simpliciaden), **antifeministische Satiren, politische Romane** und **„gattungsungebundene Romane"**, d. h. Romane, die eine Mischung verschiedener Elemente und Formen aufweisen.

1. Ritterromane:

Die Geschichte der Ritterromane beginnt mit den Prosaauflösungen der alten Ritterepen (in Versen) im ausgehenden Mittelalter. Es entstehen die zahlreichen **Volksbücher** und **Artus-Romane**. Einen Höhepunkt erreichten diese Schriften mit dem **Amadis-Roman** aus Spanien. Hauptsächlich unter dem Einfluss des Amadis verfasste Beer eine Reihe von Romanen, die die literarischen Stilmittel und die sowohl heldenhaften wie auch unglaublichen Abenteuer und Liebesgeschichten der damals im breiten Publikum noch immer beliebten Ritterromane übernahmen und parodierten. Dass Beer diese Amadis-Romane, die in deutscher Übersetzung schließlich auf 30 Bücher anschwollen, schon seit frühester Jugend gekannt hat, beweisen die vielen Anspielungen in seinen Werken. Dabei zeigen die Ritterromane - vielleicht unter dem Einfluss von **Cervantes** - die Ritterwelt nur in **ironischer Verfremdung**, denn sie können mit ihren maßlosen Übertreibungen und grotesk-lächerlichen Einlagen nur noch als **Parodien** gesehen werden.

Unter **Parodie** versteht man die verspottende, verzerrende oder übertreibende Nachahmung eines schon vorhandenen ernstgemeinten Werkes oder einzelner Teile daraus unter Beibehaltung der äußeren Form, doch mit anderem, nicht dazu passendem Inhalt.

Zu dieser ersten Gruppe gehören: **Der Ritter Hopffensack** (1678), **Printz Adimantus** (1678), **Ritter Spiridon** (1679).

Diese kurzen Romane sind voller Humor, leicht und nicht gerade anspruchsvoll. Wahrscheinlich haben sie ihren Ursprung in Geschichten, die Beer am Abend seinen Schulfreunden erzählt hat. Der Einfluss der Regensburger Zeit auf seine frühesten Schriften ist unverkennbar. Die **„Ritterromane"** sind voll von Possen und teilweise recht albernem Studentenhumor. Aber diese Romane zeigen auch, dass Beer die zeitgenössische Entwicklung aufmerksam verfolgt hat. So stellt zum Beispiel „Printz Adimantus" eine geschickte Parodie der in einigen Regelbüchern empfohlenen hochtrabenden Umschreibungen dar. („Stall-Karpfen" für Pferd, „Unschlitt-Wurst" für Kerze, „die Sonne hatte sich vom ersten Schlaff kaum auf die linke Seite umgewandt", „die Fackeln der himmlischen Latern hatten die Schlaff-Hauben abgelegt", „Esels-Salat" für Disteln, „ die Hufeisen des Verlangens", „reitet er in der Nacht so vertiffet in den Scheiter-Macher hinein, biß er endlich gantz verirret und an dem Bart der Dannen-Baum das Schermesser seiner Fort-Reise gantz zerschnitten", Bücher sind „Doktorschaufeln", eine Öse ist ein „Schuh-Ohr", die Köche sind „Suppen-Schneider", „als nun aufs neue der Nacht der Schwantz abgehauen war", Inletts sind „Bett-Gewandten", „aus dem Pferdehut, das ist aus dem Sattel", „als der Titan [Sonnengott] sich in dem Meer gebadet und seine nasse Residenz quitiert hatte"). Beers Rittergeschichten richteten sich im Großen und Ganzen gegen eine überkommene Gattung, die als hohl entlarvt und dem Spott der Leser preisgegeben wird.

2. Picaroroman (oder Simpliciaden)

Ungefähr zur gleichen Zeit, als Beer seine Rittergeschichten zu Papier brachte, verfasste er mehrere Romane, die eine starke Einwirkung des **spanischen Picaroromanes** und der **simplizianischen Schriften Grimmelshausens** zeigen. Beer kann in dieser Richtung sogar der wichtigste Nachfolger Grimmelshausens genannt werden, besonders in den Schelmenromanen **„Der Simplicianische Welt-Kucker"** (4 Teile, 1677-79), **„Jucundus Jucundissimus"** (1680) und **„Der Berühmte Narren-Spital"** (1681). Aber die picarischen Romane Beers unterscheiden sich grundsätzlich von ihrem Vorbild, dem **„Simplicius Simplicissimus"** (1669), der ja eine einmalige Erscheinung unter den Schelmenromanen bleibt. Denn im Unterschied zu Grimmelshausen legen Beers Romane eine klare **Weltbejahung** an den Tag, sie zeigen an, dass der Zeitgeist sich **weniger am Jenseits,** sondern **viel mehr am Diesseits** orientiert. Die barock-asketische Sicht, aus der heraus der „Simplicius Simplicissimus" geschrieben ist und die den Helden in ständiger Entwicklung auf sein ewiges Heil hin zeigt, tritt bei Beer völlig zurück. Der Picaro erscheint diesseitsverbundener, weltoffener. War im spanischen Picaroroman, im **„Lazarillo"** und dem **„Guzman"**, die Entwicklung des Picaro im Allgemeinen nur eine solche zu größerer Durchtriebenheit, so macht der Picaro bei Grimmelshausen eine innere Entwicklung durch hin auf sein ewiges Heil. Die Picaromane von Beer verlieren immer mehr das aus dem Simplicissimus übernommene Entwicklungsmotiv und nähern sich so stärker der **sozialkritischen Satire**, die im Urtyp der picaresken Gattung zugrundeliegt.

Andere Romane von Beer, **„Pokazi"** (zwei Teile, 1679-80), **„Corylo"** (zwei Teile, 1679-80) und **„Bruder Blau-Mantel"** (1700) können auch zu dieser Gruppe gezählt werden, da sie zwar teilweise episodisch-abenteuerlich, aber doch vorwiegend einsträngig sind und die Gesellschaft „von unten" dargestellt wird, um soziale Missstände zu geißeln. Diese Romane sind stark satirisch, wie denn überhaupt der **satirische Aspekt** in Beers Schriften **nach 1680** (dem Jahr seiner Übersiedlung nach Weißenfels) immer mehr hervortritt.

Eine **Satire** ist eine missbilligende Darstellung und Entlarvung des Kleinlichen, Schlechten, Ungesunden im Menschenleben und dessen Preisgabe an Verachtung, Entrüstung und Lächerlichkeit. Sie hofft, durch Aufdeckung der Schäden Besserung zu bewirken.

Zunächst wird in diesen Romanen das bekannte Muster aufgegriffen, die Begegnung eines jungen Helden mit der Welt. Jan Rebhu, der Welt-Kucker, wächst als Sohn eines Försters in Tirol auf; Pokazi ist ein Köhlersohn aus dem Thüringer Wald, Jucundus der eines Ziegelbrenners aus dem Schwarzwald; Blaumantels Vater lebt als Schneider im Frankenland. Corylo scheint auf den ersten Blick eine Ausnahme zu bilden, da er auf einem Schloss als Sohn eines Grafen aufwächst, als er sich aber in seine Schwester verliebt, wird er von dem vermeintlichen Vater als ehemaliges Findelkind davongejagt.

Auch der Erzähler im „Narren-Spital" kommt aus der Einöde, entläuft aber aus eigenem Entschluss, weil er den unfähigen, prügelnden Dorfschulmeister nicht länger ertragen will. Die Begegnung mit der Welt führt in allen Romanen zu einer geographischen Ausweitung des Raumes, am weitesten im „Welt-Kucker" - Jan Rebhu geht nach Italien, wird von den Türken gefangen, verbringt eine Zeit auf einer entfernten, einsamen Insel; Pokazi nimmt mit seiner adeligen Braut ein Luftschiff nach London; Corylo verhilft als Diener seiner Marquise zu galanten Abenteuern in Paris; Blaumantel aber und sein Freund Pamphilius reisen von Nürnberg aus in Richtung Köln und Basel.

Die entscheidende **Veränderung** gegenüber Grimmelshausen und den nachfolgenden simplizianischen Schriften liegt jedoch in der Thematik; ging es dort um den großen Krieg und seine Folgen, so spielen kriegerische Auseinandersetzungen bei Beer kaum eine Rolle, abgesehen von der Erwähnung des Türkenkrieges oder später eher lokaler Aufstände der Bauern im Schwarzwald und natürlich der Bauernkriege im Land ob der Enns in den „Sommer-Tägen" (und im „Tagebuch").

In ganz anderer Weise als Grimmelshausen stellt Beer ausschnitthaft alltägliches Leben dar; witzige Einfälle und kaum ermüdende Erzählungen reihen im „Welt-Kucker" die buntesten Situationen zu einer endlos wirkenden Kette, bevor im 4. und letzten Teil die Geschichte fast aller wichtigen Personen in den vorhergegangenen Büchern zu Ende geführt wird.

Im Vergleich mit dem „Welt-Kucker" ist der „Jucundus Jucundissimus" (1680) nur ein kleiner Roman, der in seiner Thematik auf die folgenden Schriften Beers vorausweist und in seiner Straffung deutlich die zunehmende Meisterschaft erkennen lässt. Der Ich-Erzähler Jucundus wird von einer Edelfrau, die auf der Suche nach ihrer Tochter bei seinen Eltern Aufnahme gefunden hat, in Dienst genommen, erhält eine Schulausbildung und wird mit 18 Jahren zum Hofmeister ernannt. Für seine weitere Ausbildung wird ein Student eingestellt. Nach seiner Rückkehr in das heimatliche Schloss wird Jucundus zum Erben eingesetzt und heiratet nach einer vergeblichen Brautschau unter den Töchtern der Umgebung die glücklich und ehrenvoll heimgekehrte Tochter der Edelfrau.

3. Antifeministische Satiren:

Rein antifeministische Satiren - man kann sie kaum noch als Romane bezeichnen - sind: **Weiber-Hächel** (1680), **Jungfer-Hobel** (1681) und **Bestia Civitatis** (1681). In diesen Satiren fehlen die Leichtigkeit und der Witz der Ritterromane völlig, im Vordergrund stehen eindeutig **belehrende Absichten**. Die weiblichen Gestalten in diesen Werken sind Ehebrecherinnen und Gotteslästerinnen; sie stellen eine ständige Gefahr für die Ehre und das Seelenheil der Männer dar, mit denen sie in Kontakt kommen. Kurz, die Frauengestalten in diesen „Romanen" sind hässliche Karikaturen, die ganz im Sinne des leibfeindlichen mittelalterlichen **Antifeminismus** entworfen worden sind, aber auch schon auf die **versuchte Emanzipation** der Frau im 18. Jhd. vorausweisen.

Die „**Weiber-Hächel**" spielt in Spanien und stellt das lasterhafte Treiben einer Goldschmiedefrau an den Pranger; fortgesetzt wird diese Satire gegen die verheirateten Bürgersfrauen ein Jahr später in „**Bestia Civitatis**". Hier beobachtet ein aus Jerusalem stammender Schneidergeselle in seiner neuen Stelle bei einem Meister in Ninive die Hurerei der mit einem biederen Bürger verheirateten Besitzerin; ihr ehrloser Lebenswandel trägt ihr den Beinamen Bestia Civitatis [Bestie der Stadt] ein; sie wie ihre Tochter nehmen sich gemeinsam das Leben, nachdem jede ein uneheliches Kind geboren hat.

Der im selben Jahr wie „Bestia Civitatis" erschienene „**Jungfer-Hobel**" dagegen richtet sich an die unverheirateten Mädchen, die durch die Schilderung des sittenlosen Lebens an einem Edelhof und der benachbarten Stadt angehalten werden sollen, auf ihre Ehre zu achten.

In diesen Satiren stammt das Personal hauptsächlich aus dem **Handwerksstand.** Alle satirischen Schriften Beers haben das Ziel, der Welt den Spiegel vorzuhalten, aus dessen Betrachtung der jeweilige Held wie auch der Leser Nutzen für die eigene Lebensführung ziehen soll. Beer prangert aber auch die im letzten Drittel des Jahrhunderts immer stärker zu Tage tretenden **Missstände im Zunftwesen** an und beklagt die Entwicklung zu kartellähnlichen Vereinigungen, deren einziges Ziel in der Abwehr möglicherweise konkurrierender Handwerker besteht. Aber Beer bezieht in seine Satire auch eine bestimmte Schicht des **Adels** ein, den sogenannten **Hofadel**, den er ja aus eigener Anschauung in Halle und Weißenfels kennt.

4. Politische Romane:

Spätere satirische Schriften Beers zeigen stark den Einfluss des „Politischen Romanes" **Christian Weises**. Weise war acht Jahre lang Professor am Weißenfelser Gymnasium, bevor er 1678 nach Zittau berufen wurde, hatte aber Weißenfels schon verlassen, als Beer 1680 mit dem Hof dorthin übersiedelte. Diese neue Gattung bietet Beer eine Romanform, die mit seinen satirischen Absichten und mit der episodischen Form des Picaroromans vereinbar war. Nach der Ansicht des Begründers dieser Romanform soll der politische Roman der Erziehung zum „politischen" d. h. weltgewandten Menschen dienen, indem der Held im Allgemeinen eine Form der Reise in die Welt antritt und ihre Mängel und Vorzüge erlebt. Beer verknüpft nun die Figur des Picaro mit dem politischen Roman. Seine Helden sind nicht wie die Weises im Allgemeinen gut gestellte junge Männer, die die Welt bereisen, um sie kennenzulernen und diese Kenntnis dadurch indirekt dem Leser zu vermitteln, sondern typische Picaro-Gestalten. Sie beschränken sich nicht wie die Helden des politischen Romans auf die Rolle des Betrachters, sondern sie nehmen aktiv am Romangeschehen teil. Später wird dann auch bei Beer der Held des politischen Romans zum bloß erzählenden Beobachter. Beers Romane weisen auch andere Merkmale auf, z. B. komische Übertreibungen, lächerliche Vergleiche, die auf Weises Einfluss genau so schließen lassen wie die Alltagssprache, besonders in der groben Ausdrucksweise zankender Ehepaare.

Vielleicht ebenso wichtig wie der Einfluss Weises war für Beer das Vorbild von **Johann Riemer**, der von 1673 bis 1687 am Gymnasium in Weißenfels tätig war. Es ist anzunehmen, dass Beer und Riemer einander gekannt haben.

Die Übersiedlung in die Kleinstadt Weißenfels, Beers Verantwortung als Ehemann und Familienvater, seine zunehmende Reife und Lebenserfahrung sind wohl neben Weises und Riemers Einfluss dafür verantwortlich, dass das satirisch-belehrende Element in Beers Werken nach 1680 stärker hervortritt. Diese Schriften, die hier trotz ihrer Nähe zum Picaroroman als „politische Romane" bezeichnet werden, sind: „**Feuermäuer-Kehrer**" (1682), „**Der politische Bratenwender**" (1682), „**Maul-Affen**" (1683), „**Kleider-Affe**" (1685) und „**Der verkehrte Staatsmann**" (1700?). Den „Feuermäuer-Kehrer" könnte man aufgrund seiner ausgesprochen frauenfeindlichen Tendenz auch unter Beers antifeministische Satiren einreihen. Aber genau so könnte man die antifeministischen Satiren (Weiber-Hächel, Jungfer-Hobel und Bestia Civitatis) zu den politischen Romanen rechnen.

Der grundsätzliche **Unterschied** zwischen den Romanen Beers und denen von Weise und Riemer besteht in dem Mangel an weitläufiger und gesellschaftlicher Bildung bei Beers eher im Kleinbürgertum angesiedelten Helden. Sein Ziel ist viel stärker auf die satirische Bloßstellung eines Lasters gerichtet als auf die Vermittlung gelehrter Bildung und gesellschaftlicher Umgangsformen. Beer erhebt auch die **allgemeine Verständlichkeit** zum obersten Prinzip und will jede künstlich gezierte Schreibweise vermeiden.

Im „Narren-Spital" schreibt er: „... und wird sich demnach niemand über meine schlechte Art zu schreiben verwundern, wenn ich als ein auf der Einöde Wohnender mich nun keiner groß und zu Hofe gebräuchlichen Redart bekümmere noch mit spitzigen Zähnen fremde Nüsse aufbeiße." (S. 7)

5. Gattungsungebundene Romane

Wo sind nun die „**Reiferomane**" (R. Alewyn) einzuordnen, die R. Alewyn als völlig neue Sonderformen gesehen hat?

Sie lassen sich noch weniger als die bisher genannten Romane Beers einer der oben genannten Romangruppen zuordnen, weil sie Bestandteile verschiedenster Romantypen enthalten. Unter diese Rubrik fallen „**Der verliebte Europäer**" (1682), „**Der verliebte Österreicher**", „**Zendorii a Zendoriis Teutsche Winternächte**" (1682) und ihre Fortsetzung die „**Kurtzweiligen Sommer-Täge**" (1683). Heute neigt die Forschung eher dazu, diese für Beers Zeit einmaligen Erscheinungen weniger in Beers Genialität zu begründen, sondern in ihnen eine Mixtur der von ihm bisher gepflegten Stilformen zu sehen: Ritterroman, Picaroroman, politischer Roman. Hiezu kommen starke Einflüsse des heroisch-galanten Romanes und des Schäferromans.

Die wichtigsten Merkmale dieser Romane sind folgende: Sowohl der Aufbau (Rahmenerzählung und Abschweifungen) wie auch die Handlung (Verkleidungen und Verwechslungen) sind komplizierter als die der anderen Romane Beers, und das Romangeschehen wird durch keine einzelne Figur dominiert, sondern es gibt mehrere Hauptpersonen, alle Angehörige des Landadels. Antifeminismus ist vorhanden (wenn auch nicht aufdringlich) sowie ein teilweise recht derber Humor.

Die **„Teutschen Winternächte"** enthalten die Lebensgeschichte des Zendorius a Zendoriis, eines vermeintlichen Schindersohnes, dessen adelige Herkunft sich jedoch bald herausstellt; deswegen kann er nicht nur die geliebte Caspia heiraten, sondern wird auch als sozial Gleichgestellter in den Freundeskreis junger Edelleute aufgenommen und kann an deren regem geselligem Leben teilnehmen. Die Lebensläufe der einzelnen Angehörigen dieses Kreises, aber auch die der durchreisenden Vaganten und Musikanten bilden neben dem Bericht des Zendorius über das eigene Ergehen die einzelnen Erzählstränge des Romans. Hauptperson ist in ihm nicht mehr allein das erzählende Ich der Titelfigur, vielmehr gewinnen die einzelnen Erzähler in starkem Maße an Eigengewicht. Anlässe, die Lebensgeschichten zu erzählen, bieten die Gesellschaften, Gastereien und Hochzeiten, die den Freunden Gelegenheit zum Zusammentreffen geben, ehe sie gemeinsam nach einem fürchterlichen Saufgelage bei der Hochzeit des letzten Junggesellen aus dem Kreis den Entschluss zu einem „gottseligen Wandel" fassen. Die „Teutschen Winternächte" schließen mit der Ankündigung der „Sommer-Täge", an deren Beginn die Umsetzung dieses Entschlusses in die Tat steht.

Wie der Titel der **„Sommer-Täge"** ankündigt, enthält der Roman „Abenteuer und Zufälle" einer „vertrauten adeligen Gesellschaft". Dieser Freundeskreis, dessen Schlösser und Landsitze in jeweils erreichbarer Entfernung liegen, bildet das Personengeflecht der Handlung und gewinnt an Leben, weil Wolfgang von Willenhag beauftragt ist, die Geschichte des Kreises aufzuschreiben. Die Landadeligen, zu denen keine Grafen oder Freiherren gehören, halten unübersehbar Distanz zu Hof und Stadt; sie alle haben Bediente und etliche Bauern als Untertanen, sie bewohnen ihre Schlösser selbst und lassen gegebenenfalls das eine oder andere Gut verwalten; ihnen steht die Gerichtsbarkeit unterhalb der Blutgerichtsbarkeit zu, alle Verbrechen müssen sie den Gerichten in der nächsten Stadt überlassen. Politik spielt kaum eine Rolle. An ihre Stelle treten vielmehr Beispiele für ökonomisch orientierte Gutsverwaltung, Überlegungen zur sinnvollen Kindererziehung und zum richtigen Umgang mit der Dienerschaft. Den Mitgliedern der Adelsfamilien wird viel weniger Interesse entgegengebracht als den zum Schloss gehörenden Bedienten, den zufällig durchreisenden Soldaten, Studenten und Musikanten.

Die Schilderung der Adelswelt in den **„Willenhag-Romanen"** ergibt kein reines Idyll. Trotzdem wird hier der **Weltabkeh**r die christliche **Meisterung** des Lebens in der Welt gegenübergestellt, das grundsätzlich den gleichen Wert zugesprochen erhält wie das fromme Einsiedlerdasein.

Wenn man - wie Alewyn - von „Reiferomanen" spricht, so unterstellt man eine Entwicklung. Das scheint heute fraglich, wenn man bedenkt - was aber auch schon Alewyn gewusst hat -, dass Beers Schriften alle in einem Zeitraum von nur etwa 12 Jahren entstanden sind. Die sogenannten späten Schriften, die „Reiferomane", wurden immerhin von einem kaum 27jährigen verfasst.

Alewyn sah in Beer vor allem einen Neuerer, den Entdecker eines **„neuen Lebensgefühls"**. Er wird in diesem Punkt bestätigt von **Arnold Hirsch**: „Bürgertum und Barock im deutschen Roman. Ein Beitrag zur Entstehungsgeschichte des bürgerlichen Weltbildes", 1934. Beers Schriften sind geprägt von seiner Lust am Fabulieren und seiner Freude an der Komik. Die Freude am Fabulieren macht ihn zum Meister der Improvisation, macht ihn aber auch anfällig für alle Gefahren, die das für einen **planmäßigen Aufbau** birgt. Seine Freude an komischen Situationen aber trägt nicht unbedingt zu einer Wertsteigerung bei, zumal er häufig recht albern wird. Tatsache ist auch, dass Beers Abhängigkeit von einer Vielzahl literarischer Vorbilder weit über das selbst in der Barockzeit übliche Maß hinausgeht. Selbstverständlich setzt die Verwendung fremder Motive allein einen Dichter nicht herab, besonders wenn man bedenkt, dass die Kunstauffassung des Barock eine ganz andere war als die heutige. Beer übernimmt - wie alle seine Zeitgenossen - viel von seinen literarischen Vorbildern (z. B. Grimmelshausen, Weise) und ist **kaum als schöpferischer Geist** aufzufassen, vielmehr fließen in seinem Werk fast sämtliche Strömungen der zeitgenössischen Epik (Roman, Erzählung) zusammen: **Pikarisches, Satirisches** und **Tendenziöses**. Er ist genial höchstens in seiner Fähigkeit **sich Fremdes anzuverwandeln** und in seinem Werk wiederzugeben. **Seine große und eigentlich entscheidende Schwäche ist seine mangelhafte Komposition**. Das Sprunghafte seiner Phantasie, die Neigung, jeder Laune nachzugeben, machen es ihm unmöglich, einen Handlungsverlauf kontinuierlich zu entwickeln. **Sprunghaft** wie die Handlung ist auch seine Schreibart, und das eigentlich Typische seines Stils ist gerade die **Stillosigkeit**. Das Gesagte gilt auch für seine „Reiferomane". Beer ist nicht der „klägliche Sudler" *(„Zu einer Entwicklung des Helden, die Weise seinen törichten Näscher wenigstens der Idee nach zuteil werden lässt, gelangt dieser klägliche Sudler nicht".* Becker R.: *Weises Romane und ihre Nachwirkung, Diss., Berlin 1910, bei der Besprechung des „Politischen Bratenwenders", S 103)* auch nicht der „erbärmliche Romanschreiber", (J. G. Th. Graesse: Lehrbuch einer allgemeinen Literärgeschichte, Bd. 3. 2. Theil, Dresden/Leipzig 1853, S 249f.), er ist auch nicht einer, der wertlose *„Narrenpossen"* und *„höheren Blödsinn für Kinder"* schreibt oder ein *„ordinärer Vielschreiber"* (F. Bobertag: Geschichte des Romans, Berlin 1884, S. 134-144), als der er noch unter dem Pseudonym Rebhu von seinen ersten Kritikern bezeichnet wird, er ist vielmehr der typische Repräsentant einer Zeit des weltanschaulichen und literarischen **Umbruchs**, behaftet mit allen Schwächen einer solchen Phase, aber auch mit den Ansätzen zu neuen Formen und neuem Denken und dem Hinweis auf neue Möglichkeiten. Er macht interessante, wenn auch tastende Versuche, eine neue Form des Romanes zu schaffen. Beer ist zweifellos ein **literarisches Talent,** aber er ist **kein Genie.** Im Vergleich mit Beer erweist sich Grimmelshausen nicht nur als großer Dichter, sondern auch als tiefer Denker. Beers Werk ist eine **Enderscheinung barocker Dichtung,** bestimmt durch einen skurrilen Humor und eine schier grenzenlose Phantasie.

Was bestimmt scheint, zu überleben, wenn auch nach einer fast 300jährigen Pause der Vergessenheit, sind einige illegitime Kinder seiner Launen, denen er durchwegs seinen Namen verweigert hat und von denen nur wenige Eingeweihte wussten. Sie haben sich schnell zerstreut und sind im Volk versickert.

Für uns sind Beers Ritterromane, die dem berühmten Amadis und seiner Sippe nachstreben, nur da erquicklich, wo die bodenlose Phantastik durch Übertreibung und Parodie lächerlich gemacht wird. Seine zahlreichen Kleinbürger-Satiren, in denen Beer die zu seiner Zeit neue Erfindung des Politischen Romans auf eine unterhaltendere, wenn auch anspruchslosere Weise fortsetzt, vermögen den heutigen Leser kaum noch zu fesseln. Groß ist Beer nur da, wo er seiner erzählerischen Laune die Zügel schießen lässt. Dann entstehen seine eigentümlichsten Schöpfungen: der **Welt-Kucker,** der **Pokazi,** der **Corylo,** das **Narrenspital,** der **Jucundus** und die **Willenhag-Romane.** *„Die Wirklichkeit, welche dieser Dichter sah, war praller und nackter in ihrer Realität, als alle barocken Dichter vor, neben und nach ihm sie zeichnen. Aber sie war auch niedriger, es fehlte ihr an dem, was die Erzählung als hohe Kunst aus ihr macht. Es fehlt an der Gestaltung des Wirklichen zur menschlichen und menschenwürdigen Welt."* (Hankhamer, P.: Deutsche Gegenreformation und deutsches Barock, Leipzig 1935, S. 471).

J. Beer war nicht nur ein ungeheuer fruchtbarer Autor, sondern ein genau so fleißiger **Leser.** Zu seiner Lektüre gehörte die Trivial- und Unterhaltungsliteratur seiner Zeit, unter der der Ritterroman, Schäferroman und Simpliciaden einen wichtigen Platz einnahmen. Etwas später treten dann die politischen Romane Weises hinzu. Wenn Beer selbst zur Feder griff, so lag es nahe, dass das Vorbild des Gelesenen für ihn lebendig blieb. Dass er aber weder inhaltlich noch formal solchen Vorbildern sklavisch folgte, spricht für seine Eigenständigkeit als Dichter; wenn Beer tradierte Formen zu übernehmen scheint, nahm er Veränderungen vor, die seinem Erzähltalent entsprachen. Diese Souveränität seinen Vorbildern gegenüber zeigt von seinem Künstlertum, das ihn auszeichnet und ihn - bei aller Überschätzung durch R. Alewyn - wohl zum **bedeutendsten deutschen Erzähler des 17. Jhds. nach** Grimmelshausen macht.

Neue Weltsicht

Bei Johann Beer werden Tendenzen einer neuen Weltbetrachtung spürbar. Seine Weltanschauung ist durchaus gläubig-christlich, denn eine andere Möglichkeit ist im Deutschland des 17. Jhds. noch kaum denkbar. Aber in seinem Werk spiegelt sich eine Entwicklung wider, die dazu beigetragen hat, **das Weltbild des 18. Jhds. vorzubereiten**, indem sie **christlich-jenseitiges Gedankengut** mit **diesseitig-aufklärerischem verband**. Man kann bei Beer eine Verweltlichung feststellen, was u. a. dazu führt, dass seine picarischen Typen viel weniger Heilsobjekte sind, als das etwa bei Grimmelshausen der Fall war. Für die deutsche Dichtung des 17. Jhds. war hauptsächlich die **Theologie** bestimmend, für die des 18. Jhds. die **Philosophie**; der Übergang vollzog sich etwa **von 1675 an**. Durch den Einzug des aus England und Frankreich kommenden **Rationalismus** geriet in Deutschland das Weltgefüge strenggläubig-kirchlicher Ethik ins Wanken. Wegen des unermesslichen Leides, das der Dreißigjährige Krieg - der auf beiden Seiten unter christlichen Fahnen geführt worden war - über Deutschland gebracht hatte, bildete sich allmählich eine **neue Auffassung** von menschlicher Gesellschaft aus, wobei diese erstmalig als Gefüge von miteinander verbundenen und voneinander abhängigen Individuen gesehen wurde. Als Folge weltanschaulicher Veränderungen machte sich besonders eine gewisse Toleranz in religiösen Dingen bemerkbar. Diese Toleranz galt für beide Konfessionen gleich. Die gemeinsame Bedrohung verwischte die Unterschiede und brachte die Gegner von einst einander näher.

Da die Satire auch im 17. Jhd. noch in erster Linie **Moralsatire** ist, sind die Auswirkungen dieses Umdenkens hier besonders stark spürbar. Noch bei Grimmelshausen werden das menschliche Leben und das Wohlverhalten des Einzelnen ausschließlich unter dem Aspekt seiner **jenseitigen Bestimmung** gesehen. Bei Beer hat sich diese Auffassung **radikal** verändert. Zwar ist auch bei ihm der christliche Hintergrund durchaus gewahrt, und oft genug wird der Hinweis auf das ewige Seelenheil, das leichtfertig aufs Spiel gesetzt wird, in den moralischen Einschüben seiner Werke erwähnt. Wesentlich öfter aber findet sich schon eine Argumentation, die noch wenige Jahre früher unerhört gewesen wäre. Ihm genügt es plötzlich nicht mehr, dass ein unmoralisches Verhalten automatisch ein Schaden für das Seelenheil ist. In zunehmendem Maße führt er für die **Zweckmäßigkeit der Tugend Vernunftgründe** an, die oft schon **in rein irdischen Motiven** begründet sind. So wird in seinen Werken systematisch der Eindruck erweckt, dass ein unmoralisch-sündhaftes Verhalten zu Misserfolgen, ja zu Unglück im Leben in dieser Welt führt. **So wird auch die Tugend eine Frage der politischen Klugheit.** An die Stelle der **christlichen Ethik** tritt die **bürgerliche Moral,** verbunden mit der öffentlichen Meinung als Kontrollorgan. Die Einhaltung des bürgerlichen Moralcodex wird zum Orientierungsmittel im Diesseits. Dass sich Beers religiöse Haltung vom Ideal hochbarocken Asketentums entfernt hat, wird schon aus seiner Behandlung des Einsiedlertums deutlich. Der Unterschied zu Grimmelshausen ist auffällig. Bei Beer verkommt dieses Einsiedlertum, das bei Grimmelshausen eine **Flucht aus der Welt** ist, um **das ewige Heil** zu erlangen, zu einem amüsanten **Gesellschaftsspiel**.

Beer nimmt in seinen simplicianischen Romanen gerade das wieder zurück, was Grimmelshausen dem spanischen Picaroroman hinzugefügt hat, nämlich das allgemein verbindliche Heilsschema, das den Helden durch alle Phasen in der Entwicklung zum Seelenheil führt. Am Ende seiner Romane ist es nicht die Erkenntnis des für das ewige Heil Wesentlichen, was seine Helden vor einem Rückfall in die Jugendsünden bewahrt, sondern eher das Streben nach **existenzieller Sicherheit im Diesseits**, verbunden mit einer guten Portion Glück. Eine innerliche Wandlung wird nicht glaubhaft gemacht. Zudem zeigt Beers ernsthafte Beschäftigung mit sozialen und politischen Fragen eine **Hinwendung zum Diesseits**.

So beschäftigen ihn **Erziehungsprobleme** („Sommertäge", „Verliebter Europäer") oder die **Vergabe der Stipendien an Studenten** („Sommertäge", „Pokazi"), die **Ämtervergabe an den Höfen** („Verkehrter Staatsmann") und hier auch sogar das **Recht der freien Gattenwahl** („Und gieng in dieser Insul zu / wie bey vielen Heyrats-Vorschlägen / wo man ehr von Reichtum / als denen guten Gemüths-Gaben zu reden anfängt." (S. 87).

Bei Beer ist das Verdammungsurteil, das noch Grimmelshausen über das Diesseits spricht, aufgehoben. Die Welt wird jetzt in vollem Maße anerkannt. Mit seiner Hinwendung zum Ideal der Freiheit, wie es besonders in den „Winternächten" und „Sommertägen", und das ist eigentlich das Besondere an diesen „Reiferomanen", festzustellen ist, nahm Beer eine Entwicklung vorweg, die sich in großem Stil erst im folgenden Jahrhundert vollzogen hat.

*Ch. **Weise** und J. **Riemer** - große Vorbilder für Johann Beer*
Aus: 300 Jahre Vollendung der Neuen Augustusburg, S 85

Die Herzöge von Sachsen-Weißenfels, denen Johann Beer gedient hat

Augustus, Administrator des Erzstiftes Magdeburg, erster Herzog von Sachsen-Weißenfels (1614 / 1656-1680); Kupferstich von J. Frentzel, 1654, Museum Weißenfels

Johann Adolph I. Sohn des Herzogs Augustus, zweiter Herzog von Sachsen-Weißenfels (1649 / 1680-1697); Kupferstich von Romstet, Leipzig, vor 1695

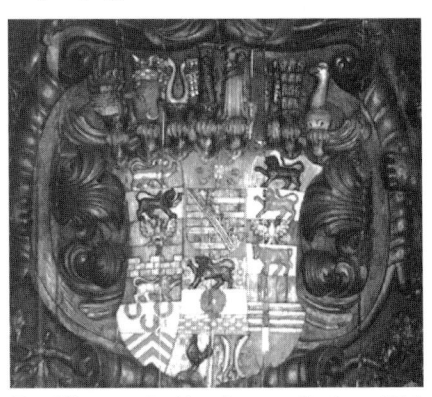

Das Wappen der Herzöge von Sachsen-Weißenfels (privates Foto)

Johann Georg, erster Sohn Adolphs I., dritter Herzog von Sachsen-Weißenfels (1677 / 1697-1712); nicht bezeichneter Kupferstich; Museum Weißenfels

Die Porträts sind entnommen aus: Weißenfels als Ort lit. und künstl. Kultur im Barockzeitalter, S. 76, 77, 78

Johann Beer und die Satire

„Was soll man in diesen melancholischen Zeiten billicher schreiben als eine Satyra? Denn diese Arth ist nicht nur angenehm zu lesen / sondern auch erbaulich im Leben."

(Corylo, S. 20)

Die **Satire** soll im 17. Jahrhundert spannende Unterhaltung bieten und Komik. Sie vernichtet durch Spott. Ihre Wirkung beruht zu einem nicht geringen Teil auf dem Gefühl der Überlegenheit, das der Leser empfindet, wenn er Laster und Missstände verspottet sieht, die er nicht zu seinen eigenen zählt, bis er sich schließlich selbst getroffen fühlt und beschämt ist.

Die Absicht der Satire ist **Kritik**. Im 16. Jahrhundert kommt es zu einem seit der Antike nicht gekannten Höhepunkt der Satire. Grund dafür ist das Absinken der öffentlichen Moral und der Sittlichkeit zu Beginn der Neuzeit. Einem zunehmenden Verfall des Stadtbürgertums und der Zünfte stellte sich das Aufbegehren gegen deren starre Standesschranken zur Seite. Hinzu kam um die Mitte des 17. Jhds. die zunehmende Verwahrlosung der Sitten und Verrohung durch den Einfluss des Dreißigjährigen Krieges. Schließlich verloren mit der beginnenden Aufklärung als Letztes auch die religiösen Bindungen an Bedeutung für die Aufrechterhaltung der allgemeinen Moral. Die damit gegebenen sozialen Zustände lösten im 17. Jhd. eine starke literarische Reaktion aus, es entstand in der Literatur ein gewaltiger Zug zum Moralisieren, und zwar auf zwei Arten: Entweder wurde der Leser wegen seines Hanges zum „Unmoralischen" satirisch getadelt, oder er musste lange Romane über sich ergehen lassen, die ununterbrochen von der Tugendhaftigkeit ihrer Heldinnen und Helden erzählen. Für das satirische Schrifttum sind gegen Ende des Jahrhunderts zwei Formen von überragender Bedeutung: der **Picaro-Roman** und der **politische Roman**.

Das Problem der Satire besteht darin, den kritischen Gehalt in eine allgemeine, unterhaltsame Form zu bringen. Die Verbindung beider Anliegen, der Darbietung der satirischen Substanz und der den Leser gewinnenden Beigabe, ist Beers große Schwäche. Dabei darf nicht übersehen werden, dass der eigentliche Beweggrund für Beers Schriftstellertätigkeit seine Freude am Erzählen ist. Immer wieder betont er, dass er eine **'absonderliche Lust'** zum Schreiben habe. Dabei kann angenommen werden, dass Beer an seine Satiren zunächst wirklich mit ernsthaften Absichten heranging. Er wollte verbreitete Laster anprangern und bessernd wirken. Im Laufe des Erzählens kommt er aber immer wieder ins rein Unterhaltende, wobei ihn seine Erzählfreude fortreißt, bis er sich plötzlich besinnt und wieder zur satirischen Darstellung übergeht.

Ziele der Satire

Auf wen richtet der Verfasser seine Angriffe und welcher stilistischer Mittel bedient er sich? Beers politische Romane sind komplexe Gebilde von Angriffen gegen die verschiedensten Personengruppen und Institutionen. Überblickt man das Gesamtwerk Beers, so zeichnen sich doch einige Objekte ab, zu denen er immer wieder zurückkehrt. Es sind dies die aus persönlichen Erfahrungen stammenden **Angriffe gegen Persönlichkeiten seiner Schulzeit**; die Angriffe gegen bestimmte **berufliche Gruppen**; die seit Cervantes Mode gewordene **Literatursatire**. (Der spanische Dichter Cervantes schreibt in seinem 'Don Quijote de la Mancha' - 1605 - einen satirischen Roman auf die Ritterromane seiner Zeit. Seine 'Helden' sind Don Quijote und sein Diener Sancho Pansa). Der Angriff von Beer richtet sich gegen **gewisse moralische Schwächen und Verhaltensweisen seiner Zeitgenossen**, am auffälligsten aber – weil er sein ganzes Werk durchzieht – ist sein **Kampf gegen das 'heut zu Tag in Grund verdorbene Frauenzimmer'**, wie es im Titel des 'Politischen Feuermäuer-Kehrers' heißt. Die **Schulsatire** bestimmt besonders den 'Ritter Hopffen–Sack' und Passagen der 'Maul-Affen' und die Erzählung des Studenten im 2. Teil des 'Corylo'. Besonders ist es die **Gestalt des Kantors**, die Angriffen ausgesetzt ist. Ein weiteres Ziel sind die **Präzeptoren, das Lehrpersonal**.

Die **Ständesatire** blickte in der Barockzeit schon auf eine lange Tradition zurück. Neben den **Handwerkern** sind **Adel**, **Geistlichkeit** und **Bauern** traditionelle Objekte von Beers Satiren. Und unter den Handwerkern kommen besonders die **Schneider** schlecht weg. Die Vorwürfe, die Beer gegen die Handwerker erhebt, sind die alten geblieben: Geiz, Dummheit, Habgier und Hoffart.

In seiner Einstellung zu den Bauern spiegelt das Werk Beers alle mittelalterlichen Vorurteile wider: Noch immer sind die Bauern schwermütige, einfältige Gesellen, die sich bei jeder Gelegenheit sinnlos betrinken und dann in eine wüste Rauferei geraten. Sie treten in Beers Werk gewöhnlich als Opfer irgendwelcher Possen auf, die man ihnen spielt. Häufig werden sie von Edelleuten zu Festlichkeiten geladen, weil man sich an ihren Flegeleien ergötzen will.

Auf solches liesse ich allerley Spielleute aus denen Dörffern verschreiben und zusammen fodern / ingleichem muste auch der Dorff-Büttel dem Bauren insgesamt ansagen / daß sie sich auf den bestimmten Tag gewiß und unfehlbar in dem Schlosse einfunden / aus jedem Hauß ein Mann oder Weib / doch also / daß keine Jungfer noch ledige Person bey grosser Straffe aussenbleibe / weil ich entschlossen war / ihnen allen eine Gasterey zu halten / darnach solten sie sich zu richten und vor Schaden zu hüten wissen. Mit dieser Post gienge der Dorff-Büttel Jacob Sitlinger samt seinem Sohn von Hauß zu Hauß / und die Bauren verstunden sich hierzu viel ehe / als zu einer neuen Anlage / kan auch hoch betheuren / daß die Unterthanen in diesem Stücke ein so erwünschten Gehorsam erwiesen / daß es nicht genugsam zu sagen noch zu ruhmen ist. Ich liesse sie recht principe tractiren / weil dieses meine letzte Mahlzeit seyn solte / welche ich in dem weltlichen Stand reichen wolte dahero enstunde unter ihnen ein grosser Jubel und Frolocken / und die Spielleute geigter indessen an ihrem Pfeiffer-Tisch auch wacker auf / da kame denen Bauren der Muth ers recht in den Leib / ich hatte auch Gauckler / Seiltäntzer / Klopff-Fechter und allerley solche kurtzweilige Leute bestellet / die musten unter wehrenden Essen tantzen / springen/ gauckeln / fechten und dergleichen / dann ich hatte die Tafeln ins Grüne gesetzet i einen Schatten-reichen Garten / davon sie allesamt die artliche Handlungen zur gnüge erblicken konten. Da gienge es dann unter und übereinander / es wurden Gläser / Humpen / Krüge / Becher und andere Trinck-Geschirr zerbrochen / verhudelt und zerschmissen / doch liesse ich genaue Obsicht haben / damit sie nicht jemand in die Haare gerathen / dann dieser ist gemeiniglich der Bauren ihr bestes und angenehmstes Confect, wann sie zuvor gefressen und gesoffen haben / so greiffen sie wacker einander in die Haare / und zerzausen sich noch ärger als die Ketten-Hunde mit den Katzen. Ich sasse an meinem Tisch allein / und hatte bey mir die ältisten Bauren / die musten mir allerley Geschicht erzehlen / die sich hin und wieder / absonderlich aber in dieser Gegend vor meiner Regierung zugetragen hatte. Zwischen solchem trancke ich ihnen wacker zu / oder liesse ihnen durch meine Leute wacker zutrincken / biß endlich alles voll und toll in dem Garten herum daumelte /…(Corylo S. 177)

Der **Geistlichkeit** ist in Beers Werk kein großer Raum gewidmet, aber an gelegentlichen Seitenhieben und den hin und wieder als Nebenfiguren erscheinenden Pfarrern lässt sich im Ganzen doch eine **antiklerikale** Haltung Beers ablesen.

Auch gegen die Fehler des **Adels** wendet sich Beers Satire. Er spricht dem Adel die tiefere Bildung ab und klagt darüber, dass sie nichts Rechtes studieren wollen. Schließlich sagt Beer den Adeligen eine schlechte Personalpolitik nach.

Von den vielen gesellschaftlichen Missständen, an denen sich Beers satirischer Geist entzündet, seien nur genannt: **Ämtervergabe, Alamodeunwesen** und die **Entartung der Zünfte**.

Besonders die Besetzung von Hofämtern scheint seinen Unwillen erregt zu haben. Er sah in der willkürlichen Art, wie wichtige Stellen häufig mit Unfähigen besetzt wurden, die Hauptursache für die üblen Erscheinungen im Hofdienst, für Hoffart, Neid, Missgunst und skrupelloses Strebertum ('Der verkehrte Staats-Mann').

Im 'Verkehrten Staatsmann' heißt es z. B.: „Dahero geschahe es / daß die Aempter mit überaus untüchtigen Leuten beschwert wurden…" (S. 86)
„Ist also bei Hofe mit Auffnahm und Abschaffung der Leute ein immerwährender und höchst schädlich Mischmasch." (S. 173)

Unter **Alamodewesen** versteht man den Einfluss **ausländischer** (bes. französischer) Sitten, Kleider, Sprachen ('Der deutsche Kleider-Affe'). Gegen den Einfluss der französischen Sprache wenden sich in der Barockzeit die sogenannten „**Sprachgesellschaften**", die aber mit ihren Eindeutschungen (Zitterweh statt Fieber, Zeugemutter statt Natur, Jungfernzwinger statt Nonnenkloster, Leichentopf statt Urne, Gesichtserker statt Nase…) auch wieder übertreiben und damit ihrerseits die Spottlust von Beer erregen. In diesem Kampf gegen die Sprachreiniger kommt ihm seine Phantasie trefflich zustatten. Ihre Bestrebungen parodiert er immer wieder durch Umschreibungen, die an Einfallsreichtum und Lächerlichkeit ihresgleichen suchen (das Pferd ist bei ihm ein Stallkarpfen, die Hand ein Fünffinger-Träger, das Feuer ein Pulver-Fresser, die Biene ein Honig-Scheißer, das Fenster eine Tage-Leuchte, die Uhr eine Zeit-Elle, der Wald ein Scheiter-Macher…).

Cap. XLIV.

Als wir nun eines Morgens in bester Arbeit stunden / und allgemach etliche Kohl-Meisen CAUPONIRET hatten / sahen wir zu unserm grossen Verdruß einen Kerl auf der Strasse daher gehen / welcher mit seinen Minen tausend lächerliche Gedancken in uns verursachte. Er kame endlich näher / und fienge an mit sich selbsten zu reden: „Bin ich nicht der allerglückseligste Mensch unter der Sonnen? bin ich nicht ein EXTRACT aller vergnügten Gemüther? Die AURORA lachet mich freundlich an / und der HESPERUS wirfft mir lauter angenehme Rosen in meinen Schoß. FLORA flechtet meinem Haupt schon einen Krantz / mit welchem ich solte beschencket werden / und nun ist es Zeit / daß ich meine Stirn bereite / das Lorber-Blat einer unaufhörlichen Liebe darauf zu kleben. O Julia!" (diese war / allem Ansehen nach / seine Liebste/) „du bist die eintzige Sonne meiner finstern Betrübnis / du bist der eintzige Stern meiner Himmel-blauen Gedancken." Mit diesen Worten satzte er sich nechst unserer Hüte / an einen grossen Eichenbaum / allwo er mit Hinweglegung seines Kragel-Eisens noch ein mehrers PERORIRTE.   *Feuermäuer-Kehrer S. 91*

Cap. X.

Hier kan der geneigte Leser vernünfftig und wohl bescheiden betrachten / was ich vor ein Ertz-Bernheiter gewesen / daß ich dieser Schneiders-Tochter ein solches Carmen zu Ehren geschrieben / das doch gut genug wäre gewesen vor hohe StandesPersonen? Ich habe wol Carmina auff hohe Häupter gelesen / die viel schlimmer als diese Poësie waren / und dennoch meinete ich immer / ich hatte noch zu wenig gethan / und würde ihren wol hergebrachten Ehren ein merklicher Stoß seyn / so ich sie nicht mit höhern Worten heraus striche? Derohalben setzte ich mich nieder an meinen Schreib-Tisch / und beschriebe sie vom Haupt biß an die Fussolen. Der Kopf muste sich einer güldenen Kugel vergleichen / die Brüste musten Allabaster seyn (da ich doch itzo vor Allabasterne Brüste an einem Weibes-Bild nicht einen Pfennig geben wolte.) kurtz davon zukommen / und die Zeit zuersparen / so fienge ich bald alle Mücken in denen Hunds-Tagen hinweg / damit ich sie nur nach ihren meriten die doch bey ihr / wie der armen Leut ihr Getreyde gesäet waren / recht entwerffen und abmahlen konte. Aber wie schändlich habe ich gethan? das arme Mensch verstunde nichts von der Poësie / sondern sie konte so gar das Geschriebene nicht lesen; Also hängete ich einem Schwein ein güldenes Halßband an / und machte mich dadurch selbst zum Narren.   *Corylo S. 123*

„Als anderen Tages von der Sonnen die Spitzen der Berge verguldet wurden (daß ist schöngeredet!) machte ich mich auf von der Nacht-Residenz (das auch) und verfügte mich…"
(Pokazi S. 83)

Es ist Bobertag nur sehr bedingt zuzustimmen, wenn er Johann Beer vorwirft: „... aber seine Parodien der schwülstigen Sprache sind schlechte Witze der ordinärsten Sorte." (Bobertag, F.: Geschichte des Romans ..., S. 248)

Gegen das 'Alamode-Unwesen' wetterte Beer besonders im 'Kleider-Affen'. Hier schreibt er

Uber das Kupffer=Blat

Ihr Affen / schämt euch doch in euren Mode=Hosen /
In eurem *Justecorps*, ihr seyd ja nicht Frantzosen /
Frantzosen steht es an / euch aber nicht also /
Verändert nicht so offt Perruqven und *Chapeau*.
Je / kehret euch doch umb / ihr werdet ausgelachet /
Und sehet doch /
wie euch ein Narr den Jäcken machet /
Wie steht das Compliment doch einem Affen an?
So / wie ein güldnes Band die Saue zieren kan.
Du / Teutscher Frantzmann /
bist zur *Gravi*tät geschaffen /
Und machest dich mit Fleiß zu einen Kleider=Affen /
Pfuy / schäme dich / und bleib bey einer
Kleider=Tracht!
Du wirst von Frembden nur deßwegen ausgelacht.

Und den 'Geehrten Leser' spricht er so an (S. 151):

Es führet den Titul des Deutschen Kleider=Affens an der Stirne / weil die INTENTION dahin gehet / die Weltbekandte Begierde derer Teutschen zu Nachahmung frembder / insonderheit Frantzösischer Moden / sonder einig SPECIALES Absehen / in etwas zu PERSTRINGIREN / und die fürnehmlich zu Anfang des Wercklins berührte Einfalt in Kleidungen dargegen zu halten.

„Es muß alles Spanisch / alles Frantzösisch / alles Portugiesisch / alles Polnisch / alles Ungarisch / alles Türckisch seyn / so sehr / daß ich bey einem Aufzug vergangen in Java einen alten Deutschen angekleidet gesehen / ist Er von allen Leuten / wie ein Meer-Wunder ausgelacht worden." *(Verkehrter Staatsmann, S. 175)*

Beer verspottet die übertriebene Verwendung von Fremdwörtern in seinen Werken sehr oft. Hier nur einige Beispiele:

Cap. XII.

Des Morgens muste ich aus meinem Stroh=Lager hervor / und etliche Lappen von meinem Kleide bald da / bald dort zurücke lassen / weil mir der starcke Wind einen Fleck da / den andern dort vom Leibe hinweg geblasen hatte. Damit wurde mir von den Bauren die SCHARGE eines Schwein=Hirten=Jungens gnädigst CONFERIRT / und mir zur Probe meiner DEXTERITÄT zwölff SUBJECTA anvertrauet / die ich in das Feld zu treiben geheissen worden.

„Nun" sprache mein Herr zu ihm / „so gehet hin / ich habe schon mit eurem PRINCIPALN geredet / wir haben eine Losung zusammen / daß der / so zum Gastmahl kommen wil / soll sagen 4. Wort Lateinisch / die wil ich euch aufgeben. Sie heissen aber: TU, VOS, EN, UT, saget ihm solche / so wird er wissen / wessen er sich gegen mir in diesem Stücke zu verlassen hat." Damit eilete der Calendermacher in tieffsinnigen Gedancken wieder seinen Weg / und als er zu dem PRINCIPALN kame / sagte er / „Herr ich bin da gewesen." „Nun" / sprache sein PRINCIPAL / „was sagte er." „Ey" antwortete der Calendermacher / „er gabe mir einen garstigen Abschied." „Wie dann so?" fragte jener wieder. „Er sagte" / sprache der Calendermacher: „du Fotzenhut." Damit fienge der Leydträger ein abscheuliches Gelächter an / wohl wissend / daß unter denen 4. lateinischen Wörtern eine Irrung vorgelauffen / ist also nicht zu beschreiben / wie sich diese SENTENZ bey der Taffel hat herumb trillen lassen.

In ihrem Bestreben, der Sprache einen festlichen Glanz zu geben, in ihrer sprachlichen Spielfreude und festlichen Repräsentationssucht überschritten manche Dichter des Barock gelegentlich die Schwelle des guten Geschmackes (auch ihrer Zeitgenossen) bis zum Schwulst, zur Unnatürlichkeit und Geschmacklosigkeit.

„Allegorisches Sonett" (eines anonymen Verfassers)

Amanda, liebstes Kind, du Brustlatz kalter Herzen,
der Liebe Feuerzeug, Goldschachtel edler Zier,
der Seufzer Blasebalg, des Traurens Löschpapier,
Sandbüchse meiner Pein und Baumöl meiner Schmerzen,
du Speise meiner Lust, du Flamme meiner Kerzen,
Nachtstühlchen meiner Ruh, der Poesie Klystier,
des Mundes Alikant, der Augen Lustrevier,
der Komplimenten Sitz, du Meisterin zu scherzen,
der Tugend Quodlibet, Kalender meiner Zeit,
du Andachtsfackelchen, du Quell der Fröhlichkeit,
du tiefer Abgrund du voll tausend guter Morgen,
der Zungen Honigseim, des Herzens Marzipan,
und wie man sonsten dich, mein Kind, beschreiben kann,
Lichtputze meiner Not und Flederwisch der Sorgen!

Dt. Barock-Lyrik, Reclam 7804/05, Stuttgart 1964, S. 9

Gegen diese sprachlichen Auswüchse wendet sich auch Johann Beer und macht sie oft in seinen Romanen lächerlich.

„Herzallerliebstes Clavier meiner verliebten Gedanken. Ich weiß am besten, wie mir um das Ventil meines Herzens ist. Die Hoffnung, welche ich zu Ihrem guten Entschluß trage, lässet mich an dem angenehmen Echo Ihrer süßen Regal-Pfeif keineswegs zweifeln, noch viel weniger, daß ich auf dem Positiv meines Vorhabens irrgreifen werde, verzweifeln. Wir sind bis dahero in Sexta major voneinander gestanden, wollte wünschen, daß wir, jeh eh, je besser, und gleichsam in einem Tripeltact könnten in ein Unisonum zusammen resolviert und gesetzet werden. Die weißen Noten Ihrer Tugenden sind meine größte Freude, und weil Sie Beschließerin ist, ergetzet mich nichts mehr als Ihre Claves [Schlüssel], welche ich als ein erfahrener Organist gern examinieren wollte, ob sie zu vier Fuß-Ton recht einstimmen oder nicht. Sie lebe indessen wohl! Weil sich der Kutscher we-

gen Zusperrung der Stadttor nicht lange aufhalten können, muß ich, obwohl wider meinen Willen, zur Cadenz und dem Final schreiten. Adieu, in fine videbitur, cuius toni [Am Ende wird sich die Tonart zeigen].“

(Der Werbungsbrief des Organisten Ab initio an die von ihm umworbene Margaret, eine Beschließerin. (ST, S. 659 f)

Der verliebte Europäer

So war Amenia der Zweck / wornach unser verliebten Ritters Liebes-Pfeile zieleten / sie war das güldene Kalb / so dieser abgöttische Israelite anbetete / ja sie war der Liebe-Altar / worauf Alexander den Weyrauch so vieler Seuffzer offerte.

Diese Küßgen an statt sie Eleonoren Liebes-Feuer hätten abkühlen sollen / waren selbige vielmehr die Blasebälge / welche solches je mehr und mehr anfeuerten.

Kritik an der Entartung der Zünfte übt Beer besonders im „Bratenwender". Sie, die ursprünglich besonders die Aufgabe hatten, sich der fremden wandernden Gesellen anzunehmen und sie zu betreuen, sind jetzt bei Beer reine Konkurrenzausschlussverbände geworden.

Ziel von Beers **Literatursatire**, die in der Nachfolge von Cervantes auch in Deutschland zu einer literarischen Mode geworden war, ist besonders die verlogene Phantastik der Ritterromane. Beer macht sie durch Parodie und groteske Übertreibung ihres Stils und ihrer Motive lächerlich ('Ritter Hopffen-Sack', 'Printz Adimantus').

Das eigentliche Zentrum der Beerschen Satire aber sind seine **Angriffe gegen die Frauen**, die in keinem seiner Romane fehlen. In einigen ('Corylo', 'Der verliebte Europäer', 'Der verkehrte Staatsmann', 'Maul-Affen') nehmen sie breiten Raum ein, in vier Schriften ('Bestia Civitatis', 'Weiber-Hächel', 'Jungfer-Hobel', 'Der politische Feuermäuer-Kehrer') wird die **Frauenfeindlichkeit** zum beherrschenden Thema. Selbst die sogenannten 'Reiferomane' (die 'Willenhag-Romane' 'Winternächte' und 'Sommertäge') sind nicht frei von frauenfeindlicher Tendenz. Diese satirischen Auslassungen gegen die Frauen wegen ihrer Unmoral richten sich gegen Adelige, gegen Bürgersfrauen, gegen verheiratete und unverheiratete Frauen.

Zwar hatte der **Antifeminismus** zu Beers Zeiten schon eine gewisse Tradition, aber den ausgeprägten frauenfeindlichen Zug in Beers Werk erklärt er nicht. Persönliche Motive dafür zu unterstellen, ist problematisch. Auch der Verdacht, dass es sich bei der Frauensatire um eine Verschleierung der Absicht handeln könnte, erotische Literatur auf den Markt zu bringen, muss zurückgewiesen werden. Denn aus geschäftlichen Erwägungen, die dabei eine Rolle gespielt haben müssten, wäre es unklug gewesen, durch die fast ausschließlichen Angriffe auf die Frauen den weiblichen und damit größeren Teil der Leserschaft zu verärgern.

Die Ursachen für seinen **Antifeminismus** scheinen wohl tiefer zu liegen. Gewiss spielt die Tradition der asketischen Weltsicht eine bedeutende Rolle (Vanitas vanitatum! Alles ist eitel!). Mit dem Eindringen aufklärerischen Geistesgutes in die bürgerliche Vorstellungswelt wird auch der Ruf nach größerer Anteilnahme der

Frauen am öffentlichen Leben und vor allem am Bildungsgut lauter. Die moderne Emanzipationsbewegung nimmt hier eigentlich ihren Ausgang (Dorothea Christina **Leporin**: Gründliche Untersuchung der Ursachen, die das weibliche Geschlecht vom Studieren abhalten, 1742).

Eine literarische Reaktion darauf konnte nicht ausbleiben, besonders von den Männern, die Konkurrenz zu fürchten hatten. Nicht umsonst finden wir gerade in den Frauenfiguren Beers als besondere Charaktereigenschaften Herrschsucht, Besserwisserei und das Herausdrängen aus der ihnen (von den Männern) zugedachten Rolle als Hausfrau und Mutter angeprangert. Wenn die Frau als ausgesprochen zänkisch geschildert wird, so heißt das, dass sie dem Mann gegenüber ihren Willen durchsetzen will. Der Anspruch der Frau, überhaupt eine eigene Meinung zu haben, muss zu Beers Zeit von den Männern geradezu als Herausforderung empfunden worden sein. Die 'böse' Frau ist in seinen Schriften gemeinhin die Frau, die ihren eigenen Kopf durchsetzen will.

Als weiterer Faktor kommt in der Einstellung zur Frau im ausgehenden 17. Jhd., wie sie sich besonders eindrucksvoll im Werk Beers dokumentiert, die Reaktion gegen das Bild im idealistischen Roman hinzu. Hier erscheint die Frau gewöhnlich als die zarte, tugendsame Schöne, die fast ununterbrochen in den höchsten Tönen gelobt wird. Da solche Übertreibungen häufig Gegenströmungen in die andere Richtung auslösen, finden diese in der realistischen Satire Eingang. Die teilweise positive Beurteilung von Liebe und Ehe in den 'Reife-Romanen' 'Winternächte' und 'Sommertäge' kann über den Gesamteindruck der Frauenfeindlichkeit Beers nicht hinwegtäuschen.

Bei der Lektüre von Beers Schriften fällt wohltuend auf, dass sie eigentlich **frei** sind von **krassem Antisemitismus**. Die Juden kommen selten vor. Mir sind drei Stellen aufgefallen. Im 'Verkehrten Staatsmann' heißt es auf S. 158 (Faksimile): „So war auch die Insul / voller Juden / die kein Schweine-Fleisch essen dörfften / doch aber das allermeist Geld hatten. Da gebotte der Secretarius / die solten Schweinen-Fleisch fressen / oder eine andere Mauer bauen. Die Juden erwehlten das letztere / doch mit dem Vorbehalt / daß ihnen Materialen dazu angeschafft würden. Der Secretarius beliebte den Contract. Sie legten demnach an stat der Trebern / Eiserne-Platten zum Grund. Als sie nun fertig / führte ihr ein schelmisch arglistiges Mauschel etliche Wägen Magnet-Steine vorbey. Als er nun an die Mauer kame / fuhre der gelegte Eisen-Grund an die Wägen heraus / und fiele die Maur mit samt den Secretario abermahl um."

„Feuermäuer-Kehrer" S. 67: „Die Juden / welchendoch an ihren Unterredungen viel gelegen ist / treiben es / halb so sehr in ihren Schulen / wo sonsten das meiste Gemurmel vorüber laufft."

Im „Kleider-Affen" schreibt er bei der Aufzählung der Farben (S. 197): „Aber / wie solte sich denn die Gelbe [Farbe] vor die Frauenzimmer schicken? Pfuy mit der Juden Farbe! ... Auch werden heutigen Tages noch an theils Orten die Mauschel mit gelben Flecken oder Ringlein bezeichnet / welche sie entweder an denen Kleidern / oder doch sonst bey sich tragen müssen / und solche auff Begehren der Stadtknechte vorzeigen. Zu Rom und Padua müssen sie sich alle gelber Hüte gebrauchen / wie nichts weniger zu Venedig und anderen Orten Italiens."

„Was ich aber geschrieben habe, ist niemanden zum Schimpf geschehen, habe auch zuweilen gar mit einem gelinden Faden genähet, da ich wohl einen großen Stück hätte brauchen sollen." (ST, S. 422)

Spottbild auf Sprach- und Modetorheiten [17. Jh.]
Aus: Kurze Geschichte der deutschen Literatur, S. 135

Titelkupfer
„Der politische Bratenwender"

Titelkupfer und Titelblatt zu den
„Politischen Maulaffen"

Johann Beer und die oö. Bauernaufstände

> Ein Bauer nützt dem gantzen Land,
> So lang Er bleibt in seinem Stand,
> Doch wan er wird zum Edelmann
> So lauffe weg was lauffen kan
> Dan Er versteth kein höfflich Wort
> Schmeisst immer zweymahl auf ein Orth
> Sezt nicht gern auf, und schiebt doch Kegel,
> Und bleibt ein extra grober Flegel.
> Rustica gens, optima flens, pessima ridens.
> So bald der Bauer lacht
> So nim den Spieß, geh auf die Wacht.
> So bald Er weint, sprich bona dies,
> Verlaß die Wache samt dem Spieß. *(TB S. 142f)*

(Rustica…: Das Landvolk ist dann am besten wenn es weint, und am schlechtesten wenn es lacht; bona dies: ein guter Tag).

Johann Beer hat die **Bauernkriege** in keinem seiner Werke zum alleinigen oder auch nur vorübergehend wichtigsten Thema gemacht. Aber unleugbar spielt das Thema der Bauernaufstände in einigen Erzählungen Beers – vor allem in den Willenhag-Romanen (Winternächte, Sommertäge) – doch eine gewisse Rolle. Und das Thema hat den Autor auch bei der Niederschrift seines **Tagebuches** nachhaltig beschäftigt. Eng verbunden mit diesem Thema ist auch die Frage nach Beers **Protestantismus**. Auch wenn Beer weder als getreuer Chronist noch als literarischer Repräsentant der sozialrevolutionären und religiösen militanten Bewegung seiner Heimat anzusehen ist, ist doch die Frage interessant, inwieweit er als Produkt, ja als ihr Opfer zu begreifen ist. Johann Beer ist gleich in zweifacher Hinsicht als österreichischer Dichter zu bezeichnen: Er ist in Österreich geboren und hat hier seine Kindheit verbracht, und er lässt viele seiner Erzählungen in seiner Heimat spielen. Er war, so könnte man einen seiner Romantitel direkt auf ihn beziehen, „ein verliebter Österreicher". Als Johann Beer seine mindestens 21 Romane in dem relativ kurzen Zeitraum von nur acht Jahren schrieb – zwischen seinem 21. und 28. Lebensjahr (1676 - 1683) - lebte er bereits fern seiner Heimat, seit 1676 in Halle und seit 1680 in Weißenfels. Nach 1683 schrieb er – soweit wir heute wissen – wahrscheinlich keine poetischen Schriften mehr.

Als Johann Beer 1655 in St. Georgen i. A. geboren wird, waren die militant-revolutionären Höhepunkte dieses „sozialen Dauerbebens" (Eder, K.: Glaubensspaltung und Landstände in Österreich ob der Enns 1525 – 1602, Linz 1936, S. 231) schon vorbei und die Gegenreformation (Rekatholisierung) war in vollem Gang.

„Das Landvolk in Österreich ob der Enns – das obderennsische Nest des Unheils, als das es damals von katholischer Seite bezeichnet wurde – war nach diesen

fast 125 Jahren währenden Kriegen vollkommen ausgeblutet und dezimiert und hatte größtenteils seine führenden Köpfe verloren" (Grüll, S. 9)

Wenn auch der junge Johann diese Vorgänge nicht aus eigener Anschauung kannte, so gab es doch in der sozialen Umgebung, in der er aufwuchs, Zeugen genug, die von diesen Schrecken und Nöten, diesen politischen und religiösen Hoffnungen und furchtbaren Enttäuschungen noch sehr genau zu berichten wussten, weil sie zutiefst von ihnen betroffen waren. Zu beachten ist ferner, dass die o.ö. Bauern durch den **Westfälischen Frieden (1648** - Ende des Dreißigjährigen Krieges) nicht vollends und nicht überall hatten befriedet werden können und es immer wieder zu kleineren und größeren unblutigen Revolten, Steuer-, Dienst- und Robotverweigerungen und Jagdaufständen der Untertanen kam.

Die im Rahmen der Beer-Biographie wichtigste dieser Revolten war die in der Herrschaft Wildeneck-Mondsee, die als **„Manseer"- oder „Mondseer-Aufstand"** bekannt ist (Schober, Herta: Der verspätete Aufruhr im Mondseeland. In: O.Ö. Heimatblätter, Jahrgang 29, 1975, Heft 3/4, S. 200 - 212). Dieser seit 1601 schwelende Aufstand wurde 1662 unter maßgeblicher Beteiligung des **Lambacher Abtes Placidus Hieber** blutig erstickt. J. Beer war damals seit einem Vierteljahr Zögling im Stift Lambach. Auf dem Marktplatz in Mondsee wurden am 8. Dezember 1662 siebenundzwanzig sogenannte bäuerliche „Rädelsführer" zu einer Schauexekution vorgeführt, die mit öffentlicher Hinrichtung, Landesverweis, Kerker-, Geld- und Kirchenstrafen vollzogen wurde. J. Beer wird rund 30 Jahre später in seinem TB schreiben: „Es hat sich auch zu meiner Zeit in dem Manserer Gebüt ein Aufstand durch den so genannten Laimbauren erregen wollen, er ist aber samt seinen Mit-Consorten Winterszeit überraschelt, und zu Manser, alwo ein Benedictiner Closter ist, enthaubt worden." *(TB S. 135 f)*

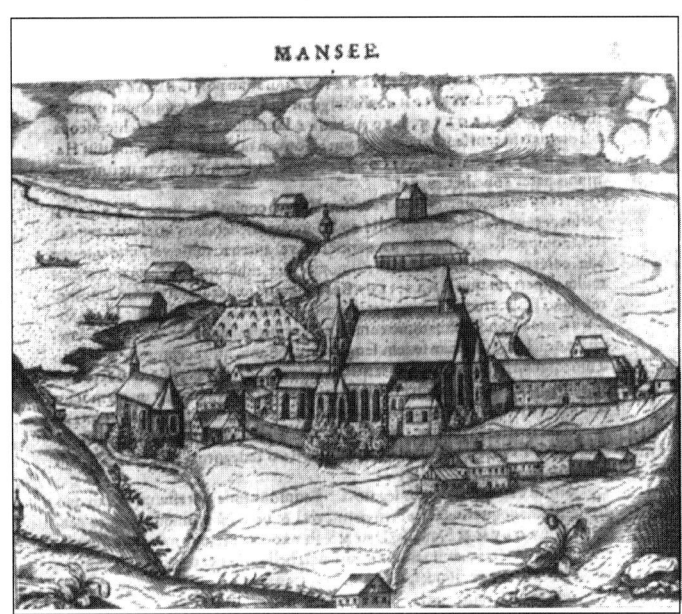

Christoph Greuter nach Johann Mathias Kager: Ehemaliges Benediktinerkloster Mondsee. Aus Karl Stengels „Monasteriologia", Bd. 1 (München 1619) aus: O.Ö. in alten Ansichten, S. 21

Dass Beers Kindheitserinnerungen gewiss nicht schwach, wohl aber diffus waren, ergibt sich daraus, dass er den „Manseer-Aufstand" mit den Laimbach-Unruhen im Machland verquickt. Diese Unruhen im Machland, in denen der nach seinem Hof so benannte „Laimbauer" Martin Aichinger eine bedeutende Rolle spielte, hatten sich vor Beers Lebzeiten in den Jahren 1632-36 ereignet. (Der Laimbauer war schon am 20. Juni 1636 in Linz enthauptet worden. Die Bauernführer aber, die im Dezember 1662 in Mondsee geköpft wurden, waren der „Händlbauer" Georg Reichel und Johann Freynberger).

Wieso kommt es nun, dass Johann Beer, der doch aus kleinen Verhältnissen kam und dessen Vorfahren über mehrere Generationen die Wellen der Bauernaufstände miterlebt hatten und – ob sie wollten oder nicht – in sie einbezogen waren, dass dieser Beer sich in all seinen Äußerungen, den politischen, moralischen und autobiographischen, als **entschiedener Bauernverächter** und demzufolge auch als **Verleumder der Bauernaufstände** erweist? Der dem Abschnitt vorangestellte Text aus seinem **Tagebuch** kennzeichnet die Generallinie seiner Kritik bäuerlicher Emanzipationsansprüche (Ein Bauer nützt dem gantzen Land).

Der Mannesstamm der Beer-Familie war erst seit der 2. Hälfte des 16. Jhds. im Attergau ansässig. Der Urgroßvater des Dichters war ein zugewandertes Soldatenkind und hatte also zu den politischen Traditionen des o.ö. Bauernstandes keine gewachsene Beziehung. Auch seine Nachfahren waren, soweit sie bekannt sind, keine Bauern. Der Großvater Carol war als **Marktrichter** in St. Georgen ein Vertreter der adeligen Grundherrschaft, in diesem Falle der Grafen Khevenhüller. 1699 notiert der Dichter in seinem TB (S. 116 f):

Wie aber mein Großgroßvater der Fischer am Buchberg umkommen, solches erzehlte mir mein seliger Vater auf dem Weg von St. Geörgen biß gen Attersee. Dan als ich einsmahls mit ihme gantz allein dahin gienge, hiesse er mich unterwegens stille stehen, wiese mir ein steinern Creutz, und sagte, wie an der Stelle und Orth derselbe Fischer von denen Bauern mit einer Axt wäre in den Kopff gehauen worden, solchen hette er noch mit dem Schnupptuche zugebunden, und wäre noch etliche Feldweges gen Abstorff gelauffen, alda er todes verblichen, und ihme dieses Creutz zum Angedenken von denen Befreundeten aufgerichtet sey. Das ist also der Innhalt unsers Herkommens, auf das allerdeutlichste und kürzeste verfasset.

Der Urgroßvater ist offensichtlich nicht durch einen meuchlerischen Anschlag ums Leben gekommen, sondern Opfer eines aufrührerischen Bauernhaufens geworden. Aus einigen Stellen des TB ist zu ersehen, wie Beer als Kind von den Bauernaufständen gehört hat und noch den Vierzigjährigen haben diese revolutionären Ereignisse in O.Ö. so sehr beschäftigt, dass er in seinem TB immer wieder dazu Notizen gemacht hat.

Von der Rebellion und Bauren-Krieg in Oberösterreich.

Im Jahr 1626. Ist in meiner Heimath um der Religion und anderer Ursachen willen eine so häfftige Rebellion entstanden, daß über Hundert tausend Bauren sich wieder die Obrigkeit entböret, und dem Kayser in etlichen Treffen viel tausend Soldaten samt vielen Officieren

Schloß Aistersham in Oberösterreich (Zeichnung v. J. Beer)

und Obristen todt geschlagen haben. Sie nahmen etliche Stätte mit Sturm ein, verübten in denen Schlössern, Herrschafften und Clöstern solche insolentien die kaum zu beschreiben, viel weniger zu glauben seyn. Wer es nicht mit ihnen wieder die Obrigkeit halten wollte, den schmissen sie todt, es mochte gleich Bürger oder Bauer seyn. Ihr erster Obrister und Haubt Rädleinsführer hiesse Stöffel Vattinger [Stephan Fadinger], seines Handwerkes ein Zimmermann. Diesem folgete ein Student aus Prag, welcher die Bauren auf dem Buchberg bey Lambach (auf welchem Ich öffters, als noch ein Knab gewesen bin) durch ein zubereittetes Muß, so sie verschluken müssen, Stahl Eisen fest machte. Demnach sie nun in vielen Treffen und Belagerungen den Meister gespiellet, wurden sie endlich von dem Graffen von Pappenheim in etlichen Schlachten, absonderlich aber bey dem Schloß Wolffs-Ek (welches eines der höchsten Berg-Häuser in Oberösterreich ist) wie auch auf dem Geyersberg an denen Bayrischen Gräntzen, biß aufs Haubt geschlagen. Dem Studenten ist von einem Crabaten der Kopff abgehauen worden. So offt die Bauren geschlagen, haben sie allezeit ein Lied gesungen, das man fast auf eine Meil Weges erschallen hören. Nach gestilltem tumult hat man die Rädleins führer jämmerlich hingerichtet, etliche hundert aber hin und wieder in die Lande als Sclaven verschenket. Es hat sich auch zu meiner Zeit in dem Manserer Gebüt ein Aufstand durch den so genannten Laimbauren erregen wollen, er ist aber samt seinen Mit-Consorten Winterszeit überraschelt, und zu Manser, alwo ein Benedictiner Closter ist, enthaubt worden. Discite justitiam moniti ut non temnere divos.

[Eingeheftet zwei Zeichnungen: Aistersham und „Das Schloß Wolffs Ek, wo die Bauren vom Papenheimer geschlagen worden, ligt in Oberösterreich"]

Schloß Wolfseck in Oberösterreich (Zeichnung v. J. Beer)

AISTERSHEIM. Kupferstich aus Matthäus Merian, Topographia provincarium Austriacarum. 1649; aus O.Ö. in alten Ansichten.

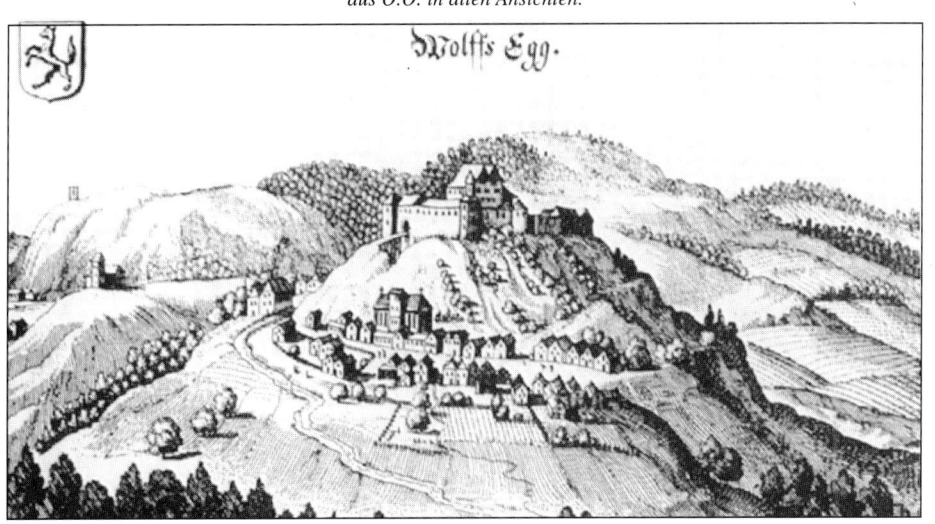

WOLFSEGG. Kupferstich aus Matthäus Merian, Topographia provincarium Austriacarum. 1649; aus O.Ö. in alten Ansichten.

Bei den Zeichnungen Beers der Schlösser Wolfsegg und Aistersheim handelt es sich - genauso wie bei Schloss Litzlberg - um genaue Nachzeichnungen der jeweiligen Kupferstiche von Matthäus Merian, die 1649 in dessen ‚Topographia Provinciarum Austriacarum' erschienen sind. Beer erwähnt dieses Buch als ‚Topographia Austriae' auf S. 764 der ‚Sommertäge'

[Auf der Rückseite des erstgenannten Bildes steht folgendes:]
Von diesem Religions-Krieg redet Joh. Heinrich Alstäd in seiner Chronologie am 656. Blat. also: Sub initium huius mensis Maii 1626, aliqvot millia rusticorum in Austria supra Onasum se opponunt reformationi Caesaris, et inde usque ad autumnum huius anni pessi ... occi – Caesarianos.

Et paulo post:
Rustici in Austria supra Onasum occupatis omnibus regionis oppidis, Linzium frustra oppugnanti. Sed paulo post in ordinem Cogunt(um?), plurimis in acie cadentibus, et reliqvis partim dissipatis, partim supplicio affectis, partim in gratiam receptis. *(TB S. 136)*

Die Übersetzung des lateinischen Zitates lautet:
„Am Anfang dieses Monats Mai 1626 bekämpften ungefähr tausend Bauern im Land Österreich ob der Enns die Reformbestrebungen des Kaisers und bis zum Herbst dieses sehr schlimmen Jahres töteten sie ... Anhänger des Kaisers.

Und wenig später:
Die Bauern im Land ob der Enns, die jenseits der Enns alle Gebiete besetzt hatten, belagerten Linz vergeblich. Aber wenig später werden sie zur Ordnung gezwungen, wobei sehr viele in der Schlacht fallen und die übrigen teils verstreut werden, teils die Todesstrafe erleiden, teils begnadigt werden."

Diese aus dem TB sprechende **bauern- und aufruhrfeindliche Haltung** wurde durch den Aufenthalt im Kloster Lambach bestimmt noch verstärkt, das immer wieder das bevorzugte Ziel von bäuerlichen Rebellen gewesen war.

*Daß diese Beersche Skizze fabulös und antibäuerlich ist, verraten zahlreiche Details. So war Stöffel Vattinger (alias Stephan Fadinger oder Fattinger) nicht „Obrister und Haubt Rädleinsführer" aller Aufständischen, sondern lediglich Oberhauptmann der rebellischen Bauern des Traunviertels; auch war er nicht Zimmermann, sondern Bauer[39]. Als er am 5. Juli 1626 einer Schußverletzung erlegen war, wählten seine Bauern keineswegs einen Studenten, sondern zunächst einen von Fadinger selbst noch vorgeschlagenen Schustergesellen und danach, da der Schuster sich als ungeeignet erwies, den Adeligen Achaz von Wiellinger zu seinem Nachfolger.[40]
Daß in irgendeiner militärischen oder politischen Funktion jener junge Theologiestudent, der als von auswärts herbeigeeilter Prädikant bei der Belagerung von Gmunden (Oktober 1626) eine bestimmte Führerrolle spielte[41], der Nachfolger Fadingers gewesen sei, ist pure Legende. Immerhin gab es aber doch diesen Studenten, der auch unter dem Namen Casparus bekannt war; doch weiß man über seine Herkunft nicht mehr, als daß er „auf der Donau herab gekommen und bei Aschach an Land gegangen sei".[42] Die wenigen authentischen Berichte über ihn, die sich in Briefen und Protokollen der Jahre 1626/27 finden ließen, stammen alle von nicht bauernfreundlichen Verfassern. Sie stimmen darin überein, daß sie den Studenten als geistesgestört – „im Kopf zerrüttet"[43], „ganz zerritt und aberwitzig"[44], „auch corrumpiert"[45] – bezeichnen. Doch muß man den Zeugnissen gerade in diesem Punkt keine Glaubwürdigkeit beimessen, denn mit derlei herabwürdigenden Bezichtigungen war man zu jener Zeit rasch bei der Hand. Zur Disqualifikation des linken Flü-*

gels der Reformation wie überhaupt aller Kritiker katholischer und protestantischer Orthodoxie war dies eines der beliebtesten weil wohlfeilsten Mittel. Merkwürdig ist, daß Beer erwähnt, der Student sei „aus Prag" gekommen. Denn obwohl sich diese Herkunftsangabe urkundlich nicht verifizieren läßt, so hat sie doch als Zeugnis eines Verdachtes, der in einer durchaus realen politisch revolutionären und theologischen Tradition seine Wurzel hat, Gewicht. Prag ist ja nicht nur die alte Kaiserresidenz, nicht nur einer der wichtigsten Erregungsorte des Dreißigjährigen Krieges, sondern als Zentrum der hussitischen und taboritischen Gemeinden ein über lange Zeit nicht zu erstickender Quell theologischer Unbotmäßigkeit und sozial-revolutionärer „Ketzerei" gewesen. Bekanntlich lud Thomas Müntzer sein revolutionäres Programm an dieser Prager Tradition auf, und sie war wohl auch im 17. Jahrhundert noch nicht erloschen.[46] Festzuhalten bleibt, daß der „Student" im Bauernkrieg von 1626 innerhalb der Führungskader der Bauernhaufen keine offizielle militärische und politische Position innehatte. In der Namensliste der wichtigsten gewählten Befehlshaber der Bauernhaufen aller oberösterreichischen Viertel, die die Bauern im September 1626 den Ständen in Linz überreichten, ist er bezeichnenderweise nicht aufgeführt.[47] Wenn Beer ihn gleichwohl – neben Fadinger – zu einer Zentralfigur des Bauernkrieges macht, so kraft jener schon gekennzeichneten Faszinationslogik, die durch keine dürren historiographischen Fakten zu entkräften ist. Im Zuge solcher Faszinationslogik kann nicht irgendein Bauer, Schuster oder depravierter Ritter des faszinierenden, auch liedhaft-legendären Steffel Fadinger Nachfolger sein. Da muß der „Student aus Prag" her, der die Bauern eisenfest machen kann.[48] Besonders faszinierend muß dann freilich der Tod eines solchen Prädikanten sein, der schon sein todessehnsüchtiges und todgeweihtes Leben von vornherein mit dem Christi mystisch identifiziert hatte. Der Student Casparus, so ist historisch zweifelsfrei überliefert, fiel am 18. November 1626 in einer Schlacht gegen Pappenheims und Herberstorffs Eilitetruppen:

> am Hundsbachsteg zwischen Wagrain und Schöndorf ereilte ihn der Wachtmeister der Krobaten Herbersdorfs und stach ihn mit der Lanze nieder; dann schnitt er der Leiche den Kopf ab; der Rumpf lag noch acht Tage später im Hemde an derselben Stelle.[49]

Beer indes, der als Lambacher Schüler einen ehemals aufrührerischen Bauern dazu gehört haben will, weiß da sehr viel farbiger zu erzählen:

> Ferner berichtete Er das Lebens-Ende des Studenten von Prag, welcher nach dem Zimmermann Stöffel oder Stephan Vattinger, die Rebellischen Bauren Commandirt und ihr Obrister gewesen: Nemlich, Es hätte sich derselbe, als die Bauren an der Traun geschlagen worden, über dem fluß in einem einsamen Orthe od. Insel unter einen dichten Strauch Rettirirt. Weil nun auf seine Person tausend Ducaten gebotten worden, die derjenige haben sollte, der ihn entweder todt od. lebendig brächte, also hatte sich ein Croat aufgemacht, und ihn in der Insel unter dem wüesten Strauche angetroffen, auch seinen Säbel gezogen, ihm den Garaus zu machen. Da hätte ihn der Student aufs äusserste gebetten, nur so lange innen zu halten, biß er sein Gebett würde gesprochen haben. Als solches geschehen,

hette ihn der Croat bey dem Schopff ergriffen, hervorgezogen, und ihm den Kopff abgehauen, auch solchen ganz begierig nach denen 1000. Ducaten zu Linz eingebracht. Als solches kundmährig geworden, da hette sich ein anderer Reutter spornstreiches in die Insul zu dem enthaupten Studenten begeben, und indem Er denselben visitirt, eine Gürtel voller jubelen Kleinodien und Ducaten gefunden, derer Werth nicht auszusagen, darüber sich dan der Croat dergestalten gegrämet, daß Er endlich sein Leben an dem Strike geendet.⁵⁰

Bemerkenswert ist, daß auch hier das Bild des Bauernprädikanten in deutlichem Widerspruch zu den realen Fakten verunglimpfend eingefärbt ist. Denn wo von dem historischen Studenten Casparus, der wiederholt Mut, ja Tollkühnheit gezeigt hatte[51], überliefert ist, daß er an einem strategisch wichtigen Punkt[52] gefallen ist, da heißt es bei Beer, er habe sich auf einer Insel im Gestrüpp verkrochen und sei also auf der Flucht umgekommen. Historisch bezeugt ist allerdings, daß ein Kroate seinen Kopf abtrennte und diesen nach Linz brachte, wo er öffentlich zur Schau gestellt wurde.[53] Beer aber fügt noch eine ergänzende Anekdote hinzu, derzufolge der Student sich – doch wohl räuberisch plündernd, so wird hier suggeriert – während des Aufstands persönlich immens bereichert habe. Daß solche verunglimpfende Anekdoten, die sicherlich nicht von Bauernfreunden erfunden worden waren, gleichwohl nicht die Kraft hatten, das Bild des charismatischen Kämpfers in den Augen der Bauernschaft herabzusetzen, geht aus der Tatsache hervor, daß im Dezember 1627 (also ein Jahr später) das Gerücht unter den Bauern umging, der Student sei gar nicht tot; er werde bald zu ihnen zurückkehren und im neuen Jahre mit ihnen einen neuen Aufstand wagen.[54]

Da Beer, seines Alters wegen, kein authentischer Zeuge der Bauernerhebungen war, zehrte seine Phantasie von dem, was ihm als Kind zugetragen wurde. Daß es nur immer bauernfeindliche Anekdoten waren, die er bewahrte, erklärt sich aus seiner Sozialisation. Etliche andere kürzere Passagen seiner Autobiographie, die hier nicht eigens noch zitiert werden müssen[55], bestätigen dies. Sie bieten nur weitere Variationen seiner prinzipiellen Voreingenommenheit gegen die selbstbewußt kämpferischen Bauern seiner Heimat. Merkwürdig bleibt, daß Beer auch späterhin nicht die Kraft gewann, sich aus dieser Voreingenommenheit zu befreien. Der vierzigjährige Beer hatte von den Bauernaufständen seiner Heimat keine gediegeneren Kenntnisse als der zehnjährige Beer."

39 Stieve: Der oberösterreichische Bauernaufstand (Anm. 20) Bd. 1, 73 u. 152.
40 Ebd., Bd. I, 154.
41 Ebd., Bd. II, 209 f.
42 Ebd., Bd. I, 276 f.
43 Ebd., Bd. I, 276.
44 Ebd., Bd. II, 206.
45 Ebd., Bd. II, 209.
46 Übrigens ist aktenkundig, daß der Student Casparus sehr konkret auf die militärische Unterstützung von Politikern und Heerführern der protestantischen Union – Johann Ernst von Sachsen-Weimar und dem Mansfelder – baute. Vgl. Stieve: Der oberösterreichische Bauernaufstand (Anm. 20) Bd. II, 210.
47 Vgl. ebd., Bd. I, 245; Bd. II, 186 f.

48 Daß die magische Kunst, sich mittels geheimnisvoll beschriebener Zettel eisenfest zu machen, im Dreißigjährigen Krieg weit verbreitet war, ist aus Grimmelshausens und Beers Romanen zu ersehen. Auch Fadinger soll sich dieses Zaubers bedient haben. Man glaubte damals so strikt an die Zauberkraft der Zettel, die auf der Brust getragen oder geschluckt wurden, daß General Pappenheim zur Brechung dieses Wundsegens eigens ein Zeichen in die Musketenkugeln schneiden ließ. – Vgl. Franz C. Lipp: Die materielle und geistige Kultur der oberösterreichischen Bauern um 1626, in: KAT. (Anm. 5) 23 - 50; hier 42.
49 Stieve: Der oberösterreichische Bauernaufstand (Anm. 20) Bd. I, 303; Bd. II, 219 f.
50 Beer: Sein Leben (Anm. 6) 142.
51 Stieve: Der oberösterreichische Bauernaufstand (Anm. 20) Bd. II, 85 u. 210.
52 Der Hundbachsteg führte über einen Seitenarm der Vöckla. Vgl. Stieve: Der oberösterreichische Bauernaufstand (Anm. 20) Bd. II, 219 f.
53 Ebd., Bd. II, 225.
54 Ebd., Bd. I, 341 f.
55 Beer: Sein Leben 79, 132 u. 136   (Berns, J. J.: Reflex und Reflexion … S. 1159 – 1162)

Bezeichnend ist, dass Beer in seinen Mitteilungen über den Bauernkrieg von 1626 die Beweggründe und Forderungen der Bauern gar nicht näher kennzeichnet. Er merkt lediglich vage an, dass sich die Bauern *„um der Religion und anderer Ursachen willen"* erhoben hätten. Doch nennt er diese anderen Ursachen nicht. Selbstverständlich lassen sich bei diesem Aufstand die **religiösen** Motive nicht säuberlich von den **wirtschaftlichen und politischen** trennen. Aber die wirtschaftlichen und politischen Probleme, die zu dem Aufstand geführt haben, lassen sich durchaus benennen.

An 1. Stelle ist hier an die zahlreichen neuen Taxen, Steuern und Dienstleistungen zu erinnern, die durch das alte, hergebrachte Recht nicht gedeckt waren. Die berühmten **„12 Artikel"** sind zwar schon 1525 verfasst worden, geben aber genau den Geist wieder, der auch den Aufstand von 1626 getragen hat.

Im Südwesten Deutschlands artikulierte sich der Widerstand am klarsten. Im Frühjahr 1525 verfaßte der Kürschnergeselle Sebastian Lotzer aus Memmingen „die gründlichen und rechtlichen Hauptartikel aller Bauernschaft und Hintersassen der geistlichen und weltlichen Obrigkeit, von welcher sie sich beschwert vermeinen." Aus ihnen sprach die Klage des ganzen deutschen Bauernstandes:

DER ERSTE ARTIKEL. Zum ersten ist unsere demütige Bitte und Begehr, auch unser aller Wille und Meinung, daß wir nun fürderhin Gewalt und Macht haben wollen, daß eine ganze Gemeinde soll einen Pfarrer selbst erwählen und kiesen, auch Gewalt haben, denselbigen wieder zu entsetzen, wenn er sich ungebührlich halte…

DER ANDER ARTIKEL. Zum andern, nachdem der Zehnte aufgesetzt ist im Alten Testament, und im Neuen erfüllt, so wollen wir nichtsdestoweniger den rechten Kornzehnten gern geben, doch wie sich's gebührt…

DER DRITTE ARTIKEL. Zum dritten ist es bisher Brauch gewesen, daß man uns für Eigenleute gehalten hat, welches zu erbarmen ist angesichts dessen, daß uns Christus alle mit seinem kostbaren Blut erlöst und erkauft hat, den Hirten sowohl wie den Höchsten und keinen ausgenommen. Darum ergibt sich aus der Schrift, daß wir frei sind und frei sein wollen.

DER VIERTE ARTIKEL. Zum vierten ist es bisher Brauch gewesen, daß ein armer Mann nicht Gewalt gehabt hat, Wildbret, Geflügel oder Fische in fließendem Wasser zu fangen, welches uns ganz unziemlich und unbrüderlich dünkt...

DER FÜNFTE ARTIKEL. Zum fünften sind wir auch beschwert der Beholzung halber, denn unsere Herrschaften haben sich die Hölzer alle allein angeeignet, und wenn der arme Mann etwas bedarf, muß er's um doppeltes Geld kaufen.

DER SECHSTE ARTIKEL. Zum sechsten ist unsere harte Beschwerung der Dienste halber, welche von Tag zu Tag gemehrt werden und täglich zunehmen. Wir begehren, daß man ein ziemliches Einsehen damit habe und uns nicht dermaßen so hart beschwere, sondern uns gnädig hierin ansehe, wie unsere Eltern gedient haben allein nach Laut des Wortes Gottes.

DER SIEBENTE ARTIKEL. Zum siebenten, daß wir uns von einer Herrschaft nicht noch weiter wollen lassen beschweren, sondern wie eine Herrschaft ziemlicherweise einem sein Gut verleiht, so soll er's besitzen laut der Vereinigung des Herrn und Bauern.

DER ACHTE ARTIKEL. Zum achten sind wir beschwert, daß von vielen, die Güter inne haben, dieselbigen Güter die Pacht nicht tragen können und die Bauern das Ihrige darauf einbüßen und verderben...

DER NEUNTE ARTIKEL. Zum neunten sind wir beschwert, des großen Frevels, daß man stets neue Satzungen macht und daß man uns nicht straft nach Gestalt der Sache, sondern zu Zeiten aus großem Neid und zu Zeiten aus großer Gunst...

DER ZEHNTE ARTIKEL. Zum zehnten sind wir beschwert, daß etliche sich Wiesen und Äcker zugeeignet haben, die der Gemeinde gehören. Dieselben werden wir wieder in Besitz der Gemeinde nehmen.

DER ELFTE ARTIKEL. Zum elften wollen wir den Brauch, genannt der Todfall, ganz und gar abgetan haben und ihn nimmer leiden noch gestatten, daß man Witwen und Waisen das Ihrige also schändlich wider Gott und Ehren nehmen und rauben soll...

BESCHLUSS. Zum zwölften ist unser Beschluß und endliche Meinung; wenn einer oder mehr Artikel, wie sie hier aufgestellt sind, dem Wort Gottes nicht gemäß seien, so vermeinen wir nicht, dieselbigen Artikel aufrecht zu erhalten. Wo man sie mit dem Worte Gottes als unziemlich nachweist, so wollen wir davon abstehen ... und uns in aller christlichen Lehre üben und brauchen. Darum wir Gott den Herrn bitten wollen, der uns dasselbige geben kann, und sonst niemand. Der Friede Christi sei mit uns allen." (Venohr/Kabermann: Brennpunkte deutscher Geschichte ... S. 34 f.)

Im 4., 5. und 10 Artikel wehren sich die Bauern, dass Wildbret, Geflügel oder Fische, die früher genauso wie der Wald und manche Wiesen und Äcker Teil der Allmende gewesen sind, d. h. der ganzen Gemeinde gehörender Besitz, der gemeinsam bewirtschaftet und genutzt wurde, jetzt vom Adel allein beansprucht wurden.

Die **„neue Satzung"** im 9. Artikel meint die Einführung des ‚**Römischen Rechts**' (geheim, fremdsprachlich, schriftlich), das an die Stelle des herkömmlichen ‚**Gewohnheitsrechts**' (öffentlich, deutsch, mündlich) gesetzt werden soll.

Der **„Todesfall"** im 11. Artikel, auch das „Besthaupt" genannt, ist ein Teil der Erbschaft (meist das beste Stück Vieh), der nach dem Tod des Eigenmannes der Herrschaft heimfällt.

Alle diese Neuerungen, deren Unzumutbarkeit noch durch Inflation und Missernten wuchs, gaben den Bauern das Gefühl, dass diese wirtschaftlichen Maßnahmen in erster Linie die evangelische Bevölkerung treffen und die Ausrottung des Protestantismus erreichen sollten. Denn man muss ja bedenken, dass der weitaus größte Teil der Bevölkerung **der neuen Lehre Luthers** anhing.

Es ist schwer zu sagen, was Beer von alldem gewusst haben kann und gewusst haben muss. Eindeutig aber ist, dass er nur die Verluste und Schmerzen der bauernfeindlichen katholischen Seite beklagt, nicht aber die Verluste der Bauern, von denen 12.000 den Aufstand mit dem Leben bezahlten, Tausende zu Krüppeln geworden sind und dass schließlich weitere Tausende ihres protestantischen Glaubens wegen die Heimat verlassen mussten. Seine Haltung verwundert umso mehr, weil es auch ihn und seine Angehörigen betroffen hat.

Es ist merkwürdig, dass Beer die Emigration seiner Eltern, seiner Onkel und seines Großvaters Carol – die doch eine Spätfolge des Scheiterns der Bauernerhebung von 1626 war – nirgends näher erläutert hat. Wenn auch seine Vorfahren im 16. Jhd. größtenteils Protestanten gewesen sein dürften, so haben doch die kaiserlichen „Reformationspatente" vom Oktober 1625 und April 1627 bewirkt, dass seine Verwandten der Eltern- und Großelterngeneration offiziell Katholiken geworden waren. Und er selber wurde in einem katholischen – genauer: in einem gewaltsam rekatholisierten – Land geboren und wuchs dort auf.

Für die Jugend- und Familiengeschichte von Johann Beer ist die Quellenlage äußerst ungünstig. Die Quellenarmut beruht in erster Linie darauf, dass das Archiv der Khevenhüllerschen Verwaltung im **Schloss Kammer** im Jahre 1893 durch den Verkauf an ein Antiquariat zerstreut und vernichtet wurde. Ebenso schlecht steht es mit dem Archiv der **Herrschaft Kogl**, auch von ihm haben sich nur ganz kümmerliche Reste erhalten, u. a. zwei **Herrschaftsprotokolle** aus den Jahren 1633 und 1638 (Landesarchiv Linz). Aus dem Protokoll von 1633 fol. 60, 61, 68 erhalten wir genaue Berichte über die Durchführung der katholischen Gegenreformation, welche einem ziemlich hartnäckigen Widerstand seitens der Bevölkerung, die noch immer auf eine Hilfe von Seiten der Schweden hoffte, begegnete; unter denen, die solche für die Protestanten günstige Gerüchte verbreiteten, war auch ein Hans **Peer,** der erzählte, oben in Bayern falle der Feind ein und reformiere die Leute auf lutherisch und es wundere ihn, dass im Attergau so viele junge Leute katholisch werden; weiters behauptete er auch, dass der Feind Budweis eingenommen habe; beim weiteren Verhör bekannte Peer, in dessen Haus sich die Protestanten zusammenfanden, er habe gehört, dass die Mönche von einem

Stier sollen getauft oder genannt worden sein (15. Feber 1633). Einen Tag später werden eine Reihe von Leuten vernommen, die sich in Hans Peers Haus zusammengefunden hatten, wobei auch der junge Hans Peer zur Konfrontation gegenübergestellt wurde, der behauptete, er habe die Gerüchte von einem gewissen **Khäpler** vernommen. Hans Peer und Khäpler wurden darauf in Arrest genommen. Peer blieb bei seiner Aussage und entschuldigte sich mit seiner Jugend, Khäpler redete sich darauf aus, dass er die Nachrichten bei Fleischbänken und Markttagen von Unbekannten gehört habe (18. Feber). Weitere Nachrichten über diese Angelegenheit finden sich nicht mehr.

Beers Vorfahren hatten nur die Wahl gehabt, **sich dem Katholizismus zu unterwerfen** oder **das Land zu verlassen**. Beers Großvater muss sich diesem Zwang – zumindest äußerlich – gebeugt haben, denn er emigrierte zunächst nicht. Von der Großmutter mütterlicherseits, bei der er eine Zeitlang gelebt hat, berichtet er, sie sei in Schörfling „in dem Catholischen Glauben verstorben und daselbst begraben worden". Von seinem Großvater Carol, dem Marktrichter, weiß er allerdings zu berichten, er sei „hernach" im bayrischen Ortenburg „der Religion wegen" ansässig geworden, und dieser Markt, wo auch Carols Sohn Moritz als Fleischhacker lebte, war damals „Lutherischer Lehre beygethan". Es ist nicht geklärt, warum seine Verwandten so spät erst emigriert sind, nachdem sein Großvater Carol zuerst als Marktrichter mit den Grafen Khevenhüller und Herberstorff den wichtigsten Garanten des Rekatholisierungsprogramms loyal gedient hatte. Vollends unverständlich ist, wieso der Vater Wolfgang Beer, wenn er denn treuer Kryptoprotestant (heimlicher Protestant) war, seinen Sohn Johann ausgerechnet in einer Hochburg der Rekatholisierung, im Kloster Lambach (und später dann im Kloster Reichersberg am Inn), ausbilden ließ. Beer selbst hat sich nie ausdrücklich antikatholisch geäußert, doch verteidigt Beer den Katholizismus auch nie kämpferisch. Dass Beers erste Biographen, **Stange** (Leichenrede) und **Mattheson**, ihn als eifrigen Protestanten herausstreichen, hat wohl seinen Grund darin, dass ein 1680 geborener Sohn des Dichters - Johann - protestantischer Pfarrer war.

Was wir schon für Beers Haltung zu den Bauernaufständen in seinem TB bemerkt haben, das gilt auch für seine Romane. In ihnen hat er dann seine Kindheitserinnerungen an diese Zeit fabulierend umgesetzt.

Die „Willenhag-Romane" (Winternächte und Sommertäge) – seit Alewyn so genannt nach dem Ich-Erzähler – sind nicht nur Beers umfangreichstes Werk, sondern gelten auch – zumindest für Alewyn – als sein bestes. In unserem Zusammenhang sind sie besonders wichtig, weil sie den stärksten Bezug zu O.Ö. haben (Wolffgang von Willenhag / Herr auf Stampff und Nußdorff am Adersee, etc.). Das 'Willenhag' gilt als unser **Wildenhag**.

Beer lässt die Handlung dieses als Chronik der Gegenwart konzipierten Doppelromans bereits um das Jahr 1620 einsetzen und damit zur Zeit der Bauernkriege. Und tatsächlich spielt der Bauernkrieg in dem Doppelroman eine Rolle; es ist dies aber eine seltsam verschwommene, in Episoden verniedlichte und ins Kriminelle verzerrte Rolle. In den 'Winternächten', deren dargestellte Zeit etwa 2 - 3 Jahre umfasst, wird er nirgends erwähnt. Im „Sommer-Täge"-Roman werden die aufrührerischen Bauern sofort und ohne weitere Erklärung zum „Feind" des Landadels erklärt und sogleich als Komplizen von Straßenräubern und Kriminellen gestempelt.

Sie sagten, daß diese oder künftige Wochen Herrn Philipps Schloß, als nämlich Oberstein, von gewissen Raubern würde gestürmet werden, darunter auch etliche Bauern wären, die in neuerlicher Rebellion aufgestanden, und diese Rebellion der Bauren war eigentlich der Feind, von welchem wir zum Anfang dieser Histori gehöret haben, daß er in dem Land so übel gehausiert habe. *(Sommer-Täge, S. 529)*

Die Ursachen des Bauernaufstandes werden nicht oder doch nur derart erwähnt, dass die Bauernschinderei geradezu als selbstverständliche, nicht kritisierenswerte Gewohnheit des Landadels, die Selbstwehr der Bauern hingegen als dreiste Mutwilligkeit erscheint. So sagt Freund Philipp, als er von dem geplanten Anschlag auf sein Schloss erfährt:

„Ich weiß wohl, daß bei dieser Landesunruhe allerlei Mutwillen im Volk vorübergehe und daß diejenigen Bauren, denen wir ehedessen das Fell tapfer geschröpfet haben, sich bei dieser Gelegenheit auf alle Weis und Wege uns wieder eine gute Grindschmitzen anzuhängen eiferigst bemühen werden." *(S. 530)*

Ich habe in einem anderen Zusammenhang erwähnt, dass die **Brüder Grimm** in ihrem **Wörterbuch** Belegstellen von Beer zitieren – allerdings unter dem Pseudonym Jan Rebhu. Hier ein Beleg für das Wort grindschmitze, allerdings nicht aus den ‚Sommertägen', sondern aus dem „Weltkucker": m. und f. schlag auf den kopf: hätte dir längst schon einen grindschmitzen versetzt JAN REBHU weltkukker (1679) 3, 107 (Grimm, Band 9, S. 378, Spalte 1).

Erst bei der Schilderung des Angriffs auf das Schloss wird das kriminelle Bild vorübergehend durch ein anderes überlagert: Die Bauern – ihr Trupp ist über 100 Mann stark – kämpfen durchaus nicht ohne militärische Disziplin, sondern mit Ausdauer und taktischer Klugheit. Ihr mehrfacher Ansturm kann schließlich endgültig zurückgeschlagen werden.

IX. CAPITUL. Das Schloß Oberstein wird von den rebellischen Bauren gestürmet. Der Barthel auf der Heide wird von der Amalia gefangen.

Der entdeckte Anschlag wegen der zusammengeschwornen Rotte brach endlich in dem Werke aus, indem etliche unter den Schloßleuten bald verkleidete, bald andere Personen um das Schloß gehen gesehen, die die Mauren allenthalben wohl besichtiget haben. Dieses, nachdem es etliche Tage nacheinander in Obacht genommen worden, verursachte, daß wir uns mit unseren zubereiteten Pechkränzen und guten Büchsen fertig hielten, den Anfall abzutreiben und dem unruhigen Gesindlein, das schwerlich über vierzig Mann sein konnte, tapfer nachzusetzen. Wir hatten einen Studenten bei uns, der Herrn Philippens Kinder informierte. Derselbe konnte mit dem Feuerwerck umspringen und mußte dannenhero die Pechkränze bereiten, damit wir die anfallenden Lumpenhunde wacker auf die

Köpfe schmeißen wollten. Außer dem Schlosse hatte es eine Ziegelhütte, und in diese stellete Philipp mehr als zwanzig junger Kerls, die er zur bessern Courage zuvor mit Brandewein vollgesoffen. Er gab jedem unter diesen aus seiner Rüstkammer einen guten Morgenstern, mit demselben dem Gesindlein heimzuleuchten, und wir satzten uns samt acht Knechten und sechs Laquayen zu Pferde, unter währendem Anlauf hinauszureiten und das Unsrige zu tun. In einer solchen Bereitschaft erwarteten wir den Sturm, und Philipp stieg auf einen hohen Turm, zu sehen, wo der Feind seinen Anmarsch nehmen wollte. Er konnte aber nichts zu Gesichte bekommen, und weil es allgemach auf der Straße dunkel wurde, schickte er gewisse Kundschafter auf das Feld, damit er in diesem Übel nichts versaumte, was etwan zu seinem Vorteil dienlich war. Denn er wußte wohl, daß man auch dem kleinen Unglück vorsichtig begegnen müsse, wofern man nicht in ein großes zu fallen verlange. Und weil wir nicht wußten, wie stark der Pöbel sein möchte, machten wir je länger je bessere Anstalt zur Gegenwehr.

Indem kamen drei ausgeschickte Kundschafter, die brachten mit, daß sich nunmehr die Schelmen gegen das Schloß näherten. Sie wären allem Ansehen nach auf die hundert Mann stark und hätten einen Trummelschläger bei sich, welcher dermalen die Trummel auf dem Rücken trüge. Ein jeder unter den Herzumarschierenden hätte ein sonderliches Zeichen auf dem Rocke, und ihrer etliche säßen zu Pferde. Dieses war die kurze Nachricht, und wie sie ferner erzählten, so marschierten sie ganz sacht und stille, also daß ihrer etliche gar die Schuh ausgezogen, sich derselben in dem Sturm desto besser zu gebrauchen. Ihr Anführer wäre allem Ansehen nach ein Schneider, denn die hießen ihn Herr Sartor, dadurch man wohl annehmen konnte, daß sie keine große Streiche tun würden. Nichtsdestoweniger verdoppelte Philipp seine Wachen an beiden Schloßtoren, befahl auch, sich nicht ehe mit den Pechkränzen sehen zu lassen, bis die Bauren ihre Leitern, derer sie nach Aussage der Kundschafter drei Wagen voll bei sich führten, würden angeworfen haben. Indem kommt der Schwarm an das Schloß. Die Schelmen waren so klug, daß sie sich in einem Augenblick in zwei Teile zerteilten. Einer fiel das vordere, einer das hintere Tor an, und ließen also diejenigen Örter unangefochten, wo man unseres Erachtentens am leichtesten hätte hineinkommen können, und dannenhero hatten wir große Mühe, das Brenn- und Feuerzeug dahin zu schaffen, wo sie wie die Wespen und Hummeln herankletterten. Als unsere Gegenwehr versammlet war, commandirte Herr Philipp bei dem vordern, ich bei dem hintern Tor, der Friderich aber führte seine Leute aus der Ziegelhütte außer dem Schlosse an, und also gab man zu allen Seiten unsers Orts gute Salve. Etliche der Bauren waren eisenfest gefroren, und war ebensoviel, wenn man auf sie schoß, als ob man ihnen Haselnüsse auf die Köpfe würfe, dahero mußten die Pechkränze des Studentens das Beste tun, vor welchen sie so geschwind wieder über die Leiter hinuntersprangen, als sie heraufgekommen. Da sich nun die Bauren von innen und außen bekrieget sahen, eileten sie mit ziemlichen Verlust der Ihrigen wieder zurück und zerstreueten sich auf dem Feld, einer da-, der andere dorthin, daß wir dannenhero in dem Nachsetzen genug an den Büchsen, Kolben und anderen Gewehren aufzuklauben hatten.

Dieser Abtrieb, ob er schon mit großer Zufriedenheit derjenigen geschehen, welche von Philippen das Schloß zu defendieren aufgeboten worden, so fragten doch die Herren Rustici nit viel darnach, sondern sammleten sich noch selbige Nacht, und da wir uns in der größten Sicherheit zu sitzen gelüsten ließen, hebte ihre Trummel aufs neue an, vor dem Schlosse zu rasseln. Wir brachten unser annoch in dem Hof versammlete Mannschaft mit großer Arbeit und Mühe wieder in die Ordnung, aber die Bauren hatten nur einen blinden Lärmen gemacht und uns vor den Toren abscheulich ausgelachet, ob wir auch gleich einen Ausfall getan, trieben sie uns doch wegen überhäufter Menge bald wieder zurück und teilten uns unverhoffte Schläge mit.

Wir stunden dieselbe ganze Nacht auf den Mauren, und Philipp ließ vor diejenigen Löcher Mist und anderen Schuttkot hinführen, wodurch sie sich ohne großen Widerstand hätten hereinverfügen können. Sie fielen aber vor dieses Mal nicht an, sondern platzte bald einer hie, der andere dort mit einem Schmeckscheit herein, dadurch sie zwar keine Menschen totgeschossen, aber fast alle Fenster zuschanden gemacht haben, die wir auszuheben vergessen hatten.

Des andern Morgens stiegen ich und Herr Friderich auf den Turm und mußten mit Verwunderung sehen, daß sich unser Gegenpart allgemach vor dem Schlosse eingeschnitten hatte, da vermerckten wir erst, daß dieses Volk ein Pöbel des rebellischen Haufens war, welcher jüngst zuvor in dem Land großes Unglück und Jammer verursacht, und was noch das allermeiste war, so führte diesen Haufen der zuvor beschriebene Barthel auf der Heide an, und hatte nicht ein Schneider, sondern er selbsten das Commando, wie wir mit unsern Perspectiven wohl sehen konnten. Sie stelleten darauf einen neuen Sturm an, und wir eileten von dem Turme, die Gefahr anzudeuten, damit ein jeder zur frischen Gegenwehr möchte gefaßt sein.

Indem wir nun am besten mit unsern Leuten beschäftiget waren, sahen wir von ferne einen großen Pöbel Reiter über das Feld herkommen, die wir erstlich für unsere Feinde hielten. Deswegen sank dem Philippen das Herz um ein merkliches, und Herr Friderich begab sich auf den Turm, zu sehen, ob sie sich mit diesen conjungieren oder was sie sonsten für eine List vornehmen würden. Da sie aber etwas näher kamen, rufte Herr Friderich vom Turm und sprach: „Bruder Philipp, eine gute Zeitung! Gottfrid und Christoph kommen mit diesem Haufen, mache dich gefaßt, sobald sie angegriffen haben, mit deinen Leuten auszufallen, es wird so viele Kappen regnen, die wir nicht alle zählen können." Kaum als er diese Worte ausgeredet, hörte man ein schreckliches Feldgeschrei. Es waren zwar keine Hauptarmeen, die da miteinander treffen sollten, aber nichtsdestoweniger ein so großes Geschrei und Tumultieren, daß ein Blinder geschworen sollte haben, es wäre das ganze Königreich Spanien und Frankreich übereinander hergewischt.

Als nun Gottfrid und sein Bruder mit ihren Leuten von hinten zu angegriffen, rückten wir mit den Unsrigen in guter Ordnung von vornen zum Tor hinaus, da ging es auf beiden Seiten auf ein schreckliches Geklopfe, und wer unter den Bauren am ersten davonlaufen konnte, der suchte das Feld und verließ sich mit Hinwegschmeißung seines Gewehrs auf nichts mehrers als auf seine Füße. Also sind sie geschwinde gekommen und wieder geschwinde davongelaufen. Diejenigen, unter welchen Barthel auf der Heide sich befand, hielten sich noch am längsten, weil er sie in guter Ordnung gehalten. Er rufte ihnen mit aller Macht zu, daß sie sich tapfer wehren sollten, aber er selbst suchte vielmehr eine angenehme Gelegenheit, mit seinem Schimmel davonzuwischen, wenn er nur solche Flucht wegen eines Graben hätte vollbringen können. Also machte er andern ein Herz und hatte selbst keines. Als wir nun am meisten bemühet waren, diesem ehrbaren Gesellen aufs Leder zu klopfen und ihn gefangenzunehmen, kam ein junger Cavalier in einem hübschen Harnisch wie ein Löw unter den Haufen geritten und machte dergestalten Platz, daß wir dadurch uns gar leichtlich des Rädelführers bemächtigen konnte. Aber dieser unbekannter Soldat tat in einem Augenblick, wornach wir allgemach schon eine halbe Stunde getrachtet hatten, nämlich, er fing den Barthel unter seinem eigenen Haufen, nachdem er ihm zuvor eine Schmarre in das Gesicht versetzet und noch darzu seinen Gaul totgeschossen hatte.

Damit zertrenneten sich die gewissenlose Schelmen in einem Augenblick, und wir hieben ihnen bis in den Wald nach, allwo sich das übrige Gesindlein teils in die Hecken verkrochen, teils auch auf hohe Tannen retirieret. Auf eine solche Art brachten wir den Sieg mit geringem Verlust der Unserigen zuwegen, und da nahmen wir uns erst Gelegenheit, einander zu grüßen. Philipp wußte für großen Freuden nicht, was er zum ersten reden oder vorbringen wollte. Er befand sich gegen Gottfrid, Christoph, dem Friderichen und mich hoch verpflichtet, aber noch viel mehr von dem fremden Cavalier, welcher, weil er seinen Helm noch zugeschlossen hatte, von keinem unter uns mochte erkennet werden. Gleichwohl brachte derselbe den Barthel auf der Heide als den Rädelführer dieses saubern Handels an Eisen geschlossen, und: „Sehet Ihr", sprach der fremde Rittersmann zu Philippen, „daß ich das Glück gehabt habe, Euren Feind zu fangen! Er hat wider Euch gesündiget und die hohe Landesobrigkeit verunruhiget, darum übergebe ich ihn Euch und der heilsamen Justiz, ihm sein gebührendes Recht anzutun, und auf daß Ihr nicht zweifelt, wer oder von wannen ich sei, so sehet, ich nehme meinen Helm vom Haupt und gebe mich euch allen freiwillig zu erkennen."

Nach dieser Rede zog er den Helm vom Gesichte, und wir entfärbeten uns alle, als wir die schöne Amalia vor uns in einem Ritterharnisch verkleidet sahen. Es sah einer den andern an, und konnte keiner für Verwunderung das erste Wort sprechen. Sie aber fuhr fort, dem Barthel seine große Büberei vorzuhalten, mit welcher er das ganze Land kränkte. Und als sie im besten Begriff ihrer Rede war, entstund unter den Toren ein neuer Lärmen, weil man auf der Straße Kriegsvolk erblickte, welches sich gegen das Schloß bewegte. Aber wir wurden bald berichtet, daß es der ehrliche Wilhelm war, welcher, als er verstanden, daß es dem Schloß Oberstein gelten sollte, sich mit zweihundert seiner besten Leute aufgemachet, dem Philippen Beistand zu leisten. Deswegen war die Freude um so viel desto größer, weil wir uns untereinander mit so redlicher Nachbarschaft vertrugen und sich einer auf den anderen brüderlich zu verlassen hatte.

„Nun", sagte Philipp, „ ist es Zeit, daß ich dir, o Bruder Friderich, den Zweifel auflöse. Kurz nachdem ihr von der Amalia Kammer zu Abstorff hinweg waret, ging ich hinein, ihr andeutend, daß Barthel nunmehr mit zwanzig Pferden im Anzug wäre, sie, als welche nunmehr allenthalben verraten wäre, anzupacken, wäre also ratsam, sich in aller Stille heimlich wieder nach Hause zu begeben, weil Barthel keine Stunde mehr würde außen sein. Nach diesen Worten ging ich hinweg, und sie ist ohne Zweifel aus Furcht dessen heimlich durchgegangen, aber zu deinem Besten, denn durch dieses Mittel hat auch ihre Frau Mutter wegen deine Vortrages Urkund bekommen, und ist nichts ohne ihren Vorbewußt, welches eine große Billigkeit ist, an einer so hochwichtigen Sache geschlossen und eingegangen worden."

(Sommertäge S. 531 - 537)

Das Anrücken der Bauern, ihre Kleidung und Ausrüstung, ihre Taktik und ihr Verhalten im Kampf sind recht detailgetreu geschildert. Doch ist weder von dem verzweifelten Mut noch von der religiösen Inbrunst, die die realen Bauernhaufen ausgezeichnet haben, die Rede. Ja, es wird nicht einmal gesagt, warum sie gerade gegen dieses Schloss und nicht gegen ein anderes anrennen. Denn es war doch 1626 keineswegs so, dass die Bauern planlos beliebige Schlösser berannt hätten und generell als Feind der landsässigen Herren und Ritter aufgetreten wären. Die o.ö. Bauern bekämpften in erster Linie die bayrischen Besatzungstruppen unter Herberstorff (Ferdinand II. hatte O.Ö. dem bayrischen KF Maximilian verpfändet, damit er ihm gegen die protestantischen Fürsten half) und dann die herbeigerufenen Elitetruppen Pappenheims und anderer kaiserlicher Heerführer. Die Sitze der eigenen adeligen Grundherrn ließen sie unbehelligt, wenn diese Landadeligen nicht – was eher selten geschah – mit den Besatzern gemeinsame Sache machten. Die Bauern Beers haben, im Unterschied zu den historischen, keine Forderungen und keine Losungen (12 Artikel). Sie kämpfen sprachlos „wie die Wespen und Hummeln" (ST S. 533). Es ist nicht ersichtlich, was sie in dem Schloss überhaupt wollen.

Ihr personifizierter böser Wille, ihr Anführer, Kommandeur und Rädelsführer ist Barthel auf der Heide. In dieser Figur hat Beer vermutlich legendäre und anekdotisch verzerrte Erinnerungen an einen historischen Bauernführer verarbeitet. Denn unter den Bauernführern von 1626 hat es einen Hans Christoph von Haiden (auch als von Heyden, von der Heide, Hayden und Haider überliefert) gegeben.

Dieser Christoph von Haiden war einer der höchstrangigen Bauernführer und als Nachfolger von Stephan Fadinger im Gespräch, vor allem wurde er als Eroberer von Freistadt berühmt.

Beers böser Barthel wirkt wie eine Karikatur, ein böses Zerrbild, des historischen Bauernführers Hans Christoph von Haiden.

In anderen Romanen Beers gibt es eine Reihe von bloßen Erwähnungen, Anspielungen und Andeutungen von Namen und Fakten des Aufstandes von 1626, die meist von nicht wichtigen Erzählern eingebracht werden und keine handlungsbestimmende Bedeutung haben.

Flugschrift aus dem Jahre 1626; Original in der Nationalbibliothek, Wien.

(Aus: O.Ö. Heimatblätter, Jg. 29, 1975, Heft 3/4, S. 132)

So berichtet Willenhags Page Paul von Schloss Wolfsegg und dem Hausruck-Höhenzug:

„auf welchen ehedessen die Principalen derjenigen Bauren gesessen, die wider ihre Obrigkeit rebelliert, aber nichts damit ausgerichtet haben, als daß sie mit Schimpf und Schand endlich überwunden"
(ST 763)

Eine reale Begebenheit der Bauernkriege – das Scheitern eines Versuches der Bauern, mittels eines Mauerdurchbruchs am Schuler-Tor die Stadt Linz zu erobern, erwähnt Beer in seinem „Adimantus"-Roman. Allerdings schildert er

ST S. 513

diese Begebenheit nicht etwa ausführlich und um ihrer selbst willen, sondern er verwendet sie nur zu einem skurril-lächerlichen Vergleich: Da hat ein fabulöser König, um die Keuschheit seiner Tochter Ormizella zu schützen, deren Schlafzimmertür mit einer aufwendigen Falle versehen. Ormizella, die von dieser Falle nichts weiß, verabredet sich mit Prinz Adimantus in ihrem Schlafgemach, und hier nun bringt Beer in einer Leseranrede den Hinweis auf die historische Bauernkriegsepisode an:

„nun könnt ihr gedencken, wie die Princeßin den Printzen so fein angeführt hat, nicht anders wie der Student die Ländler-Bauren zu Lintz an das Schüler Thürlein"

(Printz Adimantus, Reclam S. 32).

Diese Anspielung auf die Schuler-Tor-Episode aus dem Bauernkrieg ist dem heutigen Leser nicht mehr spontan verständlich. Eine Zeitungsmeldung soll sie erhellen:

Auß Wienn / vom 1. Augusti / Anno 1626
Von Lintz hat man gewisse Avisa / daß den 21. jüngst abgeloffenen Monats Julii / der / auß der Bauerschafft Feldläger / Hauptmann Hämmel vor Lintz umb 2 Uhr in der Nacht sich understanden hat / nahent bey dem Schuel Thürl / gegen dem Pallhauß uber / ein Loch in die Stattmauer zu brechen / und obwoln Ihrer Gn. Herrn Statthalter solches bewust gewesen / so haben sie doch den Bauern ein Tragoedi oder kurtze freude mit eim traurigen außgang halten / und der Bauren dardurch bey 500 einschlieffen / aber hernach durch dero Soldatesca solches Loch verrennen / die hinein kommene Bauren biß auff 60 alle niderhauen / die 60 ubel verwundet gefangen nehmen lassen.

Der keineswegs bauernfreundliche Zeitungsbericht nennt es immerhin eine „Tragoedi", dass Hunderte von Bauern ihr Leben lassen mussten. Nicht so Beer. Of-

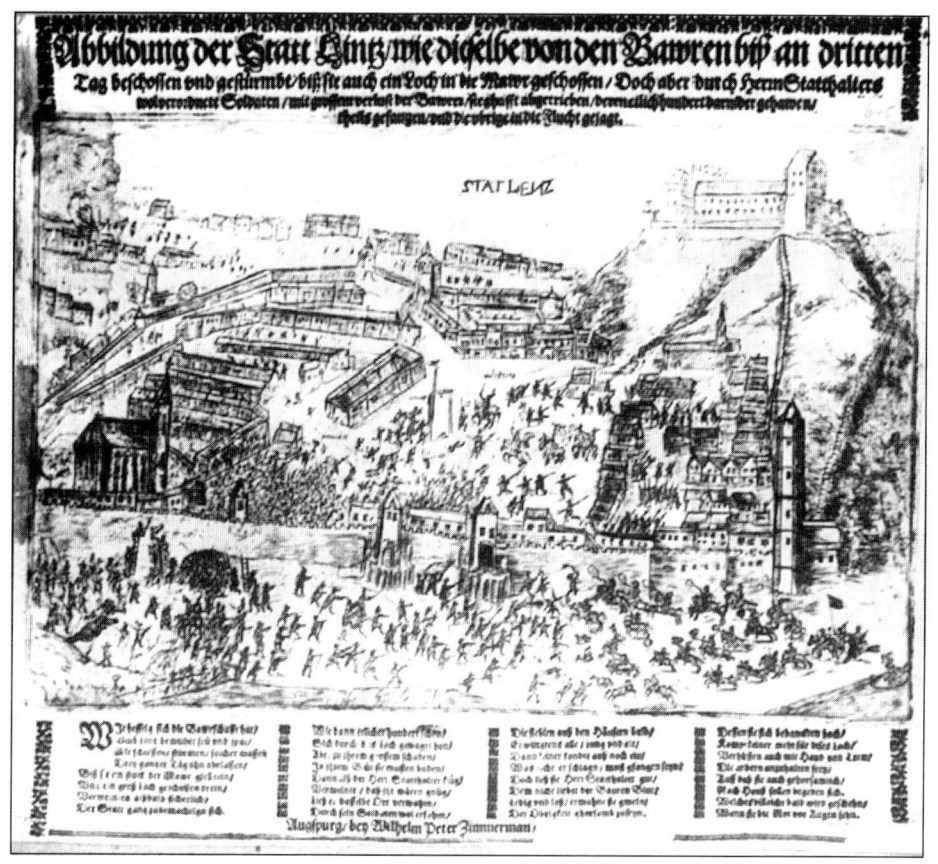

Flugblatt mit frei erfundener Darstellung (Kupferstich) der belagerten Stadt Linz; im Vordergrund Stadtpfarrkirche, Tor und Wasserturm, auf dem Berg eine Ansicht des Schloßneubaues. Gedruckt in Augsburg. Stadtarchiv Ulm (Aus: O.Ö. Heimatblätter, Jg. 29, 1975, Heft 3/4, nach S. 230)

fensichtlich setzte er ein Leserpublikum voraus, das nicht nur in der Lage war, diese satirische Anspielung zu verstehen, sondern auch bereit war, sie zu genießen. Gerade in dieser Anspielung zeigt sich beklemmend, wie fern es Beer lag, den moralischen Anspruch oder selbst nur das kreatürliche Leid der aufständischen Bauern seiner Heimat zu respektieren.

Die Geschichte mit der Falle wiederholt Beer im ‚Corylo' (S. 76 ff), aber diesmal ohne die Anspielung auf die Bauern.

Weitere Anekdoten, Anspielungen, legendenhafte oder konkrete Angaben zu den o.ö. Bauernaufständen finden sich in Beers Erzählwerk nicht. Allerdings ist im „Jucundus Jucundissimus" und im „Blaumantel"-Roman von bäuerlichen Aufständen und Zusammenrottungen im Schwarzwald die Rede.

Im „Corylo" (S. 53) schildert Beer folgende Szene:

‚Es war ein Baur in unserer Hof-March / der fienge eine Zeit Rebellerey wider meinen

Herrn an / weil er auch viel seines gleichen an sich zog / in dem sich solche Gesellen gar leichtlich verleiten lassen / weil es besser thut frey seyn / als Steur und Zinsen geben / als kame es dahin daß sie sich mit Gewalt wider meinen Herrn entpörten / und zwar auf eine solche Masse / daß er sich mit Gewalt zur Wehr stellen muste. Er hatte einen Bruder welcher lang in Engeland gedienet / der kame ihm wider die Bauren zu hülfe / und klopffte dieselbe mit etlichen Compagnien Soldaten sehr weidlich ab / bekame auch den Rädels-Führer gefangen / der wurde in einem Thurm ersticket / und sein Kleid hängte man zum stäten Gedenck-Zeichen in diese Schatz-Camer. Thate nun ein Baur nicht gut / wurde ihm alsobald dieses Kleid gewiesen / welches solche Krafft hatte / daß sie sich alle im guten abweisen liessen."

Offensichtlich konnte Beer von diesem Thema nicht lassen, konnte es aber nie bewältigen.

Die revolutionäre Qualität der realen sozialhistorischen Bewegung setzt der satirischen Kraft Beers unüberwindliche Grenzen.

Bauern-Stoltz
Als die Bauren Ao 1622. in Oberösterreich rebellirten, nahmen sie unter andern auch das Schloß Aistersham ein, fiengen etliche Edelleuthe, wie auch den Besizer Herren Hohenfelder in demselben. Diese alle musten denen Bauren bey der Taffel aufwarten und einschenken. Sazten ihnen ihre Baurenhüete auf, sie aber, die Bauren, zogen ihre Sammt-Röke an. Als sich aber bey dem Treffen am Geiersberg das Blätlein wandte, wurden die Herren Bauren von denen Edelleuthen abscheulich gezauset und hingericht. (TB, S. 132)

Ziehender Bauernhaufen
Aus: Venohr.: Brennpunkte deutscher Geschichte, S. 45

Die vier „Warum?"
oder „Die weggelegten Kinder"

Warum hat Johann Beer geschrieben? Warum hat er unter Pseudonymen geschrieben? Warum hat er plötzlich aufgehört, Romane zu schreiben? Warum hat er in seiner Biographie keinen seiner Romane erwähnt?

> Papieren heisst man dich / du Edler
> durch die Feder /
> Weis nur den Hindern her / was
> gilts / du bist vom Leder.
>
> Allerhand Epigrammata

In seinen Selbstzeugnissen in seinen Werken will uns Beer glauben machen, dass der **eigentliche Beweggrund** für seine schriftstellerische Tätigkeit seine Freude am Erzählen ist. Immer wieder betont er eine „absonderliche Lust" am Schreiben. Oft erwähnt er die befreiende Wirkung des Schreibens, es wird zur Medizin des Geistes gegen Einsamkeit und Gespensterfurcht, zum Zeitvertreib - „dann die Langweil des Weges und die Schnee-Kälte logierte mir wunderlich caprizzen ins cerebrum" - und zum bloßen Vergnügen - „Wann meine Feder nicht ihre absonderliche Lust in dem Schreiben suchte" -, das sich durch ein Glas guten Weines noch merklich erhöhen lässt. Wenn Beer sein Schreiben in der **Zuschrift** an den Freund David Georg Munegger („Weltkucker") als „eine fliegende Sommer-Mücke meines verparenthesierten Geistes" bezeichnet, so zeigt sich darin eine Selbsteinschätzung, die deutlich auf das sprudelnde Erzähltalent und die urwüchsige Freude am Fabulieren verweist.

> Wie er im Verß-schreiben geartet sey?
> Zuweilen bin ich grob / zuweilen
> auch gelind /
> Nach dem die Grillen mir in
> meinem Kopffe sind.
>
> Allerhand Epigrammata

Diese Freude an Spiel und Phantasie und die Fähigkeit, schon seinen Mitschülern „ex tempore [aus dem Stegreif] eine verlogene Geschicht ... erzählen" zu können, sind wohl auch als Ursprung seines schriftstellerischen Schaffens anzusehen.

„Du bist ein Schelm" / sagte ich zu ihm / „und kannst alles so manierlich herunter schwätzen / daß dir einer mit großem Gefallen zuhören muß." (Feuermäuer-Kehrer)

An den Leser

> Du klagst / daß meine Verß
> so wenig Licht gewonnen:
> Mein Freund / der Stern des Beern /
> steht ferne von der Sonnen.
>
> Allerhand Epigrammata

Offensichtlich ist es bei Beer nicht schriftstellerischer Ehrgeiz, was ihn beim Schreiben beseelt, sondern ein spontanes Bedürfnis. „Ich sitze nicht am Schreibtisch", betont er einmal, „um mit abänderlichen Redensarten die Welt zu erfüllen, sondern was ich schreibe, schreibe ich zu meiner Lust. Denn es jucken mich immer einige lustige Caprizzen zwischen den Ohren, sodaß ich ohne Unterlaß mit den Fretterien zu tun kriege." Der Trieb zu erzählen hat sich in ihm geregt, lange bevor er zur Feder gegriffen hat. Seine Lektüre in jungen Jahren, von der er seine Helden immer wieder erzählen lässt, entzündete auch seine jugendliche Phantasie und erweckte die Lust am Nacherzählen, dann auch am selbständigen Erfinden. Denn Beer war bestimmt auch ein eifriger Leser. In seinen Frühschriften berichtet er gerne von dem Eindruck, den die von Gebildeten verachteten und ignorierten, aber im Volk und in der Jugend kräftig fortlebenden **Ritterromane** und **Volksbücher** auf seine erwachende Phantasie gemacht haben. **Mit dem Mund**, **nicht mit der Feder** sind Beers erste Romane erzählt. Darum lässt Beer auch so gerne innerhalb seiner Romane wieder erzählen. Nicht nur, dass sie alle in der Ich-Form geschrieben sind, dass also der Erzähler derselbe ist, der sie erlebt hat, sondern auch innerhalb seiner Geschichten treten immer wieder Personen auf, die ihre abenteuerliche Lebensgeschichte zum Besten geben und dafür ein dankbares Publikum finden.

Wenn er schrieb, war es ihm schwerlich um Erfolg zu tun, seine Romane trugen ihm keinen Ruhm und wohl auch nur bescheidenen Gewinn ein. Nur wenige brachten es zu einer **zweiten Auflage**. Das Leserpublikum der Zeit war ja nicht groß. Er wollte seine Phantasie von seinen Einfällen entladen.

Das Bemühen und offensichtlich auch die Notwendigkeit, das eigene Tun - und sei es vor sich selbst - mit der strafenden und bessernden Aufgabe des satirischen Schriftstellers zu rechtfertigen, durchzieht Beers gesamtes Werk. Ist seine Wahl nicht auch deshalb auf die „Satyrische Schreib - Arth" gefallen, weil sie allein seinen erzählerischen Fähigkeiten genügend weiten Spielraum bot? Gerade wenn man an **Auftragsarbeiten** denkt, kann man zweifeln, ob der Akzent tatsächlich auf moralisch-belehrender Absicht liegt und ob nicht die Äußerungen, mit denen er die ihn selbst befreiende Wirkung des Schreibens betont, der Wahrheit viel näher kommen.

Über die Gründe, **warum Beer alle seine Romane unter verschiedenen Pseudonymen** erscheinen ließ, lassen sich nur Vermutungen anstellen. Heute glaubt man zu wissen, dass er seiner schriftstellerischen Tätigkeit teilweise im Auftrag geschäftstüchtiger Leipziger Verleger nachging. R. Alewyn glaubt, dass sein Grund kaum in dem Bedürfnis bestand, unerkannt zu bleiben. Die mannigfachen Pseudonyme, deren er sich bedient, und die zahlreichen autobiographischen Stellen seien für jeden, der ihm persönlich nahestand, durchsichtig genug gewesen. Mit der Anonymität der Romanproduktion sei er vielmehr dem in der volkstümlichen Literatur wie auch bei Grimmelshausen herrschenden Brauch gefolgt. Ihren Verfassern wäre es nie im Traum eingefallen, ihre kunstlosen Produkte zur Poesie zu rechnen und damit literarische Ehre zu beanspruchen.

Das Argument von Alewyn überzeugt nicht so recht, denn wenn es schon so ist, so kommt es ja nicht von ungefähr und ganz bestimmt nicht auf Grund eines launigen Spiels des Verfassers. Den **Mut zur eigenen Begabung** und damit verbunden zur **Missachtung der geltenden Regeln** kann Beer nur in anonymen Texten entfalten. All die Respektlosigkeiten und Grenzüberschreitungen gegenüber den unumstößlichen Gesetzen der Sittlichkeit und der Poetik (=Lehre von der Dichtkunst) hätte sich Beer nur um den Preis einer Existenz außerhalb der tonangebenden Gesellschaft leisten können. Denn Beer besitzt auch für eine Teilhabe an den offiziellen Diskursen über Literatur weder sozial noch professionell die Lizenz. Hätte er es sich materiell leisten können, wäre er so unabhängig gewesen wie sein nicht zur Arbeit gezwungener **Lorentz** im **„Narren-Spital"**, hätte er mit vollem Namen und bis an sein Lebensende die von ihm offensichtlich als hohl erkannten Standesnormen als überlebt behandeln und lächerlich machen können. Kunst und Leben sind für Beer verschiedene Dinge, daran ändern auch die Realsatiren grundsätzlich nichts. Das Ausleben seiner literarischen Erfindungen hätte nur in einem **Fiasko** enden können. Und er ist sich der Ungehörigkeit seiner Erfindungen bewusst, nicht nur seiner Abweichung von der Kunstauffassung seiner Zeit. In der **Vorrede** zum **„Verliebten Europäer"** offenbart der Erzähler den Grund für die Entscheidung zur Anonymität: Sie bietet dem Autor Schutz vor Verachtung, mit der, so weiß er, immer zu rechnen ist: „Was den Autoren, so dieses Buch ordentlich verfasst / angelangt / hat der selbe Bedenken getragen seinen Nahmen darunter zusetzen / weil im wol wissend / wie zum öfftern das beste / und welches mit grösten Fleiß gemachet / verachtet wird." Beer, der nur am Hofe als Musicus eine Chance zum beruflichen Überleben hatte, gab die Literatur, so wie er sie auffasste, gänzlich auf, weil er sie für sich selbst als hinderlich und für die Gesellschaft seiner Zeit als verfrüht einschätzte. Beers Schweigen kann also neben **Anpassung** und **Selbstzensur** auch als Zeichen seines Misstrauens gegenüber der Literaturproduktion und dem Literaturbetrieb des späten 17. Jhds. interpretiert werden.

> Von seinen Versen
> Es werden meine Verß bis an die
> Stern erhoben /
> Warum? was nichtig ist / das pflegt
> die Welt zu loben.
>
> Allerhand Epigrammata

Dass auch in der (später begonnen) Lebensbeschreibung **von dieser seiner schriftstellerischen Existenz mit keinem Wort die Rede ist**, könnte damit zusammenhängen, dass Beer diese Texte selbst als „unseriös" empfunden hat; sicherlich spielt hier aber auch die Wirkungsabsicht der Lebensbeschreibung als familiärer Lehrschrift für die Nachkommen eine nicht zu unterschätzende Rolle. Es ist eine Tatsache, dass die einzigen literarischen Arbeiten, von denen er berichtet, die sind, die er während seiner Weißenfelser Zeit mit seinem richtigen Namen herausgegeben hat. Durch ein solches Verhalten des Dichters wird umso deutlicher, dass Beer die früheren, pseudonym veröffentlichten Schriften in keiner Weise als „seine Kinder" anerkennen wollte; die Aufzeichnungen seines Tagebuches stammen aus den Jahren, in denen er eine Familie, eine gesicherte Stellung, einen angesehenen Platz in der bürgerlichen und höfischen Gesellschaft in Weißenfels hatte. Alle seine Romane sind früher offenbar **auf Bestellung** und **gegen Bezahlung** entstanden und sie gehören alle einer bestimmten Epoche seines Lebens an. Sie wurden in großer Eile und in ganz kurzen Abständen verfasst und ausnahmslos unter Pseudonymen veröffentlicht.

Niemals hat sich der Verfasser zu ihnen bekennen wollen, und vermutlich war seine Autorschaft nur seinen Auftraggebern und ganz wenigen Eingeweihten bekannt. Gründe hiefür werden leichter verständlich durch eine bisher in Zusammenhang mit Beer nie beachtete Quelle, aus welcher hervorgeht, dass Beer wohl die meisten seiner Werke zu einer bestimmten Zeit auf Bestellung und also nicht aus eigenem Antrieb verfasst hat, und zwar für Leipziger Verlage, die dem Modegeschmack eines einfachen Publikums entsprechende Kolportagegeschichten und -romane veröffentlichen.

Dies lässt sich dokumentarisch belegen anhand der umfänglichen **„Acten der früheren sächsischen Bücher-Commission"**. Unter den hier angeführten Büchern, in welchen politische Erörterungen und die Ideen der Aufklärung popularisiert werden, wobei packende Titel mit als Anreiz dienen, finden sich auch **„Der politische Maulaffe"**, **„Der politische Feuermäuer-Kehrer"** und der **„Verliebte Europäer"**. Und von den Verlagen werden als **„gewerbsmäßige Fabricanten derartiger Schriften** der Prof. J. Riemer und **der Kammermusicus Bär in Weißenfels** angegeben". (Kirchhoff: Lesefrüchte, S. 88).

Beim Abbruch der schriftstellerischen Tätigkeit spielen mit Sicherheit der soziale Aufstieg - 1685: Ernennung zum Konzertmeister - und die angesehene Stellung bei Hofe ebenso wie in der bürgerlichen Gesellschaft der Residenzstadt eine Rolle.

Richard Alewyn hat angenommen, dass Johann Beer seit 1685 *„nichts mehr veröffentlicht außer den Epigrammen und den polemischen Schriften. Was aus dem Nachlass herauskam (der „Verliebte Österreicher" und „Verkehrter Staatsmann") steht nicht auf der vollen Höhe der Kraft"* (S. 60).

Und **Manfred Kremer** pflichtet ihm 1964 bei, wenn er schreibt: *„Zur Chronologie der Werke bleibt noch zu bemerken, daß Beers pseudonyme literarische Produk-*

tion wohl mit dem Jahre 1685 endgültig abgeschlossen war. Wir dürfen seiner Bemerkung glauben schenken, daß nach dem „Kleider-Affen" keine satirischen Schriften mehr zu erwarten sind. Er hat wohl schon spätestens um 1683 aufgehört, Romane zu schreiben, denn es darf vermutet werden, daß der „Kleider-Affe" vom Mitautor vollendet wurde, Beer ihn aber wesentlich früher verfaßt hat. Die posthum (sic) erschienene Schrift der „Verkehrte Staatsmann" wurde wohl schon in der pikarisch-politischen Periode geschrieben (Anklänge an Grimmelshausen), aber aus Sicherheitsgründen erst nach seinem Tode veröffentlicht, weil sie vermutlich eine verkappte Satire auf den Hof in Weißenfels enthält. Auch der „Verliebte Österreicher", sofern er von Beer stammt, muß nach der Motivik verhältnismäßig früh, etwa zwischen Ritterromanen und pikarischen Romanen entstanden sein." (Kremer, M.: Die Satire bei Johann Beer, S. 35).

Die hier erwähnte Stelle in der **Vorrede** zum **„Kleider-Affen"**, dem letzten mit Sicherheit zu Beers Lebzeiten veröffentlichten Text (1685), lautet: „du geneigter Leser lebe wohl / urtheile nicht zu scharff / und erwarte von meiner Hand nicht mehr dergleichen. Adieu." Warum Beer diesen Entschluss gefasst hat, ist eines der vielen Geheimnisse um diesen Mann und sein Werk. Bis J. Hardin (A Note on Johann Beer's „Der verkehrte Staatsmann", 1975) wurde angenommen, Beer habe diesen Entschluss nie geändert und nicht nur „Der verliebte Österreicher" von 1704, sondern auch der „Verkehrte Staats-Mann" (eine Ausgabe ist mit 1700 datiert) und „Der kurtzweilige Bruder Blau-Mantel", 1700, seien aus Beers Nachlass veröffentlicht worden.

Man vermutete, Beer könnte unter scharfe Kritik von einflussreichen Personen am Weißenfelser Hof geraten sein, die sich durch die späten satirisch-politischen Romane verletzt fühlten und Druck auf ihn ausübten. Eine andere Möglichkeit ist, dass es ihn plötzlich gereut habe, pseudonyme Werke in einer damals verrufenen Literaturgattung geschrieben zu haben. Was auch immer der Grund gewesen sein mag, er hatte sich anscheinend entschlossen, die Veröffentlichung von Romanen zu beenden.

Aber die Äußerung Beers in der Vorrede zum „Kleider-Affen" steht im Widerspruch zu seinem **„P.S. An die Herren Buchhändler"**, das Beer an das Ende seiner Streitschrift **„Ursus murmurat"** (1697) gestellt hat. In diesem Postscriptum (Nachschrift) bietet er den Buchhändlern unter vielen anderen Manuskripten, die „theil elaboriert [ausgearbeitet] / theil auch unter der Feder" seien, auch „den Nasen-weisen Secretarium" an. Für J. Hardin gilt als sicher, dass Beer damit offen das Ende seines zwölfjährigen Schweigens als Schriftsteller angekündigt hat, seit der **„Ursus murmurat"** Beers Namen auf der Titelseite aufweist („Alles ... vor Augen gelegt durch Johann Bähren / Hoch=Fürstl. Sächs. Weißenfelsischen Conzert-Meister / von St. Georgen aus Ober-Österreich"). Die Forschung konnte die Frage, warum es zum Ende des Schweigens gekommen ist, bis heute nicht beantworten. Offen ist auch eine Antwort auf die Frage, ob nicht auch der **„Bruder Blau-Mantel"** in seinem vorhandenen Zustand von Beer selbst freigegeben und nicht erst aus dem Nachlass veröffentlicht wurde. Allerdings führt Beer diesen Roman nicht namentlich im oben erwähnten „**P.S.**" **An die Herren Buchhändler**" an, aber er verweist auf „hundert andere Inventiones" [Erfindungen], die er „um ein Billiges zu verlassen / willens" sei. Die meisten der hier genannten Titel gelten allerdings als verloren.

Beer wollte wohl keinen irgendwie exclusiven Leserkreis ansprechen, darum lässt er z. B. seinen Willenhag-Erzähler wiederholt beteuern, dass ihm an allgemeiner Verständlichkeit gelegen sei, und dass er dieser Absicht auch den Stil und die Form seiner Bücher angepasst habe.

So heißt es einmal: „ ... sondern ich bin geblieben bei ebendiesen Worten und Formalien, die man dazumal in unserer Compagnie gebrauchet, weil ich solche weder zu gelehrt noch zu einfältig gehalten, daß sie wohl jedermann möchte vorgetragen werden." (WN. S. 340 f) Auch kennt der Willenhag-Erzähler die Ansprüche eines Lesers aus eigener Erfahrung: „Wenn ich meine Feder wiederum aufs neue ansetze und meine angefangene Schrift zu continuieren verlange, geschieht es nicht deswegen daß ich den geneigten Leser mit vielen und unangenehmen Umständen aufzuhalten verlange, zumalen mir die Begierde eines Lesenden aus dem genugsam bekannt, weil ich selbsten in Lesung solcher Schriften nichts mehr als umschweifende Weitläufigkeit gehasset, dadurch sowohl der Zeit als der Materi nicht ein geringer Abbruch geschiehet." (WN S. 272) Er will schlicht schreiben und auf alle oratorischen Blumen verzichten um einer besseren Verständlichkeit willen. Er ist der Überzeugung, dass eine bombastische Sprache mehr verdecke als aufdecke.

P. S.
An die Herren Buchhändler.

Demnach etliche M. SS, theils elaborirt / theils auch unter der Feder habe. Als intimire denenselben Dienst-freundlich / daß meine Scholam Phonologicam, darinnen de fundamentis Theoreticis, wie auch von der Praxi tractirt / und alles Teutsch beschrieben wird / Item meinen Musicalischen Krieg. Teutsche Moral-Philosophie, Teutsche Epigrammata, Lateinische Meditationes de vitæ hujus Vanitatibus. Den Nasen-weisen Secretarium. Die hochgeehrte Frau Klatsch-Schwester. Den Wohl-Ehren-Vesten Bier-Fiedler. Athenienſium Moroſophiam. Meiner Muſicaliſchen Diſcurſe andern Theil. Oratoriam reformatam, Logicam Scoti acyratiori trutina examinatam, ubi in Specie de differentia materiæ & formæ, item de qualitatibus materiæ primæ gehandelt wird; Den Poetischen Klopf-Fechter und hundert andere Inventiones um ein Billiges zu verlassen / willens bin. GOTT befohlen.

Erwähnungen von Johann Beer in Lexika und Literaturgeschichten

Brockhaus Enzyklopädie, 19. Auflage, Dritter Band, Mannheim 1987, S. 13

Johann, Pseudonyme Jan **Rebhu**, Wolfgang **von Willenhag**, Musiker und Schriftsteller, * St. Georgen (Oberösterreich) 28. 2. 1655, † Weißenfels 6. 8. 1700; seit 1677 in der Kapelle des Herzogs Augustus von Sachsen-Weißenfels in Halle, ab 1680 in Weißenfels Geiger, dann Konzertmeister; zeitweise Hofbibliothekar. B. wurde erst neuerdings als der neben H. J. C. von Grimmelshausen begabteste Erzähler und Satiriker seiner Zeit entdeckt. Er veröffentlichte über 20 Romane und Erzählungen; den Hintergrund bildet mitunter seine heimatl. Landschaft; viele satir. Werke beziehen sich auf dt. Kleinstädte. Er verfaßte Streitschriften gegen die pietist. Musikauffassung und komponierte einige Instrumental- und Vokalwerke.
Werke: Der Simplizianische Weltkucker (1677 - 79), Neuausg. 1981); Jucundi Jucundissimi Lebensbeschreibung (1680, Neuausg. 1957); Die Teutschen Winter-Nächte (1682, Neuausg. 1963); Die kurtzweiligen Sommer-Täge (1683, Neuausg. 1963); Der polit. Bratenwender (1682, Neuausg. 1984); J. B. Sein Leben von ihm selbst erzählt, hg. v. A. Schmiedecke (1965).

R. Alewyn: J. B. (1933); D. Gutzen in: Dt. Dichter des 17. Jh., hg. v. H. Steinhagen u. B. v. Wiese (1984).

Deutsches Wörterbuch von J. u. W. Grimm, Band 33, Dtv, S. 63

Beer, Joh. * 1655 St. Georgen/Oberöst., † 1700 Weiszenfels
[—] der politische feuermäuer-kehrer oder überaus lustige und manierliche begebenheiten der curiosen welt von Antonio Caminero. Straßburg u. Leipzig 1682. – QV II – .
[—] der deutsche kleider-affe ... auff die schaubühne gestellet von Alamodo Pikkelhering. Leipzig 1685.
[—] Jucundi Jucundissimi wunderliche lebens-beschreibung. o. o. 1680. – QV I –. /Jucund. 8 / Jucudissimus 8 /
[—] der berühmte narren-spital ... beschrieben u. hg. durch Hanß guck in die welt. o. o. 1681, – QV V –.
[—] dass. o. o. 1682. – QV I –.
[—] des abentheuerlichen Jan Rebhu artlicher Pokazi (bd. 2: des artlichen Pokazi continuation). o. o. (Halle) 1679 - 80. II. – QV III (nur bd. 2) –.
[—] des abentheuerlichen Jan Rebhu ritter Spiridon aus Perusina. o. o. 1679.
[—] der symplicianische welt-kucker (2 – 4: des simplicianischen welt-kuckers) oder abentheuerliche (2 u. 4: abentheuerlichen, 3: abenteurlichen) Jan Rebhu (2 – 4: anderer, dritter, vierdter und letzter Theil. 1: gedruckt zu N. (Halle) o. j. (1677); 2. o. o. 1678; 3: o. o. 1679; 4: gedruckt zu N. 1679.
[—] des simplicianischen welt-kuckers, oder abendtheuerlichen Jan Rebhu. erster (anderer, dritter, vierdter) theil. (1: zum andernmahl in den druck verferti-

get. von dem authore aufs neue übersehen, vermehret, und ... gereiniget). 1 u. 4: gedruckt zu N. 1679; 2. u. 3: o.o.u.j. (bd. 4 wohl identisch mit 1. aufl.). [—] Zendorii à Zendoriis teutsche winternächte oder die ausführliche und denkwürdige beschreibung seiner lebens-geschicht. o.o. (Nürnberg) 1682.

Kayser, W.: Das sprachliche Kunstwerk, 12. Auflage, München 1968, S. 39

In Deutschland ist erst vor kurzem ein neuer Dichter entdeckt worden, der von seinem Entdecker rangmäßig neben den bedeutendsten Erzähler der Epoche, neben Grimmelshausen, gestellt wurde (R. Alewyn, Johann Beer, Leipzig 1932). Die Romane des neuen Autors waren im einzelnen fast alle bekannt. Sie haben jetzt einen ungleich bedeutenderen dokumentarischen Charakter und gleichsam ein neues Gesicht bekommen. Daß der Autor sich so lange versteckt halten konnte, liegt daran, daß er verschiedene Pseudonyme gebrauchte, eine in der Zeit übliche Praxis. Auch Grimmelshausen ist der Literaturgeschichte erst seit dem 19. Jahrhundert als Gestalt bekannt.

Hansers Sozialgeschichte der deutschen Literatur vom 16. Jahrhundert bis zur Gegenwart
Herausgegeben von Rolf Grimminger
Redaktion Hans-Joachim Simm

Band 3
Zweiter Teilband 1980, S. 648

1. Die Klugen gegen die Narren im politischen Roman zu Beginn der Aufklärung

In der Entstehungsgeschichte des politischen und später auch des galanten Romans spielen der Hof und die Ritterakademie zu Sachsen-Weißenfels eine Rolle. Bedeutende Romanciers, Christian Weise, Johann Beer und Johann Riemer, sind dort tätig. Weises politische Romane entstanden zwar schon, bevor er nach Weißenfels kam, dies ändert jedoch nichts an der exemplarischen Bedeutung der höfischen Akademie für die Kulturlandschaft des späten 17. Jahrhunderts. Wie an der Universität Halle entwickelt sich auch an der Ritterakademie Weißenfels eine aufgeklärt bürgerliche Kultur im Einfluß des höfischen Absolutismus. Der politische ist wie der spätere galante Roman ein Ergebnis solcher Verbindungen. (S. 648)

Deutsche Literatur. Eine Sozialgeschichte. Hrsg. v. Horst Glaser, Band 3, rororo 6252, Hamburg 1985, S. 351

Simpliciaden, Verbürgerlichung des Pikaro

Mit drei pikaresken Romanen – Der Simplicianische Welt=Kucker / Oder Abentheuerliche Jan Rebhu (1677 bis 1679), JUCUNDI JUCUNDISSIMI/ Wunderliche / Lebens-Beschreibung (1680), Zendorii a Zendoriis Teutsche Winter-Nächte (1682), Die kurzweiligen Sommer-Täge (1683) – hat Johann Beer (1655 bis 1700) sich posthum den Titel eines Nachfolgers von Grimmelshausen erworben, was zwar seinem Erzähltalent gelten kann, nicht jedoch der Geisteslage.

Das deutet sich schon in seinem Erstling, dem Welt-Kucker, an, der nach dem Schema des Pikaroromans, vermischt mit Elementen des heroisch-galanten Romans, den Bildungsweg eines jungen Musikers erzählt, seine erotischen Abenteuer, Irrfahrten, Waldeinsamkeit und Inseleremitage und schließlich das beschauliche Leben eines Schloßherrn. Es ist ein womöglich als literarische Satire gemeintes formales Spiel mit der Konvention. Der Roman wirkt spannungslos, zumal die Frauengestalten nicht lebendig sind. Gegen Kritiker verteidigt sich Beer im Vorbericht des IV. Teils damit, «daß ich mit meine Feder das Papier schnell hindurch geloffen / und mich nicht viel besonnen ... sondern habe hierinnen der Freyheit meiner Natur gefolget». Freiheit schließt bei Beer auch Willkür ein, die nun statt der launischen Fortuna bzw. der göttlichen Providentia die Regie führt. Der Verzicht auf vertikale Rückbindung der Handlung an die Schicksalsmächte korreliert mit einem neuen direkten Verhältnis zur Realität ohne tiefe Reflexion. Im Jucundus Jucundissimus wird der kleine Held aus seinem Dorf von der Schloßherrin mitgenommen, und am Ende heiratet er gar deren Tochter. Aus dem Vaganten ist ein Aufsteiger geworden, der sich mit der besseren Welt liiert. Die Metapher von der Nichtigkeit alles Irdischen wird von der Versöhnung mit der Welt abgelöst. In den Winternächten & Sommertägen sind pikareske Abenteuer zu Jugendstreichen und Gesellschaftsspielen sich zerstreuender Landadliger geworden. Der echte Pikaro verhält sich zu diesen wie seine Irrfahrten zu den Labyrinthanlagen in den herrschaftlichen Gärten. Der Landadel wird voll Vergnügen und Behagen, aber auch in seiner Roheit und primitiven Lustigkeit dargestellt, so daß weniger ein satirisches als vielmehr ein derb-komisches Sittenbild entsteht. Beer verfolgt keine moralischen oder religiösen Absichten, sondern will den Leser unterhalten.

Boeckh, J. u. a.: **Geschichte der deutschen Literatur 1600 bis 1700**. Erster Teil, Volk und Wissen, Berlin 1963, S. 476 - 482

Aus der Masse der Unterhaltungsschriftsteller hebt sich vor allem als profiliertere Erscheinung JOHANN BEER heraus, ein Mann, der aus dem Volke stammte und wie Grimmelshausen Inhalte und Formen der Volksdichtung kannte und verarbeitete, wenn er sie auch mitunter in die Sphäre spielerisch-unverbindlicher Unterhaltung für ein höfisch ausgerichtetes Publikum hinüberzog.
Johann Beer wurde am 28. Februar 1655 in St. Georgen im Attergau in Oberösterreich als Sohn eines protestantischen Gastwirts geboren. Seine Ausbildung erhielt er als Page auf dem nahegelegenen Schloß Kogel und in der Schule des Benediktinerstifts in Lambach. Die Bedrückung der Protestanten in Österreich veranlaßte um 1669 den Vater, nach Regensburg überzusiedeln. Er erhielt dort ein kleines städtisches Amt und 1676 das Bürgerrecht. Der Junge besuchte das protestantische Gymnasium Poeticum in der Stadt. Wegen seiner auffallenden musikalischen Begabung erhielt er einen Freiplatz im Internat der Schule. An den Aufführungen des Gymnasiums wirkte er auch als Bühnendichter und Komponist mit. Seine dichterische Begabung nutzend, verfaßte er allerlei „Carmina", Gelegen-

heitsgedichte, die ihm kleine Einnahmen verschafften. Mit einem Stipendium der Stadt Regensburg ausgestattet, konnte er im Sommer 1676 in Leipzig das Studium der Theologie beginnen. Schon nach einem Semester wurde er als Sänger an den herzoglichen Hof des sächsischen Administrators des Erzbistums Magdeburg in Halle verpflichtet. 1680 siedelte er, da die sächsiche Hofhaltung nach Weißenfels verlegt wurde (Herzogtum Sachsen-Weißenfels), in diese Stadt über. 1685 wurde er dort Konzertmeister. Am 6. August 1700 ist er tödlich verunglückt.

Im höfischen, musikalisch-künstlerisch bewegten Leben der Residenz von Weißenfels entfaltete Beer eine vielseitige Tätigkeit. Bei Hoffesten, Theateraufführungen und in der Kirche wirkte er als Musiker und Komponist, als Dichter, Schauspieler und Maitre de plaisier. Er war eine lebensprühende und kunstbegeisterte Persönlichkeit, die in der höfischen Welt Möglichkeiten zur Wirkung und Entfaltung suchte, wie sie ihm bürgerliche Enge und Begrenztheit nicht gewähren konnten.
Beers literarisches Schaffen war vielseitig. Philosophische und musikalische Schriften, Moralsatiren und Streitschriften sind von ihm erhalten.

Er zog u. a. gegen die „Hümpler und Stümpler", die Gelegenheitsspieler, zu Felde und trat für die ausgebildeten Berufsmusiker ein, um die Musikkultur zu bessern. Gegen die pietistisch-puritanischen Ansichten des Gothaer Gymnasialdirektors Vockeradt (sic), der Musik und Theater für Sittenverderbnis verantwortlich machte, führte er mit Witz und Überlegenheit gezielte Streiche.

Die eigentliche literarische Leistung Beers beruht auf seinem Romanwerk. Manches verbindet den Dichter mit Grimmelshausen. Wie der Simplicissimus-Dichter versteckte auch Beer sich hinter verschiedenen Pseudonymen (z. B. „Jan Rebhu" oder „Wolfgang von Willenhag"). Vor allem aber besaß Beer auch wie er eine unbändige Lust am Erzählen, das Vermögen der realistischen Wiedergabe der erlebten, bunten Wirklichkeit.

Seine lebendige Verbundenheit mit der oberösterreichischen Heimat, die Beer schon in früher Jugend verlassen hatte, spiegelt sich in den Landschaftsschilderungen besonders seiner späten Romane wider („Teutsche Winternächte", 1682 und „Die Kurtzweiligen Sommer-Täge", 1683): „Bauerndörfer, kleine Landstädtchen und Marktflecken mit einem geruhsamen Bürgerstand, Herrensitze, verfallene Schlösser, deren Eigentümer des Glaubens wegen landflüchtig werden mußten, mächtige Klöster, weite, undurchdringliche Wälder am Fuße der Alpen und an den Seeufern, Flur- und Bergdämonen, die ihren Geisterspuk aufführen: so hält Beer seine Heimat fest." Volks- und Ritterbücher, Märchen und anderes mündliches Erzählgut lernte er wohl noch in seiner Jugend auf dem elterlichen Hof kennen. Sie gaben seinem Schaffen die Freude am Abenteuerlich-Burlesken, aber auch am Phantastischen mit.

Zur realistischen Wirklichkeitsdarstellung führten den schöpferischen Dichter auch der picarische Roman, die Moralsatire und die simplicianischen Schriften. In der Nachfolge Grimmelshausens erreichte Beer mit seinem picarischen Roman „Der Symplicianische Welt-Kucker / Oder Abentheuerliche Jan Rebhu" (4 Teile, 1677/

79) schon einen beachtlichen Erfolg. Schon der Titel zeigt neben dem Gemeinsamen mit seinem Vorbild auch zugleich das andersartige: Der „Welt-Kucker" und mit ihm sein Dichter beschauen sich wie Simplicissimus die Welt, aber mit einem unbeschwerten Gemüt, nicht oberflächlich, jedoch fröhlicher. Und mit der Wirklichkeit vermengt sich das Märchenhafte.

Jan Rebhu, der schon in jungen Jahren seine Eltern verliert, wendet sich der Musik zu. Während seiner Tätigkeit, vornehmlich als Sänger und Musiklehrer, wird er in zahlreiche Liebesabenteuer verwickelt, die ihn häufig in gefährliche Situationen versetzen. Schließlich, nachdem er die verschiedensten Berufe ausgeübt hat, zieht er sich als Einsiedler von allen Verwicklungen auf seinen kleinen Landsitz zurück.

Beers verdienstvoller Neuentdecker Richard Alewyn schreibt: „Der 'Welt-Kucker' hat in der unberührten Frische seines ersten und des ersten Drittels des zweiten Teils alle liebenswürdigen Eigenschaften des Erstlingswerks und einen romantischen Zauber, der – bei aller Bedenklichkeit eines solchen Vergleichs über anderthalb Jahrhunderte hinweg – immer wieder an Eichendorffs 'Taugenichts' gemahnt. Es ist die gleiche Ungebundenheit, die Abenteuerlust, das fahrende Musikantentum, das Schweifen in die Ferne, eine Ferne, die auch hier nur eine Windrichtung hat: nach Süden, von wo die Blüte der Kunst lockt und die Verführung der Sinne. Wie die welsche Gräfin mit ihrer verzehrenden Sinnlichkeit sich des unerfahrenen Knaben bemächtigt, wie er in seiner Ahnungslosigkeit plaudert, wie sie ihre ausgesuchte Rache an ihm ausläßt, dann aber ihre Grausamkeit durch Mitleid, ihr Mitleid durch neu aufflackernde Liebe besiegt wird, wie er sie dann nach Italien begleiten darf und trotz seines sittlichen Abscheus beobachten muß, wie er sie zu lieben beginnt, wie er aber dabei im tiefsten Herzen die Sehnsucht nach der reinen Liebe der deutschen Gräfin hegt, der er heimlich aus der Ferne seine Lieder weiht, wie er durch sein sündhaftes Leben in schwerste Gefahr verstrickt wird, entkommt und, von Sehnsucht beflügelt, nach Deutschland in die Arme der ihn erwartenden Geliebten eilt – das ist nicht nur für Beers Jahrhundert unerhört, auch das glaubt man rätselhafterweise irgendwo bei Eichendorff gelesen zu haben. Nach der formalen Beherrschtheit und inhaltlichen Gefülltheit dieses Einsatzes erlahmt dann freilich der Schwung. Phantastischer Drang entführt den Erzähler in unwirkliche angelesene oder ausgedachte Räume und überwuchert jede Komposition. Beer hat anscheinend den Entschluß nicht finden können, das Werk abzuschließen, der Erbschaden der picaresken Gattung. So setzt der Roman immer wieder neu an. Mehrmals scheint der Abschluß nahe und wird immer im letzten Moment wieder abgebogen. Und dieser selbst für Beer bemerkenswerten Planlosigkeit des Aufbaus entspricht die Stillosigkeit des Inhalts. Beer scheint schließlich seine ganzen aufgespeicherten Materialien in das Werk hineingepackt zu haben. So wechselt studentische Anekdote unvermutet mit Stücken aus der ritterlichen Erbmasse oder Strandgut aus den Mittelmeerromanen mit Schiffbruch und Türkensklaverei, mit allegorischen Gespinsten aus der Tradition der Visionsliteratur, lebensphilosophischen Reflexionen und privaten Händeln, und das vierte Buch wird nur noch durch den plötzlich auftauchenden Einfall gefristet, die Lebensgeschichte aller einmal aufgetretenen und noch nicht eines natürlichen Todes verstorbenen Figuren jeden Standes und Geschlechts zum erbaulichen oder erschrecklichen Ende zu führen – ein Gedanke, der der Welt des heroisch-galanten Romans entstammt und gewaltsam genug auf den picaresken Stamm gepfropft wird. Nur Rebhu selbst nach seinen vielen Einsiedeleien und Wallfahrten endet nicht geistlich, wenn auch in herzlicher Reue über seine Sünden. So verzettelt sich der Roman, der so verheißungsvoll begonnen hatte und auch in seinen späteren Teilen manche kostbare Frucht enthält."

In dem noch weniger durchgeformten Roman „Pokazi" (1679/80) macht sich Beer lustig über Enge und Alltag des Kleinbürgertums. Die folgenden Romane „Corylo" (1679/80) und „Jucundi Jucundissimus Wunderliche Lebens-Beschreibung" (1681) gewannen immer dichtere Wirklichkeitsbeziehung; das Allegorische und Phantastische tritt zurück: Der Stil wird gegenständlicher. Schauplatz ist nunmehr der ländliche Sitz, wo auch der Picaro – jetzt nicht mehr Landstreicher im üblichen Sinne – zu finden ist. Im „Narren-Spital" (1681) dominieren derb-schwankhafte und satirische Elemente. Die künstlerische Höhe zeigt dann der Doppelroman „Teutsche Winternächte" (1682) und „Die Kurtzweiligen Sommer-Täge" (1683).

In diesen beiden Romanen wird von den Abenteuern eines adligen Freundeskreises berichtet, wobei mehrere Typen des Schelmenromans, Vertreter der untersten Volksschichten, wie Soldaten, Studenten, Diebe usw., vorgeführt werden, die alle bemüht sind, sozial aufzusteigen und ihr Leben in einem bürgerlichen Beruf wirtschaftlich zu festigen und zu sichern. Kulturhistorischen Wert besitzen Beers Schilderungen von dem Übermut, der Genußsucht und den Ausschweifungen des Adels.

„Wie das Vagantenhafte zurücktritt gegenüber dem Seßhaften, so tritt das Bewegte zurück hinter das Ruhende, treten die Ereignisse zurück hinter die Zustände. Zwar sind die Vorzüge der früheren Bücher damit nicht aufgegeben. Die Erzählung ist auch in reinem Unterhaltungssinn keineswegs langweiliger geworden. Buntes, abenteuerliches Geschehen füllt sie bis zur letzten Seite, ja sogar noch praller als in den meisten früheren Büchern. Denn nun ist alles Nur-Private wie alles Satirisch-Allegorische, das Allzu-Intime also und das Allzu-Allgemeine, aller bloße Rohstoff des Gelebten oder des Gedachten, aufgezehrt von der Leidenschaft des Erzählers. Es fehlen also fast alle persönlichen Anspielungen und Invektiven. Alles das war nun wohl für Beer zeitlich entfernt, stofflich erschöpft, seelisch überwunden. Wohl sind die Romane von unten mit Erlebnis genährt wie irgendeiner, aber auch das ist völlig eingeschmolzen und realistisch geläutert und eingegangen in die epische Landschaft dieser Romane."

Jener Blick für die ernsten und zentralen gesellschaftlichen Probleme der Zeit, der Grimmelshausen auszeichnet, fehlte Johann Beer. Der später Geborene hatte das Kriegsgeschehen nicht selbst erlebt. Der Krieg war für ihn eine Welt dichterischer Phantasie und literarischer Überlieferung, nicht lastender Eindrücke. Das

Vergnügen am handfesten Vortrag, am Fabulieren und an der bunten Fülle des Geschehens, in die epische Breite des Schelmenromans locker gereiht, machten ihm diese Stoffe und Formen reizvoll. Die Freiheit der dichterischen Phantasie wahrte er sich dabei mit frischer Unbefangenheit gegen die Ansprüche geltender Regeln und Gesetze. Seine Romanwelt steht so zwischen zeitgemäßer Wirklichkeit und ausschweifender Phantasie, zwischen bürgerlicher Moralsatire und übermütiger und märchenhafter Burleske – eine heitere Welt froher Vielfalt. Sie atmet nicht nur die Atmosphäre der musikfreudigen höfischen Weißenfelser Gesellschaft, sondern war zugleich gespeist vom heimisch-volkstümlichen Erzählerbe. Beers Werk bezeichnet den dichterischen Höhepunkt zwischen Grimmelshausens „Simplicissimus" und Reuters „Schelmuffsky".

Beer erweist sich in seinen Werken als der neben Grimmelshausen und Reuter bedeutendste volkstümlich-realistische Erzähler im 17. Jahrhundert. Seine frische und ungekünstelte Sprache hebt sich ebenso wie diejenige Grimmelshausens wohltuend von der Erzählweise ab, wie sie z. B. von Ziegler, Buchholz oder Lohenstein in ihren eine höfische Gedankenwelt widerspiegelnden Romanen geübt wird. Diese Vertreter des heroisch-galanten Romans verachteten nicht nur die Prosa des Alltags, die Sprache des einfachen Volkes, sondern ebenso deren entbehrungsreiche Lebensumstände. Für sie existierte nicht die Mühe und Last, die es die Menschen aus dem Volke kostete, wenn es galt, die eigene soziale Lage wenigstens geringfügig zu verbessern. Plebejer, Kleinbürger, Soldaten, Studenten und solche, die als sozial Deklassierte den Anschluß an ein gesichertes Leben nicht zu erreichen vermochten, diese mehr oder weniger Ausgestoßenen und Stiefkinder der Gesellschaft waren für die Leserschicht der höfischen Romane nicht „vornehm" genug und wurden von ihr als „gewöhnliches Volk" verachtet.

In Beers Romanen ist dagegen die ganze bunte Fülle des Alltags, sind die Sorgen und Nöte, aber auch die Späße und Freuden einfacher Menschen mit eingefangen. Seine Werke sind „durchtränkt von volkstümlichem Gut ... Beer verheimlicht nicht seine Sympathie mit allen denen, die unterhalb oder außerhalb der seßhaften Gesellschaft die Straßen und Herbergen bevölkern ... Wir glauben es ihm, wenn er berichtet, welches Vergnügen es ihm bereite, sich zu alten Landstreichern an den Tisch zu setzen und sich von ihnen ihr Leben erzählen zu lassen." Die Tugend- und Lasterschablonen der heroischen Romane, ihr schwarzweiß gezeichnetes Personeninventar ist von Beer durch eine dem Leben abgelauschte Vielseitigkeit und Differenziertheit der einzelnen Charaktere ersetzt worden. Und anstatt adlige Privilegien preist Beer im bürgerlichen Sinne den Wert des Geldes und der Arbeit. Überhaupt ist die Hochschätzung des ökonomischen Faktors im Leben eines der auffallendsten Kriterien in den Romanen, die auch deshalb Ansätze zu einem Weltbild zeigen, das wesentlich durch die Entwicklung des Bürgertums bestimmt ist und schon auf das 18. Jahrhundert vorbereitet. Beer läßt sich demnach als eine literarische Erscheinung des Übergangs begreifen, einer Zeit, in der alte Vorstellungen und Werte sich aufzulösen beginnen, um neuen Auffassungen und Ordnungen Platz zu machen.

Die Grundstimmung der Werke Beers fußt auf seinem Optimismus, einer Freude am Leben und einer Heiterkeit, die nur ganz selten trübsinnige Reflexionen aufkommen läßt. Und immer wieder zieht sich wie ein roter Faden des Dichters Loblied auf die Freiheit, seine Abneigung gegen jede Art von Zwang und Unterdrückung durch seine Werke. Genährt wird dieses Bedürfnis nach Freiheit von einem hohen Persönlichkeitsbewußtsein. Autobiographische Züge trägt in dieser Hinsicht die Hauptperson des satirischen „Narren-Spitals" (1681), der Faule Lorenz, der den Mut zu sich selbst hat und sich seiner Originalität auch bewußt ist. Er ist durch nichts zu erschüttern, und als humorig-vitaler, das Leben genießender Taugenichts weiß er sich sogar allen Vertretern der übrigen Stände, mit denen er zusammentrifft, überlegen.

Neben Kompositionen von Kirchenmusikkantaten, Motetten (u. a.), Opern, Arien, Balletts verfaßte Beer 21 Romane, unter denen mehrere Ritterromane im Stile des Amadis den geringsten Wert besitzen. In diesen Romanen mit Titeln wie „Der Abentheuerliche / wunderbare und unerhörte Ritter Hopffen-Sack von der Speck-Seiten..." (1678) oder „Printz Adimantus / und der Königlichen Princeßin Ormizella Liebesgeschicht..." (1678) versucht er aber auch die alten Ritterromane – ähnlich wie schon vorher Cervantes in seinem „Don Quichote" – zu parodieren und dem Gelächter preiszugeben.

Der Wortschatz seiner Werke „ist der lebenden Rede des Volkes entnommen". Beer gebraucht auch in seinen Schriften „das saftige und kernige Deutsch, das man in seiner Heimat sprach, sinnlich und drastisch in Wort und Wendung... Er weiß, was das Volk liest, er weiß auch, was das Volk glaubt... Vom Volk, dem er entsprungen ist, hat Beer sich innerlich nie getrennt". Die Sprache seiner Romane ist lebensnah, blutvoll und farbig und ohne Zierlichkeit oder gelehrtes Beiwerk. Auf moralische Erörterungen oder Reflexionen trifft der Leser nur selten.

Als Beispiel für Beers ungebrochene Vitalität und volkstümliche Urwüchsigkeit sei die folgende Schilderung des Knechts aus dem „Narren-Spital" zitiert. Er beschreibt eine Disputation über den Adel und die Religion mit seinem Herrn, dem Faulen Lorenz, der als parasitärer, seinen Besitz verzehrender und seiner Untätigkeit genußvoll hingegebener Landedelmann alle Wertbegriffe und Lebensformen der herrschenden Gesellschaft verlacht und verachtet. Er bleibt lieber seinen kuriosen Eigenarten und Gewohnheiten treu, als daß er einen Kompromiß mit den kirchlichen und staatlichen Institutionen schließt. Voll gutmütiger, närrischer Unbekümmertheit, zeichnet er sich durch ein gemütlich-patriarchalisches Verhältnis zu seinem Gesinde aus. Die folgende Szene mit ihrer Vorliebe für derb-saftige Wortwahl und Situation verdeutlicht auch die picaresken Elemente von Beers Darstellungsart und zeigt höchst anschaulich in der Anlage der drei Gestalten (Herr, Diener, Magd) und ihrer (höfische Anschauung und Moralnormen gleichsam karikierenden) Gesprächsführung des Dichters Freisinnigkeit sowie seine vorurteilslose Anerkennung der plebejischen Gestalten, ihrer von Volkswitz und Volksweisheit bestimmten Denkart:

„'Herr', sagte ich, 'ich habe in der Schul von unserem Schulmeister gehört, man heiße nur die Grafen und Freiherren, aber nicht die Edelleute Cavaliere. Wenn Ihr nun kein Graf oder Freiherr, sondern nur ein Edelmann von der schlechten (= einfachen) Gattung seid, warum heißt Ihr Euch dann einen Cavalier?' 'Saperment, Hans', antwortete Lorenz, 'all dein Leben lang, so lang du bei mir bist, hast du mir keine so schwere Lection als durch diese Frage aufgegeben. Was frage ich danach, du Narr, ob ich mich mit Recht oder Unrecht einen Cavalier tituliere, heiße oder nenne. Wenn's andere meinesgleichen tun, so tue ich's auch, sie mögen's tun, warum sie wollen. Hans, du sagst nicht unrecht, denn wenn man meinem Geschlecht auf den Grund fischen wollte, so würde man finden, daß ich gar artig zum Adel gekommen. Höre, ich muß dir's sagen, setze dich auf den Stuhl und lege ein Kissen darauf, so sitzest du desto besser, und höre, wie ich zum Adel kam. Mein Vater hatte zwölfmal die Franzosen (= Syphilis). Nun sagt man im Sprichwort, wer die Franzosen neunmal hat, der sei ein Edelmann. Hat nun mein Vater die Franzosen zwölfmal gehabt, so kannst du Bärenhäuter leicht gedenken, daß ich ein recht Approbierter vom Adel sei. Bin ich kein Cavalier, so bin ich halt ein Edelmann, und man heiße mich, wie man wolle, so springe ich doch in meinen Hirschhosen im Zimmer herum und trinke eine Pfeife Toback.'

'Herr', sagte ich, 'Eure Meinung wegen Eures Adels habe ich verstanden. Ihr gefallet mir auch gut genug, aber, Herr Lorenz, Ihr habt keinen Glauben und keine Religion, ich bleibe auf solche Weise teufelsungern bei Euch. Sagt mir doch, was meint Ihr, welches ist die beste Religion auf der ganzen Welt?' 'Mein lieber Hans', antwortete Herr Lorenz, 'das weiß ich dir bei meiner Seel nicht zu sagen, denn ich weiß nicht, wievielerlei Religionen in der Welt sein. Wie kann ich dir also sagen, welches die beste ist? O du Bärenhäuter, gedenke nur selbst, daß ich's nicht wissen kann, ob ich's schon gern sagen wollte.' 'Herr', sagte ich weiter, 'was glaubet Ihr denn vor (= für) Euch?' 'Vor mir', sagte er, 'glaube ich, daß meine Nase stehet, und wenn ich einen Ranzen trage, so glaube ich ihn hinter mir, und neben mir glaube ich meinen Degen, und um mich ist mein Feldzeichen. Weißtu nun, Hans, was ich glaube?' 'Herr', antwortete ich, 'Ihr foppet mich wie einen Narren.' 'Ja, Hans', sagte er, 'das bist du auch und wirst es dein Leben lang bleiben. Was geht dich mein Glauben an?' 'Herr', sagte ich, 'es geht mich Euer Glauben nichts an, aber wenn mich die Leute einmal fragen, was für einer Religion Ihr seid, so weiß ich nichts zu sagen, als daß Ihr Euer Nase vor Euch, Euren Ranzen hinter Euch, Euren Degen neben Euch und Euer Feldzeichen um Euch glaubet, Herr, das ist ein närrischer Glauben.' 'Ja, Hans, drum lern an ihm, er ist gut für dich und hält so warm wie ein Brustlatz. Hans', sagte er weiter, 'glaubstu, daß die Bauern in den Himmel kommen?' 'Ja, Herr', sagte ich, 'ich glaub es.' 'Ja nu'; sagte er, 'glaubstu, daß die Bauern hineinkommen, so kannstu leicht glauben, daß die Edelleut nicht draußen bleiben werden. Hans, wer lesen und schreiben kann, der versteht das Ding besser als ich und du.' 'Herr', sagte ich, 'Ihr betet aber nicht.' 'Freilich', antwortete er, 'ich lasse mir aber den Buckel desto besser krauen. Und heute nacht mußtu gar den Roßstriegel mit dir ins Bett nehmen, damit mußtu mir die Füße wacker jucken.' 'O Herr', sagte ich, 'ich sehe wohl, Ihr seid lutherisch.' 'O du Narr', antwortete er, 'du bist lutherisch, du hast einen großen Kopf, und unser Windhund ist calvinisch.' 'Herr', sagte ich, 'was haltet Ihr denn auf die katholischen Pfaffen?' 'Du Bärenhäuter', antwortete er wieder, 'auf ihre Köchinnen halte ich zweimal soviel als auf sie.' 'Ja', sagte ich, 'warum nehmt Ihr denn kein Weib?' 'Hörst du', sagte er, 'warum bläest du mir nicht in den Arsch?' 'Ei', sagte ich, 'das ist meiner Natur zuwider.' 'Ja nu', sagte er, 'so ist das Vorige auch meiner Natur zuwider.' 'Ja Herr,', sagte ich, 'Ihr scherzet gar grob. Was haltet Ihr denn von den lutherischen Pfaffen?' 'Du Flegel', sagte er 'ich halte auf ihre Weiber mehr als sie alle miteinander.' 'Gelt, Herr', sagte ich 'sie predigen schön?' 'Das weiß ich dir nicht zu sagen', antwortete er, 'ich hab keinen nie gehört.' 'Predigen denn', fragte ich, 'die katholischen Prädikanten hübsch?' 'Ei', sagte er, 'ich weiß nicht, wie sie predigen, ich hab auch keinen gehöret.' 'Herr', sagte ich, 'wie wisset Ihr denn, was predigen ist, wenn Ihr nie keinen predigen gehöret habt?' 'Hörstu', sagte er, 'wie weißtu, was Blitzen ist, wenn du nie blitzen gehört hast?' 'Herr', antwortete ich, 'ich hab's gesehen.' 'Ja nu', sagte er, 'so hab ich's auch gesehen, denn ich stand meisten teils außer der Kirche oder guckte von der Gasse hinein auf die Kanzel. Danach lief ich heim, wie ein fremder Hund durch die Fleischbänke.' 'Wer hat Euch aber', fragte ich weiter, 'besser gefallen, der lutherische, katholische oder calvinische?' 'Ha', sagte er, 'es war an allen dreien nicht viel Besonderes. Sie standen auf den Beinen und schlugen mit beiden Händen von sich, ich dachte, wo ich näherkäme, sie dürften mir gar eine Ohrfeige geben. Doch hatten die Lutherischen große Bücher neben sich liegen, da dachte ich: ex libro doctus quilibet esse potest (= aus einem Buch kann jeder gelehrt sein), verstehstu das, Hans?' 'Nein Herr', sagte ich, 'ich versteh es nicht.' 'Ja, Hans', sagte er, 'das war ihre Predigt. Was tusttu, wenn dich schläfert?' 'Herr', sagte ich, 'ich wünsche mir ins Bett.' 'Nu', sagte er, 'mir ist auch so, Hans, lasse mir das Bett machen und höre auf zu fragen. Morgen will ich dir mehr von der Farbe schwätzen.'

Auf diese Antwort des Herrn Lorenzen kam die Magd, welche wir zuvor ausgezogen hatten, und forderte ihren Abschied. 'Herr', sagte sie, 'ich mag bei meiner Treu nicht mehr bei Euch bleiben. Ihr meinet, ich sei gar eine Hure. O bildet Euch nur solche Sachen von mir nicht ein! Ich bin ein ehrlich Mensch, und meine Mutter hat manchen sauren Tritt tun müssen, denn sie handelte mit Essig, und die Studenten zu Linz werden ihr's mit großem Ruhm nachzusagen wissen, daß sie die ganze Zeit, weil sie ihnen ihre Hemden, Halskrausen und Schnupf-Servet gewaschen, sich allezeit wohlgehalten habe. So war auch mein Vater ein vornehmer, wohlgeschickter und hochansehnlicher Mann.' 'Hörst du', fiel ihr Herr Lorenz in die Rede, 'wer war er denn?' 'Erstlich', sagte sie, 'ist er ein Müller gewesen. Da war er ein Vornehmer, denn er nahm den Leuten das Mehl allezeit vor hinweg. Danach so war er ein Wohlgeschickter, wie ich ihn zuvor geheißen habe, denn als ihm das Müllerhandwerk nicht mehr zuschlagen wollte, so brauchte ihn die Herrschaft zu Puchheim, für einen Ordinariboten, da war er ein wohlgeschickter, denn man schickte ihn bald auf Lambach, bald auf Wels, bald auf Vöcklabruck und bald auf Oberweis bei Gmunden und so weiter im Ländel herum. Wie er nun drei Jahre ein wohlgeschickter Mann gewesen, so wurde er letztlich hochansehnlich, denn man ließ ihn, weiß nicht weswegen, an den Galgen hängen, und wer ihn sehen wollte, mußte den Kopf in die Höhe heben. Also war er, wie ich Euch gesagt habe, hochansehnlich, wie Ihr Euch selbst leicht werdet einbilden können.'

Über diese Erzählung der Magd lachte Herr Lorenz und sagte: 'Du Teufelshure, ich lasse dich nicht weg, und sollst du mir Hirschhörner auf den Kopf hinaufzaubern (= betrügen). Alle Menschen von fröhlichem Gemüte habe ich lieb, du hast ein fröhliches Gemüt, ergo so habe ich dich auch lieb. Für die Kurzweil will ich dir drei Taler schenken. Dafür kaufe dir einen neuen Kittel, und wenn du mir den bloßen Hintern zeigst, so lasse ich dir ein schönes Mieder dazu machen. Ihr Narren, wenn man sich ein wenig mit euch vexieret (= neckt), so begehret ihr stracks euren Abschied. Ich lobe meinen Hansen, das wird ein Kerl von Fortun werden (= wird sein Glück machen), er bleibt gerne bei mir und disputiert wacker von der Religion. Wenn du nun auch etwas vorzutragen hast, so steht dir die Gelegenheit offen. Ich will dich unterrichten und alle Zweifel auflösen, sie seien gleich groß oder klein, hoch oder niedrig, kurz oder lang, weit oder eng, lang oder breit, alt oder neu. Denn ich bin Doctor und Professor auf meinem Schlosse, derohalben frag ich dich, was Glaubens bistu?' 'Herr', sagte sie, 'ich bin Eures Glaubens.' 'Nu', sagte er, 'ich glaube, daß du eine Hure seiest.' 'Ei ja', antwortete die Magd, 'so glaube ich, daß Ihr ein Schelm seid.' 'Ha', sagte Herr Lorenz, 'du bist meines Glaubens, dich habe ich auch lieb. Wenn der Hans so geschwinde antworten könnte als wie du, ich ließe ihn morgen auf Ingolstadt (= Sitz einer Universität) hinaufziehen. Aber nun frage du mich auch etwas.' 'Herr,' sagte sie, 'was ist das: Der Zweifuß saß auf dem Dreifuß und machte einen Einfuß. Da kam der Vierfuß, riß ihn über den Dreifuß und nahm ihm den Einfuß. Könnt Ihr's erraten?' 'Ha', sagte er, 'du fragst hohe Religions-Scrupel aus mir. Es ist ein Schuster, der saß auf dem dreibeinigen Stuhl. Er machte einen Schuh, da kam der Hund und riß ihn vom Stuhl, daß der Hundsfott den Arsch in die Höhe reckte, als wollte er damit stellatim gehen (=zum Himmel fahren), nahm ihm also den Schuh weg, und so habe ich deine närrische Frage beantwortet. Morgen aber sollst du dafür einen Häring haben. Mach mir das Bett fein gut, und du, lieber Hans, lies ein Capitel oder zwei aus dem Simplicissimo und erzähle mir fein hübsch, wie es ihm bei dem faulen Dragoner gegangen. Lebte derselbe Dragoner noch, ich wollte ihn zu meinem Haushofmeister und noch dazu zum Vize-Lorenz hinter der Wiesen machen.'

Kurze Geschichte der deutschen Literatur. Von einem Autorenkollektiv, Volk und Wissen, Berlin 1981, S. 171

In der Nachfolge Grimmelshausens stehen DANIEL SPEER *(1636 – 1707) und* JOHANN BEER *(1655 – 1705).*
In seinem Roman „Der simplicianische Weltkucker" (4 Bde., 1677/79) erzählt Beer von den Abenteuern eines Picaro, der unbeschwerter und fröhlicher durch die Welt zieht als der vom Alpdruck des Dreißigjährigen Krieges belastete Simplicius des Grimmelshausen. Beer war ein sprachgewaltiger und volkstümlicher Erzähler. Sein künstlerisch anspruchvollstes Werk ist der Doppelroman „Teutsche Winter-Nächte" und „Kurtzweilige Sommer-Täge" (1682). Darin werden die Vergnügungen-Jagden, Spiele und Liebeserlebnisse – von Angehörigen nahezu aller Stände seiner oberösterreichischen Heimat geschildert.

Deutsche Literaturgeschichte. Von den Anfängen bis zur Gegenwart, 2. Auflage, Metzler, Stuttgart 1984, S. 110f.
Die anderen Simplicianischen Schriften Grimmelshausens, darunter Courasche

(1670), Springinsfeld (1670) und die beiden Teile des Wunderbarlichen Vogelnests (1672/75), erreichten bei weitem nicht die Popularität des Simplicissimus, der innerhalb von wenigen Jahren sechs Auflagen erzielte. Es fehlte nicht an Versuchen, diesen Erfolg auszunutzen. Die Begriffe „Simplicissimus" und „simplicianisch" wurden bald zu Reklamezwecken gebraucht, und auch Johann Beer ließ seinen Erstling als Simplicianischen Weltkucker (1677-79) in die Welt hinausgehen.

Die Autoren des niederen Romans verstehen ihre Werke als Gegenbilder zum hohen, zum höfisch-historischen Roman, von dem sie sich in wesentlichen Aspekten unterscheiden: in der Figur des Helden und seiner Welt, in der Struktur der Erzählung, in der Erzählweise. Grundsätzliche poetologische Opposition zeigt sich im ausgesprochenen Wahrheitsanspruch des niederen Romans, der dem Wahrscheinlichkeitskriterium des hohen Romans entgegengestellt wird. Darauf zielt Grimmelshausen, wenn er im Simplicissimus (1668) die „rechten Historien" und „warhafften Geschichten" den „Liebes-Büchern" und „Helden-Gedichten" wertend gegenüberstellt; ebenso Johann Beer, der bedeutendste Nachfolger Grimmelshausens, der Wahrheit und Nützlichkeit in Beziehung bringt. In seinen Teutschen Winter-Nächten (1682) heißt es im Anschluß an eine Jugendgeschichte:

„Natürliche Sachen sind endlich nicht garstig, und deswegen werden solche Sachen erzählet, damit wir uns in der Gelegenheit derselben wohl vorsehen und hüten sollen. Ich habe vor diesem in manchen Büchern ein Haufen Zeuges von hohen und großen Liebesgeschichten gelesen, aber es waren solche Sachen, die sich nicht zutragen konnten noch mochten. War also dieselbe Zeit, die ich in Lesung solcher Schriften zugebracht, schon übel angewendet, weil es keine Gelegenheit gab, mich einer solchen Sache zu gebrauchen, die in demselben Buche begriffen war; aber dergleichen Historien, wie sie Monsieur Ludwigen in seiner Jugend begegnet, geschehen noch tausendfältig und absonderlich unter uns. Dahero halte ich solche viel höher als jene, weil sie uns begegnen können und wir also Gelegenheit haben, uns darinnen vorzustellen solche Lehren, die wir zu Fliehung der Laster anwenden und nützlich gebrauchen können.

Was hilft es, wenn man dem Schuster eine Historia vorschreibet und erzählet ihm, welchergestalten einer einesmals einen göldenen Schuh gemachet, denselben dem Mogol verehret, und also sei er hernach ein Fürst des Landes worden? Wahrhaftig, nicht viel anders kommen heraus etliche gedruckte Historien, welche nur mit erlogenen und großprahlenden Sachen angefüllet, die sich weder nachtun lassen, auch in dem Werke selbsten nirgends als in der Phantasie des Scribenten geschehen sind."

Wenn Beer an einer anderen Stelle schreibt, daß sein „Entwurf mehr einer Satyra als Histori ähnlich siehet", dann weist er darauf hin, daß die Autoren des niederen Romans ihre Werke den satirischen Schriften zurechnen.

de Boor, H./Newald, R.: Geschichte der deutschen Literatur von den Anfängen bis zur Gegenwart. Fünfter Band: Die deutsche Literatur vom Späthumanismus zur Empfindsamkeit. 1570 – 1750. Vierte Auflage, C. H. Beck, München 1963, S. 382 - 388.

In den siebziger Jahren wird das geistige und künstlerisch-musikalische Leben in Weißenfels bedeutungsvoll. Dort konnte eine überlegene Lebensbeobachtung gedeihen, die keine zu hohen Ansprüche an die Zukunft stellte, den Wechselfällen des Schicksals nicht nachgrübelte, sondern die Dinge nahm, wie sie waren, und konnte eine Stimmung aufkommen, welche das richtige Maß zwischen gefühlsgeschwelltem Pathos und Niedergeschlagenheit einhält. Die beiden Kunst- und Seelenhaltungen der habsburgischen Erbländer gewinnen zur selben Zeit in den Werken zweier Söhne der Voralpen dichterischen Ausdruck. Würde und Ernst der benediktinischen Kultur vermitteln die Dramen und lyrischen Gedichte Simon Rettenpachers, Anmut und Frohsinn die Romane Johann Beers. Die Begabungen beider sind gleich universal und wurzeln in der Musik. Beide sind bäuerlicher Abkunft. Was sie trennt, ist das Alter, der Wirkenskreis und Bildungsgrad. Lägen ihre Geburtstage nicht zwei Jahrzehnte auseinander und hätten sie die gleichen Schulen besucht, so wären ihre Werke zum Verwechseln ähnlich. So aber trennen sie außer den Gebieten und Formen ihrer Dichtung auch die Sprache und die Kulturkreise, in denen sie sich bewegen, geistlicher Hof und Kloster, weltlicher Hof und Familie. Daß Rettenpacher zu seinem Vergnügen dichtete und Epigramme schrieb, Beer seine Romane nicht unter seinem Namen veröffentlichte, zeigt, daß beide eine Lieblingsbeschäftigung als Spiel auffaßten und keinen Wert darauf legten, mit solchen Leistungen in der Öffentlichkeit zu glänzen. Nicht das Glaubensbekenntnis hat die Wesensart beider nach verschiedenen Richtungen geführt, sondern nur der Kulturkreis, dem sie sich mit Begeisterung und dem Gefühl eines Aufstiegs einfügten.

JOHANN BEER *(1655 – 1700) stammt aus einer kinderreichen protestantischen Gastwirtsfamilie zu St. Georgen im Attergau in Oberösterreich. Anscheinend verbrachte er den größten Teil seiner ersten Bildungsjahre auf einem Adelssitz – er leistete Pagendienste beim Pfleger auf dem Schlosse Kogel – und einige Zeit in der Klosterschule zu Lambach. Wenn auch kein unmittelbarer Druck ausgeübt wurde, so entschloß sich der Familienvater Wolfgang Beer doch, seine Heimat zu verlassen. Die Umsiedlung nach Regensburg zu der stattlichen österreichischen Emigrantengemeinde war wohl vorbereitet. Um 1669 trafen die Beers dort ein, der Vater bekam bald eine Stelle als Wachtschreiber und erwarb 1676 das Bürgerrecht. Die lebendige Stadt der Reichstage, in der die Jesuiten, die Bürgerschaft, das protestantische Gymnasium poeticum, welches Johann Beer besuchte, und die Wandertruppen Theater spielten, durch die Gaukler, Seiltänzer und fahrendes Volk zogen, bot Abwechslung und Anregung die Fülle. Die Straßburger Akademie gab das Vorbild für die Theateraufführungen des Gymnasium poeticum. Zum Schuldrama Mauritius Imperator (1675) verfaßte Beer als Schüler das Zwischenspiel und komponierte die Chöre. Seinen außergewöhnlichen musikalischen Fähigkeiten und seiner guten Stimme verdankte er einen Freiplatz und unentgeltliche Ausbildung im Alumneum. Der Cantor, welcher die Aufsicht über die Zöglinge führte, kommt in den Romanen Beers, wenn die Regensburger Erinnerungen ausgewertet werden, schlecht weg. Die Hausordnung zu durchbrechen, auf deren Einhal-*

tung er achtete, war ein besonderer Sport der sangesfrohen, trinklustigen Gesellschaft, die sich auf nächtliche Streifzüge und Liebesabenteuer begab oder ihre Gelage in einer Kammer neben dem Schlafsaal abhielt. Da entfaltete Beer sein Erzähl- und Unterhaltungstalent, das Wirklichkeit und Phantasie zusammenwob. Einem Kameraden zuliebe dichtete er eine Schneiderstochter als „Königliche Prinzessin von Trapezunt" an. Solche Arbeiten, welche andere als die ihren ausgaben, und Leichencarmina brachten ihm ein ansehnliches Taschengeld. Im Sommer 1676 kam Beer als Stipendiat der Stadt Regensburg, der er sich dadurch zu einem späteren Dienst verpflichtete, an die Universität Leipzig und studierte dort Theologie. Schon nach einem Semester, in dem er sich einsam fühlte und wohl zum eigenen Zeitvertreib seine Romane zu schreiben begann, wurde er als Sänger an den herzoglichen Hof in Halle verpflichtet. Verhandlungen, die er daraufhin in Regensburg wegen seiner Anstellung führte, schlugen fehl. So verblieb er im Dienste des Herzogs von Weißenfels. In dieser höfischen Atmosphäre, in einer Musikkultur, die als Vorstufe zur Höhe eines Johann Sebastian Bach anzusehen ist, konnte sich die vielseitige Begabung Beers besser und glücklicher entfalten als unter einem bürgerlichen Stadtregiment. Mit der wohlhabenden Bürgerwaise Anna Elisabeth Bremer gründete Beer 1679 einen eigenen Hausstand. Sie brachte ihm den Gasthof zum Goldenen (sic) Bären in die Ehe. Schon nach einem Jahr übersiedelte Beer mit dem herzoglichen Hof nach Weißenfels. Von 1685 führte er den Titel eines Konzertmeisters. Auch als herzoglicher Bibliothekar war er tätig. Sein Wirken bei Gottesdienst, Theateraufführungen und festlichen Anlässen zeigt, daß er als Musiker, Komponist, Spaßmacher, Dichter und Schauspieler seinen Mann stellen konnte. In der Polemik mit Gottfried Vockeradt (sic), dem Rektor des Gymnasiums zu Gotha, der mit pietistisch-puritanischem Eifer und theologisch gelehrtem Rüstzeug gegen den Sittenverfall als Folge von weltlicher Musik und Theater loszog, reizte Beer seinen Gegner mit gesunden Argumenten und wohlgezielten Stichen, so daß er die Lacher auf seiner Seite hatte. Seinem reichen Schaffen und einem Leben, das ihn auf den richtigen Platz gestellt hatte, entriß ihn ein plötzlicher Tod. Bei einem Vogelschießen traf ihn das Geschoß einer Waffe, die sich zu früh löste.

Als Verfasser musikalischer Schriften, die er unter seinem Namen veröffentlichte, ist Beer nie ganz vergessen gewesen. Die Vielseitigkeit seines Schaffens erstreckte sich in seinen letzten Lebensjahren mehr auf die Theorie und Satire. Er schrieb eine deutsche Moralphilosophie und eine lateinische Abhandlung über die Lehre des Scotus. In einem nachgelassenen Bellum musicum (1701) hält sich Beer an die humanistische lehrhafte Allegorik des „Grammatischen Krieges". Er verficht die Rechte der wohlausgebildeten Berufsmusiker gegen die Gelegenheitsspieler, die „Bierfiedler". Diese „Hümpler und Stümpler" setzen der Compositio in der Hauptstadt ihres Reiches zu. Aber die Tochter der bedrängten Harmonia wirft mit ihrem wohlgeschulten Anhang die Schar der Gegner in den Lacus ignorantium.

Mit zahlreichen verdrehten Namen, unter denen er seine Romane veröffentlichte, hat Beer die Literaturgeschichte bis in unser Jahrhundert hinters Licht geführt. Es ist das bleibende große Verdienst von Richard Alewyn, Beer als Romanschriftsteller und lebensvolle Persönlichkeit der deutschen Literatur des 17. Jahrhunderts gewonnen zu haben. Er ist glücklicher und darum beschwingter als Grimmelshausen, „von unerschöpflicher Phantasie, überströmender Laune, mit hellerem Geist und gelösterer Zunge." Es lag nah, hinter Jan Rebhu einen Johann Huber zu vermuten, der durch die Bibliographien geistert. Außerdem nennt sich Beer einen Liebhaber aller Tugendsamen Gemüther, den jungen Simplicius Simplicissimus, Hannss guck in die Welt, Antonius Caminerus, Amandus de Bratmerio de Amanto, Zendorius a Zendoriis, Florianus Francomonte, Wolfgang von Willenhag, Alamodus Pickelhering, Expertus Rupertus Ländler, einen lebendigen Menschen, der seinen Ritter „Hopffen-Sack" einem Herrn Wolff Peter Rafgi von Gurguu widmet. Was man von Beer kannte, stellte man demnach in Beziehungen zu Moscherosch und Grimmelshausen.

Zwischen 1677 und 1683 sind Beers Romane erschienen. Die Entstehungszeiten, die zunehmende Reife und der Wechsel der Gattungen sind aus den Erscheinungszeiten nicht festzustellen. Die ersten Planungen können bereits in den Anfang seiner Regensburger Zeit gelegt werden. Gewiß hat er gleichzeitig an mehreren Werken gearbeitet. In seinem Schaffen treffen sich viele literarische Überlieferungen und Anregungen. Zunächst haben altes mündliches Überlieferungsgut, wie er es im elterlichen Gasthof aufschnappte, und die ritterlichen Volksbücher ihn zur Nachahmung herausgefordert. Mochte er auch später darüber spotten: sie versahen ihn mit Beispielen bewährten Mutes und förderten seine unterhaltsamen Absichten. Als er in Leipzig zur Feder griff, um seine Werke niederzuschreiben, begann er sich schon über die krause Phantastik lustig zu machen und sie zu karikieren. Der Schelmenroman bot ihm gleichzeitig neue Möglichkeiten zur Entfaltung seiner Eigenart. Die Wirklichkeit trat an die Stelle der phantastischen Ritter- und Märchenwelt. Dann setzt er sich in Satiren über die Enge und Klatschsucht der Pfahlbürger hinweg und nähert sich dem heroisch-galanten Roman, indem er eine kleine Gesellschaft von Edelleuten in den Mittelpunkt stellt, allerdings auf alles verzichtet, was zur Haupt- und Staatsaktion gehört, aber dafür zum Vermittler einer poetisch verklärten, naturverbundenen Wirklichkeit wird. Diesen Weg Beers zum Realismus hat Alewyn überzeugend nachgezeichet. Vertraut war Beer mit dem Picaro, der moralsatirischen Überlieferung von Aegidius Albertinus her. Von den protestantischen österreichischen Emigranten, die in Nürnberg und Regensburg lebten, von H. L. von Kuffstein und J. W. von Stubenberg konnte er reiche Anregungen empfangen. Was Christoph von Schallenberg als Lyriker angebahnt hatte, setzten diese als Übersetzer und Epiker fort. Sie standen in Beziehung zu den Nürnberger Schäfern und hielten wie diese geistige und künstlerische Verbindungen mit Italien aufrecht. So haben Volks- und Ritterbücher von Kaiser Oktavian, Fortunatus, Pontus und Sidonia, Amadis, das picarische Vermächtnis, Motive der Moralsatire, Gesichte, wie sie Philander von Sittewald hatte, und simplicianisches Schrifttum ihre Spuren in den erzählenden und satirischen Werken Beers hinterlassen. Das ist von geringerer Bedeutung gegenüber dem Einströmen sei-

ner Kritik und vor allem seiner persönlichen Erlebnisse. Mag er sich noch so tarnen, seine Possen mit Lesern und Zuhörern treiben, so steckt dahinter kein Ehrgeiz, sich im heroischen Roman zu versuchen, oder die Absicht, den Zeitgenossen zu Herzen zu reden, sondern die Freude am frischen, natürlichen, ungebundenen Draufloserzählen. Wenn er die andern froh machen kann, so ist ihm jedes Mittel dazu recht. Ein Blick auf die Romane des übrigens von Beer hochgeschätzten und wahrscheinlich auch gekannten Christian Weise zeigt, wie verschieden die beiden mit der gleichen literarischen Erbschaft umgehen und wie Beer seine Erzählerfreude durch nichts beschweren läßt. Er komponierte aus einem reichhaltigen Repertorium und Erlebnisschatz lose nach einem dehnbaren Plan seine Werke zusammen, deshalb war ihm die pikareske Handlung willkommener als die festen Personentypen des heroischen Romans. Er lockerte die Rahmen, in welche die einzelnen Gattungen des Romans gespannt waren, zu einer Zeit, als der pikarische Roman keine Lebenskraft mehr besaß, sich Soldat und Musikant Einlaß verschafften und über Geschichte, Politik und zufälliges Beisammensein mit Edelleuten auch den heroisch-galanten Roman auflockerten. Der neuen Möglichkeiten, die Gattungen zu mischen, gab es viele. Utopie, Reiseroman und Robinsonade meldeten sich an, Moralsatire und Roman legten noch immer gemeinsame Wegstrecken zurück. Aus der Mischung der von der Literaturgeschichte, nicht aber von den Zeitgenossen aufgestellten Romantypen entstanden neue Werke; denn Menschentypen oder besondere Haltungen beschränkten sich nicht mehr auf bestimmte Gattungen. Nicht nur in Weises „politischen Romanen" trat das Bürgertum mit geistigen Führungsansprüchen auf und verwischten sich die Grenzen höfischer und bürgerlicher Kunstübung. Arbeitete Weise mit altem Gut und suchte er das Interesse des Lesers weniger durch das Schicksal seines Helden als durch seine Betrachtungen zu gewinnen, so hielt sich Beer an das Geschehen. Das Verhältnis der beiden zueinander ist ähnlich dem von Moscherosch zu Grimmelshausen. Zu diesem bekannte sich Beer. Doch lastete das Kriegsgeschehen nicht so unmittelbar auf dem Jüngeren, der Anregungen aufnahm und selbständig weiterbildete. Der Knabe von Adel, der in der Einöde aufwächst, im Thüringer Wald, im Tyrolischen Gebirg, im Schwarzwald oder im Harz, die Weltflucht, das Eingreifen eines älteren Mentors, der Einsiedler, der sein Leben durch eine Wallfahrt unterbricht, der Abschied von der Welt: das sind Gestalten und Motive, die es Beer besonders angetan haben.

Auch darin ist Beer ein Schüler von Grimmelshausen, daß eine Landschaft, die seiner oberösterreichischen Heimat, in seinen Werken lebendig wird. Wie sich Grimmelshausen von der Höhe des Schwarzwaldes der Rheinebene zuwendet, so steht Beer auf einer Höhe im Süden des Attersees und blickt nordwärts über das wellige Land. Der Hesse hat seine Heimat am Oberrhein und im Renchtal gefunden, der Oberösterreicher trägt sie mit sich, nachdem er sie als Fünfzehnjähriger verlassen und vielleicht nie wiedergesehen hat. Sie blieb ihm vertraut und kehrt mit ihren Leitmotiven immer wieder in sein Schaffen zurück. Redensarten, Anspielungen auf allbekannte Begebenheiten des engen Umkreises seiner väterlichen Wirtsstube strömen ihm zu, und er schreibt sie nieder, unbekümmert, ob sie die Leser verstehen oder nicht, wenn sie nur darüber lachten wie seine Trinkgenossen, wenn er die Symposia des Alumneums damit belebte. Für den Gang der Handlung sind diese Zutaten zunächst belanglos. Aber sie werden die Träger eines Heimaterlebnisses in Beers reifsten Werken, den Teutschen Winter-Nächten (1682) und den Kurtzweiligen Sommer-Tägen (1683). Da vermitteln sie eine Atmosphäre, die im 17. Jahrh. sonst nicht zu beobachten ist; denn Beers Landschaftsbild steht in unmittelbarer Beziehung zur Wirklichkeit. Bauerndörfer, kleine Landstädtchen und Marktflecken mit einem geruhsamen Bürgerstand, Herrensitze, verfallende Schlösser, deren Eigentümer des Glaubens wegen landflüchtig werden mußten, mächtige Klöster, weite, undurchdringliche Wälder am Fuße der Alpen und an den Seeufern, Flur- und Bergdämonen, die ihren Geisterspuk aufführen: so hält Beer seine Heimat fest. Sein dichterischer Raritätenkasten enthielt Ortssagen, weit verbreitete Märchenmotive, wundersame Mechanismen, Luftschiffe, Schiffe, die sich zu Wasser und zu Lande fortbewegen, Überliefertes und phantasievoll Ausgestaltetes. Er glaubt an die Gespenster, mit denen er anderen Schrecken einjagte oder sie belustigte. Anscheinend zum erstenmal gibt sich in Beers Schaffen die literarische Feenwelt der Ritterromane und der eben in Frankreich durch Perrault hoffähig werdenden Märchen mit dem alten heimischen Überlieferungsgut ein Stelldichein. Die österreichische Zauberoper des 18. Jahrh.s und Raimunds Märchenspiele kündigen sich hier in der Wendung des Romans zum Burlesken an.

Für einen Menschen wie Beer bot weder die Enge des Stadtbürgertums oder eines akademischen Berufs noch der handwerkliche Beruf eines Musikerkomponisten noch der eines gelehrten oder volkstümlichen Literaten noch eine Beamtentätigkeit Möglichkeiten einer vollen Entfaltung. Der Hof zu Weißenfels setzte seinem Künstlertum keine Schranken. Daß er mit seiner Schlagfertigkeit und herausfordernden Keckheit, der Unbefangenheit, mit der er den Harlekin agierte, und der Würde, mit der er den Taktstock wohl auch in der Kirche schwang, allenthalben anstieß, Kopfschütteln und Ärgernis erregte, konnte seine Entwicklung nicht hemmen. Er brauchte den Widerstand. Den Regensburgern sagte er es im Pokazi (1679/80), der als Ratsschreiber Bescheid weiß, über den kleinbürgerlichen Alltag und über die strategischen Pläne der Pfahlbürger, welche sich zur Verteidigung ihrer Stadt rüsten. Schließlich zieht er mit einem adeligen Fräulein in einem Luftschiff nach England, bringt es dort zum König der Inventionen und spottet über jene, welche der Schulweisheit vertrauen.

Über das Gerede der Leute setzte sich Beer hinweg. Die Ansicht des mitspielenden Erzählers Wolfgang Zendorio in den Sommer-Tägen ist seine: „Ich werde um fremder Leute willen meinen Geist in keinen andern Model gießen." Leben und Kunst sind bei Beer eins. Sein Herz ist nahe bei dem, was seine Feder schreibt, und darum tanzt er auch aus der Reihe, wenn er in den Winter-Nächten auf seine Weise mit der Poetik abrechnet und die 'Reguln' verachtet. Seine mehrmals erhobene Forderung, „daß jeder Scribent ... seinem genio und keinen ausländischen

Geboten anhange", ist eines der nicht so seltenen Beispiele, daß die Genielehre in der Geschichte der Kunsttheorie ab und zu aufflackert. Auf die Invention hat er sich immer wieder berufen. Schon die Bezeichnung zeigt, daß die freie Luft der Musik auch über seinem literarischen Schaffen weht. Beers Kunst ist aber auch verwandt mit der Stegreifkomödie. Der Erfolg seiner erzählten Improvisationen bei seinen nächtlichen Hörern reizte zur Fortsetzung, und so verband sich die lose aneinander reihende Technik fast zwangsläufig mit der des pikarischen Romans. Der Simplicianische Welt-Kucker (4 Teile 1677-79) wird trotz der vom Schauplatz kaum abtretenden Hauptgestalt Jan Rebhu immer wieder von Episoden und Einschüben angeschwellt und vom Ziel abgelenkt. So etwas konnte der pikarische Roman mit seinem losen Aufbau vertragen. Die Besessenheit von seinem Erzählertum verbindet Beer mit Jeremias Gotthelf. Aber das fröhliche Weltkind des 17. Jahrh.s unterscheidet sich dennoch von dem großen Schweizer Erzähler und Realisten des 19. Jahrh.s; er erhebt nie den Finger und verzichtet auf den Vortrag eines Kapitelchens aus seinem moralisch-lehrhaften Lebenserfahrungskatechismus, weil er keinen besitzt. Solche ‚**Freyheit des Gemüts**' und Unabhängigkeit, jedoch unter strenger geistiger Zucht, wie bei Beer, ist in der deutschen Literatur nicht nur des 17. Jahrh.s selten. Beer hat zwischen der Moralsatire und seinen Schöpfungen eine trennende Wand aufgerichtet, weil ihn „die absonderliche Lust an dem Schreiben" dazu trieb. Sein Ohr hält die Mundartenunterschiede der deutschen Sprache fest. Er charakterisiert durch Beispiel und Erlebnis, was er auf diesem Gebiet beobachtet und erfahren hat.

Reclams Romanführer, Reclam Nr. 8828 - 45, bespricht „Der Berühmte Narren-Spital", „Zendorii a Zendoriis Teutsche Winter-Nächte" und „Die kurzweiligen Sommer-Täge".

Kindlers Literatur Lexikon im dtv, München 1986, enthält: „Die Kurtzweiligen Sommer-Täge oder ausführliche Historia ..." Band 7; „Der symplicianische Welt-Kucker oder Abentheuerliche Jan Rebhu", Band 10; „Zendorii a Zendoriis Teutsche Winternächte", Band 12; „Der Berühmte Narren-Spital", Band 13.

Walther, J. G.: Musikalisches Lexikon, Leipzig 1732, S. 83

Beer, oder Bähr (Johann) war Hochfürstlicher Sächsischer Weissenfelsischer Concert-Meister, von S. Georgen aus Ober-Österreich gebürtig, und wurde an. 1700. bey einem im August-Monat angestellten Vogelschiessen, durch üble Vorsicht eines unweit von ihm mit der Büchse gestandenen Hauptmannes erschossen. Seine theils edirte, theils aber zu edirende musicalische Schrifften sind folgende, nemlich:

Ursus murmurat, oder der Bär brummet, ist ein an. 1697 gedrucktes und hieselbst in Weimar zum Zweyten mahle in 8vo aufgelegtes Tractatgen nicht ganz 3 Bogen starck.

Ursus saltat, der Bähr tanzet.

Ursus triumphat, der Bähr triumphiret.

Ursus vulpinatur, List wieder List, oder die Musicalische Fuchs-Jagd, gleichfalls an. 1697 zu Weissenfels in 4to gedruckt, 12 Bogen starck. Sämtlich wider den Gothaischen Rectorem Hrn. Vockerodt seel. gerichtet.

Bellum Musicum, oder Musicalische Krieg, an. 1701 in 4to à 4 1/2 Bogen.

Musicalische Discurse, durch die Principia der Philosophie deducirt, und in 60 Capitel eingetheilt, an. 1719 zu Nürnberg in 8vo gedruckt, 14 Bogen starck.

Schola Phonologica, darinnen de fundamentis theoreticis, wie auch von der Praxi tractirt werden sollen. Der Wohl-Ehren-Veste Bier-Fiedler. Ein mehrers von ihm wird in der vom Hrn. Capell-Meister Mattheson zu edirenden Musicalischen Ehren-Pforte anzutreffen seyn.

Forkel, J. N.: Allgemeine Litteratur der Musik, 1792, Neudruck 1962, S. 472

Bähr oder Beer (Johann); Bellum musicum, oder musikalischer Krieg. Weimar, 1701, 4. 4 1/2 Bogen, ohne die Vorrede. – Der musikalische Krieg, oder Beschreibung des Haupttreffens zwischen beyden Heroinen, als der Composition und Harmonie, wie diese gegen eynander zu Felde gezogen, gescharmütziret und endlich, nach blutigem Treffen, wieder verglichen worden. Auf der Krieger-Nicolaischen Hochzeitfreude den Herren Musicis zur beliebenden Kurzweil übergeben von dem zu Ende genannten Freunde. Datum in dem musikalischen Hauptquartier zu Weisenfels. 1 Bogen in 8 Ist in des Verfassers musikalischen Discoursen angehängt, die zu Nürnberg 1719 in 8 gedruckt worden sind.

Gerber, E. C.: Neues historisch biographisches Lexikon der Tonkünstler, 1. Theil A – D, Leipzig 1812, S. 236

Bähr oder Beer (Johann) – Er war von Natur ein munterer und lustiger Kopf, überdies nicht nur ein fertiger Lateiner, sondern auch ein mit allen möglichen Sophistereyen ausgerüsteter und geübter Logiker. Zu diesem Talente gesellte sich noch seine Anlage zur Satyre, von der er, nach damaliger Art, etwas derb, gar fleißig Gebrauch zu machen pflegte. Diese Talente zusammengenommen machte ihn nun freylich dem ehrlichen Rektor Vockerodt sehr gefährlich, dem es in der Folge wohl sehr gereuen mochte, sich jemals an den Gothaischen Hofmusikern, durch sein Programm, öffentlich gerächt zu haben. Uebrigens sind weder der Ursus saltat, noch der Ursus triumphat von seiner Feder jemals im Drucke erschienen, wie im Walther Adlung und in dem alt. Le angezeigt wird; sondern Bähr hat Vockerodten bloß damit gedroht, wie er selbst in seiner Fuchs-Jagd S. 16 gestehet. Dagegen hat er in der 2ten Ausgabe seinen Ursus murmurat in 8. nachstehende fertige Schriften den Verlegern zum Drucke angeboten, woraus sich noch näher erkennen läßt, zu welcher Art von Köpfen er gehörte: 1) die deutsche Moralphilosophie. 2) Deutsche Epigrammata. 3) Lateinische Meditationes, de vitae hujus vanitatibus. 4) Der naseweise Sekretarius. 5) Die hochgeehrte Frau Klatschschwester. 6) Der wohlehrenveste Bierfiedler. 7) Atheniensium morosophia. 8) Der musikalischen Discurse zweyter Theil. 9) Oratoria reformata. 10) Logica Scoti examinata. 11) Der poetische Klopffechter. Auch gehöret seine 12) Schola phonologica noch zu den ungedruckten Werken.

Schering, A.: „Johann Beer". In: Musikgeschichte Leipzigs in 3 Bänden, 2. Bd. Leipzig 1926, S. 488f

Beer oder Bähr (Johann) Weissenfelsischer Concertmeister, geb. 1652; Schola Phonologica, S. Tractatus doctrinalis, de compositione harmonica. Das ist: ausführliche Lehrstücke, welche zu der musikalischen Composition nöthig erfordert werden. Also verfaßt, daß erstlich davon in genere, hernach in specie, gehandelt, und durch klare Exempel gelehret wird, wie nicht allein der einfache, sondern auch der gedoppelte Contrapunct verfertiget, und sonsten in der Composition, nach der heutigen Capell-Art, soll verfahren werden. Durch und durch mit gewissen Principiis und Grundregeln versehen, und absonderlich angehenden Scholaren zum Besten beschrieben und zusammengetragen. MS. War ehedem in Mathesons Händen, der auch den ausführlichen Inhalt desselben in seiner Critica mus. P. VJ p.74 hat abdrucken lassen. Noch gehört von diesem Verfasser hierher: Kurze Beschreibung der Composition. MS. s. das Haumannische Bücherverzeichnis in Matthesons mus.-Ehrenpforte, S. 107. Ich halte dieses aber für einen bloßen Auszug des vorher angezeigten Werks.

Werner, A.: „Beer". In: Die Musik in Geschichte und Gegenwart, hrsg. v. F. Blume, Bärenreiter, Kassel 1949-51, S. 1506-08

Beer (Behr, Baer, Bär, Bähr, Ursus, Ursinus), Johann, * 28. Februar 1655 zu St. Georgen in Ober-Österreich, † 6. August 1700 in Weißenfels. Dem Drucke der Gegenreformation weichend, wandte sich der Vater, ein unbemittelter Gastwirt, nach dem ev. Regensburg und zog bald auch seinen Sohn nach, der im Kloster Lambach Unterkunft gefunden hatte. Im Alumnat des Gymnasiums setzte dieser 1670 seine wissenschaftlichen und musikalischen Studien fort, schrieb zwanzigjährig die Musik zu dem Schuldrama Mauritius Imperator, dichtete und komp. Gelegenheitsgesänge und setzte als phantasiereicher Erzähler seine Zuhörer in Erstaunen. Als Stipendiat Regensburgs studierte er vom Sommer 1676 an bestimmungsgemäß Theologie in Leipzig. Kurze musikalische Zusammenarbeit mit Thomaskantor Seb. Knüpfer gilt als sicher. Johann Mattheson rühmt Beer als Sänger, Kl.- und Geigenspieler wie auch als „fertigen Komponisten". Angeregt durch Hofkpm. David Pohle trat er nach Probespiel Anfang 1677 in die Kapelle des Herzogs Augustus in Halle als Altist ein. Durch diese Eigenmächtigkeit arg verstimmt, schnitt der Rat von Regensburg jede weitere Verbindung mit ihm brüsk ab. Als Heiratsgut fiel Beer 1679 der Gasthof zum Bären in Halle zu, den er selbst bewirtschaftete. Doch schon im nächsten Jahre übersiedelte er mit der Kapelle nach der neuen Residenz Weißenfels. Durch stete fürstliche Gunst rückte Beer schnell auf zum Kammermusikus, KonzM. und Herzoglichen Bibliothekar. Johann Samuel Beyer, Kantor zu Weißenfels, und Paul Gleitsmann, Hofkapm. zu Arnstadt, waren seine Schüler. Die Kugel eines Fehlschusses beim Schützenfeste 1700 traf Beer tödlich. Sein Bild, gestochen von Peter Schenck in Amsterdam, blieb erhalten, ebenso seine Leichenpredigt. Ein Schwiegersohn, Hofkantor Peter Wenig in Gotha, ließ Werke Beers neu drucken.

Werke: Romane: Der Symplicianische Welt-Kucker oder abentheuerliche Jan Rebhu, Halle 1677, S. J. Hübner, 1. Tl. 1679, 2. Tl. 1678, 3. u. 4. Tl. 1679; Schick-

sale eines wandernden Musikanten, pseudonym ersch. wie auch die weiteren Romane, in denen allen die Musik eine überragende Rolle spielt. **Dichtungen:** Deutsche Epigrammata ... Weißenfels 1691, Brühls Witwe; Acht Beileidsgedichte in Bibl. Stolberg (Harz), 4 weitere Trauergedichte und Musikwerke; Kabbala, Widmungsverse in Pachelbels Hexachordum Apollinis, Nürnberg 1699. – **Streitschriften:** Ursus murmurat, das ist: klar und deutlicher Beweis, welchergestalten Herr Gottfried Vockerod ... der Musik ... zu viel getan, Weißenfels 1697, Weimar 1697; Ursus vulpinatur. List wider List oder musikalische Fuchsjagd, darinnen ... Vockerodens ... Apologie der Balg abgejagt wird ... Weißenfels 1697, Selbstverlag. – **Fachschriften** i.e.S.: Schola phonologica ... das ist ausführliches Lehrstück ... HS., Stadtbibl. Lpz.; Bellum musicum oder Musikalischer Krieg. Hrsg. Peter Wenig, 1701; Musikalische Diskurse durch die Principia der Philosophie deduciert ... Nebst einem Anh., genannt der Musikalische Krieg. Hrsg. Peter Wenig. Nürnberg 1719, Peter Conrad Monath. Gekürzter Abd. im KmJb. 1885-89. — **Musikwerke:** 4 Trauerarien in Bibl. Stolberg, Texte gleichfalls von Beer auf 1. Schmoll, † 30. Juli 1675 Regensburg, 2. Symmerl, † 13. Oktober 1675 Regensburg, 3. Rüd, † 18. Oktober 1675 Regensburg, 4. Würth, † 19. April 1676 Regensburg. 4 Motetten für Solost. mit Instr.-Begl. in Bibl. Bln., Hs. — 4 hs. lat. Sologesänge mit Continuo besaß Landesschule Grimma (Vgl. Krause S. 24/26). Den Gesängen in Katalogen alter Zeit sei hinzugefügt: Ps. 32 in Moritzkirche Halle 1683; 3 hs. Instr.-Werke in Bibl. Schwerin: Concerto à 4 (mit Posthorn); Ouvertüre à 4 „dy Mons.

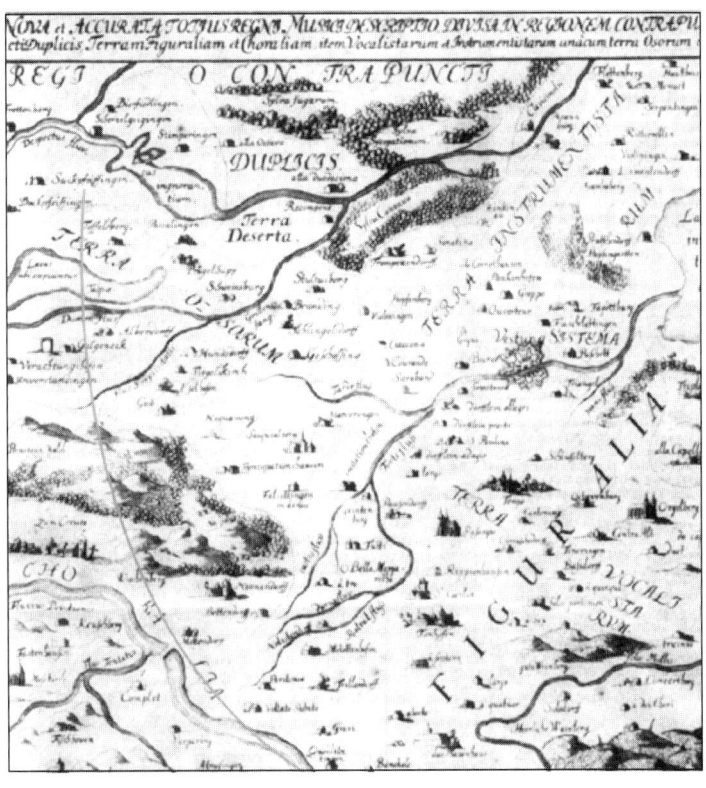

Humoristische Karte des Musikreiches zugleich Generalstabskarte für den Bellum musicum (1701) des Johann Beer, in dem die von den Hümpern und Stümpern gefangen gehaltene Königin Composita von ihrer Tochter Harmonia nach der Entscheidungsschlacht bei der Festung Systema befreit wird.

Ursinus" u. Ouvertüre à 4. — **Bühnenstücke**: Ein Germanicus für Leipzig 1704, die Oper Telemaque für Naumburg 1706, nur Texte; für Coburg die Oper Die keusche Susanna.

Johann Beer, zuerst kaum beachtet, gewann durch die neuere kunstgeschichtliche Forschung (Alewyn, Krause) bedeutend an Wertschätzung. Danach ist er gerechterweise nicht nur in das Blickfeld der Musik, sondern in den größeren Rahmen der Gesamtkunst zu stellen. Das fordert sein Wirken als anerkannter Sänger, Instr.-Spieler und Komp. und als ebenso geschätzter Romanschreiber, Dichter und Schriftsteller. In seiner Vielseitigkeit erscheint er als der erste der ganz wenigen Gesamtkünstler. — Beers Streit mit Vockerodt ist der Kampf zweier Weltanschauungen, des untergehenden MA. gegen die aufdämmernde Freiheit der Kunst und ihres Trägers, des freien Künstlers, als der uns wiederum Joh. Beer erstmalig entgegentritt. Zugleich zukunftsweisend sagt der aufrechte KonzM. der lehrhaften alten Musikauffassung Valet. Für ihre eifrigen Verfechter Kircher und Printz hat er nur Spott und Hohn, auch wenig Achtung vor Kantoren und Org. und allen anderen, die Musik schulmeisterlich lehren wollen. Die Begriffe Kirchenton, Solmisation, Kontrapunkt u. ä. stellt er weit zurück. „Solches alles lernt man in Deutschland in Kapellen" d. h. in der Praxis, „die immer praevaliert". Beers Kunst ist nicht durch Verstand erklügelt, sondern in all ihren Sparten Ausdruck und Äußerung seiner reichen Erlebniswelt. — Diese echte, erfrischende Künstlernatur kannte keine inneren Hemmungen und machte selbst vor dem Fürsten nicht Halt, der Beers einzigartige Persönlichkeit aber sofort erkannte und ihn mit sanfter Gewalt der bürgerlichen Sphäre entzog, in der dieser kluge, streitlustige, stets heitere Tatmensch voraussichtlich gescheitert wäre.

Literatur: Mattheson, Grundlage einer Ehrenpforte, 1740 S. 14-17 (Neudr. v. Max Schneider, 1910); Gerber, ATL u. Gerber NTL; Eitner Q; A. Werner, Städt. u. fürstl. Musikpflege in Weißenfels, Lpz. 1911, B & H; R. Alewyn, Joh. Beer. Studien zum Roman des 17. Jh. HabSchr., Lpz. 1932, Mayer u. Müller; H. Krause, Joh. Beer. Zur Musikauffassung im 17. Jh. Diss., Lpz. 1935.

Eitner, R.: „Johann Beer". In: **Biographisch-bibliographisches Quellen Lexikon,** Band 1, Graz 1959, S. 399 f

Bähr (Beehr, Beer, Beerens, Behrens, Ursinus) **Johann**, geb. in dem österr. Marktflecken St. Georg um 1652, gest. im Aug. 1700 zu Weissenfels (wurde beim Schützenfeste durch Unvorsichtigkeit erschossen). Studierte Theologie in Leipzig, sang, spielte Klavier und Violine, komponierte und erhielt vom Herzoge August in Halle den Ruf in seine Kapelle zu treten. Nach dessen Tode kam er an den Hof zu Weissenfels, wo er Konzertmeister wurde. Er war ein gelehrter, schlagfertiger und witziger Kopf und hat zeit seines Lebens vielfach im Streite mit seinen Zeitgenossen gelebt (Mattheson 1, 14. Gerber 1). Von seinen Schriften gehören hierher: Murmerische Nacht-Music. Musa nocturna Murneriana ... vocibus 3, V. 2. et B. unis & Murs. N. M. ... mit ... und een Fystermental-Bass (von J. Baehr. Bremen? 1685) 4°. [br. Mus.]

Schola phonologica sive tractatus doctrinalis de compositione harmonica, d. i. ausführliche Lehrstücke (siehe weiter bei Becker 1, 539). (1690) 133 S. in 4°. Ms. B. Lpz.
Ursus murmurat, d. i. klar und deutlicher Beweiss, welcher gestalten Herr Gottfried Vockerod ... in seinem 1696 herausgeg. Programmato der Musik ... zu viel gethan. Weissenfels 1697 [B. Hbg. B. B. Musikfr. Wien.
— a. Aufl. Weimar, zum andernmahl gedruckt mit Bewilligung des Autoris bei J. A. Müllern, kl. 8°. 42 S. Brüssel. B. B. B. Lpz.
Gottfried Vockerod war Rektor zu Gotha und eiferte in dem Programm gegen die Musik. Diese Schrift rief noch mehrere Gegenschriften hervor (s. Lorber).
Ursus vulpinatur. List wider List oder musikalische Fuchs-Jagd, darinnen Gottfried Vockerodtens ... seiner wider Hern. Dr. Wenzeln, Hrn. Lorbern und wider mich, den Authoren dieser Schrift, ausgegangenen Apologie, der Balg abgejagt, ausgestreift, auch ohne einige Vulpinationirung oder Fuchsschwänzerei tapfer ausgegerbt und ... Weissenfels 1697 b. Verf. 4°. 95 S. [B.B. Musikfr. Wien. B. Lpz. Siehe Becker 1, 528 Näheres.
Bellum musicum oder musicalischer Krieg, in welchem erzählet wird, wie die Königin Composito nebst ihrer Tochter Harmonia mit den Hümpern u. Stümpern zerfallen ... nebst einer Landcharte des cymbalischen Reichs versehen von Joh. Beehr. (s. l.) 1701. [Dresd. B. B. Hannov. Lüneburg. br. Mus. B. Lpz.
Johann Beerens ... Musicalische Discurse durch die Principia der Philosophie deducirt, und in gewisse Capitel eingetheilt. Nebst einem Anhang ... genannt der Musicalische Krieg zwischen der Composition und der Harmonie. Nürnberg 1719 P. C. Monath. 8°. 216 S. [B. B. B. M. Dresd. B. Wagener. B. Lpz. Musikfr. Wien. Florenz.
Im Neudruck in Haberl's Jahrb. 1885 u. f.
Dem Hexachordum von Pachelbel von 1699 fügt er eine „Kabbala" hinzu.
An Kompositionen besitzt die B. B. in Ms. 1100, Part., vielleicht Autogr., folgende Motetten:
1. Quid moraris ô anima mea, Ten. solo et Org. 2 Bll. Weissenfels d. 15. Martij 1687.
2. Patere cor meum, Ten. solo c. 3 instr. et. Org. 2 Bll.
3. Venite ad me omnes à 7 : 2 V. 3 Viole, Fag. Canto ô T. et Org. 4 Bll.
4. Dixit Dnus. Dno. meo. A. et B. c. Org. 4 Bll.
1675 wird er als Komponist des Dramas Mauritius Imperator genannt.
Die B. Schwerin F. besitzt: 1. Concerto à 4. à Posthorn, 2 V. Be. Ms. Stb. 2. Ouverturio à 4. 2 V. Viol dy braccio Solo, B. et Cemb. dy Mons. Ursinus. Ms. Stb. Matthesson 3, 70 geht ihm scharf zu Leibe.

Giebich/Gugitz: „Beer". In: **Biographisch-Bibliographisches Literaturlexikon Österreichs**, Wien 1964, S. 22
Beer (Bähr, Ber) Johann (Ps. Jan Rebhù, Wolfgang von Willenhag u. a.), * 28. 2. 1655 St. Georgen (O.-Ö.), † 6. 8. 1700 Weißenfels (Sachsen, Jagdunfall). Kam 1670 mit seinen wegen ihres lutherischen Glaubens ausgewanderten Eltern nach

Regensburg, wurde Konzertmeister des Herzogs von Weißenfels. Bedeutendster Nachfolger Grimmelshausens. Romane u. a.: Der simplizianische Weltkucker, 1676-1679; Prinz Adimantus, 1678; Ritter Spiridon aus Perusina, 1679; Ritter Hopffen-Sack von der Speckseiten, 1680; Komische Geschichte des Corylo, 1680; Das Narrenspital; Judundi Jucundissimi Wunderliche Lebens-Beschreibung, 1680 (Neuausg. 1957); Die Teutschen Winternächte, 1682; Die Kurtzweiligen Sommertäge, 1682 (Neudruck 1958); Der politische Feuermäuerkehrer, 1682; Der verliebte Österreicher, 1704. Ausg.: Ges. Werke, 1960 f.; Die Abenteuer des jungen Jan Rebhù; u. a.
Lit.: R. Alewyn: J. B., 1932; J. Hartl: Die Rittergeschichten J. B.s, Diss. Wien 1947; J. B. oder der verliebte Österreicher, 1961, hg. v. F. Habak (sic).

Honegger/Massenkeil: Das große Lexikon der Musik in 8 Bänden. 1. Band, Herder, Freiburg 1972, S. 230 f
Beer (Behr, Baer, Bähr, Ursus, Ursinus) **Johann**, * 28. 2. 1655 St. Georgen (Oberösterreich), † 6. 8. 1700 Weißenfels; östr. Violinist, Komponist und Schriftsteller. B. wurde im Benediktinerkloster Lambach und in Regensburg erzogen und begann 1677 mit dem (ev.) Theologiestudium in Leipzig, wo er auch Schüler des Thomaskantors Sebastian Knüpfer war, trat aber noch im selben Jahr in die Hofkapelle Herzog Augusts in Halle ein. Ihm folgte er als Konzertmeister und Bibliothekar nach Weißenfels. B. erweist sich in seinen auch literarhistorisch aufschlußreichen Romanen und in seinen Streitschriften als eine originelle Persönlichkeit, die sich in ihrer Musikauffassung betont modern gab.
WW.: Roman Der Symplicianische Welt-Kucker oder abentheuerliche Jan Rebhu, Teil 1 (Hl 1677), 2 (1678), 3 u. 4 (1679); Streitschriften (gegen G. Vockenrodt): Ursus murmurat (Weißenfels 1697); Ursus vulpinatur ... darinnen ... Vockenrodes Apologie der Balg abgejagt wird (ebd. 1697); Schriften über Musik: Bellum musicum (1701). Nachdr. zus. mit Musikalische Diskurse (Nürnberg 1719); ferner: Deutsche Epigrammata (Weißenfels 1691); einzelne Gedichte im Druck und ein hsl. erhaltener Traktat. — An Kompositionen haben sich erhalten: 3 Begräbnis-Arien für Singst. mit V. e. u. (teilweise) Instr. (Regensburg 1675-76); Solomotetten mit Instr., ein Psalm, einzelne Instr.-Werke (hsl.).
Ausg.: Teilabdruck der Musikalischen Diskurse, in: Cäcilienkalender 10 (1885), u. in: KmJb 1-4 (1886-89); J. B., Sein Leben, von ihm selbst erzählt, hrsg. v. A. Schmiedecke - R. Alewyn (Gö 1965); Prinz Adimantus u. der Königlichen Princeßin Ormizella Liebes-Gesch., hrsg. v. H. Pörnbacher (St 1967) (= Reclams Universal-Bibl. Nr. 8758); Die Geschichte u. Histori v. Land-Graff Ludwig der Springer ..., Faks. der Ausg. Weißenfels 1698, hrsg. v. M. Bircher (Mn 1968).
Lit.: R. Alewyn, J. B. Studien zum Roman des 17. Jh. (L 1932); H. Krause, J. B. Zur Musikauffassung im 17. Jh. (Diss. L 1935); H. Federhofer, It. Musik am Hofe des Fürstbischofs v. Gurk, J. J. v. Lamberg, in: Collectanea historiae musicae 2 (1967); A. Schmiedecke, J. B. und die Musik, in: Mf 18 (1965).

Kleines literarisches Lexikon. Francke Verlag, Bern/München, 1961, Sammlung Dalp, Band 15

Beer, *Johann, Verfasser zahlreicher Romane. In ihnen mischen sich mündliches volkstümliches Überlieferungsgut, Motive u. Formen der Volksbücher, des Schelmenromans, des Reiseromans, der Utopie und der märchenhaften Wundergeschichte mit der Moralsatire, der Parodie des heroisch-galanten Romans u. persönlichen Beobachtungen u. Erlebnissen. In lockerer, von Episoden u. Einschüben wie Digressionen strotzender Komposition breitet sich ein phantasievolles, sinnliches Erzähltemperament aus, das das Fabulöse mit einem satirischen u. humoristischen Realismus verbindet. Einflüsse des simplizianischen Romanstils - Grimmelshausen.*

1655 - 1700, geb. in St. Georgen im Attergau (Oberösterreich). Sohn eines Gastwirtes, Page beim Pfleger auf Schloß Kogel, Schüler der Klosterschule zu Lambach. 1669 Emigration des protestantischen Vaters nach Regensburg, dort Teilnahme als Schüler an den Aufführungen u. musikalischen Darbietungen des Gymnasium Poeticum. Seit 1676 Student der Theologie in Leipzig, 1677 Sänger am herzogl. Hof in Halle, danach Weißenfels. 1685 Konzertmeister und Bibliothekar, als Musiker, Komponist, Schauspieler u. Dichter an den höfischen Festen beteiligt. Tod durch Unfall in Weißenfels.

Johann Beer veröffentlichte musikalische Schriften und Romane, für die er Pseudonyme wie Jan Rebhu, Zendorius à Zendoriis, Florianus Francomonte, Antonius Caminerus, Alamadus Pickelhering, Wolfgang von Willenhag u. a. m. wählte.

Ausgaben: „Der symplicianische Welt-Kucker" 1677, 2. verm Aufl. 1679; Zweiter Teil 1678; Dritter Teil 1679; Vierter Teil 1679, „Der Abenteuerliche, wunderbare u. unerhörte Ritter Hopffen-Sack" 1678. „Printz Adimantus u. der Königl. Princessin Ormizella Liebes-Geschicht" 1678. „Des Abentheuerlichen Jan Rebhu Ritter Spiridon aus Perusina" 1679; Zweiter Teil 1680. „Die vollkommene Comische Geschicht des Corylo" 1679; Zweiter Teil 1680. „Jucundi Jucundissimi wunderliche Lebensbeschreibung" 1680. „Des berühmten Spaniers Francisci Sambelle wolausgepolierte Weiber-Hächel" 1680. „Die mit kurtzen Umständen entworffene Bestia Civitatis" 1681. „Der berühmte Narren-Spital" 1681. „Der politische Feuermäuer-Kehrer" 1682. „Der politische Bratenwender" 1682. „Der verliebte Europäer" 1682. „Zendorii à Zendoriis Teutsche Winternächte" 1682. „Die kurtzweiligen Sommer-Täge" 1683, neu hg. W. Schmitt 1958. „Die Andere Ausfertigung Neugefangener Politischer Maul-Affen" 1683. „Der Deutsche Kleider-Affe" 1685. „Der verkehrte Staats-Mann oder Nasen-weise Secretarius" 1700. „Der verliebte Österreicher" 1704,

Musikalische Schriften: „Deutsch Epigrammata" 1691. „Bellum musicum" 1701. „Musicalische Discurse" 1719 u. a.

-Auswahl- hg. R. Alewyn 1957. -Gesammelte Werke- hg. J. F. Fuchs 1960

dtv - Lexikon der Weltliteratur. Deutscher Taschenbuch Verlag 1971, Bd. 1, Hg. Gero v. Wilpert

Beer, *Johann (Ps. Jan Rebhu u. a.), 28. 2. 1655 St. Georgen/Attergau - 6. 8. 1700*

Weißenfels, protestant. Gastwirtsfamilie, um 1669 um des Glaubens willen Emigration mit den Eltern nach Regensburg, 1676 Stud. Theologie Leipzig, 1677 Sänger, ab 1685 Konzertmeister des Herzogs von Weißenfels, Musiktheoretiker, Komponist. Tod durch Unfall beim Vogelschießen.
Bedeutendster volkstüml. Erzähler des deutschen Barock nach Grimmelshausen, doch unproblematischer, realistischer, welthafter und sinnenfroher, ohne übergeordnetes Weltbild und mit Freude an drastischer Sinnlichkeit, bis zum Rohen und Unflätig-Gemeinen. Frische Erzählbegabung ohne Einengung durch Regelzwang oder didaktische Absicht; Reihung von Anekdoten und Episoden. Ritter- und Schelmenromane in einer Mischung von Phantasie und Realistik unter Benutzung mündlichen Volksgutes und der Volksbücher.
Werke: „Der Symplicianische Welt-Kucker" R.IV 1677-79; „Der Abentheuerliche wunderbare und unerhörte Ritter Hopffen-Sacks" R. 1678; „Printz Adimantus" R. 1678; „Ritter Spiridon aus Perusina" R. 1679; „Jucundi Jucundissimi Wunderliche Lebens-Beschreibung" R. 1680; „Der neu-ausgefertigte Jungfer-Hobel" R. 1681; „Der berühmte Narren-Spital" R. 1681 (neu zus. m. Juc. Jucundissimi 1957); „Der politische Feuermäuer-Kehrer" R. 1682; „Der politische Bratenwender" R. 1682; „Teutsche Winternächte" 1682 (neu 1943); „Die kurtzweiligen Sommer-Täge" R. 1683 (neu 1958); „Der kurzweilige Bruder Blaumantel" R. 1700; „Der verliebte Österreicher" R. 1704; „Musicalische Discurse" Schr. 1719. Auswahl Fritz Habeck 1961. Literaturangaben: R. Alewyn, 1932

Meyers Enzyklopädisches Lexikon, Band 3, 9. Auflage, Mannheim 1971, S. 700
Beer, Johann, Pseudonyme Jan Rebhu, Wolfgang von Willenhag u. a. Geboren St. Georgen im Attergau (Oberösterreich) 28. Febr. 1655, gestorben Weißenfels 6. August 1700 (Jagdunfall), österr. Dichter und Komponist.
Gastwirtssohn, vielseitig begabt, studierte in Leipzig Theologie und war seit 1676 als Hofmusikus, Konzertmeister und Bibliothekar im Dienst des Herzogs von Sachsen-Weißenfels. Als volkstümlicher Erzähler wird er oft mit Grimmelshausen verglichen, doch ist Beer heiterer und sinnenfroher. Unerschöpfliche Erzählfreude, große Erfindungsgabe; keine didaktischen Absichten, keine Regeln engen ihn ein. Sein Hauptwerk, „Die Teutschen Winter-Nächte" (1682) und deren Fortsetzung „Die kurztweiligen Sommer-Täge" (1683), zeigt Einflüsse von Grimmelshausen und doch österreichische Atmosphäre. Persönliche Erlebnisse, Ortssagen, Märchen, Volksbücher, Ritter- und Schelmenromane geben ihm Anregungen und werden in seinem Werk mit eigenen Erfindungen zu bunten Geschichten verwoben. Die Kompositionen Beers sind fast alle verloren. Auch Verfasser musiktheoretischer Schriften.
Weitere Werke: Der Simplizianische Welt-Kucker (4 Bde., 1677-79, Printz Adimantus (Roman, 1678).
Ausgaben: Johann Beers Sämtliche Werke, Hg. v. R. Alewyn. Bln. 1669 ff. Auf 12 Bände berechnet. - Johann Beer Ges. Werke. Hg. v. J. F. Fuchs, Wien, 1960 ff. Auf mehrere Bde. berechnet.
Literatur: Müller, Jörg: Studien zu den Willenhag-Romanen Johann Beers, Marburg 1965. Kremer B.: Die Satire bei Johann Beer. Diss. Köln 1964. - Alewyn, R. Johann Beer. Studien zum Roman des 17. Jhds. Lpz. 1932

Hans Jakob Christoph von Grimmelshausen (1622-1676)

Er gilt als der bedeutendste Dichter des 17. Jhds. und an ihm wird jeder andere Autor gemessen. Und neben den Namen von **Johann Beer** und **Richard Alewyn** kommt bestimmt kein anderer Name in diesem Buch so oft vor wie seiner.
Er stammt aus einer bürgerlichen oder lange verbürgerlichten Familie Gelnhausens.
1634 wurde die Stadt zerstört. Der Knabe floh, wohl mit seinen Angehörigen, in die Festung Hanau. Dort wurde er 1635 von Kroaten entführt. Von nun an ließen ihn Krieg und Soldatenleben nicht mehr los. Als Trossbub und Musketier vertauschte er, dem wechselnden Kriegsglück folgend, die kaiserliche mit der schwedischen Partei, kämpfte in Norddeutschland, lag längere Zeit in Westfalen, tauchte 1638 in einem kaiserlichen Regiment in Offenburg wieder auf und blieb dort als Regimentsschreiber bis gegen Kriegsende, das ihn 1648 noch einmal in das Bayerische und in die Festung Wasserburg am Inn verschlug. Nach Friedensschluss kehrte er nach Baden zurück, heiratete 1649, wurde Gutsverwalter in der Familie seines alten Regimentchefs im westlichen Schwarzwald, pachtete einen Gasthof und bekleidete im letzten Jahrzehnt seines Lebens das Schultheißenamt (Bürgermeister) in Renchen, südlich von Baden-Baden. Spät, fast erst im letzten Jahrzehnt seines Lebens, begann er zu schriftstellern.

Als sein großartigstes Werk gilt der **„Abenteuerliche Simplicissimus"** (1669). Er ist die einzige Dichtung, in welche die Wirklichkeit des **Dreißigjährigen Krieges**, der das Antlitz dieses Jahrhunderts geformt hat, breit und ungeschwächt einströmt - nicht von oben her, aus der Distanz eines überlegen das Ganze überblickenden Gestalters, sondern von unten her, wie ein Kind des Volkes, ein selber Betroffener ihn erfuhr, aus der Mitte der Soldaten, Bauern und Kleinbürger heraus, aus dem Gesichtskreis des Feldwebels, wie man auch sagen kann. Es ist bemerkenswert, dass in dieser Epoche, in der die Kunst- und Bildungsliteratur dominiert hat, die nachhaltigste Wirkung von einem Werk ausgegangen ist, das in Erzählform, Sprache und Inhalt überwiegend in die Tradition der volkstümlichen satirisch-schwankhaften und belehrenden Erzählweise des 16. Jhds. gehört. Freilich war Grimmelshausen darauf bedacht, gelegentlich seine Könnerschaft auch im modisch-barocken Kunststil nachzuweisen. Der „Simplicissimus" mit seiner Unsumme von Menschen- und Welterfahrung, mit seinen Bündeln erlebter, erlauschter und erlesener Szenen, seinen Gesprächen und Geschichten, seinen farbigen Schilderungen ländlichen Lebens und städtischer Kultur, soldatischen Lagertreibens, ziehender Landsknechthaufen, seinen Belagerungen, Kämpfen, Listen und Überfällen marodierender und sengender Horden, den Sitten und Unsitten, Leiden und Drangsalen, den Tränen und dem Gelächter einer aus den Fugen geratenen chaotischen Zeit - dieser „Simplicissimus" ist ein Bild des Dreißigjährigen Krieges und seiner Menschen, neben dem es nichts Vergleichbares gibt.

Im äußeren Schema, in der namenlosen Herkunft und dem unaufhörlichen Wechselgeschick seines Helden knüpfte Grimmelshausen an den sogenannten **„Schelmenroman"** an, der aus Spanien nach Deutschland gekommen war. Der Schelmenroman entwickelt einen realistisch-naturalistischen Gegentyp gegen den idealistischen Ritterroman: ein den untersten sozialen Bereichen entstammender namen-, herkunfts- und besitzloser Bursche schlägt sich, frei von allen moralischen Hemmungen, geschickt und gerissen als Diener wechselnder Herren durch Glück und Pech seines unbeständigen Geschickes und versteht es, wie ein Kork, bei jedem Wellengang, noch nach oben zu gelangen. Das wandelnde Glück, das den sich ihm anvertrauenden armen Schelm wie einen Ball ruhelos hinaufträgt und hinabstürzt, der unverwüstlich-vitale Daseinswille, die Freude an „Streichen" aller Art kehren bei Grimmelshausen wieder, vor allem aber die Form der (fiktiven) **Ich-Erzählung**: Simplicissimus beschreibt selbst sein Leben. Die damit gewonnene Unmittelbarkeit hat freilich auch manche Unstimmigkeit zur Folge, da die Perspektive des scheinbar erzählenden Ich und die des wirklich erzählenden Autors, vor allem in den ersten Büchern, zuweilen voneinander abweichen. Der Roman erzählt - mit zahllosen, die Handlung oft überwuchernden „Stücklein", Anekdoten, Schwänken, lehrhaften und gelehrten, moralischen und allegorischen Exkursen-, wie der kleine weltahnungslose Waldbauernbub nach Einäscherung und Plünderung des elterlichen Gehöfts allein und verängstigt durch den nächtlichen Wald flieht. Er findet zu einem Einsiedler, der ihn aufnimmt, ihn lesen lehrt und ihn in der Christenlehre unterweist, im übrigen aber seine totale Weltunerfahrenheit unverändert lässt. Der Einsiedler stirbt. Simplicissimus geht, nur mit den Grundlehren des Christentums ausgerüstet, in die unbekannte Welt. In Hanau wird er in das Gefolge des Stadtkommandanten eingereiht. Seiner Naivität enthüllen sich Narrheit und Laster, in welche die Welt versunken ist, während er wiederum der Welt als närrisch und als willkommener Gegenstand roher Belustigung erscheint. Dass er gleichzeitig seine Narrenrolle zu beredter Entlarvung des moralisch verkommenen Offizierskorps benutzt, erstaunt allerdings nicht nur die Betroffenen, sondern auch den Leser. Aber dergleichen gehört zu den Unstimmigkeiten, über die sich der Autor unbekümmert hinwegsetzt, weil er diese Materie samt den dazugehörigen ‚Stücklein' und Anekdoten in der Gegenüberstellung des tumben Knaben und der verrotteten Moral der Besatzungsoffiziere am wirksamsten erzählerisch ausbeuten kann. Kroaten rauben den Halbwüchsigen wie einst den jungen Grimmelshausen und machen ihn zum Trossbuben. In die wilde Welt des Krieges gerissen, erfährt er inmitten eines Heerhaufens das wüste Wechselspiel des Feldlebens, die Tugenden und vor allem die Laster der Soldaten, treugesinnte Freundschaft, diesen einzigen verlässlichen Wert, den Grimmelshausen kennt, weit mehr aber Bosheit und Rohheit und den zügellosen Kampf um Genuss und Beute. Er gewinnt den herzensguten Herzbruder zum lebenslangen Freund und macht sich den von Grund auf bösen Oliver zum Feind. Er findet sich vor der belagerten Stadt Magdeburg, wird Augenzeuge der Schlacht bei Wittstock. Dann verschlägt es ihn nach Westfalen, und das Glück trägt ihn, den „Jäger von Soest", empor. Er gewinnt Ruhm und reiche Beute. Die Woge der Fortuna trägt ihn bis nach Paris, wo er als „Beau Allemand" (schöner Deutscher) ungeahnte Erfolge als Kavalier erringt, aber in die Netze des verfeinerten Lasters gerät. Dann folgen jäher Sturz in entstellende Krankheit und Elend, mühsames Sichdurchschlagen unter Betrügern, Marodeuren und Banditen, bis die Welle ihn wieder emporhebt. In immer neuen Daseinsbereichen und Schicksalen macht er die stets gleiche Erfahrung von der Unbeständigkeit aller Dinge, vor allem aber des menschlichen Herzens. Die Not lehrt ihn immer wieder beten, aber kaum davongekommen, sind Reue und gute Vorsätze schnell vergessen. So wird er schließlich Einsiedler auf einsamer Schwarzwaldhöhe. Freilich hat er sich mit Hörrohr und Fernglas versorgt, um den Kontakt zu der geliebten, gehassten Welt nicht ganz zu verlieren. Auch bezweifelt er von vornherein, ob sein Einsiedlertum von langer Dauer sein wird. Diesem ursprünglichen Schluss des Romans fügte Grimmelshausen bald eine Fortsetzung und den endgültigen Abschluss an. Das unbeständige, viel gescholtene und noch mehr geliebte Leben lockt ihn aufs Neue zur abenteuerlichen Fahrt in die Welt, bis er als Seefahrer an einer einsamen Insel strandet, sich dort robinsonhaft einrichtet und gottwohlgefällig endet.

In alledem ist Selbsterlebtes mit Gehörtem, Gelesenem, Erdichtetem unlösbar verwoben. Den Respekt seiner Zeit vor aller gelehrten Wissensfülle teilt Grimmelshausen als einer, der sich alles selbst beigebracht hat, in erhöhtem Maße. Unzählige einzelne für sich erzählbare und von dem Gastwirt „Zum Stern" gewiss oft genug zum Besten gegebene Anekdoten und Geschichten sind allenthalben eingeschoben. Der Versuch, den Roman knapp zusammenzufassen, bleibt schon deswegen unzulänglich, weil er nicht eigentlich ein lineares, kontinuierliches inneres oder auch nur äußeres Geschehen beschreibt. Er besteht vielmehr aus einer Reihung jeweils gänzlich verschiedener Situationen und Erfahrungskreise (Einsiedler, Garnison Hanau, Trossbub, Jäger von Soest, Paris usw.), die beliebig fortgesetzt werden könnten, wie denn dem ursprünglichen Abschluss des Buches alsbald ein weiteres Kapitel folgte. Jede dieser Stationen vereinigt eine Fülle von „Stücklein", Figuren, Betrachtungen, die, vielfach lose aneinandergereiht und auch für sich als Schwank, als Belehrung usw. erzählbar, diesem jeweiligen konkreten Erfahrungsbereich gemäß sind. Die Handlung löst sich weithin in eine Folge solcher Anekdoten, kurzer Geschichten, lehrhafter Beispiele oder litaneihafter Beispielreihen aus der Geschichte auf, und diese zusammen stellen den Großteil des Erzählstoffes. Solche Formlosigkeit bzw. solche Vielfalt der Form-, Sprach- und Sachschichten ist die Form dieses Romans, in der die Wirklichkeit der Welt und des Lebens sich als stärker erweist als ein einheitliches Stil- und Erzählprinzip.

Wie aber steht es dann um die einheitsstiftende, titelgebende Gestalt des Simplicissimus? Dient sie nur dem Zweck, eine Kette jeweils höchst verschiedenartiger Lebenskreise künstlich zusammenzuhalten und als „Aufhänger" zugleich Täter und Opfer in den jeweiligen Geschichten zu sein? Oder besitzt er eine durch die unwahrscheinlichsten Erfahrungen bestehen bleibende Identität, die ihm zugleich einen Selbstzweck verleiht? Als Ball der blinden Fortuna im jähen Auf und Ab des mit ihm spielenden, ihn umtreibenden Geschicks bleibt Simplicissimus im Grunde, der er war und ist. Daher war das dem abschließenden 5. Buch nachgeschickte 6. kein künstlerischer Sündenfall des Autors, denn nicht nur in Anekdoten und Kalendergeschichten kehrt die volkstümlich gewordene Figur immer wieder. Grimmelshausen hat den Zentralbau des „Simplicissimus"-Romans noch durch einige Seitenflügel ergänzt, in denen er wichtige Gestalten aus der Umgebung seines Helden jeweils in den Mittelpunkt stellte; so entstanden **„Trutz-Simplex oder die Lebensbeschreibung der Erzbetrügerin und Landstreicherin Courasche"** - die später ihren Namen in **Brechts** berühmtes Stück einbringt - **„Der seltsame Springinsfeld"** und **„Das wunderbarliche Vogel-Nest"**.

Dennoch ist der in die Vielzahl der Vorgänge eingehende Simplicissimus weit mehr als eine nur erzähltechnisch nützliche Figur, die das riesige Bündel verschiedenartigster Darbietungsinhalte und -formen zusammenhält. Freilich ist er kein sorgfältig entwickelter, differenzierter Charakter, und von Wandlung und Entwicklung kann keine Rede sein. Aber in aller pessimistisch gefärbten Passivität als Ball des veränderlichen Glücks behält er etwas Tätiges, unzerstörbar Waches, Neugieriges („Curioses") und Kindliches. Es lässt ihn aus allen Affären immer wieder heil oder heilbar hervorgehen, es stellt ihn in die nichts als menschliche Mitte zwischen dem nichts als bösen Oliver und dem nichts als guten (und dennoch elend zugrundegehenden) lebenslangen Freund und Herzbruder. Er besitzt einen Charme, eine Ursprünglichkeit und Unmittelbarkeit, die ihn zwar über ein Mittel-Maß nicht hinausheben, ihn jedoch in der Fülle der Romanfiguren ein deutig erkennbar und wiedererkennbar machen, die ihn zugleich agieren und reagieren lassen, dass seine Identität sich durch sein Verhalten bestätigt. Ein zeitweiliges, aber immer wiederkehrendes Aufleuchten des bleibenden und sich bewährenden Grundes dieser vielgesichtigen Gestalt erscheint auch in der Wahrhaftigkeit des Nichtfertigwerdens mit der Welt, in der weder ein sinnerfülltes Handeln noch ein nur betrachtendes Nichthandeln möglich ist. Wie sich Simplicissimus auch in theologischen Diensten über die Stellung zu den Konfessionen und Sekten als „weder petrisch noch paulisch" erklärt und „simpliciter" zu glauben für seine Sache hält. Es gibt in einer heillosen Welt, in der das Wirken Gottes schwer erkennbar und deutbar geworden ist, auch keine Flucht in ein Märchenglück. Das „Erkenne dich selbst", das als ein Motto über dem Werk steht, meint die Erkenntnis der Situation des Menschen in einer durch den dreißigjährigen Religions- und Machtkrieg bestimmten Welt.

Diese Leistung gelang dem großen Erzähler durch die Kraft seiner gegenständlichen, wirklichkeitsgesättigten und anschauungsstarken Sprache, die überall da, wo sie einmal alle Stelzen und Kostüme des künstlichen Zeitstils fortwarf, Nachhall und Weiterbildung lutherischer Sprachkraft vernehmbar macht.

„Die Erzbetrügerin und Landstörzerin Courage" Titelkupfer von A. Aubry, 1670
Aus: Fricke/Schreiber: Geschichte der deutschen Literatur, S 181

Andere Zeitgenossen von Johann Beer

Herrn Henrich Ansheim
von Zigler und Kliphausen
Asiatische Banise,
Oder
blutiges doch muthiges
Pegu,
In Historischer und mit dem Mantel
einer Helden- und Liebes-Geschicht
bedeckten Warheit beruhende.

Diesem füget sich bey
eine
aus dem Italiänischen übersetzte
Theatralische Handlung,
benennet:
Der tapffere Heraclius.

LEIPZIG,
bey Thomas Fritsch. 1700.

Historische Nachricht
von
deß löblichen
Hirten-
und
Blumen-Ordens
an der Pegnitz
Anfang und Fortgang,
biß auf das
durch Göttl. Güte erreichte
Hunderste Jahr,
mit Kupfern gezieret,
und verfasset
von
dem Mitglied dieser Gesellschafft
Amarantes.

Nürnberg,
bey Christoph Riegel, Buch- und Kunsthändler unter der Vesten. 1744.

Titelblatt zu „Historische Nachricht des Hirten- und Blumenordens".

VISIONES
DE DON QUEVEDO.
Wunderliche und Warhafftige
Gesichte
Philanders von Sittewalt.

In welchen
Aller Welt Wesen, Aller Mänschen
Händel, mit ihren Natürlichen Farben, der
Eitelkeit, Gewales, Heucheley und Thorheit, bekleidet,
offentlich auff die Schaw geführet, als in einem
Spiegel dargestellet, und von Männiglichen
gesehen werden.

Zum andern mahl auffgelegt.
von
Philander selbsten, vbersehen, vermehret vnd gebessert.

Straßburg,
Gedruckt bey Johan-Philipp Muiben.
M DC XXXIII.

Titelblatt von „Gesichte Philanders von Sittewald".

MARTINI
OPITII
Buch von der Deutschen
Poeterey.

In welchem alle ihre eigen-
schafft vnd zuegehör gründt-
lich erzehlet, vnd mit exem-
peln außgeführet wird.

Gedruckt in der Fürstlichen
Stadt Brieg, bey Augustino
Gründern.
In Verlegung David Müllers Buch-
händlers in Breßlaw. 1624.

Titel von Martin Opitz „Buch von der Deutschen Poeterey".

JUDAS
Der
Ertz-Schelm,
Für ehrliche Leuth,
Oder:
Eigentlicher Entwurff, vnd Lebens-
Beschreibung deß Iscariotischen Bößwicht.

Worinnen vnderschiedliche Discurs, sittliche
Lehrs-Puncten, Gedicht, vnd Geschicht, auch sehr
reicher Vorrath Biblischer Concepten.

Welche nit allein einem Prediger auff der Cantzel sehr
dienlich fallen, der jetzigen verkehrten, beblendten, versehrten Welt
die Warheit vnder die Nasen zu reiben; sondern es kan sich auch dessen ein
Privat- vnd einsamer Leser zur ersprießlichen Zeit-Vertreibung,
vnd gewünschten Seelen-Hayl gebrauchten.

Zusammen getragen
Durch
Pr. ABRAHAM à S. Clara, Augusti-
ner Baarfüsser, Kayserlichen Predigers, etc.
Erster Thail.
Cum Gratia, & Privil. S. C. M. speciali, & Permissu Superiorum.

Salzburg, gedruckt vnd verlegt bey Melchior Haan,
Buchtruckern vnd Handlern.
ANNO M. DC. LXXXVI.

Titelblatt von Abraham a S. Claras „Judas der Ertz-Schelm". Salzburg 1686.

Aus: Salzer, A.: Illustrierte Geschichte der deutschen Literatur,
S. 545, Beilage 75, 76, 80, 82

‚Don Quijote de la Mancha' und ‚Lazarillo de Tormes'

Einen großen Einfluss auf die Entwicklung des Barockromans und damit auch auf Grimmelshausen haben die beiden Romane aus dem Spanischen: ‚**Don Quijote de la Mancha**' und der ‚**Lazarillo de Tormes**'.

Daher möchte ich die Inhaltsangaben der beiden Romane aus dem ‚Kindler Literaturlexikon' (Band 6 und Band 12) wiedergeben:

Der scharfsinnige Edle Herr Don Quijote de la Mancha.
(El ingenioso Hidalgo Don Quixote de la Mancha) Roman von Miguel de Cervantes Saavedra (1547 - 1616), erschienen 1605 (Teil 1) und 1615 (Teil 2, unter dem Titel Segunda parte del ingenioso caballero Don Quixote de la Mancha - Des scharfsinnigen Ritters Don Quijote de la Mancha zweiter Teil). Wie Hamlet , Don Juan und Faust gehört Don Quijote zu den literarischen Schöpfungen, in denen, Urbildern gleich, das leidenschaftliche und ruhelose Streben des Menschen nach Erfüllung seiner selbst unvergängliche Gestalt angenommen hat. In einer ausweglos scheinenden Phase seines Lebens, zwischen 1598 und 1604, verfaßte Cervantes den ersten Teil der Geschichte Alonso Quijanos, des Edelmannes aus einem ungenannten Dorf in der Mancha. Seinem im Prolog angedeuteten Vorsatz getreu, den damals noch immer volkstümlichen Ritterromanen durch eine ihnen künstlerisch überlegene Parodie den Todesstoß zu versetzen, gibt er sein Werk nach Art dieser Bücher als Übersetzung aus dem Arabischen aus; der Verfasser des Originals sei ein Historiker namens Cide Hamete Benengeli, er selber nur der „Stiefvater" Don Quijotes.

Die Lektüre von Ritterromanen hat die Phantasie des schon fünfzigjährigen Landjunkers Quijote so beflügelt, daß er glaubt, selber zum „fahrenden Ritter" berufen zu sein. In Gesprächen mit seinen beiden Freunden, dem Pfarrer und dem Barbier, steigert er sich in die Vorstellung hinein, die unruhige Zeit harre seiner, auf daß er Frieden, Gerechtigkeit und Liebe erneuere und dafür Ruhm und Ehren empfange. Nach dem Vorbild der Romanhelden, die er für historische Persönlichkeiten hält, nimmt der Hidalgo einen „musikalischen fremdtönenden und bezeichnenden" Namen - Don Quijote de la Mancha - an; er wappnet sich mit der rostzerfressenen Rüstung seiner Vorfahren und erwählt das Bauernmädchen Aldonza Lorenzo - eine platonische Jugendliebe - als Dulcinea del Toboso zur schwärmerisch verehrten Dame seines Herzens. Eines Morgens bricht er auf, um als Beschützer der Armen, Witwen und Waisen jegliches Unrecht aus der Welt zu schaffen. Während er seinem mageren Klepper Rocinante freie Zügel läßt, sieht er seine künftigen Heldentaten im Geist bereits in einem Buch verherrlicht. Da aber seine selbstgewählte Sendung noch der Legalisierung bedarf, will er sich vom Nächstbesten, der ihm begegnet, zum Ritter schlagen lassen. Am Abend macht er Rast in einer armseligen Dorfschenke, die in seiner Phantasie zur stolzen Burg wird. Auf sein Drängen vollzieht der durchtriebene Wirt unter Assistenz zweier lockerer Mädchen eilends die Aufnahme des Helden in den Orden der fahrenden Ritter, empfiehlt ihm aber, sich mit Geld zu versehen und einen Knappen zu dingen, der ihm die Sorge für die Bedürfnisse des Alltags abnehmen sollte. Don Quijote setzt seinen Weg fort, doch schon die ersten Bewährungsproben mißlingen; jämmerlich verbleut, wird er von einem Nachbarn heimgebracht. Quijotes Freunde sind sich einig, daß nur die Bücher in seiner Bibliothek an seinem Wahn und erniedrigenden Scheitern schuld sind, und überantworten in einem recht eigenwilligen Literaturgericht die ihrer Meinung nach verderblichen Werke den Flammen. Nun erwählt Don Quijote Sancho Pansa zum Schildknappen und verspricht ihm neben reichem Lohn die Statthalterschaft über eine Insel.

Fortan ziehen der große, hagere Ritter mit dem traurigen Gesicht und der kleine, rundliche, pfiffige Bauer, jener hoch zu Roß, dieser auf dem Esel, gemeinsam durch die Mancha. Bei ihrem ersten Abenteuer, Don Quijotes aussichtslosem Kampf gegen die Windmühlen, die ihm als Riesen erscheinen, versucht der Realist Sancho vergeblich, seinen Herrn zu bewegen, doch genauer hinzusehen. Aber durch keinen noch so schmerzhaften Zusammenstoß mit der Realität läßt Don Quijote sich davon abbringen, daß die Vorstellung, in die seine Phantasie ihm jeden ersten gefühlsmäßigen Eindruck verwandelt, der Wirklichkeit entspreche: „Yo pienso y es asi." („Ich denke so, und so ist es.") Aller Augenschein ist Trug, Blendwerk neidischer Zauberer. Zauberer „müssen sein und sind" auch zwei Mönche, denen er begegnet. Er stürzt sich auf sie, um eine Dame, die der Zufall mit ihnen zusammengeführt hat - in seinen Augen eine geraubte Prinzessin - aus ihrer Gewalt zu „befreien". Abends, im Kreis gastfreundlicher Hirten, preist Don Quijote, während Sancho sich gierig den leeren Magen füllt, mit religiöser Inbrunst das Goldene Zeitalter, das einst allen Menschen Glück und Frieden gebracht habe. Er ist zutiefst überzeugt, daß dieser Menschheitstraum, der allem irdischen Bemühen zu Grunde liegt, einmal Wirklichkeit gewesen ist - seine eigene Heldenfahrt hat ja keinen anderen Zweck, als diesen Traum mit den Mitteln eines Traumes zu verwirklichen: mit den Idealen und Ideen der fahrenden Ritter.

Von nun an entwickelt sich die Handlung auf zwei Ebenen, die einander ständig überlagern. Auf der einen stehen, immer deutlicher ins Licht gerückt, Don Quijote und Sancho, beide sich selbst getreu als Verkörperung zweier verschiedener Seinsweisen - der eine ein die Wirklichkeit entschlossen umdichtender Fürsprecher der Liebe, des Edelmuts und der Schönheit, der andere ein bauernschlauer, auf seinen Nutzen bedachter Pragmatiker mit gesundem Mutterwitz, doch bei allem Unverständnis dem Phantasten als dem überlegenen Herrn zutiefst ergeben. Auf der anderen Ebene, der der alltäglichen Wirklichkeit, läßt Carvantes zahllose Menschen vorüberziehen, alle auf der Suche nach dem Glück, auch sie getrieben von einer Kraft, die stärker ist als die menschliche Vernunft. - Wieder einmal geschlagen und verwundet, gelangen der Ritter und der treue Sancho zu einer andern Herberge, der zweiten „Burg", wo beide zunächst freundlich aufgenommen werden. Doch als Don Quijote das nächtliche Beisammensein der Magd Maritornes mit einem Futterknecht stört, muß er erneut demütigende Hiebe einstecken.

Immer wieder bringen die hohen Ideale, denen er folgt, ihn in teils schmerzhafte, teils groteske Konflikte mit der Wirklichkeit - so beim Abenteuer mit der Schafsherde, die er für ein feindliches Heer hält, so bei der Walkmühle, deren Gestampf ihn zu heroischen Träumen inspiriert, während Sancho vor Angst zittert, und so auch bei der Begegnung mit den Galeerensträflingen, die der Held, in wieder einmal konsequenter Ausübung seines „Gewerbes, Zwang aufzuheben und den Unglücklichen zu helfen und beizustehen", ihrer Fesseln entledigt. Die Sträflinge lohnen ihm die Befreiung schlecht - mit knapper Not entkommen Herr und Diener in die Sierra Morena. Das Zusammentreffen mit Cardenio, der vor Liebe zu Luscinda den Verstand verloren hat, bewegt Don Quijote dazu, sich gleichfalls um seiner Dame willen närrisch zu gebärden und wie der Romanritter Amadis in der Waldeinsamkeit Buße zu tun, ja, dieses Vorbild noch zu übertreffen, denn „die Kunst liegt darin, ohne alle Ursache unsinnig zu werden". Zuvor verfaßt er einen Liebesbrief an Dulcinea, den Sancho überbringen soll. Ohne gewahr zu werden, daß er den Brief gar nicht erhalten hat, macht der Brave sich auf den Weg, trifft den Pfarrer und den Barbier und beschließt gemeinsam mit ihnen Don Quijote heimzuholen. Mit Hilfe der schönen Dulcinea, die ihren verschwundenen Geliebten sucht und sich auf Bitten der Freunde als verfolgte Prinzessin ausgibt, gelingt es, den Ritter zur Herberge zu locken. Diese wird nun wahrhaftig für alle zum verzauberten Schloß. Hier verknotet sich die Handlung immer mehr, und es kommt zu schier unübersehbaren Verwicklungen, die durch Don Quijotes heldenhaft-närrisches Eingreifen sich nur allmählich lösen. Schließlich aber bekommt Dorotea ihren Geliebten, Cardenio seine Luscinda: Der erste Teil des Romans endet damit, daß Don Quijote, wieder einmal schwer zusammengeschlagen, aber unangefochten in seinem Glauben an die Wahrheit der Ritterbücher und die eigene Mission, geleitet vom Pfarrer, vom Barbier und natürlich vom treuen Sancho, der kurz zuvor sich in einer glühenden Anrufung seines totgeglaubten Herrn als dessen gelehriger Schüler erwiesen hat, auf einem Ochsenkarren in die Heimat zurückgebracht wird.

Ehe Cervantes den zweiten Teil beenden konnte, kam ihm der Lizentiat Alonso Fernandez de Avellaneda, von dem man bis heute kaum mehr als den Namen weiß, mit einer 1614 in Tarragona gedruckten Fortsetzung zuvor, einem derb vordergründigen, aber nicht ungeschickt geschriebenen Buch, das einige grobe Schmähungen gegen Cervantes enthielt.

Die authentische Fortsetzung, die der Dichter daraufhin in aller Eile fertigstellte, ist als Deutung und Rechtfertigung des ersten Teils zu verstehen. Don Quijote erfährt von Sancho und dem Bakkalaureus Sanson Carrasco, daß die Kunde von seinen durchaus nicht als heroisch, sondern als närrisch angesehenen Taten bereits in Gestalt des Buchs von Cide Hamete Benengeli - diese Fiktion wird bis zum Ende aufrecht erhalten - in alle Welt gedrungen sei und die Leser belustigt habe. Betrübt über die Verständnislosigkeit der Menschen will er noch einmal ausziehen, um seine Ideale zu verteidigen. In Begleitung Sanchos macht er sich auf den Weg zu Dulcinea, doch der Knappe, der den Brief seines Herrn ja nicht über-

bracht hat, redet ihm ein, ein Bauernmädchen, das ihnen entgegenkommt, sei die Angebetete; ihr klägliches Aussehen rühre von einem Zauber her, der gebrochen werden müsse. Nach einem siegreichen Zweikampf mit dem „Spiegelritter" - dem verkleideten Carasco, der ihn zur Heimkehr bewegen wollte - begegnet Don Quijote dem edlen Diego de Miranda. Dieser bewundert zunächst die klare Urteilskraft des seltsamen Ritters, vermag sie aber mit dessen unsinnigem Verhalten nicht in Einklang zu bringen. Dankbar nehmen die beiden Wanderer die Einladung, sich in seinem Haus auszuruhen, an. Auch Diegos Sohn Lorenzo, ein scharfsinniger Dialektiker, erkennt zwar die edle Seele, die sich unter der Narrheit Don Quijotes verbirgt, doch im Grunde bleibt der Fremde auch ihm ein Rätsel. Das reine Gefühl, das Don Quijote lenkt, ist mit kühlem Verstand nicht zu erfassen. Cervantes setzt hier gleichsam selbst zu einer Deutung seines Werks an und begleitet es hinfort als sein eigener Interpret.

Don Quijote und Sancho verlassen ihre freundlichen Gastgeber und werden unterwegs zur Hochzeit des reichen Camacho mit der hübschen Quiteria geladen; doch im letzten Augenblick gibt die Braut dem armen Basilio, der sie seit langem liebt, ihr Jawort. Während Sancho bedauert, daß man das Festmahl umsonst vorbereitet hat, macht sich Don Quijote zum Paladin des reinen Gefühls, das schließlich triumphiert. Sodann läßt er sich auf der Suche nach geheimnisvollen Abenteuern in die Höhle von Montesinos hinab, schläft dort ein und begegnet im Traum den Helden der Ritterromane und der verzauberten Dulcinea. Doch sein Bericht erweckt bei Sancho nur Unglauben, während der Student, der ihm von den Brautleuten als Wegweiser mitgegeben war, seinen Erzählungen dokumentarischen Wert beimißt und sie für eine wissenschaftliche Arbeit verwenden will. Jedes weitere Erlebnis bestätigt im Grund die Wesensart der beiden ungleichen Abenteurer: der Ritter - bestimmt von reinem Gefühl und ganz eingesponnen in seine phantastischen Vorstellungen; der Knappe - bestimmt von Instinkt und praktischem Lebenssinn, sich an greifbare Realitäten haltend. Schließlich scheint sich die Wirklichkeit dem Traum zu fügen: In einer prunkvollen Zeremonie, wie kein fahrender Ritter sie sich schöner hätte wünschen können, werden Don Quijote und Sancho im Schloß eines Herzogs aufgenommen. Freilich handelt es sich nur um einen wohlinszenierten Spaß auf Kosten der beiden, in den der ganze Hofstaat eingeweiht ist; aber an Don Quijotes argloser Güte und kindlichem Vertrauen prallt jeder Spott ab. Und da auch Sancho, im Scherz zum Statthalter der Insel Barataria ernannt, sich in seiner neuen Würde bald mit Mutterwitz und gesundem Menschenverstand die Achtung und Sympathie aller erwirbt, sind am Ende das Herzogspaar und der Hof selbst die Beschämten. Ritter und Knappe nehmen Abschied, ziehen weiter und treffen auf die Bande des edlen Räubers Roque Guinart, der ihnen sicheres Geleit bis Barcelona gibt. Nach neuen Abenteuern begegnen sie endlich Sansón Carrasco, der, diesmal als Ritter vom Silbernen Mond, Don Quijote zum Zweikampf fordert und dem Unterlegenen das Gelöbnis abnötigt, für ein Jahr dem Rittertum zu entsagen und nach Hause zurückzukehren. Damit wird für Don Quijote alles, was ihn bisher beflügelte, was ihn trieb, nach *immer höherer Vollendung zu streben, zum Quell des Schmerzes und der Klage. Aus seinem eigentlichen Element herausgerissen, sieht er sich in die entzauberte, trübselige Wirklichkeit zurückgerufen. Er fühlt sein Ende nahen. Aber an der Schwelle des Todes wird ihm die Gnade zuteil, es als Barmherzigkeit Gottes zu erleben, daß sein Verstand nun „frei und klar und jene dicken Nebel los ist, die die armselige und fortgesetzte Lektüre der abscheulichen Ritterbücher auf ihn geworfen hatten". Der Schleier vor seinen Augen zerreißt, er schwört der fahrenden Ritterschaft ab und stirbt als Alonso Quijano, der Gute.*

Cervantes hatte im ersten Teil des Romans, seine ursprüngliche Absicht, eine parodistische Imitation der Ritterromane zu schreiben, weit überholend, die poetische Vision einer Welt entworfen, in der zwei scheinbar zutiefst widersprüchliche und unversöhnliche Verhaltensweisen, die des großherzigen, an materiellen Gütern uninteressierten Träumers und die des realistischen Praktikers mit dem gesunden Menschenverstand, sich der geheimnisvollen Anziehungskraft eines Ideals der Schönheit beugen, das, wenn es auch nicht triumphiert, doch alle Enttäuschungen überlebt und die bedrückende Realität beständig aufhebt. Was mit diesem Ideal gemeint ist, läßt sich nur andeutend als die Macht des Menschen, sich selbst zu übersteigen, beschreiben. Dem Dichter selbst gelang die Verwirklichung dieses Ideals auf dem Feld, auf das die ihm gegebenen Fähigkeiten ihn verwiesen: Aus dem Reichtum seiner eigenen Erfahrung schöpfend, überhöht er die Wirklichkeit zu einem immer komplexeren dichterischen Universum. Der ausgewogene Plan, nach dem sich die Handlung des zweiten Teils entwickelt, die zuweilen durchklingende polemische Absicht des Erzählers, der zugleich sein eigener Interpret sein will, schwächen manchmal die lyrische Grundstimmung der im ersten Teil - weniger eine Parodie als ein Triumph der Narrheit, die den fahrenden Ritter treibt - rein zur Erscheinung kommenden ursprünglichen Inspiration. Cervantes' Interesse verlagert sich - vielleicht unter dem Eindruck der kritischen Resonanz auf sein Werk - im zweiten Teil auf die Gestalten, die Don Quijote, nun schon berühmt, auf seinem Wege trifft. Sie alle beurteilen ihn - auf Grund ihrer nüchternen Alltagserfahrung -, wie auch Sancho es tut, aber ihnen entgeht, was Sancho, fast unbewußt, in einem Akt liebenden Verstehens erkennt: die höheren Ziele, von denen der Ritter sich leiten läßt und die unendlich mehr wert sind als das tatsächlich Erreichte. Cervantes stellt den Illusionen des hochherzigen Gefühls die Illusion des verstandesmäßigen Erfahrens gegenüber, die außerstande ist, ins Wesen ihres Objekts einzudringen und es deshalb in unbewußter Grausamkeit verhöhnt. Der Erzähler verdammt weder das eine noch das andere. Sein Urteil, das im ganzen zweiten Teil anklingt, ist das Lächeln eines Weisen, der sich im Lauf seines langen und, äußerlich gesehen, keineswegs erfolgreichen Lebens selbst erkannt hat und alle Täuschungen, gerade auch die eines Verstandes, der unfähig ist, seine engen Grenzen zu sprengen, heiter-versöhnlich als etwas, das nun einmal zum Menschen gehört, betrachtet.

Im Don Quijote verschmelzen die verschiedenartigsten Elemente der spanischen Literatur zu einer neuen Einheit. Thematisch und formal greift Cervantes in den

Episoden, die in den ersten Teil eingeschoben sind und in mehr oder weniger enger Beziehung zur Geschichte des närrischen Ritters stehen, alle damals bekannten Erzählformen auf: den Liebes-, Ritter-, Schelmen- und Schäferroman sowie die Novelle. Dabei läßt er sich oft von andern Vertretern dieser Gattungen anregen - der Einfluß Bandellos und anderer Renaissance-Novellieri etwa ist ebenso wie der Ariosts deutlich spürbar. Gleichzeitig fließt manches Selbsterlebte in das Werk ein, etwa in der Geschichte eines einstigen Gefangenen maurischer Seeräuber: Darüber hinaus verbinden sich in diesem Werk zwei gegensätzliche traditionelle Geisteshaltungen, die die spanische Literatur des 16. Jhds. prägten: der Idealismus, wie er sich in der rhetorischen Prosa eines Antonio de Guevara und in den Ritterromanen ausdrückt, und der drastische Realismus des Lazarillo de Tormes.

Die Frage nach dem Sinn dieses Romans stellt sich zu jeder Zeit und in jedem Land immer wieder neu. Wie jede dichterische Figur ist Don Quijote „alles, was man aus ihm macht und noch machen wird" (A. Eloesser). Ähnlich wie Faust für die Deutschen, ist Don Quijote für die Spanier zum Sinnbild ihres nationalen Genius geworden. In den Wandlungen dieser eigenartigerweise auf die deutschen Romantiker zurückgehenden Interpretation spiegelt sich die schwierige Selbstdeutung Spaniens bis in die Gegenwart. - Die außerordentliche Nachwirkung des Romans - kaum ein anderes Werk der Weltliteratur hat sich als so fruchtbar erwiesen - zeigt sich weniger in der unmittelbaren Übernahme des Stoffs und der Gestalt des Protagonisten durch andere Autoren als in der Erfindung neuer „Don Quijotes", mit denen, in ähnlich satirischer Absicht, wie Cervantes sie verfolgte, Mißstände der jeweiligen Zeit angeprangert wurden.

In Frankreich wurde der Roman auf Grund der antispanischen Einstellung im 17. Jhd. und besonders in der Aufklärung ein „Narrenspiegel aller spanischen Verschrobenheit" genannt. Den freien Übertragungen und Erweiterungen von Lesage und Filleau de Saint-Martin fiel im späten 17. und im 18. Jhd. eine wichtige Rolle für die Verbreitung des spanischen Romans in Europa zu.

Kindler, Band 6

Das Leben des Lazarillo de Tormes, seine Freuden und Leiden
(La vida de lazarillo de tormes, y de sus fortunas y adversidades)
Die 1554 unabhängig voneinander dreimal mit einigen unterschiedlichen Lesarten veröffentlichte Erzählung steht als eine der berühmtesten Schöpfungen der spanischen Literatur am Beginn der sich nach Erscheinen des - Guzmán de Alfarache (1599 - 1605) von Mateo Alemán (geb. 1547) - vielschichtig und auch in anderen europäischen Literaturen erfolgreich weiterentwickelten Gattung des Schelmenromans. Ihr sehr bewußt schreibender Verfasser mußte wohl bei der formal wie thematisch gewagten Neuartigkeit des Werkes den Schutz der Anonymität suchen, zumal er möglicherweise aus jüdisch-spanischen Konvertitenkreisen stammte. Alle Versuche, ihn zu identifizieren, sind jedoch bislang ebenso gescheitert, wie die Suche nach einer früheren Druckausgabe (von 1553?) ergebnislos verlief. Als Verfasser wurden neben anderen der Humanist und Diplomat

Diego Hurtada de Mendoza (1503 - 1575), der Hieronymitermönch Juan de Ortega, Sebastián de Horozco und Lope de Rueda (um 1510 - 1565) vermutet. Die Entstehungszeit des Werkes läßt sich ebenfalls aufgrund einiger historischer Anspielungen nur ungefähr auf die zweite Hälfte des 16. Jhds. eingrenzen.

Durch die Fiktion des von Lázaro selbst erzählten Lebensberichts, der einem ungenannten Herrn der Reihe nach die entscheidenden Entwicklungsstufen bis zum vermeintlichen Höhepunkt, weniger die „ganze Geschichte" seiner Person im Kampf wider Fortuna, Geiz und Egoismus um die nackte Selbstbehauptung vorführt, schafft sich der Autor nicht nur geschickt einen offenen Erzählrahmen, sondern auch die Voraussetzung, welche die satirische Darstellung eines falsch verstandenen Ehrbegriffs, eines Hungerleiderdaseins am Rande der Gesellschaft in der damaligen Zeit überhaupt erst ermöglichte. Gegenüber der entrückt-verklärten Welt der Schäfer- und Ritterromane wird hier geradezu mit einem Antihelden aus der untersten Gesellschaft ein zeitlich in der Gegenwart spielendes, geographisch zwischen Salamanca und Toledo situiertes Geschehen erzählt, dessen Protagonisten zwar keineswegs unwahrscheinlich, aber dennoch nicht realistisches Spiegelbild sozialer Wirklichkeit sind. Die Gestalt Lázaros weist zudem Züge literarischer und volkstümlicher Typisierung auf, wobei unter Anspielung auf den biblischen Lazarus Motive mittelalterlicher Schwank- und Erzählüberlieferung aufgenommen werden. Der mit dem Blick auf die damalige Romankonvention nicht zuletzt wegen seiner „plumpen Sprache" - etwa im Sinne der Stilideale eines Juan de Valdés (Diálogo de la lengua, um 1535) - als „arme Gabe" bezeichnete novellenhafte Bericht ist mit seinen elf Episoden weder unvollständig noch verstümmelt; seine scheinbare Anspruchslosigkeit täuscht virtuos über die hintergründige und pessimistisch-ironische Schärfe des sofort erfolgreichen, in Spanien aber über 250 Jahre lang nur in „gereinigter" Form bekannten Werkes hinweg. Es erliegt nicht wie später seine Fortsetzungen oder Nachahmungen der naheliegenden Versuchung, schwankhafte Episoden beliebig aneinanderzureihen, sondern folgt einer überlegten Komposition.

Lázaro wird von der Mutter, die sich nach dem Tod seines wegen Diebstahls verurteilten Vaters mit dem Neger und Stallknecht Zayde eingelassen hatte, einem Blinden als Führer anvertraut. Bei diesem abgefeimten Frömmler, geschäftstüchtigen Quacksalber und überdies geizigen Schurken, der den einfältigen Burschen mit einem groben Scherz zur Einweihung erst einmal gegen eine steinerne Brückenfigur schmettert, lernt der arme Müllersohn, daß er, um sich allein durch das Leben zu schlagen, selbst den Teufel in den Sack stecken muß. Mit wachsender Spannung wird der Kleinkrieg wechselnd erfolgreicher, einander ebenbürtiger Überlistungen anhand „ausgewählter" Begebenheiten geschildert (Geschichte vom Knappsack, vom Weinkrug, von den Trauben und der Wurst). Aus Rache für die anfängliche unsanfte Belehrung und die üble Behandlung heißt Lázaro den Alten schließlich mit voller Wucht gegen einen Steinpfeiler zu springen und überläßt den Schwerverwundeten grausam seinem Schicksal. Die prophetischen Ahnungen des Blinden machen nach diesem wirkungsvoll erzählten und in sich geschlos-

sen gebauten ersten Kapitel auf das weitere Geschehen gespannt.

Der Sieger kommt alsbald in den Dienst eines noch geizigeren Geistlichen in Maqueda - von seinen neun Herren sollen fünf nicht gerade würdige Vertreter des geistlichen Standes sein - vom Regen in die Traufe. Lázaro verhungert beinahe. Die Plünderung der alten Truhe - des „Brotparadieses" - mit Hilfe des „Engels von einem Kesselflicker", eine meisterlich dargestellte Szene, führt wieder zum Zerwürfnis. Lázaros moralische Bewußtseinsspaltung wird nur allzu deutlich, wenn er als Ministrant zwar die vorgeschriebenen frommen Gebete etwa zur Gesundung von Kranken verrichtet, insgeheim aber in seiner Not Gott nur anflehen kann, doch möglichst viele Menschen sterben zu lassen, damit er sich wenigstens auf dem Leichenschmaus wieder satt essen könne. Religiöse Anspielungen mit parodistisch-satirischer Absicht, etwa auf das Brot der Engel, den armen Lazarus im Himmel und den reichen Prasser, sind in diesem zweiten Kapitel unverkennbar. Der hartherzige Geistliche, eine aus der mittelalterlichen Schwankliteratur bekannte Gestalt, ahnt, damit an den ersten „Tractado" anknüpfend, daß Lázaro als Blindenjunge seine Schliche gelernt haben muß, und jagt ihn davon. Das dritte Kapitel zeigt Lázaro im Dienst eines kastilischen Hidalgo zu Toledo, der trotz bitterster Not den Standesdünkel des Ehrenmannes bewahrt. Hatte der Priester vorgegeben, tugendsam Maß in Speise und Trank zu üben, um sich als Gast unverschämt schadlos zu halten, so ist der Edelmann mäßig aus Armut und versucht, seine Schande zu verdecken. In grotesker Weise spielen Lázaro und der Adelige voreinander den Mäßigen, bis dieser ausgehungert der von Lázaro erbettelten Mahlzeit nicht länger widerstehen kann. Zuvor erteilt er ihm jedoch eine zweideutige Lektion über die Aufgaben des Dieners und das Treiben bei Hof. Während dem blindlings mitleidig nun auch für seinen Herrn sorgenden Lázaro durch ein komisches Mißverständnis angesichts eines Leichenzugs eine ersehnte Mahlzeit entgeht, verschwindet der angebliche Ehrenmann spurlos mit Schulden.

Die Tatsache, daß sich in diesem Kapitel zum ersten Mal der Typ des vom Hirngespinst der Ehre besessenen Hidalgo in literarischer Gestaltung manifestiert und Lázaro infolgedessen mehr in den Hintergrund tritt, wird zum Kennzeichen auch der weiteren Episoden. Gegenüber dem Motiv des Hungerns gewinnt damit das kritische Unterscheidungsvermögen zwischen Sein und Schein größeres Gewicht. Überleitend wird mit vielsagender Geste des Verschweigens nur kurz auf den Dienst Lázaros bei einem weltlich gesinnten Mönch angespielt. Skrupellos treibt im fünften Kapitel der Ablaßkrämer mit der Gutgläubigkeit der Menschen sein Geschäft und bedient sich bei seinen betrügerischen Machenschaften der Beihilfe eines Büttels: eine gesteigert pervertierte Replik auf den rettenden Engel aus dem zweiten Traktat in Gestalt des Kesselflickers. Nach einem neuerlich überleitenden Intermezzo als Tamboringehilfe verdingt sich Lázaro für vier Jahre bei einem Kaplan als Wasserverkäufer und kann nun endlich für sich sorgend kleine Ersparnisse zurücklegen, die es ihm erlauben werden, sein bescheidenes Glück zu erreichen. Er erlangt zunächst die Stelle eines Gerichtsdieners und dann das königliche Amt eines städtischen Ausrufers für Weinpreise, Versteigerungen und

Verlustmeldungen. Die Voraussage des Blinden, daß der Wein, der Lázaro krank gemacht hat, ihn auch wieder gesunden lassen werde, findet ironisch Erfüllung, die noch gesteigert wird, als er trotz des Volksgeredes nicht durchschaut, daß ihm der Erzpriester von San Salvador heuchlerisch zur Ehe mit seiner Konkubine rät, von deren Ehrbarkeit Lázaro jedoch, sich fortan zu den anständigen kleinen Leuten zählend, fest überzeugt ist. Damit schließt sich der Ring dieses Lebens, das unter einer unüberwindbaren Verkettung widerlicher Umstände und nicht aus angeborener Bosheit oder freier Entscheidung zur Schurkerei gegen Moral und Recht verstößt, mit einer bitter umgekehrten Entsprechung zu der anfangs erwähnten wilden Ehe seiner Mutter mit Zayde; ein paradoxer Widerspruch zur Lebenseinsicht Lázaros, daß die Menschen vor anderen davonlaufen, weil sie sich selbst nicht sehen und erkennen.

Das Werk ist bei aller Kürze mit seinem geradlinigen, dramatisch bewegten Aufbau in Szenen und Dialogen voller erzählerischer Prägnanz und beziehungsreicher Details. Die Sprache verrät keineswegs rotwelsche [Rotwelsch = Gaunersprache] Elemente, sondern ist klar, frisch humorig-geistreich, gelegentlich mit Sprichwörtern und humanistischen Bildungsreminiszenzen geschmückt.

Schon 1555 erschien in Antwerpen als Fortsetzung ein apokrypher [=unecht] Teil, in dem geschildert wird, wie Lázaro in Toledo Freund einiger Deutscher wird, sich dann als Soldat nach Algerien einschifft und Schiffbruch erleidet. In einen Thunfisch verwandelt, lebt er als Günstling des Fischkönigs unter Wasser und gewinnt, erst nachdem er von Fischern gefangen worden ist, wieder die Menschengestalt zurück. Hinter solcher in der damaligen spanischen Literatur beliebten, groteskkomischen Verwandlung (siehe El crotalón) verbergen sich möglicherweise verschlüsselte Anspielungen auf die Gesellschaft. 1620 erschien in Paris eine weitere von Juan (?) de Lina gezeichnete Fortsetzung mit stark antiklerikaler Tönung. Lázaro ist als Kaufmann in Indien, wird nach dem Schiffbruch zwar gerettet, aber von den Fischern für ein Meerungeheuer gehalten. Als Triton vermummt, führt man ihn durch Spanien. Dabei erfährt er in Toledo von der Untreue seiner Frau und macht ihr mit dem Geliebten den Prozeß. Nach weiteren Erlebnissen, u. a. mit einer Kupplerin, wird er Einsiedler. Als er sich jedoch zum zweiten Mal verheiraten will, peitschen ihn die Weiber aus, und er stirbt später als frommer Mönch. In Deutschland wurde der Lazarillo-Roman viel später als bei Franzosen und Engländern in Übersetzung bekannt. Der Landstörtzer Guzmán de Alfarache erschien 1615 als erster spanischer Schelmenroman in Deutschland. Dessen Rezeption verbindet sich hier mit der Überlieferung der Volksbücher (Lalebuch, 1597, Eulenspiegel-Bearbeitungen), späthumanistischer Narrenliteratur sowie dem Erbauungsschrifttum. Grimmelshausen hat mit dem „Abentheurlichen Simplicissimus Teutsch" (1669) sowie der „Landstörtzerin Courasche oder Trutzsimplex" (1670) Anregungen aus dem Schelmenroman weitergeführt.

Kindler, Band 12

Leichengedichte für Johann Beer

Das unvermuthete und höchsttraurige/
Doch seelige Ableben
Des weyland
Edlen/ Großachtbärn und Wohlgelahrten
HERRN
Johann Bähts/
Hoch-Fürstl. Sachsen-Weissenfelsischen Cammer-Music, Concert-Meisters und
Bibliothecarii,
Welcher den 18. Martii 1655. gebohren/ und den 6. Augusti 1700.
in seinem Erlöser entschlaffen/
Beklagten am Tage seiner
Ansehnlichen und Volckreichen Beerdigung/
War der 8. Augusti MDCC
Nachgesetzte PATRONI, Gönner
und Freunde.

WEISSENFELS/
Gedruckt bey seel. Johann Brühls Wittib.

JAss unversehns auch gleich des Todes Pfeil
Den Seligen/ so ward doch gut sein Ende.
GOtt lenckte ja das Unglück in der Eil/
Und nahm den Geist hernach in seine Hände.
Es folgte nicht auf unverhofften Knall/
Den unvermeint man damahls hat gehöret/
So fort und bald ein schneller Todes-Fall/
Weil diesen hat GOtt gnädig abgekehret.
Drum trösten sich die hinterlassen sind/
Und trauen nur der Göttlichen Genade.
GOtt weiß Sie schon zu retten so geschwind/
Als plötzlich Sie auch traff der grosse Schade.
Das Unglück hat den Seligen beglückt/
Daß Er nunmehr in Assaphs Chor erhoben.
Allwo Er bleibt bey GOtt gantz unverrückt/
Und Ihn stets ehrt mit Singen/ Dancken/ Loben.

Tobias Heidenreich.

Leichencarmina von Johann Beer

Die Sitte, Leichenpredigten und Leichengedichte für Verstorbene drucken zu lassen, entsteht bald nach der Reformation in der evangelischen Kirche und dauert bis etwa 1750.

Leichen-Carmina sind Gelegenheitsgedichte, die zum Tod von Angehörigen im Freundes- und Bekanntenkreis verfasst worden sind. Sie sind nicht nur von literarischem Interesse, sondern besonders vom biographischen und soziologischen Standpunkt sehr aufschlussreich.

Von Johann Beer sind bisher 16 Leichengedichte nachgewiesen worden, von denen er in seinem Tagebuch nur einige erwähnt. Die ersten carmina sind 1674 in Regensburg entstanden, die anderen in Halle und Weißenfels.

1675 schreibt er ein Gedicht für den Prediger Matthäus **Schmoller,** der ebenfalls aus Oberösterreich (Steyr) gestammt hat:

> 1.
> Was ist doch bessers als der Todt?
> Der Todt/ so uns reißt aus der Noth/
> Er löst das Band der Sünden auff/
> Und endet unsern Elends-Lauff/
> Was ist doch bessers/ als der Todt?
> der Todt/ so uns reißt aus der Noth.
>
> 2.
> Was ist doch liebers als der Todt?
> Der Todt/ so uns hertzt in der Noth/
> Er gibt der Seel ein sanfften Kuß/
> Erlöst sie von dem Welt-verdruß/
> Was ist doch liebers als der Todt?
> Der Todt/ so uns hertzt in der Noth.
>
> 3.
> Was ist doch süssers / als der Todt?
> Der Todt/ so uns hülfft aus der Noth/
> Er leittet unser matte Seel
> Hin zu der wahren Lebens-quel;
> Was ist doch süssers/ als der Todt?
> Der Todt/ so uns hülfft aus der Noth.
>
> 4.
> Was ist doch edlers als der Todt?
> Der Todt/ so uns bringt hin zu Gott/
> Er macht aus disem Erden-staub/
> Ein immer grünend Lorber-Laub/
> Was ist doch Edlers als der Todt?
> Der Todt / so uns bringt hin zu Gott.
>
> 5.
> Was ist doch reichers als der Todt?
> Der Todt/ so uns schenckt unsern Gott/
> Er bringt uns an den Stern-altan/
> Wo man sich ewig freuen kan.

> Was ist doch reichers alß der Todt?
> Der Todt/ so uns schenkt unsern Gott.
>
> Was ist doch endlich wie der Todt?
> Der Todt/ so endet alle Noth/
>   Er führet uns aus dem Thränen-Thal/
>   Hin zu dem schönen Freuden-Saal.
> Was ist doch endlich wie der Todt?
> Der Todt/ so endet alle Noth!
>
>   Sein last schuldigste Ehr zubezeugen
>   schriebe und Componirte dises
>   Johann Beer.

Ebenfalls in die Regensburger-Zeit (1675) fällt das Gedicht für Michael **Symmerl**. Symmerl war Mitglied des Inneren Rates der Stadt und vielleicht meint Johann Beer ihn, wenn er in seinem TB schreibt (S. 21): „ Darnach ... hat mich ein WohlEdler Rath mit einem Jährlichen Stipendio (welche Gnade wenig fremden wiederfähret) nach Leipzig auf die Akademie geschikt, daselbsten meine Studien zu proseqviren."

> 1.
> Gleichwie ein Rose in dem Dorn/
> So morgens pfleget auffzugehen/
> Gantz überlieblich anzusehen/
>   Da sie vom Zephir wird gebohrn/
> So ist es auch mit uns geschehen/
>   Zu Abends bläst ein scharffe Lufft/
>   Wirfft uns mit dieser in die Grufft.
>
> 2.
> Gleich wie ein Hauff vom Schnee zerflüsst/
> So sich im Feld zusamm geschwungen/
> Wann er von Phœbi Strahl gedrungen/
>   In Wasser-Strömme sich ergiest.
> So sind die Menschen auch gezwungen/
>   Zu fallen von der blassen Lufft/
>   So sie hinschwinget zu der Grufft.
>
> 3.
> Gleich wie ein grosser Donner-Knall/
> Erschröcklich hier ist anzuhören/
> Der auch die Menschen kan bethören/
>   Von dem erbebet Berg und Thal/
> So kan der Pfeil die Freud zerstörren/
>   Wann er sich schnell vom Bogen schwingt/
>   Und traurig durch die Lufft hersingt.

> **4.**
> Gleich wie ein Gräßlein leicht verdirbt/
> So durch das Messer wird gefället/
> So doch zuvor mit Safft beseelet/
> Anietzo aber gantz erstirbt.
> So ist es auch mit uns bestellet/
> Heut ist der Leib gesund und rost/
> Und morgen bleich/kranck/dürr/und todt.
>
> **5.**
> Doch aber wie auff einer Au/
> Zu morgens lieblich anzusehen/
> Wann Memnons Kindt pflegt auffzugehen/
> Der mit dem Gold vermengte Thau/
> So wird es mit dem Menschen stehen/
> Drumb wer zum Leben will vom Grab/
> Der sterbe hier den Sünden ab.
>
> Supremi honoris ergò apposuit
>
> Johannes Beer.

Schon als Cammer-Musicus in Halle schreibt Johann Beer 1678 „zu Bezeugung seiner letzten Dienstfertigkeit" für seinen Lehrer in Regensburg, Rector Ch. **Wider**, folgendes Leichen-Carmen:

> DU hast berühmtes Haus, ein Lorber-Zung verlohren,
>   So niemahls von dem Wind der Untreu ward berührt,
> Dergleichen keine Hand der Gratien gebohren,
>   Soweit der Zephyrus den klugen Scepter führt.
> Du hast gelehrtes Haus ein kluges Aug verlohren,
>   Ein kluges, dessen Stern nun bey den Sternen ist,
> Desgleichen keine Brust der Teutschen hat gebohren,
>   Das machet, daß du nun in dir begraben bist.
> Es ist mein Phantasie nun in der Traur verflossen,
>   Es ist mein seichter Strand des schwachen Haupts dahin;
> Dieweil der Todes-Pfeil dich in das Grab geschlossen,
>   Ich bin nun nicht mehr der, der ich gewesen bin!
> Indem mein treuer Geist dich nicht mehr hat zuschauen,
>   Dich, dessen süsse Hand mich an den Orth geführt,
> Dort, wo der starcke Grund der Warheit ligt gebauen,
>   Da man kein falschen Zahn der Scythien verspührt.
> Ich hab die süsse Milch von deiner Lieb gesogen,
>   Die, welche meinen Geist gantz vätterlich ernehrt,
> Das machet, daß ich nun die Trauer angezogen,

> Die meinen matten Geist gantz Schmertzen-voll verzehrt.
> So ist es ins gemein in Tellus-Reich beschaffen,
> > Die Weißheit muß so wohl, als Unverstand hinab,
> Der Sargen-Meister pflegt hier alles weg-zuraffen,
> > Der Craesus muß so wohl, als Irus in das Grab.
> Ach! weichet nun von mir ihr irrdische Gedancken,
> > Es fliehe meine Brust was mich verletzen kan!
> Ich will an deiner Lieb, o graues Haupt nicht wancken,
> > Und bette deinen Fleiß auch in dem Grabe an.
> Biß daß mich jene Hand zu dir wird einverleiben,
> > Die alles was nur ist, zur Toden-Grufft hinschickt,
> Dir will ich in dem Flor der Lieb verbunden bleiben,
> > Biß daß der letzte Tag mir meine Brust zertrückt.
>
> Regenspurg den 21. Febr. 1678.

Dieses schriebe zu Bezeugung seiner letzten Dienstfertigkeit, der, ins 6. Jahr gewesene Discipul Johann Beer, Sr. Hochfürstl. Durchl. zu Sachsen-Magdeburg Cammer-Musicus.

Noch Jahre später erinnert sich Beer an seinen Lehrer Wider und gibt ihm in seinem Tagebuch (S. 21) das Beiwort ‚ein guter Philologus'.

Eines der letzten Leichengedichte von Johann Beer (1695) steht im Anhang zur Leichenpredigt auf die Frau des Rates und Handelsmannes Gotthard **Dreher**, der er wohl nicht sehr nahestand; denn sonst wäre das Gedicht nicht gar so lapidar ausgefallen:

> DIß seynd die alten Kirchmeß-Weisen:
> Die Menschen stehen zum Gewinn,
> Der Todt tritt auf, ergreifft das Eisen,
> Er dreht, und trifft die Dreherin.
> > Geschrieben von Johann Beern.

Sprachgeschichtliches

Warum fällt es einem heutigen Leser so schwer, die Sprache der Texte des 17. Jhds. zu verstehen?
Der deutsche Sprachraum zerfällt **geographisch** von Süd nach Nord in die verschiedenen **Dialekte** (Mundarten) des **Oberdeutschen** (Bair.-österr.), des **Mitteldeutschen** und des **Niederdeutschen** (Plattdeutschen). Diese verschiedenen Dialekte sind das Ergebnis der **II. oder hochdeutschen Lautverschiebung**, bei der das Gerüst der Mitlaute nach ganz bestimmten Regeln verschoben worden ist. Diese Lautverschiebung geht - um 500 n. - vom Süden des deutschen Sprachraumes aus und trifft den Süden voll, nach Norden zu nimmt die Wirkung immer mehr ab und das Niederdeutsche ist fast gleich mit dem Angelsächsischen. Die Angel-Sachsen haben mit ihrem germanischen Dialekt den Kontinent **vor** der Lautverschiebung verlassen und sind nach England gezogen.
Zeitlich entwickelt sich die deutsche Sprache aus dem **Althochdeutschen** (750 n. - rund 1000), über das **Mittelhochdeutsche** (1000 - 1400) zum **Neuhochdeutschen** (ab 1400).
Im Althochdeutschen wurden nur **Dialekte** gesprochen und geschrieben. Im Mittelhochdeutschen entwickelte sich eine von den Dichtern der „Staufischen Klassik" geschaffene **übermundartliche Einheitssprache**. Diese ging aber mit dem Rittertum wieder verloren und es wurden wieder nur Dialekte gesprochen und geschrieben. In Zeiten, in denen es keine übermundartliche Einheitssprache gab, war **Latein** die Verkehrssprache, die überall verstanden wurde.
Im 14. und 15. Jhd. entstanden die **Kanzleisprachen** und nach der Erfindung des Buchdrucks auch **Druckersprachen**, die größere Räume abdeckten. Die wichtigsten Kanzleisprachen waren die der Kanzlei von **Karl IV. in Prag** (Universität Prag wird 1348 gegründet), die Kanzleisprache **Maximilians in Innsbruck** und die Kanzleisprache der **Wettiner in Meißen** (Halle, Leipzig).
Luther greift in seiner Bibelübersetzung auf das sogenannte **Meißnerdeutsch** zurück. Der katholische Süden lehnt dieses gute Deutsch als **protestantischen Dialekt** ab und schreibt das sogenannte „**gemeine**" Deutsch der Innsbrucker Kanzlei.
Diese sprachliche Spaltung des deutschen Sprachraumes wird erst Ende des 18. Jhds. überwunden, als sich das Luther-Deutsch durchsetzt.
Bis dahin hat es weder in der **Grammatik** noch in der **Rechtschreibung** noch in der **Aussprache** einheitliche Regeln gegeben. Wirklich durchgesetzt wird diese Normierung erst Ende des 19. Jhds., als Deutschland ein Nationalstaat wird (**Duden** für die Grammatik und die Schreibung, **Siebs** für die Aussprache).
Bestrebungen zu einer Vereinheitlichung gibt es aber schon im **Hochbarock** (1650 bis 1680). Dieses neue Hochdeutsch wird geschaffen von mittel- und niederdeutschen Gelehrten. Sie berufen sich auf die Sprache Luthers oder das damit weitgehend identifizierte „**Meißnerdeutsch**" als Grundlage.
Angestrebt wird eine weitgehende Übereinstimmung in sprachlicher und ortho-

grafischer Gestaltung. Besonders bekämpft wird die unnütze Doppelschreibung der Mitlaute, so die ff (Dorff), ss (desshalb, auß), tz (kurtzweilig) und das b nach m (frembd). Aber hier gibt es - wie in anderen Fällen (z. B. Schreibung des i -seyn-) noch längst **keine** einheitlichen Regeln, sondern die Schreibung ist von Druckort zu Druckort, ja von Drucker zu Drucker verschieden. Ähnliches gilt für den Satzbau und die Zeichensetzung.

Auch die **mundartlichen Anklänge** sind noch längst nicht überwunden, was einen St. Georgener allerdings bei der Lektüre von Schriften J. Beers absolut nicht stört, sondern erfreut.

Belege aus den Romanen werden im Abschnitt „**Johann Beer und der Attergau**" angeführt.

Bei der Lektüre der Romane Beers fällt einem besonders die **Volksnähe** seiner Sprache auf. Offensichtlich hat er beim Schreiben die Grundsätze befolgt, die M. **Luther** in seinem „**Sendbrief vom Dolmetschen**" (1530) für seine Bibelübersetzung genannt hat: „*... man mus nicht die buchstaben inn der lateinischen sprachen fragen, wie man sol Deutsch reden, wie diese esel* **(seine Gegner)** *thun, sondern man mus die mutter jm hause, die kinder auff der gassen, den gemeinen man auff dem marckt drumb fragen vnd den selbigen auff das maul sehen, wie sie reden, vnd darnach dolmetzschen, so verstehen sie es den vnd mercken, das man Deutsch mit jn redet.*" (Zitat nach: Eggers, H.: Deutsche Sprachgeschichte III, rde 270, S. 166)

Neben den vielen **Sprichwörtern** sind besonders die **Bildlichkeit** und oft auch die **Deftigkeit** von Beers Sprache zu erwähnen. Ganz zu schweigen von der **Skatologie** (= Fäkaliensprache) des „Narrenspitals". Fäkalien sind menschliche Ausscheidungen. (Beer hatte nicht das Problem, sich mit Fremdwörtern behelfen zu müssen, er nennt die Dinge unverblümt beim deutschen Namen!)

Um Ihnen einen kleinen Eindruck von dem zu geben, was hier gemeint ist, und Sie zur Lektüre des einen oder anderen Textes von Beer anzuregen - besonders empfehlen könnte ich Ihnen seine relativ kurzen Satiren - seien hier einige Beispiele angeführt, die mir bei meiner Lektüre als besonders bildhaft erschienen sind.

Weiß es nur eine [Frau] / so weiß es auch die andere / weiß es die andere / so weiß es die dritte / als dann laufft die Zeitung gleich einer Katzen über alle Dächer hin. (**Staatsmann**)

Blaumantel:
meine Frau hatte genug an der Schürtze zu halten /daß sie solche nicht vom Leib herunter lachte

darob die Spittal-Weiber / so bucklicht und krum sie auch waren / dannoch so sehr gelachet/ daß ihnen die Nasen zu schwitzen anfingen

dann sie bleckte die Zähne / wie ein Esel / der sich in einen Bund Heu verliebet

den Mantel nach dem Winde hängen / ist viel eine größere Kunst / als denen Flöhen die Zähne ausreissen

seinen Karn aus dem Dreck ziehen

ich will dich zurichten wie einen reupfften Widhopff

die Heiligen drey König mit ihrem Stern / die fressen und sauffen und zahlen nicht gern

ich macht mit meinem Mäntelchen eine Reverenz, daß mir die Schuhsohlen an dem spitzigen Pflaster hangen blieben

Du bist zwar voller Gewandläuse / aber diese dienen dir auf der Reise zum kurtzweiligen Zeit-Vertreib / wann du dich bey einem Bächlein nidersetzest / das Hemd ausziehest / und sie in den Falten mit zweyen Steinen tod schmeissest

Es ist wahr / daß man allen untreuen Weibern solle die Bein abhacken / hätte kein Mensch ein besseres Handwerk / als die Steltzenmacher.

muß ich doch in der Caputze darinnen stecken / wie ein floh im Weiberpeltz

da geht ihr auf der Gassen daher wie ein wackelnder Ganße-Arsch

da fieng der Pfaff dergestalten an zu lachen / daß er das Maul / wie ein Ofen-Loch aufsperrte

Ein jedes Stuck deiner Schmeicheleien / ist groß genug zu einem Schaffsbeltz / darunter du deine Wolffs-Zähne verstecken kannst.

Corylo:
ich selbsten war so froh / als ein Esel dem der Sack entfallen

daß wan alle Weiber so fertig zum Fliegen als zum Liegen wären / sollen sie höhersteigen als ein Adler

ich hielt mich verborgen, biß die Jungfer mit einem Licht herein kame / und ihre Kleider auszoge. Ehe daß sie sich zu Bette legte / stache sie noch etliche Flöhe ab / und suchte das Hemde bald vorn bald hinten / auf solches hebte sie auch das Deck-Bett auf / und fieng dergleichen Thiere in die etliche funffzig / nach welcher grausamen und unbarmherzigen Hinrichtung sie sich in das Bett geworfen / als sie zuvor den Wachsstock ausgeblasen

wie die Vögel, so sind gemeiniglich auch die Eier

dann die Frau spendierte ihm fast das Hertz aus dem Leibe

denn ein listiger Vogel will listig gefangen sein

ich will ihn mit der Büchse auf die Haut brennen / daß er die Füße gegen dem Himmel kehren soll

und auf Befehl der Frauen sollen dir gegenwertige Kerls einen Prügel-Schmauß spendiren/ damit du daran gedencken mögest

Rotz und Wasser weinen

Aber war es ein Wunder / daß eine schändliche Arbeit einen schändlichen Lohn nach sich zeucht

witsch finge meine Frau eine Lüge vor dem Hintern hervor

daß die schönsten Nachtigallen am wenigsten zu singen pflegen

und wäre gleich einem Schwein / welches zwar vieles Geschrei aber wenig Wolle hat

je weiter der Rabe fleugt / je besser lernt er stellen [stehlen]

Also hängte sich einem Schwein ein güldenes Halßband an

es sey dann / daß er so viel Hirn im Kopf habe / als Ziegel auf einem Stroh-Dach liegen

Bestia Civitatis:

Damit ließ er einen Rilps eine halbe Elle lang

Die Bestia Civitatis hat ein Maul-Leder / daß geth wie die perfectiste Windmühle / Bluderi Bluderi Bluderi / das laufft / wie der aller schnellste Mühlbeutel

Weiber-Hächel:

wann der Goldschmied wäre ein Stadt-Pfeifer / er hätte dazumal auf dem letzten Loch gepfiffen

der ihr zwar soviel Buhl-Brieffe geschrieben / das man einen Esel in der Dinte hätte erträncken können

da schwenckt ihr Narren den Hintern hin und wider wie die Unruh in der Uhr

oder ich werffe dir einen Deller an den Kopf du Hundsfutt / das du über den Haufen burtzelst

vielleicht hätte der Organist an ihr eine Schnarchende Regalpfeiffe bekommen

Gehet ihnen ein Wind nach der Qver im Bauche da muß man in die Apotheke

es ist ein schlechter Galgen-Vogel / der Teuffel wird ihme die Federn aus dem Hintern zupffen

Feuermäuer-Kehrer:

in solchen Gedanken ward mir das Maul und die Zähne voller Wasser

eilete er so schnell davon / wie eine Mauß die man über dem Speck erwischt

Mancher meynet ein gut stück Fleisch an einer Jungfrau zu erschnappen / und wann er sie angreifft / so hat er einen Arm voll dürrer Knochen

und ich glaube nicht / daß einem Weib in Kindes-Nöthen die Katze so schrecklich über den Rücken lauffen kann / als sie mir dazumahl über den Buckel gelaufen ist

Mancher Schalck sitzet unter einer Parüqven / also auch manche Wolffs-Klauen unter dem Schaffsbeltz

Also gienge er in das Trauerhaus und condolierte einem Kalköpffichen Schindhund / der unter der Thür stunde / und ein Aussehen hatte / wie ein gebratener Mond-Schein

und der Schulmeister collorirte die Noten heraus wie gebackene Esels-Fürtze

Ich wuste nicht / stunde ihnen der Kopf am Halß / oder an einer Garnwinde / so schrecklich dreheten sie in herum / ja sie sahen auf die Seite / wie eine Ganß wann es blitzet und spitzeten das Maul so glatt wie eine Hühner-Arsch

Man setzte sich endlich zu Tisch / und sobald denen Weibern der Hintern warm wurde / da gienge das Maul wie ein Entenschnabel

diese Stock und dein Buckel sollen Correspondenz mit einander pflegen

die Frau war karg und geitzig wie der Teufel / und hätte sich eher zwey Hand voll Haar aus dem Kopffe / als drey Pfennig aus dem Seckel reissen lassen

„Ihr Galgen-Vögel!" ruffte er zurück / „habt mir eine gute Klopff-Suppe angericht / die Fürtze / so mein Pferd lässet / die brocket euch drein / und fresset sie gesund meiner aus."

so wird ihr der Buckel so abscheulich zerblauet / daß ihr die Haut auf dem Rücken ledig wird

Es ist zu zweifeln / ob alle Messer-Schmiede zu Steyer in viertzig Jahren so viele Pfeile schmieden können / als er des ersten Anblicks gegen diese Julia in seinem Herzen empfunden

Die Hochzeit war vollzogen / und also sprangen dem guten post festum alle Säiten / die er sich auf seiner Freuden-Fiedel aufgezogen / auf einmal ab

Fürsten-Dienst und Nelckenwein riechen über Nacht aus

du wirst noch alle fünf Finger um mich ablecken

Kleider-Affe:

O Welt / du hölzernes Jammerthal / du breterner Kälber-Stall / du finsterer Saukoben / was ist doch in dir und deiner elenden Herlichkeit? du bist in Wahrheit kein Königlich Braut-Bette / denn deine Schweinsfedern stechen mich dermassen in meine Sedes [Sitzfleisch], daß ich Pomerantzen stuhlgängeln möchte

dann kam ein harter Qvarckkäse / damit man ein Loch durch einen Amboß hätte bohren können

An das Trincken wurde auff Seiten meiner gar nicht gedacht / denn der Meister hielte den Krug so feste / als ob er ihn mit in den Tod nehmen wolte. Also wurde ich gezwungen / nach der Mahlzeit das Maul über dem Wasser-Trog zu halten / und mir dasselbe voll Born lauffen zu lassen

Doch erzeigte er mir diese hohe Gnade / daß ich den Bissen jedesmahl frey und ungehindert ein wenig an der Bratwurst reiben / und den Gruch davon umsonst geniessen mochte

Also sperrte ich das Maul auff / so weit man hätte mit einem Heu-Wagen drinnen umbkehren können

Narren-Spital:

Da konnte er sich über dem Krachen der Läuse dergestalten ergötzen / daß er in die Höhe aufsprang und Juhei dazu schrie, wie die Ländler Bauern, wenn sie von einer Deberey (so hießen sie das Verlöbnis) heim und nach Hause gehen

seinen apostolischen Schimmel fortreiten (zu Fuß)

Maul-Affe:

sie ist ziemlich bei Jahren und der Braut-Grind mag sie trefflich jucken

die Person, die sonst den Akt zieren muß wie die Bratwurst das Sauerkraut

sie verließ sich auf ihr Lügen wie ein Bock auf die Hörner

ich warf ihr eine Hand voll Finger ins Gesicht / daß ihr die rothe Suppe nachgieng

Spiridon:

wann ich hier complementieren wolte / würde ich wahrhaftig mehr Wort auf die Bahn bringen als etwan Läuse in einem großen Schweitzer-Barth sind

daß sich auch eine Kuh darob hätte einen Puckel lachen müssen

ich hab den Braten gerochen / ehe er ihn an den Spieß stecket

und schrie wie eine Sau, die am Spieß steckt

sich einen Kropf und Buckel lachen

je gröber der Grind / je schärffer muß die Lauge seyn

grobe Hörner gehören auf grobe Ochsen

er habe spüren können / wie schmertzlich es seyn müsse einen fremden Ackers-Mann daß Korn von seinem Felde schneiden sehen

da stecken sie wie Bärtel-Most in der Lacken bey Krems-Münster in O.Ö.

Pokazi:

lange Bücher machen kurtze Leser

aber das herz gedachte wie der Teuffel / wann er seine Mutter badet

je mehr die Leuse seyn / je ärger kratzet man sich darnach den kopf

dann er risse die Goschen so angelweit auf

Verkehrter Staatsmann:

und daß sie lieber mit der Aermsten Bäurin die Milch zu Marckte / als die Cron auff ihrem Haupte tragen wolte

Seine Untergebene tractierte er nicht viel anders / als die Sau den Bettel-Sack

und war eine so hohe Summe krafftig genug über seine niedrige Geburth einen güldenen Deckel zu schmieden

Ein Fäderwisch-Händler nagelt keine stücke Scharlach an den Laden

als dann laufft die Zeitung gleich einer Katzen über alle Dächer hin

lieffe stracks und mit geflügelten Füssen auff das Rath-Hauß

Verliebter Österreicher:

ins Gras beißen (die Redewendung kommt auch in anderen Texten vor)

Verliebter Europäer:

das kam ihm spanisch vor

er wolle ihn gefänglich einziehen laßen / weil er vormals von seiner Tochter Jungfreulich Krantz so manche schöne Blume abgepflücket / derowegen wurff er das Haasen-Panier auff / und lieff in vollem Curier wiederum zurücke

es gaben sich viele vornehme Freyer an / welche aber nichts als Körbe davon trugen

sein Vater merkte gar bald / wo seinen Sohn der Schuh druckt

und meine frische hitzige Jugend an solches alte Eyß spendieren?

Der Edelmann welcher in seiner Jugend auff Universitäten sich auffgehalten / hatte studiert biß unter die Arme / in Kopff war aber nicht viel kommen

Halt / halt sagte Blondinchen / ich will bald sehen / ob ich mit dem Hebebaum sein durch dieses kalte Wasser an den Kopf gefrorenes Maul bewegen kann

Winternächte

allwo ich mit den Bauernmägden oft besser Kurzweil trieb als mit mancher hochangesehenen und lumpichten Zofe, die nichts kann als den Hintern hin und wider schaukeln wie eine Gans

so wollte sie mich aufs Hemd enterben

eine schon ziemlich erlebte Jungfrau

(fast so schön wie H. Heine: eine schon ziemlich abgeliebte, aber immer noch hinlänglich schöne Dame, Italienische Reise von München nach Genua, 8. Kapitel)

und Alexandri Schwert ist viel zuwenig gewetzet, diesen Knoten entzweizuschneiden

ich saß gleich dazumal auf dem Repositorio des Nacht-Königs und mußte von Herzen lachen, daß ich der Magd so ehrbare Audienz erteilen mußte

daran der Schreiber mit der Hand hingefahren wie ein Bauer mit einem Fuder Holz wider die Steinmauer

aber es dauerte wohl ein Vaterunser lang

Ihr habt 14 Kinder gezeuget und des Dinges öfter genossen, als mein nackichter Hund Haare auf dem Leibe hat

Herr Vater gab mir nach einer langen Predigt die Absolution mit einem guten spanischen Rohr

nachdem ich die Schläge von dem Rücken gebeutelt wie ein nasser Hund das Wasser

Man trägt Florhauben auf dem Kopf, aber wenig Hirn im Kopfe

es gehört mehr zum Tamz als ein Paar Schuhe

Und dies alles erschwingt mein Hauswesen viel höher, als so ich alle Wissenschaften des Aristotelis mit Haut und Haar gleich einem gebratenen Speck von dem Kraut hinwegefresse hätte.

daß dies eine Sünde sei, wodurch man endlich in die Hölle fährt wie eine Pillardkugel ins Loch

der Hosenscheißer soll sich in den Arsch hinein schämen

dergestalten, daß er die Hosen um ein merkliches vergüldete

Sommertäge

ein Schreiber, der sich mit der Köchin zu weit in die Schrift gewagt hat

sich knochenhaftig mit dem Fasten ausdörren

seinen Leib wie einen Zaunstecken auströcknen

welche so spitznasicht aussahen, daß man hätte Krammetsvögel [Wacholderdrosseln] an ihren Nasen braten können

Als ich hörte, daß dieser Alten das Maulleder noch so hurtig und geschliffen war

mit dem Maulleder wacker umspringen

anlaufen wie ein blinder Ochs an die Stalltür

weil wir den Vogel im Nest finden und die Federn rupfen wollten
einen großen Paternoster mit faustgroßen Knöpf in die Hand nehmen
einen abgeschmackten Kirschmus-Bart heiraten
wenn ich jeden unter ihnen mit meinem spanischen Rohr abgetrocknet hätte
dem Feuer begegnen, daß die Funken noch in der Asche lägen
so zeigte er mir den Schreiber Nobiscum vor der Margareta ihrer Kammertür, der mit ihr, weiß nicht von der Fractur oder der Canceleyschrift, discurrierte

Jungfer-Hobel
besser eine Laus am Kraut als gar kein Fleisch
und den fünften stänke es aus dem Maul wie ein Scheißhaus
Wo Ihr mich so scheltet, so schmeiß ich Euch den Seichscherbel an den Kopf.
ich riß die Gosche so weit auf, daß einer mit einem Reutsattel hineinfahren möge
Und ich kann hoch und teuer schwören, daß allen diesen Schwestern das Maul so sehr gestunken, als hätten sie vierzehn Tage lang Käsemarkt darinnen gehalten.
eure geschmierte Worte sind noch lange keine Butter
und die Burschen soffen sich auf des löblichen Frauenzimmers Gesundheit fast die Schwindsucht an den Hals
er soll nicht kriegen, was er an mir suchet, und wenn er mehr Dukaten spendierte, als Läuse an allen Soldaten in dem vergangenen Krieg gewesen
die alte Haushälterin, welche mehr Runzeln im Angesicht hatte als ein Spiegelkärpfen Schuppen auf dem ganzen Leibe
sie ist gar eine geldgierige Frau und schindet eine Laus um den Balg
unsere Edelfrau ging dazumal auf schwerem Fuße und hatte keine Stunde ihrer Entbindung gewiß
So frisset er auch Rettich wie das tägliche Brot und lässet die größten Rülpse wie eine Regalpfeife auf der großen Orgel.
ich will eine Post, so viel und lang dieselbe auch sei, gar leichtlich in dem Kopfe behalten und wäre sie auch länger als der Fleischhauer zu Königsberg ihre Bratwurst
Wie ich sehe, hast du nicht allzu weiße Zähne, darum so ist es nötig, daß du das Maul nicht weit aufmachest, sondern nur lispelnd mußt du mit halboffenen Lefzen Red und Antwort geben. Solchergestalten behelfen sich viele Jungfrauen im Lande, die da Zähne haben wie gedörrte Zwetschgen.
Schlendere nicht hinter mir drein, wie [wenn] dir die Füchse die Fersen abgefressen hätten

Neudrucke

Zendorii a Zendoriis Deutsche Winternächte hrsg. von Karl Winkler, neu gedruckt im 1943sten Jahr und verlegt bei Gebr. Richters Verlagsanstalt zu Erfurt

Das Narrenspital sowie Jucundi Jucundissimi Wunderliche Lebensbeschreibung hrsg. von R. Alewyn, rororo 9, Rowohlt Klassiker, Hamburg 1957

Johann Beers Kurtzweilige Sommer-Täge. Hrsg. von W. Schmitt. (=Neudrucke deutscher Literaturwerke des XVI. und XVII. Jahrhunderts, Nr. 324), VEB Max Niemeyer, Halle (Saale), 1958

Die Abenteuer des jungen Jan Rebhu. (=Gesammelte Werke von Johannes Beer in Einzelausgaben, Band I). Hrsg. von J. F. Fuchs, Amandus-Verlag, Wien 1960

Habeck, F.: Der verliebte Österreicher oder Johannes Beer. Stiasny, Graz 1961

Johannes Beer. Der verliebte Österreicher oder Kurtzweil mit Frauenzimmern. Hrsg. von F. Habeck, Stiasny, Graz 1964, 2. Auflage von „Der verliebte Österreicher oder Johannes Beer". Es wurde lediglich der Titel geändert.

Die teutsche Winter-Nächte & Die kurzweiligen Sommer-Täge. Hrsg. von R. Alewyn, Insel, Frankfurt 1963

1985 auch als Insel Taschenbuch Nr. 872 erschienen

Johann Beer. Sein Leben, von ihm selbst erzählt. Hrsg. von A. Schmiedecke. Mit einem Vorwort von R. Alewyn. Vandenhoeck & Ruprecht, Göttingen 1965

Die Geschicht und Histori von Landgraff Ludwig dem Springer. (=Deutsche Barock-Literatur). Hrsg. von Martin Bircher, Kösel, München 1967

Printz Adimantus und der Königlichen Princeßin Ormizella Liebes-Geschicht. Hrsg. von H. Pörnbacher, Reclam Nr. 8757, Stuttgart 1967

Der neu ausgefertigte Jungfer-Hobel. Hrsg. von E. Haufe, Insel Bücher Nr. 878, Frankfurt 1968

Der verkehrte Staats-Mann Oder Nasen-weise Secretarius. Unveränderter Nachdruck, Minerva, Frankfurt 1970

Der verliebte Österreicher. Faksimiledruck nach der Auflage von 1700. Hrsg. von J. Hardin (=Nachdrucke deutscher Literatur des 17. Jhds., 21), P. Lang, Bern 1978

Der kurtzweilige Bruder Blau-Mantel. Faksimiledruck nach der Ausgabe von 1704. Hrsg. von M. Kremer. (=Nachdrucke der deutschen Literatur des 17. Jhds., 29), P. Lang, Bern 1979

Der Abentheuerliche / wunderbare / und unerhörte Ritter Hopffen-Sack von der Speck-Seiten, Klaus G. Renner, München, o. J.

Der politische Bratenwender. Jucundus Jucundissimus. Der Ritter Hopffen-Sack. Vollständige Ausgabe. Nach den Erstdrucken in einer behutsam modernisierten Fassung herausgegeben und mit einem Nachwort sowie Anmerkungen versehen von Dieter Gutzen. dtv 2130, dtv klassik, München 1984

Das Narrenspital. (=Krater Bibliothek). Verlegt bei Franz Greno, Nördlingen 1987

Summer Tales. P. Lang, Bern 1984

Allerhand Epigrammata. Klaus Renner, München & Salzburg 1995

Des berühmten Spaniers Francisci Sambelle wolausgepolirte Weiber-Hächel, Klaus G. Renner, München & Salzburg 1996

Sämtliche Werke. Hrsg. von F. van Ingen und H.-G. Roloff im Verlag P. Lang, Bern

Band 1: Des Simplizianischen Welt-Kuckers / Oder Abentheuerlichen Jan Rebhu Erster Theil. Andere Theil. Dritter Theil. Vierdter Theil. 1981

Band 2: Der Abentheuerliche / wunderbare / und unerhörte Ritter Hopffensack von der Speck-Seiten. - Printz Adimantus und der Königlichen Princeßin Ormicella Liebes-Geschicht. - Des Abentheuerlichen Jan Rebhu Ritter Spiridon aus Perusia. 1992

Band 3: Die vollkommene Comische Geschicht des Corylo. 1986

Band 4: Des Abentheuerlichen Jan Rebhu Artlicher Pokazi. - Jucundi Jucundissimi Wunderliche Lebens-Beschreibung. 1992

Band 5: Des berühmten Spaniers Francisci Sambelle wolausgepolirte Weiber-Hächel. - Der Neu ausgefertigte Jungfer-Hobel. - Die mit kurtzen Umständen entworffene Bestia Civitatis. - Der Berühmte Narren-Spital. 1991

Band 6: Der Politische Feuermäuer-Kehrer. - Der Politische Bratenwender. 1997

Band 7: Zendorii a Zendoriis Teutsche Winternächte. 1995

Band 8: Die kurtzweiligen Sommer-Täge (soll 1999 erscheinen)

Band 9: Die Andere Ausfertigung Neu-gefangener Politischer Maul-Affen. - Der Deutsche Kleider-Affe, 1997

Band 10: Der Verliebte Europäer. - Der verkehrte Staats-Mann. - Bruder Blau-Mantel. - Der verliebte Österreicher (in Vorbereitung)

Band 11: Varia. Poetische Schriften, Autobiographie (fraglich)

Band 12: Musikalische Schriften (fraglich)

Band 13: Realienband (fraglich)

Auf dem Markt erhältliche Werke

Stand August 1999

Der verkehrte Staats-Mann Oder Nasen-weise Secretarius
Unveränderter Nachdruck, Minerva, Frankfurt 1970, S 387,–

Der verliebte Österreicher. Faksimiledruck der Auflage von 1700.
Hrsg. von J. Hardin, (=Nachdrucke deutscher Literatur des 17. Jhds. 21), P. Lang, Bern 1978, S 1.408,–

Der Abentheuerliche / wunderbare / und unerhörte Ritter Hopffen-Sack von der Speck-Seiten
K. G. Renner, München, S 105,–

Der kurtzweilige Bruder Blau-Mantel. Faksimiledruck nach der Ausgabe von 1704.
Hrsg. von M. Kremer, (=Nachdrucke der deutschen Literatur des 17. Jhds., 29), P. Lang, Bern 1979, S 980,–

Die Geschicht und Histori von Land-Graff Ludwig dem Springer (Deutsche Barock-Literatur). Hrsg. von M. Bircher, Kösel, München 1967, S 234,–

Summer Tales
P. Lang, Bern 1984, S 640,–

Allerhand Epigrammata
K. Renner, München 1995, S 1.727,–

Des berühmten Spaniers Francisci Sambelle wolausgepolirte Weiber-Hächel
K. Renner, München 1996, S 1.745,–

Sämtliche Werke. Hrsg. von F. van Ingen und H.-G. Roloff im Verlag P. Lang, Bern

- Band 1: Des Simplizianischen Welt-Kuckers / Oder Abentheuerlichen Jan Rebhu Erster Theil. Andere Theil. Dritter Theil. Vierdter Theil. 1981
- Band 2: Der Abentheuerliche / wunderbare / und unerhörte Ritter Hopffensack von der Speck-Seiten. - Printz Adimantus und der Königlichen Princeßin Ormicella Liebes-Geschicht. - Des Abenteuerlichen Jan Rebhu Ritter Spiridon aus Perusia. 1992
- Band 3: Die vollkommene Comische Geschicht des Corylo. 1986
- Band 4: Des Abentheuerlichen Jan Rebhu Artlicher Pokazi. - Jucundi Jucundissimi Wunderliche Lebens-Beschreibung. 1992
- Band 5: Des berühmten Spaniers Francisci Sambelle wolausgepolirte Weiber-Hächel. - Der Neu ausgefertigte Jungfer-Hobel. - Die mit kurtzen Umständen entworffene Bestia Civitatis. - Der Berühmte Narren-Spital. 1991
- Band 6: Der Politische Feuermäuer-Kehrer. - Der Politische Bratenwender. 1997

Band 7: Zendorii a Zendoriis Teutsche Winternächte. 1995
Band 8: Die kurtzweiligen Sommer-Täge (soll 1999 erscheinen)
Band 9: Die Andere Ausfertigung Neu-gefangener Politischer Maul-Affen. - Der Deutsche Kleider-Affe, 1997
Band 10: Der Verliebte Europäer. - Der verkehrte Staats-Mann. - Bruder Blau-Mantel. - Der verliebte Österreicher (in Vorbereitung)
Band 11: Varia. Poetische Schriften, Autobiographie (fraglich)
Band 12: Musikalische Schriften (fraglich)
Band 13: Realienband (fraglich)

Alle auf dem Markt erhältlichen Werke haben wir auch für die **Pfarrbücherei** angeschafft. Wir besitzen auch das ‚Tagebuch'.

In einem Schreiben vom 19. August 1999 hat mir der Verlag Vandenhoeck & Ruprecht, Göttingen auf eine Anfrage mitgeteilt:
„Die Autobiographie von Johann Beer" [‚Sein Leben von ihm selbst erzählt'] ist vergriffen, eine Neuauflage wird aber leider nicht zu verantworten sein, und zwar letztlich aus buchhändlerischen Gründen. Bücher dieser Art haben es auf dem heutigen Markt sehr schwer, sich durchzusetzen, und in diesem Fall sehen wir keine angemessene Verbreitungschance mehr."

Da ich vom Verlag Peter Lang auf meine Anfrage, bis wann mit dem Erscheinen des 8. Bandes der ‚Sämtlichen Werke' (Sommertäge) zu rechnen sei, keine Antwort erhalten habe, habe ich mich an den Mitherausgeber Prof. Dr. H.-G. Roloff in Berlin gewandt. Dieser hat mir in einem Brief vom 14. 8. 1999 mitgeteilt, dass auch er seit Monaten auf eine definitive Mitteilung des Verlages warte, wann dieser Band erscheinen wird.

Eingesehene und verwendete Literatur

Adel, K.: Johann Beer. Der Anteil Österreichs an der Entwicklung des europäischen Barockromans. In: Österreich in Geschichte und Literatur, Heft 9, 1963, S. 534 - 539

Adlung, M. J.: Anleitung zu der musikalischen Gelahrtheit, Erfurt 1758

Aichmayr, M.: Narren und Schelmenfiguren im Werk Johann Beers. (= Untersuchungen zum Werk Johann Beers, Band 1), Verlag A. Aichmayr, Schwanenstadt 1996

Alewyn, R.: Johann Beer. Studien zum Roman des 17. Jahrhunderts. (= Palaestra 181), Mayer & Müller, Leipzig, 1932

Ein Hochzeitsscherz von Johann Beer. In: Zeitschrift für Bücherfreunde 1933. II/III. S. 36 - 38

Zum Verständnis der Werke. In: Johann Beer: Das Narrenspital, rororo 9, 1957, S. 141 - 154

Der Roman des Barock. In: Formkräfte der deutschen Dichtung vom Barock bis zur Gegenwart. Hrsg. v. H. Steffe, Göttingen 1963, S. 21 - 34

Johann Beer: Der Glücksfall einer Wiederfindung. OÖN Literaturspiegel, 17. 8. 1963

„Beer". (Quelle unbekannt)

Vorwort zu Johann Beer: Sein Leben, von ihm selbst erzählt, Göttingen 1965

Johann Beer. In: Probleme und Gestalten, Insel, Frankfurt 1974, S. 59 - 74

Nachwort zu: Johann Beer: Die teutschen Winternächte & Die kurzweiligen Sommertäge, Insel, Frankfurt 1963, S. 851 - 862

Allgemeine Deutsche Biographie, 2. Lieferung. Stichwort: Johann Bähr. Bearbeitet von Dommer, Duncker & Humblot, 1875, S 766 f.

Atergovius, J. L.: Die Pfarrkirche St. Georgen i. A. Blätter zur Geschichte des Attergaus, Styria, Graz 1913 (Neudruck des Heimatvereins Attergau, 1994)

Arnim, A. v.: Angelika, die Genueserin und Cosmus, der Seilspringer. In: A. v. Arnim Sämtliche Romane und Erzählungen. 2. Band, Hanser, München 1963, S. 634 - 684

Artmann, H. C.: Das suchen nach dem gestrigen tag oder schnee auf einem heißen brotwecken. eintragungen eines bizarren liebhabers, Goldmann 7013, 1978

auch in: Gesammelte Prosa, Band 2. Hrsg. v. K. Reichert, Residenz, Salzburg 1997, S. 7 - 117

Aylett, R.: Alewyn revisited: Realism in Grimmelshausen and Beer. In: Daphnis, Band 19, Heft 1, 1990, S. 81 - 104

Bachmair, J.: Miszellen. In: Zeitschrift für Musikwissenschaft, 13. Jg., Okt. 1930 - Sept. 1931, Leipzig, S. 46 f.

Battafarano, J. M.: Literarische Skatologie als Therapie literarischer Melancholie: Johann Beer „Der Berühmte Narren-Spital". In: Simpliciana XIII (1991), P. Lang, Wien, S. 191 - 210

Bernheiden, I.: Individualität im 17. Jahrhundert (= Literaturhistorische Untersuchungen, Band 12), P. Lang, Frankfurt 1988

Berns, J.-J.: Reflex und Reflexion der o.ö. Bauernaufstände im Werk Johann Beers. In: Österreichische Literatur im Profil von den Anfängen im Mittelalter bis ins 18. Jahrhundert (1050 - 1550). Hrsg. v. H. Zeman, Graz 1986, S. 1149 - 1179

Bibliographisches Handbuch der Barockliteratur. 1. Teil A - G, Stuttgart 1980 (= Hiersemanns bibliographisches Handbuch, Band 2, I). S. 274 - 291

Bircher, M.: Nachwort zu: Johann Beer: Die Geschicht und Histori von Land-Graff Ludwig dem Springer, Kösel, München 1967

Die Geschicht und Histori .... Zur Neuausgabe eines unbekannten Werkes des Dichter-Musikers Johann Beer. In: Neue Zürcher Zeitung, 10. Mai 1968, Nr. 155, S. 51

J. W. von Stubenberg und sein Freundeskreis. (= Quellen und Forschungen zur Sprach- und Kulturgeschichte der germanischen Völker, Neue Folge, 25, 149), Berlin 1968

Neue Quellen zu Johann Beers Biographie. In: Zeitschrift für deutsche Literatur, 100. Bd., 1971, S. 230 - 242

Johann Beer. Lebensklugheit und Satire - oder „der Nachwelt ein merckliches entzogen". In: 300 Jahre Vollendung der Neuen Augustusburg - Residenz der Herzöge von Sachsen-Weißenfels. Historische Miniaturen aus dem Herzogtum Sachsen-Weißenfels. Weißenfels 1994, S. 47-51

Bobertag, F.: Geschichte des Romans und der ihm verwandten Dichtungsgattungen in Deutschland, 1. Abteilung, 1. Band, Breslau 1876,S. 134 - 144
                1. Abteilung, 2. Band, 2. Hälfte, Berlin 1884, S. 248 f

Bockhoff, B.: Nekrolog auf die Jazz-Literatur. In: Merkur 187, XVII, Jg., Heft 9, Sept. 1963, Köln, S. 914 - 920

Boeck, J.: Beer - kein neuer Grimmelshausen. In: Die Furche Nr. 37, 1964

Bollenbeck, G.: Das Ende des Bildungsbürgers. Normative Höhe, tiefer Fall: Wie der Geist der deutschen Klassik in Weimar mit sehnsüchtigem Blick auf der rettenden Führer ausgetrieben wurde. In: Die Zeit, Nr. 3, 14. Januar 1999. 54 Jahrgang, S 29f.

Brackert, H.: Bauernkrieg und Literatur, e. s. 782, Frankfurt 1975

Brandstetter, A.: Vom Manne aus Eicha, Residenz, Salzburg 1991

Brockhaus Enzyklopädie, Band 3, 1987

Brunner, O.: Adeliges Landleben und europäischer Geist. Leben und Werk Wolf Helmharts von Hohenberg 1612 - 1688, Müller, Salzburg 1949, S. 214 - 217

Buelow, G. J.: Johann Beer. (Lexikonartikel, Quelle unbekannt)

Carmesin, D.: Das Fremdwort bei Johann Beer (=Münchner Germanistische Beiträge, Band 40), Fink 1992

Castle, E.: „Österreichische Literatur". In: Merker, P. / Stammler, W.: Reallexikon der deutschen Literaturgeschichte. 1. Auflage, de Gruyter, Berlin 1926, S. 570 - 627

„Das war ein Vorspiel nur ...". Bücherverbrennung Deutschland 1933: Voraussetzungen und Folgen. Ausstellung der Akademie der Künste vom 8. Mai bis 3. Juli 1983, Medusa Verlagsgesellschaft Berlin - Wien 1983

Das albertinische Herzogtum Sachsen-Weißenfels. Beiträge zu barocken Residenzkultur. Hrsg. von „Die Fünf Ungleichen" e. V., Freyburg/Unstrut 1999

Das unvermuthete und höchsttraurige / doch seelige Ableben des ... Johann Bährs ... Weißenfels 1700 (Leichenreden)

Degemann, Ch.: Vor 50 Jahren loderten die Läuterungsfeuer wider den undeutschen Geist. In: Diskussion Deutsch, Heft 73, Oktober 1983, Diesterweg, Frankfurt, S. 472 - 492

Der Bauernkrieg in O. Ö., Wels 1902

Der o. ö. Grimmelshausen. In: SN, 7. Sept. 1963

Deutsche Barocklyrik. Eine Auswahl, Reclam 7804/05, Stuttgart 1964

Deutsche Literaturgeschichte. Von den Anfängen bis zur Gegenwart, Metzler, Stuttgart, 2. Auflage 1984

dtv-Lexikon der Weltliteratur, Bd. 1, Hrsg. G. v. Wilpert, München 1971

300 Jahre Schloß Neu-Augustusburg, 1660 - 1694. Residenz der Herzöge von Sachsen-Weißenfels, Festschrift. Hg. Freundeskreis Schloß Neu-Augustusburg e. V., Weißenfels 1994

Eder, K.: Das Land ob der Enns vor der Glaubensspaltung (= Studien zur Reformationsgeschichte O. Ö., 1. Band), Linz 1933

Glaubensspaltung und Landstände in Österreich ob der Enns (= Studien ... Band 2), Linz 1936

Eggers, H.: Deutsche Sprachgeschichte III, rde 270, Hamburg 1969 IV, rororo 375, Hamburg 1977

Eitner, R.: ‚Johann Beer'. In: Biographisch-Bibliographisches Quellen Lexikon, Band 1, Akademische Druck- u. Verlagsanstalt, Graz 1959, S. 299 f

Europäische Städte im Rokoko. Bruchmann, München, o. J.

Exil und Reintegration (= Exilforschung. Ein internationales Jahrbuch, Band 9), edition text und kritik, München 1991

Fechner, J. U.: Übersetzung, Nachahmung und problematischer Einfluß. Eine komparatistische Fragestellung am Beispiel von Antonio de Eslavas Noches de Invierno, M. Drummers v. Pabenbach Winternächte und Johann Beers Teutsche Winternächte. In: Argenis, Band 2, Heft 1 - 4, 1978, S. 73 - 94

Forkel, J. N.: Allgemeine Litteratur der Musik, 1792, Neudruck Olms, Hildesheim 1962

Fricke, G.: Rezension zu Alewyn ‚Johann Beer'. In: Anzeiger für deutsches Altertum, Band 70 / 52, 1933, S. 69 -76

Fricke/Schreiber: Geschichte der deutschen Literatur, Schöningh, Paderborn, 16. Auflage 1974

Galinsky, H.: Rezension zu Alewyn „Johann Beer". In: Zeitschrift für deutsche Philologie, 58. Band, Stuttgart 1933, S. 84 - 88

Genette, G.: Paratexte. Das Buch vom Beiwerk des Buches, Campus, Frankfurt 1992

Gerber, E. C.: Neues historisch-biographisches Lexikon der Tonkünstler, 1. Theil A - D, Leipzig, 1812

Germanistik - eine deutsche Wissenschaft. e. s. 204, Frankfurt, 3. Auflage 1968

Gervinus, G. G.: Geschichte der deutschen Literatur, Band 3, Leipzig 1872

Geschichte der deutschen Literatur. 1600 - 1700, 1. Teil, Volk und Wissen, Berlin 1963

Geulen, H.: Johann Beer ‚Jucundus Jucundissimus' und ‚Teutsche Winternächte' In: Erzählkunst der frühen Neuzeit, Rötsch, Tübingen 1975, S. 254 - 292

Giebich, H./Gugitz, G.: "Beer". In: Biographisch-bibliographisches Literaturlexikon Österreichs von den Anfängen bis zur Gegenwart, Brüder Hollinek, Wien 1964 S. 22

Gielge, L.: Topographisch-historische Beschreibung aller Städte, Märkte, Schlösser, Pfarren und anderer merkwürdigen Oerter des Landes Österreich ob der Enns. Erster Theil, von A bis H, J. Fink, Wels, 1814

Glaser, H. S. (Hrsg.): Deutsche Literatur. Eine Sozialgeschichte, Band 3, rororo 6252, Hamburg 1985

Goethe, W.: Goethes Werk. Weimarer Ausgabe, dtv, Band 96 und 110

Grimm, J. u. W.: Deutsches Wörterbuch, dtv, München 1984

Grimm/Hinrichs: Briefwechsel zwischen Jakob und Wilhelm Grimm aus der Jugendzeit, Weimar 1881

Grimminger, R. (Hrsg.): Hansers Sozialgeschichte der deutschen Literatur vom 16. Jahrhundert bis zur Gegenwart, Band 3, 2. Teilband, dtv 4345, München 1980

Grüll, G.: Bauer Herr und Landesfürst. Sozialrevolutionäre Bestrebungen der o.ö. Bauern von 1650 bis 1848 (= Forschungen zur Geschichte O. Ö., hrsg. vom O. Ö. Landesarchiv, Band 8), Böhlaus Nachf., Graz 1963

Gurtner, K.: „Ich hab einen Korb voll Obst beisammen". Studien zur Poetik der Romane Johann Beers. (= Deutsche Literatur von den Anfängen bis 1700, Band 16), P. Lang, Wien 1993

Gutzen/Allemann: In memoriam Richard Alewyn. (= Alma Mater. Beiträge zur Geschichte der Universität Bonn, 48), Grundmann, Bonn 1981

Gutzen, D.: Johann Beer. In: Deutsche Dichter des 17. Jahrhunderts, hrsg. v. H. Steinhagen u. B. v. Wiese, 1984, S. 772 - 797

Nachwort zu: Johann Beer: ‚Der politische Bratenwender', dtv 2130, München 1984

Habeck, F.: Der verliebte Österreicher oder Johann Beer, Stiasny, Graz 1961

Der verliebte Österreicher oder Johann Beer. In: Furche 22/20 Jg. / 30. Mai 1964

Hardin, J.: Rezensionen. Johann Beer. Der verkehrte Staats-Mann Oder Nasenweise Secretarius. Reprint. Frankfurt, Minerva 1970. In: Daphnis, Zeitschrift für Mittlere Deutsche Literatur 3, Heft 2 (1974), S. 223 - 226

Hardin, J.: A Note on Johann Beers ‚Der verkehrte Staatsmann'. In: Daphnis 4 (1975), S. 202 - 204

Übersetzung von Manfred Lischka: Eine Anmerkung zu Johann Beers ‚Der verkehrte Staatsmann' (Kopie)

Hardin, J. (Hrsg.): Der verliebte Österreicher (= Nachdrucke deutscher Literatur des 17. Jahrhunderts, Band 21), P. Lang, Bern 1978

Johann Beers Der Politische Feuermäuer-Kehrer and the Anonymuns novel Der Ausgekehrte Politische Feuermäuer-Kehrer: Contrasting views of women in the German Novel of the late 17th century. In: Modern Language Notes 96, 1981, S. 488 - 502

Johann Beer (= Twayne's world authors series; TWAS 689), Boston 1983

Eine beschreibende Bibliographie (= Bibliographien zur deutschen Barockliteratur, Band 2), Franck, München 1983

Haslinger, A.: „Johann Beer". In: Tausend Jahre Österreich: Eine biographische Chronik, Band I. Von den Babenbergern bis zum Wiener Kongreß. Hrsg. v. W. Pollak, J. & V., München 1973, S. 238 - 244

Haufe, E.: Nachwort zu: Johann Beer: Der neuausgefertigte Jungfer-Hobel, Insel Bücherei 878, Frankfurt 1968, S. 81 - 89

Haug, W. F.: Der hilflose Antifaschismus, prv 79, Pahl-Rugenstein, Köln 1977

Heinisch, E. C.: Der simplizianische Weltkucker. In: Volksblatt Nr. 47, 26. 2. 1964

Heinold, E.: Bücher und Büchermacher, D&M, Heidelberg, 1988

Herzog, U.: Der deutsche Roman des 17. Jahrhunderts. Eine Einführung. (= Sprache und Literatur 98), Stuttgart 1976

Heßelmann, P.: Zur Tradition der Narrensatire im 17. Jahrhundert: Text und Bild in den B- und C- Auflagen des Narrenspitals von Johann Beer. In: Simpliciana XIII, 1991, S. 211 - 274

Hillebrand, B.: Theorie des Romans, Band 1, 1972

Hirsch, A.: Bürgertum und Barock im Deutschen Roman. 2. Auflage besorgt von H. Singer, Böhlau, Graz 1957

Hoffmann, E. T. A.: Die Brautwahl. In: E. T. A. Hoffmann's sämtliche Werke in 15 Bänden. 8. Band: Die Serapionsbrüder III, Leipzig o. J., S. 24 - 89

Honegger, M. / Massenkeil, G.: Das große Lexikon der Musik in 8 Bänden. 1. Band, Herder, Freiburg 1972, S. 230 f

Huber, F.: Eine barocke Lobrede auf O. Ö. In: O. Ö. Heimatblätter, Jg. 7, Heft 3/4, Juli - Dez. 1953, S. 335 - 344

Johann Beer, der Barockdichter des Attergaus. In: St. Georgen i. A. 1964, S. 164 - 170

Huber, H.: Die lutherische Schule in Ortenburg und O. Ö. In: O. Ö. Heimatblätter, 44. Jg., 1990, Heft 1, S. 66 - 68

Jacobsen, R.: Johann Beer in Weißenfels: Auseinanderfallen von Autorität und Diskurs. In: Simpliciana XIII, 1991, S. 47 - 80

Janzin, M. / Günther, J.: Das Buch vom Buch. 5000 Jahre Buchgeschichte. Schlütersche, Hannover 1995

Justiz in alter Zeit. Band VI c der Schriftenreihe des Mittelalterlichen Kriminalmuseums Rothenburg ob d. T. 1989

Kayser, W.: Das sprachliche Kunstwerk, Francke, München, 12. Auflage 1967

Ketelsen, U. K.: Literatur und Drittes Reich, SH-Verlag, Schernfeld 1992

Kiesel/Wiedemann: Gesellschaft und Literatur im 18. Jahrhundert: Voraussetzungen und Entstehung des literarischen Marktes in Deutschland, C. H. Beck, München 1977

Kindlers Literatur Lexikon im dtv, München 1986

Kirchhof, A.: Lesefrüchte aus den Acten der kurf. sächsischen Bücher-Commission zu Leipzig. In: Archiv für Geschichte des deutschen Buchhandels, 8, Leipzig 1883, S. 62 - 162

Kleines literarisches Lexikon, Sammlung Dalp, Bd. 15, Francke, München 1961

Knight, K.: Popularität und Literaturgeschmack in den 80er Jahren des 17. Jahrhunderts (Kopie)

> The novels of Johann Beer. In: Modern Language Review, 56, S. 194 - 211

> Eine wiedergefundene Schrift Johann Beers: Der neu-ausgefertigte Jungfer-Hobel, In: Neophilologus 44 (1960), S. 14 - 17

Knight, K. (Hrsg.): Deutsche Romane der Barockzeit, (= Auszüge aus dem erzählenden Schriftentum des 17. Jahrhunderts), Methuen & Co LTD, London

Komarek, A.: Österreich mit einer Prise Salz, K & S, Wien 1998

Krämer, J.: Johann Beer. Romane. Poetologie, die immanente Poetik und Rezeption ‚niederer' Texte im späten 17. Jahrhundert. (= Mikrokosmos. Beiträge zur Literaturwissenschaft und Bedeutungsforschung, Band 28), P. Lang, Bern 1991

Krause, H.: Johann Beer. 1655 - 1700. Zur Musikauffassung im 17. Jahrhundert, Günthers Buchdruckerei, Saalfeld 1935

> Feder contra Degen. Zur literarischen Vermittlung des bürgerlichen Weltbildes im Werk J. Riemers, Hofgarten, Berlin

> Mutmaßungen über Riemer. In: Daphnis 6 (1977), S. 147 - 169

Kremer, M.: Die Satire bei Johann Beer. Diss. Köln 1964

> Johann Beer's Bruder Blaumantel. In: Neophilologus 51, 1967, S. 392 - 395

> Der Kantor im Werke Johann Beers. In: Modern Language Notes 88, (1973), S. 1023 - 1029

> Vom Picaro zum Landadeligen: Johann Beer's ‚Jucundus Jucundissimus'. In: Der deutsche Schelmenroman im europäischen Kontext: Rezeption, Interpretation, Bibliographie. Cloe 5, (Beiheft zu Daphnis), Amsterdam 1987, S. 113 - 126

> „Nicht allein von denen Liebes-Geschichten". Anmerkungen zu Johann Beer's ‚Der verliebte Europäer', Daphnis 13 (1984), S. 409 - 443

Misogynie oder mehr? Frauenfeindlichkeit bei Johann Beer, (Manuskript)

Kremer, M. (Hrsg.): Johann Beer ‚Der kurtzweilige Bruder Blau-Mantel'. (= Nachdrucke deutscher Literatur des 17. Jahrhunderts, Band 29), P. Lang, Bern 1979

Kuhn, A. (Hrsg.): Die Chronik der Frauen, Chronik Verlag, Dortmund 1992

Kurze Geschichte der deutschen Literatur. Volk und Wissen, Berlin 1981

Lam-Bär, E. / Hebelmann, P.: Die „Klag der Soldaten" - ein unveröffentlichtes Vokalwerk Johann Beers. In: Simpliciana III (1991), S. 330 - 362

Leporin, D. Ch.: Gründliche Untersuchung der Ursachen, die das weibliche Geschlecht vom Studieren abhalten. Berlin 1742, Nachdruck Olms, Hildesheim 1975

Lessings Werke in fünf Bänden. 5. Band, Aufbau, Berlin 1975 (= Bibliothek der Klassiker)

Levack, B.: Hexenjagd, C. H. Beck, München 1995

Lischka, M.: Johann Beer. Zum 275. Todestag. O. Ö. Kulturbericht XXIX. Jg., Folge 19, 1975

Louis, K.: Johann Beer. In: Bezirksbuch Vöcklabruck, 2. Teil, 1981, S. 752-54

Maley, U.: Johann Beers Willenhag-Dilogie. Paradigma einer barocken aemulatio (Kopie)

Marks, A.: O. Ö. in alten Ansichten. Hrsg. v. O. Ö. Landesmuseum im O. Ö. Landesverlag

Mattheson, J.: Der vollkommene Capellmeister. Hamburg 1739. Faksimile-Nachdruck hrsg. v. M. Reimann (= Documenta Musicologica. Erste Reihe: Druckschriften - Faksimiles, V), Bärenreiter, Kassel 1954, S. 480

Grundlagen einer Ehrenpforte, Hamburg 1740, Nachdruck hrsg. v. M. Schneider, Berlin 1910

Meid, V.: Der Barockroman, Sammlung Metzler 128, Stuttgart 1974

Grimmelshausen. Epoche - Werk - Wirkung. Beck'sche Elementarbücher (= Arbeitsbücher für den literaturgeschichtlichen Unterricht), München 1984

Menck, H. F.: Der Musiker im Roman (= Beiträge zur neueren Literaturgeschichte XVIII), Winter, Heidelberg 1931

Menhennet, A.: Narrative and Satire in Grimmelshausen und Beer. In: Modern Language Review 1975, S. 808 - 819

Müller, A.: Du abgeschmackter Herings-Rüssel. In: Zürichsee-Zeitung, 16. November 1996, S. 13

Müller, J. J.: Studien zu den Willenhag-Romanen Johann Beers. (= Marburger Beiträge zur Germanistik 9), München 1965

Nadler, J.: Literaturgeschichte der deutschen Stämme und Landschaften. II. Band. Die Neustämme von 1300, die Altstämme von 1600 - 1780. J. Habbel, Regensburg 1913

Neuber, W.: Regionalismus und biographische Erzählmethode in Beers Willenhag-Dilogie. In: Simpliciana XIII (1991), P. Lang, Wien 1991, S. 97 - 108

Neumeister, M. E. / Brokmann, F.: De Poetis Germanicis, 1696, Francke, Bern 1978

Newald - de Boor: Die deutsche Literatur. 5. Band (= Geschichte der deutschen Literatur von den Anfängen bis zur Gegenwart), C. H. Beck, München 1963

Petermayr, K.: Das musikalische Schaffen von Johann Beer. Diplomarbeit, Salzburg 1998

O. Ö. Landschaft, Geschichte und Bevölkerung im literarischen Schaffen Johann Beers. In: OÖ. Heimatblätter, 51. Jg., 1997, Heft 3/4, S. 230 - 241

Volksmusikalische Aspekte im Schaffen Johann Beers. In: Salzburger Volkskultur, 23. Jg., April 1999, S. 64 - 70

Johann Beer und der Attergau. Zur Heimat und Herkunft eines o. ö. Künstlers des Hochbarock, 1999

Musikerpersönlichkeiten in und aus dem Bezirk Vöcklabruck (in Druck)

Pillwein, B.: Der Hausruckkreis. III. Teil, II. Abteilung, Linz 1843

Pinter, W.: Johann Beer. Ein vergessener Barockdichter Österreichs. In: Die Warte, 8. Nov. 1947, Nr. 44, S. 2

Pörnbacher, H.: Nachwort zu: Johann Beer: ‚Printz Adimantus', Reclam 8757, Stuttgart 1967, S. 67 - 79

Johann Beer. In: Grimm/Max (Hrsg.): Deutsche Dichter. Leben und Werk, Band 2, Reclam 8612, Stuttgart 1988, S. 409 - 427

Posch, E.: Johann Beer. Ein Barockkünstler aus O. Ö. In: Bruckner-Konservatorium des Landes O. Ö., Jahresbericht 1963/64, Linz 1964

Pritz, F.: Geschichte des Landes ob der Enns, 1. Band, Linz 1848

Reclams Romanführer, Band 1, Stuttgart 1962

Rezensionen zum ‚Narrenspital' den ‚Sommertägen' und ‚Winternächten' (Quelle unbekannt)

Rössner, M.: Das Wien-Bild im Estebanillo Gonzales und das Bild des Spaniers in Johann Beer's „Des berühmten Spaniers Francisci Sambelle wohlausgepolierte Weiber-Hächel" (Kopie)

Rötzer, H. G.: Der Roman des Barock 1600 - 1700. Kommentar einer Epoche. Winkler, München 1972

Roger, M.: „Hiermit erhebte sich ein abscheulich Gelächter". Untersuchung zur Komik in den Romanen von Johann Beer. (= Europäische Hochschulschriften, Reihe I. Deutsche Literatur und Germanistik, Band 64), P. Lang, Bern 1973

Rusterholz, P.: Die Weisheit in Johann Beers Narrenspital. In: Green/Johnson/ Wuttke (Hrsg.): From Wolfram and Petrarch to Goethe and Grass, Kroener, Baden-Baden 1982, S. 511 - 528

Salzer, A.: Illustrierte Geschichte der deutschen Literatur von den ältesten Zeiten bis zur Gegenwart, 2. Band, J. Habbel, 2. Auflage, Regensburg 1926

Schering, A.: ‚Johann Beer'. In: Musikgeschichte Leipzigs in 3 Bänden. 2. Band, Leipzig 1926, S. 488 f

Schmidt, H. J.: Selbstzeugnisse im oberösterreichischen Schrifttum. In: O. Ö. Heimatblätter, Jg. 1, Heft 1, Jänner - März 1947, S. 51 - 59

Schmidt, L.: Volksmusik und Volkslied bei Johann Beer, dem o. ö. Dichter des späten 17. Jahrhunderts. (= Sonderdruck aus den Anzeigen der phil.-hist. Klasse der Ö. Akademie der Wissenschaften, 112. Jahrgang, 1975, Sonderdruck 9)

Schmiedecke, A.: Vorwort zu: Johann Beer. Sein Leben von ihm selbst erzählt, Vandenhoeck, Göttingen 1965

Schneiders, S.: Das Lob des Erasmus bei Grimmelshausen - die Anerkennung seiner Autorität bei Beer. In: ‚WBN', 1989, S. 116 - 118

Schober, H.: Der verspätete Aufruhr im Mondseeland. In: O. Ö. Heimatblätter, Jg. 29, 1975, Heft 3/5, S. 200 - 212

Schrader, F.: Die Formierung der bürgerlichen Gesellschaft 1550 - 1850, Fischer 60133, Frankfurt 1996

Schröder, R.: Rezension zu Richard Alewyn ‚Johann Beer'. In: Germ.-Rom. Monatsschrift, XX. Jg., Heidelberg 1932

Simpliciana. Schriften zur Grimmelshausen-Gesellschaft. XIII (1991), P. Lang, Bern

Solbach, A.: Die Forschungsliteratur zu Johann Beer 1932 - 1992. Ein Literaturbericht, 1992

Gesellschaftskritik und Romantheorie. Studien zu Grimmelshausen, Weise und Beer. (= Renaissance and Baroque: Studies and Texts, Band 8), P. Lang, Wien 1994

Spee, F.: Cautio Criminalis oder Rechtliche Bedenken wegen der Hexenprozesse, dtv 6122, München 1982

Sprenger, J. / Institoris, H.: Der Hexenhammer, dtv 6121, München 1982

Stange, J. Ch.: Das unversehene / aber Seelige Ende ... Herrn Johann Bährs, Weißenfels 1700

Steig/Grimm: Achim von Arnim und die ihm nahe standen. 3. Band: Achim von Arnim und Jacob und Wilhelm Grimm. Bearbeitet von R. Steig, Bern, neuverlegt bei Herbert Lang, 1970

Streller, S.: Nachwort zu: Johann Beer: Die teutschen Winter-Nächte & Die kurzweiligen Sommer-Täge. Hrsg. von R. Alewyn, Insel, Frankfurt 1963, S. 851 - 863

Tatlock, L.: Speculations on Beer's Chimneys: The Badwy in Johann Beer's Frauensatire „Der Politische Feuermäuer-Kehrer". In: Daphnis 14, 1985, S 779 - 801

Männliches Subjekt, weibliches Objekt. Zur Geschlechterdifferenz in Johann Beers Willenhag-Romanen. In: Weißenfels als Ort literarischer und künstlerischer Kultur im Barockzeitalter. Hrsg. v. R. Jacobsen. (= Chloe. Beihefte zum Daphnis, Band 18), Ropodi, Amsterdam - Atlanta, GA 1994, S. 217 - 239

Toman, R.: Die Kunst des Barock, Könemann, Köln, 1997

Varaz, F. P.: Über Johann Beer und den Schelmenroman (Kopie)

Venohr, W. / Kavermann, F.: Brennpunkte deutscher Geschichte 1450 - 1850, Athenäum, Kronberg/Taunus 1978

Villarie, R.: Der Mensch des Barock, Fischer 12606, 1999

Wacha, G.: Die Belagerung von Linz 1626 im Spiegel der Zeitungsmeldungen. In: O. Ö. Heimatblätter, Jg. 29, 1975, Heft 3/5, S. 167 - 191

Walther, J. G.: Musikalisches Lexikon, Leipzig 1732

Watzinger, C. H.: Johann Beer. In: Tagblatt vom 20. 6. 1964, S. 24

Werner, A.: Städtische und fürstliche Musikpflege in Weißenfels bis zum Ende des 18. Jahrhunderts, Leipzig 1911

„Beer, Behr, Bär, Bähr, Ursus, Ursinus". In: Die Musik in Geschichte und Gegenwart, hrsg. von F. Blume, Bärenreiter, Kassel, 1949 - 51, S. 1506 - 1508

Wilpert, G.: Sachwörterbuch der Literatur, Kröner, Stuttgart, 4. Auflage 1964

Winkler, K.: Vorwort und Anmerkungen zu: Johann Beer: „Deutsche Winternächte", Erfurt 1943, S. 5 - 14 und S. 340 - 352

Wittmann, R. Geschichte des Buchhandels, C. H. Beck, München 1991

Wurster, H.: Johann Beers „Beschreibung der Stadt Regenspurg". In: Verhandlungen des Historischen Vereins für Oberpfalz und Regensburg, Regensburg, 118. Band, S. 237 - 258

Zauner, A.: Vöcklabruck und der Attergau, Band 1, Böhlau, Graz 1971

Zmegac, V.: Kleine Geschichte der Literatur von den Anfängen bis zur Gegenwart, 6. Auflage, Scriptor 1997

Zmegac, V. (Hrsg.): Geschichte der deutschen Literatur vom 18. Jahrhundert bis zur Gegenwart, Band III/1, 1918 - 1945, Athenäum TB 2178, Königstein 1984

Hinweisen möchte ich noch auf den **Katalog,** den das **Adalbert Stifter Institut des Landes Oberösterreich** für seine Ausstellung zu Johann Beer im Jahr 2000 in Linz und Weißenfels vorbereitet.

Bildernachweis

Bei den meisten Bildern ist die Quelle im Text angegeben.

S. 15: Bildarchiv der Österr. Nationalbibliothek

S. 16, S. 49: Privat (OSR. Louis)

S. 54, S. 67, S. 92, S. 109: Fotos des Herausgebers

S. 57: Privatbesitz; Kopie im Pfarrmuseum

S. 71, S. 72, S. 78: Pfarrmuseum

S. 95: Aus: Der hl. Altmann, Bischof von Passau. Sein Leben und sein Werk. Festschrift zur 900-Jahr-Feier 1965, Abtei Göttweig, 1965, Abbildung 1

S. 117: Aus: Gutzen/Allemann

S. 275: Aus: Nadler, S. 196

Die **Titelblätter** und die **Titelkupfer** der Werke von Johann Beer sind - soweit schon erschienen - den ‚**Sämtlichen Werken**' entnommen, sonst den Faksimiles oder es sind Kopien von Kopien der Originale.

Die Texte und Bilder aus dem „**Tagebuch**" habe ich mit freundlicher Genehmigung des Verlages Vandenhoeck & Ruprecht, Göttingen, dem Buch „Johann Beer. Sein Leben von ihm selbst erzählt" entnommen.